아난존자의 일기 ①

아난존자의 일기

①

원나 시리 지음
범라 옮김

운주사

원나 시리

미얀마 북부출신의 비구 스님이다. 미얀마 불교의 종교성 원로회의에서 한동안 활동하였으며, 여러 가지 불교 잡지에 활발한 기고활동을 하였다. 아름답고 간결한 문체로 경전상의 담마를 일반인들에게 알기 쉬운 모습으로 보여주는 능력이 뛰어나다. 현재 집필활동에 전념하고 있다.

범라 스님

해인사 삼선암에서 慧日 스님을 은사로 득도, 봉녕사 승가대학을 졸업하고 8년 동안 선방에 다니다가 1989년 태국 촌부리 위백아솜 위빠싸나 수행센터 창마이 왓람뼁에서 수행하였다.
양곤의 마하시 센터에서 수행과 함께 4년간 미얀마어와 경전 공부를 하였다. 우리나라 최초로 『위숟디 막가(청정도론)』를 번역하였으며, 『초전법륜경·무아경』, 『위빠싸나 빠라구』, 『마하붓다완사』 등의 번역을 통해 테라와다 근본불교를 널리 알리고 있다.

아난존자의 일기 1

초판 1쇄 발행 2006년 8월 25일 | 초판 3쇄 발행 2015년 4월 20일
저자 원나 시리 | 역자 범라 스님 | 펴낸이 김시열
펴낸곳 운주사 (136-034) 서울시 성북구 동소문로 67-1 성심빌딩 3층
전화 (02) 926-8361 | 팩스 0505-115-8361
ISBN 89-5746-167-1 04220   값 28,000원
ISBN 89-5746-166-3(전2권)
http://cafe.daum.net/unjubooks (다음카페: 도서출판 운주사)

머리말

이 책은 '붓다'를 이루신 까삘라 나라의 태자 싯달타의 생애, 그리고 그 제자들의 수행과 활동 모습 등을 부처님의 사촌동생이며 불교 경전에 대해 가장 잘 알고, 훗날 결집(붓다의 제자들이 불경을 만든 모임)에서 경전을 외우는 책임을 맡았던 아난다 존자가 말하는 형식으로 되어 있다.

이러한 기록을 통해 모든 사람들이 붓다와 그 가르침, 그리고 가르침을 실천하는 수행자의 모임인 상가를 더욱 가까이 뵙고 이해하며 존경할 수 있게 될 것이다.

이 책은 제목에서 뜻하는 것과 같이 아난다 존자가 평생 동안 보고, 듣고, 느낀 것을 기본으로 삼고 있다.

❦

이 책은 붓다와 여러 제자들의 깨달음, 그 깨달음에 관해서 함께 의논하셨던 내용을 찾을 수 있는 것은 모두 모아서 담았다. 그래서 이 기억들은 다른 한편으로는 법문에 대한 기록이 될 것이다. 따라서 이 책은 붓다와 여러 제자에 관한 단순한 전기가 아니라 불교에 대한 가장 기초적인 법문이 될 것이다.

이 세상에 스승의 가르침 없이 스스로 진리를 깨친 붓다께서 출현하시는 모습을 생생하게 보여 드릴 것이다. 깨침을 이루신 다음 45안거 동안 중생들을 위해 진리를 말씀하시고, 여러 제자들을 지혜의 손으로 잡아 저 언덕(彼岸)으로 이끄시는 모습 또한 볼 수 있을 것이다. 사리불, 목갈라나, 까싸빠 등 큰 제자분들은 붓다께서 내미신 자비의 손을 잡고 위험이 없는 저 언덕에 올라가셨다.

이렇게 붓다께서는 담마(진리에 대한 가르침)와 연관되어 계시고, 상가(가르침에 따라 수행하는 모임) 또한 담마와 떨어질 수 없다. 담마와 떨어질 수 없는 상가는 다시 붓다께 연관되어 있다. 이렇게 붓다, 담마, 상가는 한 꾸러미로 연결되어 있으며, 한 줄에 꿰어진 보배이다. 그렇게 붓다와 상가 그 높은 분들의 이야기 속에는 진리의 가르침인 담마가 함께 들어 있다.

꽃

따라서 붓다의 이야기를 중심으로 삼고 상가 대중의 이야기를 필요에 따라 적당히 사이사이에 넣었다. 내용에 따라서 같이 이어지면 이해하기가 쉬운 부분은 시간을 건너뛰어서 쓴 것도 있다. 또 어떤 부분에서는 이야기를 기본으로 삼아 그 속에 등장하는 사람들의 행적을 같이 묶기도 했다.

이러한 이야기들은 빠알리 원전과 주석서, 그리고 소초 등에 여기저기 조금씩 들어 있는 것을 하나씩 모아서 만든 것이다. 그렇게 모은 이야기를 다시 원인과 결과, 연결의 앞뒤가 어긋나지 않게 연결되도록 했다. 그리고 글이 부드럽고 뜻이 분명하도록 장식했다. 그러나 한편으로 경전에 담겨 있는 말씀들이 그대로 이어지고 어긋나지 않도록 특별히 주의했다.

경전과 주석서, 해석서에 대해 공부하기를 원하는 분이 찾아보기 편하도록 한 이야기가 끝날 때마다 참고한 책을 기록했다. 이곳에 있는 책은 모두 상가의 결집에서 이루어진 것이다. 결집에 들지 않는 것은 의지하지 않았다.

※

경전에서 의지할 수 없는 부분은 직접 써넣었다. 그것은 아난다 존자가 빠리닙바나(Parinibbāna, 몸과 마음이 모두 다한, 완전한 소멸에 이르는 열반)에 드는 장면이다. 손이 닿는 대로 찾아보았지만 어디에서도 찾을 수 없었다. 붓다께서 빠리닙바나에 드실 때는 유명하고 이름난 제자분들이 곁에 있었지만 아난다 존자는 그냥 사라졌다.

마찬가지로 아난다 존자가 붓다의 목욕가사를 언제 어디서 기웠는지 알 수 없었다. 상가의 결집이 끝난 다음 큰 제자분이 말씀하신 것만 있을 뿐이다. 그래서 그 말씀과 연결하여 웰루와나 마을에서 마지막 안거하는 동안, 아난다 존자가 존경하는 붓다의 목욕가사를 기우며 안타깝고 비통해 하는 그 모습을 상상하며 그려 넣었다.

붓다께서 빠리닙바나에 드신 다음, 첫 번째 상가 결집을 위해 아난다 존자가 라자가하로 왔을 때 만들어진 「마하 목갈라나 숟따」에 와따까라 대신과 존자와의 대화를 드러내 보였다. 그리고 붓다께서 머무르셨던 왜살리 부분에서 릭차위가 무너지기 시작하는 것은 그들을 위해 붓다께서 직접 말씀하신 경전 한 구절과 연결했다.

여러 빠알리 원전에는 붓다의 왼팔(左補處)격인 목갈라나 존자께만 마하(Mahā, 크고 위대함)를 붙이고, 오른팔(右補處)인 사리불 존자께는 붙이지 않았다. 그러나 여기에서는 두 분을 똑같이 존경하기 때문에 모두 마하를 붙였다.

태자로서 출가하시기 전에는 동생인 아난다 존자와 깊이 관련이 있으셨지만, 왕성을 떠나 숲으로 들어가시는 것부터 깨달음을 얻으시고 까뻴라에 다시 오셨을 때까지는 존자와 관계가 없다. 그렇다고 그 부분을 뺄 수는 없었다. 그래서 아난다 존자가 부처님의 가르침을 전해 듣고 다시 이야기하는 모습으로 그렸다.

붓다가 되신 싯달타 태자의 탄생부터 시작하여 조금씩 점점 이끌려가듯이 써 온 이 이야기의 최고 정점은 결집에 참석한 아난다 존자와 여러 큰 제자분들의 이야기이다. 이곳에서 아난다 존자의 가장 높은 공덕을 자세하고도 정확하게 표현할 수 있었기에 가슴 흐뭇하고 만족스럽게 생각한다.

❦

이 기록의 마지막 부분은 상가 결집에 관한 이야기이다. 그것은 교단이 세상에 깨끗이 머물러 다시 번영하도록 모든 종파를 초월하여 상가들이 처음 거룩한 모임을 갖는 감동적인 모습이다.

이름이 알려졌거나 혹은 알려지지 않은 모든 상가의 대표인 큰스님들이 참석하신 그 모임에서 보인 아난다 존자의 인욕심에 더욱 존경하는 마음을 갖게 되었다. 그래서 이 부분에 더욱 세심한 주의를 기울였다. 자기의 견해와 사상은 튼튼히 지키지만, 전체 상가 대중이 깨끗이 머물러 번영과 발전을 이루게 하기 위해서 자기가 양보하는 것이 아난다 존자의 모습이고 산 본보기였다.

그러한 산 본보기가 있었기 때문에 6차 결집 당시 그렇게 많은 상가가 여러 나라에서 모일 수 있었다고 믿는다. 그리고 이러한 가르침이 앞으로 우리 부처님 교단에 깨끗함을 더하고 공덕을 더하기 바란다.

책을 읽는 분들이 흥미를 가지고 배움을 얻을 수 있는 이야기, 지금 직접 따라서 할 수 있는 담마, 구분하여 알 수 있는 지혜의 힘을 키우는 데 근본이 되는 것 등을 힘 닿는 대로 가려 놓았다. 그러나 현실적인 한계 때문에 이곳에 실린 것보다 더 많은 이야기들을 경전에 남겨 놓을 수밖에 없었다.

상가 결집 때 모아 놓은 빠알리 주석서와 해석서 등 많은 책은 모두 삼보에 관해 꼭 알아야 할 것을 담고 있다. 따라서 이 책에서 작은 실마리를 찾아 상가 결집한 책들을 계속해서 공부한다면 더 풍부한 지식이 갖추어질 것이다.

※

이렇게 두꺼운 책을 쓰게 된 것은 부처님께서 직접 만난 것으로써 놓은 '붓다 일기'라는 책이 계기가 되었다. 그러나 그 책의 필자처럼 붓다의 위치가 되어서 만나고, 느낀 것을 적을 만큼 용감하지 못했다. 내 마음과는 너무나 차이가 많은 그분의 위치에서 생각하는 것이 쉽지 않았다. 그래서 그보다는 낮은 아난다 존자의 자리에서 생각하고 쓰기로 했다.

아난다 존자를 선택한 것은 그분은 항상 여자들을 연민히 여기어

도움을 주시고, 또한 만나러 오는 사람마다 자비심을 내어 도와주시는 성품을 가지고 있기 때문이다. 또 그분은 세상의 좋고 나쁜 일들을 만날 때마다 함께 기뻐하고 혹은 슬퍼하며 함께 울어 주는 모습을 보였다.

처음에는 '담마'라는 월간지를 통해 이야기를 쓰다가 붓다와 관계되는 전기를 쓰고 싶어졌다. 그러나 전기에는 삶의 모습뿐만 아니라 삶의 사상이 함께 해야 하기 때문에 손을 내렸다.

그러다가 그 옛날 상가 결집한 기록을 만날 수 있었다. 그 기록에는 붓다에 대한 삶의 모습뿐만 아니라 붓다와 제자분들이 각각 말씀하신 가르침의 개요가 함께 있었으며, 어느 가르침은 누가, 언제, 어디서, 무엇 때문에, 누구를 위해 말씀하셨다고 보여주고 있었다. 그래서 이야기마다 진리의 가르침 중 어느 것인가와 연결되어 있다.

보고들은 이야기를 쓰는 것은 두렵지 않지만, 가르침(담마)의 성품을 풀어서 쓰는 것은 감히 할 수 없었다. 그러다가 드디어 길을 찾았다. 무릇 이 세상의 모든 진리, 모든 담마는 사성제의 진리를 벗어나서 존재할 수 없다는 것이다. 모든 이야기에 들어 있는 법의 성품을 사성제의 진리를 기본으로 하여 대답할 때, 말하는 사람도 자신 있고 힘이 있으며 듣는 사람 역시 기쁨에 넘치게 된다. 그래서 그런 방법을 택하여 이 기록들을 성공적으로 쓸 수 있었다.

   이 이야기들을 쓸 수 있게 도움을 주신 분, 큰 가르침의 방향을 정해 주신 분, 앞으로 읽으시려는 분 등 모두에게 감사드린다.

원나 시리(Voṇṇa sīri)

역자 서문

 이 책을 처음 읽었을 때 받은 감동을 아직껏 잊을 수 없다. 그 중에서도 저자가 그 방대한 삼장과 그에 따른 주석서를 모두 읽은 데서 오는 해박함, 그리고 그 사이사이에서 뽑아내 연대별, 이야기 종류별로 모아서 엮은 노력에 감사와 아울러 감탄하였다.
 그리고 더 중요한 것은 그 많은 중요 경전의 핵심을 일반인들의 수준에서 보고, 생각하고, 그리고 쉽게 이해하도록 보여주고 있다는 점이다. 아주 깊이 있는 부처님의 가르침을 이토록 울고 웃어 가면서 읽을 수 있다는 것은 가장 아름다운 축복이다.
 미얀마에 가서 오랫동안 수행하고 또 그곳에서 경전을 배우고 읽으면서 그곳의 뜨거운 태양만큼 가슴속의 신심이 무르익어 갔으며, 그 가운데 가슴으로 만난 것이 바로 이 책이다.
 원문은 아주 아름다운 서사시처럼 고개를 끄덕이면서 읽었는데 그것을 번역 과정에서 다 전해드리지 못하는 것 같아 못내 아쉽다. 나의 능력 부족을 탓할 수밖에 …, 하지만 한편으로 우리나라에 알려지지 않았던 부처님과 그 주변의 이야기들, 그리고 깊이 있는 수행 체험의 이야기를 전해드릴 수 있어 가슴 뿌듯해진다.
 우리들이 믿고 의지하여 받든다고 생각하는 우리들의 스승님,

그분이 왜 이토록 우리들에게 고마운 분이었는지 그 해답을 찾을 수 있다면, 우리들이 삭발 출가할 때 또는 절을 처음 찾아 부처님께 귀의할 때의 그 비장했던 각오의 결과 또한 얻을 수 있을 것이다.

미얀마에서 만난 책들 가운에 이후에 번역하고 싶은 마음이 간절한 책들이 많다. 시간과 능력이 허락하는 한 부처님, 그분의 생생한 육성을 가까이 전해 드리고 싶은 마음이다.

모든 선한 이들이여!

몸도 마음도 건강하고 행복하십시오.

역자 범라 합장

아 난 존 자 의 일 기 1

머리말 · 5
역자서문 · 12

키와 그림자 · 21
사까족들의 위엄과 자존심 · 27
불만족으로 생긴 두려움 · 36
유월 보름, 목요일 · 42
라자가하에서의 걸식 · 53
오! 야소다라 · 57
부왕의 말씀 · 60
숲 속에서 보낸 여섯 해 · 63
시간이 이르렀다 · 70
깨달음을 이루신 후 사슴동산으로 · 76
법의 수레바퀴 · 82
가르침을 펴라 · 90
왤루와나 · 96
가장 높은 제자 · 104
옛 궁전에서 기다리다 · 112
깔루다이의 시 · 119
까삘라에서 걸식하시다 · 127
야소다라 궁전에 가시다 · 138
동생 난다 왕자의 잔칫날 · 142
야소다라의 또 다른 전쟁 · 148

유산을 얻은 라훌라 · 152

왕자들과 이발사 · 158

내가 윤회에서 벗어난 법 · 164

나의 우빠사야 스승님 · 172

나에게 법을 보여준 스승님 · 180

받디야 존자의 행복 · 185

아누루다 존자의 깨달음 · 188

몸도 마음도 같이 가는 사람들 · 193

제따와나 정사 · 198

은혜를 아는 마음 · 211

남다른 인욕심 · 218

부처님의 오른팔 · 226

마하 사리불 존자의 법문 · 234

해도 해도 다 할 수 없는 이야기 · 239

대나무 기둥 위의 전단향 발우 · 242

마하 목갈라나 존자의 신통 · 247

부처님을 대신하는 분 · 253

동생 난다와 천녀 · 263

전쟁에 승리한 상가마시 비구 · 274

야타빨라 장로의 법문 · 277

영웅 브라흐마나 존자 · 286

때이사 존자와 루비 도둑 · 290

진짜 보배, 바른 보배 · 295
부왕에게 인사하시다 · 298
로히니 강변의 일 · 306
아들 라훌라 · 311
자기를 가장 사랑하는 이 · 323
나의 친구 로사 · 331
가까운 친척 같은 의사 · 339
어머니 고따미 · 353
딸, 고따미 · 370
사람을 존경해야 법을 본다 · 375
아름다운 것 중에 가장 높은 것 · 387
시들지 않는 붉은 연꽃 · 408
법공양을 나누어주는 이 · 416
영원히 죽지 않는 약 · 427
불행한 여자가 가는 곳 · 438
그리움의 무대가 끝나고 밝음이 오는 때 · 450
친견하는 자리에서 극중 인물 모두 알다 · 457
라훌라 모자 · 461
사람들이 하는 일을 정하시다 · 466
위사카의 여덟 가지 발원 · 474
상가의 이익을 위하다 · 485
상가 대중들과의 관계 · 498

상가 스님들과 신자들 · 512

꼬삼비 사건 · 530

빨리래야까의 큰 코끼리 · 541

꼬삼비의 일이 끝나다 · 548

약을 잘못 먹은 이 · 551

라홀라와 아버지 · 557

동생 때이사 · 565

형님 마하나마 · 577

아난다 보리수 · 590

뽁빠란마나 정사 · 595

외도들 · 602

니간타 스승과 제자 · 608

즐거움이 없는 곳을 멀리하려면 · 616

해야 할 생각과 하지 말아야 할 생각 · 624

그른 길에서 바른 길로 · 631

여섯 가지로 나누는 곳에 · 638

수행 속에 지혜가 있어야 · 646

끝이 없는 전쟁들 · 656

어둠을 가르고 밝음을 가져오다 · 672

가장 높은 법 두 가지 · 680

'나모 다싸'를 듣고 싶지 아니한 이 · 688

팔리어 용어풀이 · 699

아난 존자의 일기

키와 그림자

 이 세상의 모든 형체는 키가 있으면 그림자가 생기는 것이 이치이다. 형체의 크기와 규모에 따라서 그 그림자 또한 크거나 작거나, 길거나 짧은 등 여러 가지 모양을 지니게 된다.

 이 세상에 고따마(Gotama)라는 이름을 가지신 삼마 삼붓다(Sama sambuddha, 모든 것을 다 아는 바른 깨달음을 얻으신 분) 한 분께서 출현하셨다. 그리고 조용한 평화로움을 지금 현재 직접 체험할 수 있는 담마(Dhamma, 眞理)를 설하셨다. 다음에는 담마를 이용해 차례차례 지혜의 언덕에 건네 줄 상가(Sangha, 수행자의 모임)를 세우셨다. 담마의 깨끗한 길과 상가를 크고 튼튼하게 하기 위해서 45안거 동안 크나큰 노력으로 가르침을 펴셨다.

※

 삼마 삼붓다! 그 부처님의 키는 얼마인가?

이 세계에서 부처님의 크기를 잴 수 있는 물건은 없다. 왜냐하면 깨달음이란 어떠한 규모나 범위를 바탕으로 하여 그 크기를 얻을 수 없기 때문이다.

이렇게 부처님의 크기는 이만큼, 혹은 이 정도라고 비교하여서 얻을 수 없다. 이 세상에서는 비교할 물건을 찾을 수 없기 때문이다. 그러나 어느 만큼이라고 한정짓거나, 규모를 만들어 얻을 수 없는 그 크고 높으신 키의 그림자를 이제 용감히 비교하여 얻으려고 한다.

부처님의 그림자 크기를 재고 얻음에 있어서 나에게 만족하게 여길 만한 것은 아무것도 없다. '그럴 수 있는가?' 하고 의심해야 할 것도 없다. 주변에 있는 다른 이의 생각이나 견해를 청하거나 바라지도 않는다.

이렇게 다른 이의 견해를 청하거나 원하지 않는 이유는 다른 것이 아니다. 부처님의 비교할 수 없는 키의 그림자는 바로 나 아난다 스스로이기 때문이다. 그렇다. 항상 격려해주고 같이 지내는 상가 대중은 나를 부처님의 그림자라고 비유해서 부른다. 그림자라고 불릴 정도로 나 또한 부처님과 떨어지지 않고 지내왔다.

※

부처님을 모셔야 하는 책임을 맡았던 시간부터 시작해서, 부처님께서 가시는 곳은 항상 모시고 다녔다. 형님의 발우와 가사를 보관했다가 필요할 때 내어 드리고, 더운물이나 찬물이 필요하실 때에는 가져다 드렸으며 피곤해 하실 때는 다리를 주물러 드렸다. 또 그분 혼자 조용히 계실 때에는 '아난다 …' 하고 부르시면 금방 듣고 달려갈 수 있는 가까운 곳에 머물며 귀 기울이고 있었다.

형님을 모시는 동안 나는 몸의 일과 입의 일, 마음의 일, 이 세 가지 모두에 사랑이 넘쳐 있었다. 후반 25안거(Paccsima bodhi, 성도하시고 20안거가 지난 다음 후반부를 말함) 동안 이 책임을 맡고서부터 줄곧, 마지막 시간까지 어느 한 가지도 어긋남이 없었다.

모든 것에 만족하셨던 부처님께서는 내가 맡은 책임을 기억하시고 금 세공사의 아들 순다가 보시한 가사 한 벌(대가사, 윗가사, 아랫가사)을 내려주셨다. 부처님을 모시는 시자의 책임을 맡던 날, 내가 청하였던 8가지 소원* 중에는 이러한 가사를 내려주시는

---

* 아난다 존자의 8가지 소원 : 아난다 존자는 부처님을 항상 시봉하는 책임을 맡을 때 네 가지 원치 않는 것과 네 가지 원하는 것을 부처님께 말씀드리고 허락을 받았다.

4가지 원치 않는 상(賞) : 부처님을 존경하며, 좋아서 시봉하는 것을 다른 사람들이 '부처님께 드리는 좋은 음식, 가사, 거처 등을 탐내서 시자를 맡은 것'이라고 비난하여 그들이 구업을 짓는 것을 원치 않았기 때문에 이러한 청을 드려서 허락을 받았다.

① 부처님께서 받으신 좋은 음식을 그에게 주시지 않는 것
② 부처님께서 받으신 좋은 가사를 그에게 주시지 않는 것
③ 부처님께서 거처하시는 곳(Gantakuti, 應香閣이라고 하며 부처님께서 거처하시는 곳에서는 향기가 났다고 한다)에서 부처님과 같이 지내지 아니하는 것
④ 부처님만 초청하였을 때 그를 불러서 같이 가지 아니하는 것

4가지 원하는 상(賞)
① 아난다 존자가 부처님을 모시기를 청했을 때 부처님께서 오시는 것
② 부처님 뵙기를 원하는 이들이 아난다 존자께 청하고 아난다 존자가 말씀드렸

것을 원하지 않는다는 것도 들어 있었다.

그러나 부처님을 모시는 모든 일이 최고의 정점에 이르렀고, 또한 그 일에 대해 부처님께서 만족하셨음을 같이 지내는 대중들에게 보이시는 것이라고 생각되어 그 가사를 받았다.

지금은 그 가사를 주셨던 부처님께서 안 계신다. 부처님께서는 꾸시나가라 아름다운 숲에서 세수 80에 빠리닙바나에 드셨다.

나 또한 부처님이 안 계신 세월 40년을 보내고 지금 나이 120이 되었다. 이제 남은 수명을 보니 오늘부터 7일이 되면 이 몸을 거둘 일이 남았을 뿐이다.

❀

나이를 먹고 늙어서 조용히 지냈던 이 로히니(Rohini) 강 근처에는 나의 제자들이 많이 있다. 의지해 오던 스승이 빠리닙바나에 들 것이라는 말이 퍼지자 강의 좌우 양편에 있던 그들에게 사단이 났다. 양쪽 모두 자기들이 있는 곳에서 빠리닙바나에 들게 하고 싶은 것이다.

이 로히니 강변 양쪽 제자들은 우리 교단에 은혜가 많은 이들이니 그들 모두의 마음을 만족하게 할 만한 방법을 써야 할 것이다. 그렇다. 양쪽 제자 모두의 마음에 만족을 줄 수 있는 방법이 있다.

을 때 허락하시는 것
③ 아난다 존자에게 담마에 대한 의심이 생기면 그 의심에 관해서 여쭙기를 허락하시는 것
④ 아난다 존자가 없는 곳에서 말씀하신 법을 그에게 다시 들려주시는 것

7일이 지난 후, 때가 되면 양쪽 모두를 똑같이 좋아하고 칭찬해 주는 스승의 마음을 그들 스스로 이해하게 될 것이다.

몸이 따르지 않는 마음이 가는 그곳, 육신은 비록 늙어서 주름이 잡혔지만 뜨거움이 사라진 조용하고 편안한 높은 법을 얻어서 다행이다. 지금 그 법을 실행하여 즐기며, 이러한 행복을 주신 은혜로운 그분을 떠올린다.

🙏

앞에서 말했듯이 나는 부처님의 그림자이다. 그림자는 그 키에 따라 생기기 때문에 키의 크기를 벗어날 수 없다. 그와 같이 키 역시 그림자 없이 따로 존재할 수 없다. 그래서 키가 가는 곳에는 언제나 그림자가 떨어지지 않고 따라 다니는 것이다. 부처님께서 깨달음을 얻으신 다음 20안거가 지난 후반부에 옆에서 언제나 시중을 들어드리는 일이 필요하게 되었다.

나는 8가지 상을 청하면서 시봉을 하는 책임을 맡게 되었고, 그 후에는 언제나 그림자처럼 옆에서 모셨던 것이 사실이다. 그리고 시봉의 책임을 맡기 이전에도 부처님과 가장 가까운 곳에서 많은 시간을 지낼 수 있었다.

그분 곁에서 지내는 동안, 그분께서 말씀하셨던 법문을 수없이 많이 들었다. 시봉하기 전 혹시 듣지 못했던 설법이라도 당시에 부처님과 함께 있었던 마하 사리불 등 큰 제자분들께서 그때의 법문을 다시 말씀해 주셨기 때문에 부처님이 말씀하신 모든 법문들은 나에게 전해졌다. 그래서 그 은혜로운 분에게 생겼던 일들을 보려면, 마땅히 그분의 그림자인 나 아난다를 통해야 할 것이다.

부처님께서 말씀하셨던 담마, 그 가르침마다 마지막에는 결국 나 아난다의 모습을 만날 것이다. 그리고 나와 함께 그분에게 의지하여 지내던 제자분들 각각의 모습 또한 볼 수 있을 것이다.

마음을 기쁘게 하는
저의 마음을 즐겁게 하는
오! 모든 선한 이들이여!

잘 오신 거룩하신 부처님과
높으신 모든 상가 제자분들의
갖가지 좋은 소식을
그 이야기를 모두 펴 보이겠습니다.

신심과 지혜,
두 가지를 고루 갖추어
마음을 다해 잘 들으십시오.

Mahāparinibbāna Sutta Aṭṭhakatha

Dhammapada Aṭṭhakatha

Ānanda Theragāthā에서

사까족들의 위엄과 자존심

'모든 일이 생겨날 때 주변의 원인을 생각하지 않고 저절로 생겨났다'고 말한다면 '원인 없이 생겨났다고 하는 잘못된 생각(邪見)이 된다'고 부처님께서 말씀하셨다.

그래서 옛날에 생긴 것들을 다시 돌이켜서 보여 주는 기회가 있을 때에는 반드시 주변 원인들과 함께 드러내 보여 주어야 할 것이다.

❧

부처님의 가르침대로 수행하는 교단인 승가에 비구(빅쿠)가 되러 오는 사람들을 사까 뿍띠야(Sakyā puttiya), 즉 석가의 종족이라고 부른다. 태어난 종족이 사까(釋迦)족이 아니어도 이 이름을 받을 기회를 가지는 것이다.

나는 사까라는 이름이 두 번 겹친 사람이다. 많은 다른 이들과 같이 교단을 이끌어 가는 이로서 사까왕족일 뿐만 아니라, 태어난 종족 역시 사까왕족이다.

마가다(Magadha)국, 꼬살라(kosala)국 등 큰 나라들처럼, 우리 사까족의 나라에는 한 사람의 왕만 있는 것이 아니다. 나라 전체의 권력을 어느 한 사람만이 장악하거나 소유하지 않고, 우리 사까족 모두가 가지고 있다. 사까족의 남자와 여자 모두는 나라를 다스리는 왕족이며 왕의 권속들이다.

사까족에게는 조상님과 부모님의 끝없는 공덕이 들어 있다. 이 종족의 선조들이 베푼 공덕은 대대로 아들과 손자들에 이어서 칭찬을 받아왔다.

'이 지구의 시작 초기 마하 삼마다(Mahā sammata, 이 우주가 처음 시작될 때 최초의 왕으로 선출된 분으로, 고따마 부처님의 보디산타 생애이다) 대왕으로부터 이 종족은 시작되었다'라고 말한다. 그러나 사까라는 이름으로 유명해진 것은 옥까까(Okkāka) 대왕 시대부터 시작되었다고 전해진다. 옥까까라는 이름의 세 번째 대왕은 말할 때 그의 입에서 밝은 빛이 퍼져 나왔기 때문에 그렇게 불리었다.

옥까까 대왕에게는 왕비가 다섯 분 있었다. 큰 왕비는 네 명의 왕자와 다섯 공주를 낳고 돌아가셨다. 큰 왕비가 돌아가시자 옥까까 대왕은 다른 왕비를 첫 번째 왕비의 자리에 앉혔다. 새 왕비는 나이가 매우 젊었으며, 모습 또한 빼어나게 아름다웠다. 그 왕비에게서 어린 왕자가 태어나자 대왕은 그 아기를 보는 순간 기쁨이 넘쳐서 말했다.

"이 아기 왕자를 위해서 원하는 소원을 한 가지 말하라."

왕비는 자기 친척들과 의논한 다음 대왕이 돌아가시면 왕위를 물려줄 것을 원했다. 옥까까 대왕은 자기의 성급한 말 한 마디 때문에 큰 후회를 하게 되었다. 그리고 새 왕비에게 말했다.

"이런 나쁜 여자 같으니라구!

나의 다른 아들들에게 나쁜 생각을 품지 말라."

그러나 새 왕비는 포기하지 않고 기회가 있을 때마다 약속대로 왕위를 물려줄 것을 청했다. 대왕은 다른 왕자들에게 닥쳐올 위험을 짐작하고, 왕자들을 그 나라에서 떠나보내기로 했다. 코끼리와 말, 수레와 대신들을 딸려 보내면서 부왕은 자신이 세상을 떠났을 때는 다시 돌아와서 왕위를 이어받고 나라를 다스리라고 당부했다.

왕자들은 부왕과 왕비에게 인사를 드리고 그 나라에서 떠나갔다. 왕자들을 따라 다섯 누이도 함께 떠나갔다. 왕자들을 모실 많은 사람들 역시 그들의 뒤를 따랐다.

왕자들은 그 많은 사람들과 함께 다른 왕들의 땅을 침범하지 않고, 자신들의 힘으로 자유롭게 나라를 세우려고 히마완따(Himavanta) 산을 향해서 갔다.

그때 까뻴라(Kapila)라는 대수행자가 히마완따 산 아래에 있는 연못 근처의 작은 초막에서 지내고 있었다. 까뻴라 대수행자는 봉마살라(Bummajāla)라는 지혜로 땅의 이익과 허물, 좋고 나쁜 것을 알아보았다. 그리고 도시를 세울 땅을 찾아다니던 왕자들에게 이렇게 말했다.

"왕자들이여! 사자와 호랑이들에게 쫓겨 머리털을 세우고 달아나던 사슴과 산돼지들이 이곳에 이르면 사자와 호랑이에게 도리어 으르렁거리며 의기양양해 한다. 큰 뱀과 고양이가 따라와서 숨이 넘어가게 달아나던 개구리와 쥐들도 이 땅에 도착하면 그 뱀과 고양이에게 도리어 위협을 한다. 왕자들도 이 초막이 있는 곳에 도시를 세우라."

그리하여 까삘라 대수행자가 있던 곳에 도시를 세우고 까삘라왓따(Kapila vatta)라고 부르게 되었다. 이렇게 도시를 세우고 집을 지은 다음, 함께 따라온 대신들은 왕자들에게 결혼할 것을 권했다. 대신들이 결혼을 권하자 왕자들은 말했다.

"대신들이여! 우리 왕자들은 종족이 비슷한 훌륭한 왕의 공주들을 찾을 수 없다. 또 누이인 공주들도 그들과 같은 훌륭한 왕의 아들을 만날 수 없다. 종족이 훌륭하지 않은 이들과 결혼하여 자식을 낳으면 어머니나 아버지 중 한 쪽이 깨끗하지 못할 것이며, 훌륭한 혈통이 무너질 것이다. 그래서 우리들은 누이들과 결혼하기를 원한다."

왕자들은 종족의 깨끗함이 무너질 것을 두려워하여 공주들과 짝이 되었으며 가장 큰누이를 어머니와 같이 모시고 지극히 존경하며 지냈다. 그 말을 들은 옥까까 대왕은 마음이 흡족하고 기쁨에 넘쳐 말했다.

"사까와따 보꾸마라(Sakyāvata bhokumārā)!

오, 여러분! 왕자들이 종족을 무너뜨리지 않고 잘 이끌어 가는구려!"

이렇게 옥까까 대왕이 마가다어로 읊었던 말에 의해 그들을 사까 종족이라고 부르게 되었다.

※

나라를 다스림에 있어 사까족들은 국회라고 부르는 모임의 결정에 따라야 한다. 사까족의 남자들은 일정한 나이가 되면 그 모임에 들어갈 수 있는 기회를 얻는다. 그리고 나라의 중요한 정책을 결정하는 것에 있어서 자기들의 생각이나 바람을 자유롭게 펴 보일 수 있는 기회를 가진다.

이렇게 자신의 의견을 펴 보이고 여러 사람의 지원이나 찬성을 받으면 법으로 정해지는 경우도 있고, 어떤 의견은 자기 생각과 같거나 다르거나 상관없이 많은 이들의 동의를 얻어 결정되고, 그 후에는 함께 손을 잡고 추진하는 것이 우리 사까족 남자들의 힘이다.

이 모임을 주재하고, 그 결정에 따라 나라를 다스리는 사람을 왕(Rasa)이라고 불렀다. 다른 이들은 무역, 농업 등 각기 자기 일을 하면서 지냈다. 이러한 사까족들은 말라(Malla)족들과 매우 비슷했다. 말라족들은 차례대로 돌아가면서 나라를 다스렸고 그 책임을 맡는 동안만 왕이라고 불렀다. 차례가 아닌 이들은 마을과 도시를 오가면서 무역이나 장사를 하며 지냈다.

그 말라족과 달리 우리 사까족은 한 가지가 특별했다. 나의 백부님인 숟도다나(Suddhodana)께서 모임을 주재하는 책임과 나라를 다스리는 힘을 얻었을 때 사까족 모두의 일치된 지지를 얻었고, 따라서 왕의 권위를 평생 유지하도록 결정된 것이다. 그래서 그를 특별히 대왕(Mahā Rasa)이라고 부르며 그 덕을 칭송했다.

나와 함께 비구가 된 받디야(Bhaddiya)도 순도다나 대왕 아래에서 나라를 다스리는 책임을 맡았던 왕 가운데 한 사람이었다.

※

스스로 종족 혈통에 관한 것을 드러내고, 자신들의 공덕을 말하는 것은 선한 이들이 하지 않는 일이라는 생각이 들기는 하지만, 이 사까 혈족에 부처님, 그분께서 직접 포함되기 때문에 있는 그대로의 공덕과 위엄을 알려야 한다고 생각한다.

사까족들은 브라만(사제계급)에게 고개를 숙이지 않는다. 브라만들의 베다(경전)에도 예배하지 않는다. 그들의 예배는 브라만들의 전통과 풍습에 의해 내려오는 것일 뿐이다. 사까족 모두가 중요히 여겨 존중하고 예배를 드리는 이는 오직 순도다나 대왕뿐이었다.

또 우리 사까족 모두의 예배를 받는 이는 우리 종족의 공덕과 위엄을 이끌어 나가는 오다나(Odana) 형제들뿐으로, 그 다섯 형제들 중 첫째가 순도다나, 다음이 순꼬다나(Sukkodana), 도또다나(Dhotodana), 아미또다나(Amitodana)이며, 마지막이 누이 아미따(Amitā)이다.

순도다나 대왕은 부처님이 되신 싯달타(Siddhattha)와 난다(Nāda) 왕자의 부왕이시다. 싯달타 태자는 마하 마야(Mahā māyā) 왕비께서 낳으셨으며, 난다 왕자는 동생인 마하 빠자빠띠 고따미(Mahā pajāpati gotamī)께서 낳으셨다.

룸비니 동산에서 싯달타 태자를 낳으신 후 마야 왕비께서 세상을 떠나셨기 때문에 동생인 고따미께서 직접 태자에게 젖을 먹여 키우셨다.

둘째인 숫꼬다나 사까께서는 마하나마와 아누루다 존자 형제분의 부친이시다. 나는 네 번째 아미또다나의 아들이다. 우리 교단이 번성했을 때 같이 지내는 대중들과 맞지 아니하여 잠깐 문제를 일으켰던 때이사 비구는 숟도다나 대왕의 막내 누이인 아미따의 아들이다. 우리 사촌들 중에서는 마하나마만 싯달타 태자보다 위이고 난다, 아누루다, 때이사와 나 아난다는 그분의 동생이 된다.

※

우리 교단 안에는 많은 이들에게 이름이 알려진 여자분들이 계신다. 마음 씀씀이와 신심이 장하며, 부처님의 가르침을 잘 이해하는 등 여러 가지에 모범을 보이시는 여제자분들도 계신다.

마하빠자빠띠 고따미께서도 그처럼 이름이 알려지고 많은 이들이 존경할 뿐 아니라, 어느 한 가지가 아니라 모든 것에 모범을 보이시는 분으로 교단 전체가 존경을 드리는 상가의 큰어머님이시다.

마야 왕비께서 남기신 어린 왕자를 그분은 직접 자기 젖을 먹여 키우셨다. 그분이 낳은 난다 왕자는 유모에게 맡기고, 싯달타 태자에게 어떤 위험도 접근하지 못하도록 보호하였으며 날마다 몇 차례씩 씻기고 향수를 뿌리는 정성을 들이셨다. 스스로 먹고 마실 수 있을 나이가 되었어도 유모들에게 맡기지 않고, 직접 좋은 것을 찾아 먹이고 입혀야만 만족해 하셨다.

태자가 점점 커서 어른이 되었어도 어머니의 사랑은 마르지 않고 항상 넘쳐흘렀다. 나이 29세가 될 때까지 그분의 마음속에는 항상 어린 아들이며 옥동자 금동자로만 생각되어 어머니로서 보호하고 사랑하셨다.

어머니의 한없는 사랑으로 큰 왕자인 싯달타 태자와 작은 왕자인 난다를 같이 사랑하시는 것에는 의심이 없었으나, 단 한 가지 생모가 없다는 마음에 난다 왕자보다 큰 왕자를 더욱 사랑하셨다.

⚜

그것만으로도 형님 싯달타 태자는 세간의 부귀와 사치를 다른 이와 비교할 수 없을 만큼 풍족히 누릴 수 있었다. 사람이 원하고 좋아하는 모양, 소리, 냄새, 맛, 감촉들을 즐기는 것을 깜마 오욕락이라 한다. 그 깜마 오욕락을 형님께서는 가지가지 안 갖춘 것이 없을 정도로 모두 갖추어 받으시고 즐기셨다.

태자에게 자비와 연민심이 가득했던 부왕과 왕비는 그를 위해 여름 궁전, 우기 궁전, 겨울 궁전 등 계절에 알맞는 세 개의 궁전을 지어 생활하게 하였으며, 그 부귀의 주인 싯달타 태자는 계절에 맞추어 그 세 곳에서 야소다라 공주를 비롯한 많은 궁녀들과 함께 지내셨다.

남자는 전혀 포함되지 않은 아름다운 여자들로 이루어진 악대를 거느리고 즐겁고 아름다운 소리를 즐겼다. 비오는 계절인 우기에는 넉 달 내내 궁전에서 내려오지 않았다.

출가를 위해 깜마 오욕락을 분명히 끊지 않았을 때, 그분께서는 골고루 깊이깊이 구족하게 갖추어서 즐기실 수 있었다. 그러나 그 시절, 이러한 호사를 받는 기회를 가진 이가 그분만은 아니었다. 다른 나라의 왕자나 거부 장자의 아들들도 그처럼 즐겼다. 그 시대에 오욕락을 즐기는 이들은 각각 그들 능력대로 대문을 닫고서 한껏 즐겼다.

세상에서 벗어나는 길을 찾는 사람들 또한 그들의 몸이 견딜 수 있는 한 괴롭고 힘든 고행을 행하였다. 지나치게 쾌락을 즐기는 것과 지나친 고행을 행하는 양쪽 끝으로 있는 힘껏 달려가는 시대였다.

※

싯달타 태자는 어떤 어려움도 겪지 않고 번성하는 사까족의 왕자로 인생의 아침을 편안하고 만족스럽게 즐기며 보냈다. 나이가 들어 어른이 되었을 때는 왕자들의 책임과 의무인 나라를 방어하고 보호하는 법, 나라를 다스리는 법, 그리고 모든 분야의 지혜를 배우고 익혀야 했다.

나는 다른 왕자들과 같이 취미였던 무역 일을 배웠다. 이 일을 배우고 나서는 언제나 집에서 지내지 못했다. 까삘라를 벗어나서 다른 나라에 이르기도 했는데, 그 중에서 가장 많이 가본 곳이 말라국이었다. 그들은 우리 왕족들과 많이 비슷했다. 그래서 가장 가까운 친구도 말라국의 왕자인 로사(Roja)였다.

Dīghanikāya Ambaṭṭasutta와 주석서
Majjimanikāya Sekhasutta와 주석서
Vināya Cūḷavagga Mūlapaṇṇāsa 중에서

불만족으로 생긴 두려움

 부모님이 경영하던 일을 물려받아 여러 나라를 떠돌며 지내느라고 까삘라 성에서 생기는 일들조차 가끔씩 모르고 지냈으며, 소식이 끊어질 때도 있었다. 그러나 다른 나라에서 구한 특별히 먹을 만한 것, 새로운 모양의 고급스럽고 값비싼 비단들, 사람들이 쓰는 물건 중에서 새로운 것이 생길 때마다 가장 좋아하는 형님인 싯달타 태자를 위해서 항상 가져왔다.

 싯달타 형님께서는 이러한 선물들을 반갑게 받았다. 그때는 야소다라 공주와 결혼 초기여서 새로운 비단이나 물건을 선물할 때마다 두 분 모두 환히 웃으며 즐거워했다.

 그러나 점점 형님의 태도가 특이해졌다. 내가 드리는 선물을 전처럼 웃으면서 받으시기는 하지만 좋아서 입거나 사용하는 일이 없었다. 세간의 호화로운 것들을 모아서 쌓아 놓아도 즐거워하는 기색이 전혀 없는 아들 때문에 부왕과 왕비는 근심이 서렸다.

대와다하(Devadaha) 나라에서 오직 한 분만을 믿고 시집온 야소다라(Yasodhrā) 공주만이 즐거운 척하려고 노력하는 딱한 정경이었다. 백부님께서는 형님의 마음을 즐겁게 해 주기 위해 나에게 같이 지낼 것을 말씀하셨다. 사실 형님께서도 생각이 같다면 같이 지낼 수 있었다. 그러나 형님은 이 계획을 절대로 받아들이지 않았다.

※

우리에게는 형제들이 많이 있었지만 생각은 각기 달랐다. 나는 무역하는 이가 되어서 모든 사람들과 사귀며 지내야 했다. 교제하는 모든 계층의 사람들이 만족하도록 말할 수도 있었다.

왕자 때부터 의무로 익혀 왔던 대로 사람들 사이에서 어울리고 화합해야 했다. 자기 스스로를 왕자이며, 왕의 종족으로 생각해서 교제에 능숙하지 못했던 것이 세월이 지나고 살아가면서 자연스럽게 고쳐지고 몸에 익었다. 이제는 모든 계층 사람들과 친하게 지낼 수 있는 법을 터득했다.

형님인 싯달타 태자께서도 모든 계층의 사람들과 친하게 지내셨다. 그러나 나처럼 일부러 그들이 좋아하는 것을 따라 하며 친해지고 끌어당기는 것이 아니었다. 그분에게는 보는 이마다 좋아하고, 가까이 친하고 싶어지는 그러한 모습이 배어 나왔다. 고요하여서 바라보기만 해도 마음이 편해지는 태도와 만나는 이마다 온화한 미소를 보이는 마음 자세 등 그 모습과 태도, 얼굴 표정만으로도 모두 끌려서 감탄하며 고개를 숙이게 된다. 친밀함보다는 존경한다는 말이 더 어울렸다.

 이렇게 우리 형제는 서로 달랐다. 나는 모든 사람들과 화기애애하게 섞여 지내는 것에 만족해했다. 내가 있는 곳에는 언제나 여러 계층의 사람들이 많이 모였다. 그러나 형님께서는 혼자 지내기를 즐기신다. 모든 이들을 항상 자비의 마음으로 대하지만 때때로 그분은 주위를 잊어버린 듯 깊은 생각에 잠기셨다. 시간조차 그분을 건드리지 않고 지나가는 듯 오랫동안 깊은 생각 속에서 보내셨다. 형님의 태도가 불만스러워 언젠가 말씀을 드렸지만 달라진 것은 없었다.

 나는 유별나게 형님 싯달타 태자를 좋아하며 애정을 가지고 있었다. 나를 향한 싯달타 형님의 애정 역시 그보다 모자라지 않았다. 그러나 형님께서는 나를 크게 여기지는 않았다. 동생과 형제로서 사랑하실 뿐이었다.

 이렇게 형님께 큰 기대를 받지 못하는 것은 내가 모자라고 서툴기 때문이었다. 설사 형님께서 그렇게 생각하셔도 마음이 상하지는 않았다. 까삘라에 있는 동안에는 형님과 같이 오가며 언제나 모든 일을 함께 했다. 그리고 형님의 마음에 즐거움을 줄 수 있도록 노력을 기울였다. 그러나 형님의 태도는 달라지지 않았다. 오히려 곤두박질치는 급한 물살에 휩쓸린 것처럼 마음 편치 않아 했다.

※

 사실 우리 목숨 있는 중생들은 생애의 시작에서부터 그 급히 곤두박질치는 물살에 휩쓸린 것이 아닌가? 그리고 모두가 이 사실을 알면서도 굳이 외면하며 행복하고 편안하다고 생각하는 것이 아닌가?

어려서 햇병아리 같을 때는 즐겁게 뛰어다녔다. 어린아이에서 세월이 지나 어른이 되고 몸과 마음의 힘이 갖추어진 다음에는 부모의 책임을 바꾸어 져야 한다. 그 다음에는 점점 늙고 줄어드는 인생이 되고 ……. '늙음이란 오늘에는 황금, 내일에는 은'이란 말처럼 되는 것이리라. 특별히 무거운 병은 없다 해도 늙음이란 병은 피할 수 없다. 늙고 병들고 그 다음에 가야 할 곳은 무덤이 아닌가?

이 몸 안에 분명하게 생겼다가 사라지는 것들, 눈앞에 분명히 보이지 않게 생기는 많은 일들, 이러한 것들 때문에 괴로워할 시간은 없다. 시간과 나이가 있는 동안 다른 이들처럼 즐거워하고 기뻐하며, 주어지고 얻은 대로 기회를 가질 뿐이다.

재산을 모으는 데 있어서도 다른 이들보다 적게 모을 수도 있을 것이며, 비슷하게 따라갈 수도 있을 것이다. 그러나 일생을 살아가며 품위를 잃지 않을 정도여야 하고, 걱정하거나 남에게 빌지 않을 정도는 되어야 하리라. 내 주변에 있는 많은 이들의 목적은 이러했다.

내가 다른 이보다 어떤 것을 특별하게 생각할 필요가 있는가? 다른 많은 이들이 생각하지 않는 것을 특별하게 생각한 것은 없지만, 내 생애에 있어 나를 좋아했고 존경했던 이들이 없다고는 말할 수 없다. 또 생각이 많은 형님인 싯달타 역시 나와는 비교할 수 없을 만큼 많은 사람들이 좋아하였으며 많은 이들에게 존경을 받았다.

우리들이 조금도 좋아할 것이 없는 급박한 물살 속에서 흥얼거리며 어디론지 떠내려가고 있을 때, 형님 싯달타는 때로는 골똘히, 때로는 멍하게, 때로는 고개를 숙이고 깊은 생각에 잠기곤 했다.

※

마음속에 즐거움이 없는지 동산에 나들이를 갔다올 때도 따라간 다른 이들만 즐거워하고 기뻐할 뿐, 그분은 깊은 생각에 빠져 좋아하는 기색이 없었다. 그의 마음속에 있는 생각들은 점점 더욱 커져서, 그의 마음을 외부의 환경을 통해 바꾸어 주기가 쉽지 않았다.

온 세계에 있는 모든 사람이 각자 가지고 있는 늙음과 병듦, 죽음의 고통을 그 한 사람이 모두 모아서 받고 있다고 생각하는지는 모르지만 그 사색의 깊이는 그 정도로 심각했다. 동산에 나들이를 다녀올 때마다 그의 얼굴에서는 점점 웃음이 사라져 갔다.

그의 얼굴이 더욱 굳어지는 것을 보고 순도다나 부왕은 견딜 수 없어 했으며, 왕비인 마하 빠자빠띠 고따미는 음식을 삼키지 못했다. 목숨을 바꾸어도 좋을 만큼 사랑하는 야소다라 역시 몸을 치장할 생각조차 하지 못했다.

궁전 안의 모든 사람들이 자기 때문에 마음 불편해 하는 것을 형님 싯달타가 모를 수는 없었다. 그러나 형님은 거짓으로 즐거운 척하지 못했으며, 또 다른 이가 그렇게 하도록 시킬 수도 없었다. 그의 마음 상태와 태도, 얼굴의 표정을 거짓으로 꾸미거나 가릴 수가 없었고, 있는 그대로 드러날 뿐이었다.

Buddhavaṁsa aṭṭhakathā
Gotama buddhavaṁsa
Apadana Aṭṭhakathā에서

유월 보름, 목요일

 우리 교단의 역사 중 가장 중요했던 그날, 그 요일은 정확하게 기록해야 하리라. 우리들의 할아버님 인사나(Añcana) 대왕의 새로운 원년(그들의 역사가 너무 오래 되어서 앞의 숫자를 모두 제하고 남은 2년부터 새로 계산하기 시작했다)인 2년에서부터 계속하여 세어 왔던 햇수로 97년 음력 유월 보름날이었다.

 낮이 지나고 밤이 되어 우기의 훈훈한 바람이 부드럽게 불어올 때 형님 싯달타 태자가 동산에서 돌아오고 있었다. 그날 그 요일에 까삘라 성에 다시 돌아와서 우리들 일생 중에 잊을 수 없는, 눈앞에서 펼쳐진 그 사건을 분명하게 보게 되었다.

 들렸다가 끊어지는 흐느낌 소리, 서럽게 우는 소리를 들어야 했다. 가장 사랑하고 존경했던 형님과 헤어졌기 때문에 나 스스로도 흐르는 눈물을 그칠 수 없었으며 그 울음잔치에 낄 수밖에 없었다.

그러나 부처님 가르침의 그늘에 의지하여 맞이한 오늘, 다시 돌이켜 본다면 사실 그날의 그 사건은 크나큰 선업의 행운이라고 말할 수밖에 없을 것이다. 그렇기에 그때의 통곡과 흐느낌, 수군거리던 모든 것을 이제는 기쁨으로 표현해야 하리라.

❦

동산에 가던 때와 지금은 정반대의 얼굴이다. 동산을 향해 출발할 때는 골똘한 생각에 밝지 못한 얼굴이었다. 오늘이 형님 싯달타와 함께 우리 형제들 모두를 위해서 좋은 날인 것은 사실이다. 오늘은 여느 다른 날과는 다른 틀림없이 특별한 날이 될 것이다. 이 날, 이 요일, 동산에 갈 때 너무나도 특별한 모습을 형님 싯달타께서 보신 것이다.

그 사람은 수레도 없이 맨발 그대로 까뻴라 성의 가장 큰길을 서두는 기색도 없이 천천히 그리고 당당하게 걸어가고 있었다. 비싼 천으로 만든 고상한 옷 하나, 어느 장식 하나 걸치지 않았다. 짙게 물들인 거친 베옷 하나만을 그의 몸에 덮고 있었다.

그가 소중히 안고 있는 것은 루비도 황금도 아니며, 어떤 보배도 아니었다. 흙으로 거칠게 빚어서 만든 거무튀튀한 테두리도 없는 질그릇 하나, 지금까지 만나본 사람 중에 가장 가난하고 비천한, 가장 낮은 한 사람이 아니던가?

그러나 그 가장 가난하고 낮은 사람이 가장 잘 갖춘, 가장 부귀스러운 마하라사의 큰 왕자에게 존경을 드리지도, 머리를 숙이는 것도 없었다. 가장 잘 갖춘 호사스러운 사람이 오히려 그가 가는 곳을 따라 눈길을 떼지 못하고 지켜보고 있었다.

자세히 볼수록 이 세상에서 구족하고 구족치 못한 것의 뜻을 나의 형님께서 눈치 채시는 것 같았다. 사치와 호사, 젊은 왕족한 사람을 위해서 필요한 것마다 갖추어지는 모든 부귀들, 남편이 원하는 것에 따라 받드는 부인, 주인의 얼굴만 보고 마음에 들도록 시중하는 많은 사람들 …….

이렇게 보통 사람들은 감히 생각도 못하고 꿈조차 꿀 수 없는 부귀와 호사가 넘치는 분이지만 구족치 못함으로 인해서 몸과 마음이 얼마나 힘들었던가!

가장 가난한 사람보다 더 가난하여 아무것도 가진 것이 없는 이 사람이 원하는 것을 모두 갖춘 편안한 얼굴이 아닌가? 원함이나 걱정이 없는 원래대로 깨끗하고 밝아서 어느 바람도 스쳐가지 않는구나!

온통 황금무더기 위에 사는 사람들, 모든 중생들마다 벗어나지 못하고 잡아먹히는 늙고, 병들고, 죽게 하는 큰 귀신으로 인해서 이 생각 저 생각으로 두려움이 부글부글 커진다.

이 사람은 늙음에 대한 걱정으로 근심스러운 표정이 없으며, 병드는 것에 대한 공포로 걱정이 생기지 않으며, 죽음의 위험을 만나고 끌려가는 표정이 없다.

"다른 이들과는 다른 특별한 사람이던가?"

"그렇습니다. 저 사람을 수행자라고 부릅니다. 이 세상에 막힘이나 걸림없이 자유롭게 오고가는 사람 중 한 분입니다. 새들의 재산은 오직 날아갈 수 있는 두 날개뿐이듯이, 이 사람의 재산도 그의 몸과 떨어지지 않는 소지품뿐입니다."

"오! 그렇다. 좋구나. 정말 좋구나!"

❦

그 수행자의 모습을 보고 나서부터 형님의 얼굴은 오고가는 길 전부에 밝게 빛나 있었다. 이러한 얼굴이 길게 이어지기를 바라는 우리들에게도 날이 아직 훤하지만 달이 솟아오른 것 같았다. 그러나 그 밝고 큰 달이 동산에 도착한 지 오래지 않아 라후(월식)에 먹힘을 당해야 했다. 그렇다. 야소다라 태자비가 어린 아들을 낳았다는 소식이 전해지자 태자는 낮게 신음하며 중얼거리지 않았던가.

"오! 나를 얽어 묶는 장애(Rahu)가 아닌가?"

이러한 중얼거림에 따라 숟도다나 대왕은 정말로 손자가 아들을 묶어 주기를 원해서 라훌라(Rahula)라고 이름 지었다.

이 세상에서 가장 아름답고 착한 여자, 그리고 목숨이 아깝지 않게 자기를 사랑해 주는 그 공주가 결혼한 지 13년 만에 처음으로 사랑하는 아들을 낳아 주지 않았는가? 출가하기를 결심한 바로 그 날에 ······

그렇게 라후에게 먹혀서 밝은 빛이 사라진 달님은 동산 숲의 한적한 곳을 거닐며 왔다갔다를 거듭했다. 나무 그늘에 가끔씩 멈추어 서기도 했으며, 연못에 내려가기도 했지만 시름에서 벗어날 줄 몰랐다. 우리들과 모든 시종들은 멀찍이 떨어져서 그분의 태도만 주시하고 있었다.

시간이 흘러 서쪽 하늘에 햇빛이 사라져 갔다. 노을만 남겨놓고 ……. 그 노을조차 주인과 길게 떨어질 수 없다는 듯이 차츰 사라지고 서서히 어둠이 드리워졌다. 동산에서 돌아갈 시간이 되었어도 형님 싯달타는 움직일 줄 몰랐다. 그 모습을 보고 동생인 나도 감히 형님을 부르지 못하는데 다른 시종들이야 말할 것도 없었다.

그 순간 동쪽 하늘에서 구름을 헤치고 달님이 불쑥 모습을 나타냈다. 그리고 그 보름달과 같이 이 대지 위에도 한 분이 장엄한 빛을 발하고 있었다. 연못가에서 올라오는 형님의 얼굴은 그늘이 없는 밝은 모습으로 하늘의 보름달을 바라보고 계셨다.

장애(Rahu)의 그늘에서 벗어난 것이 틀림없었다. 장애의 그늘에서 완전히 벗어난 그분은 수레 있는 곳으로 천천히 걸음을 옮기셨다. 그분이 오시기를 기다리고 있던 우리는 태자가 수레에 올라 알맞게 자리를 잡자 왕궁을 향해 출발했다.

돌아오는 길에는 말발굽 소리와 수레바퀴 돌아가는 소리만이 들릴 뿐 어느 누구도 입을 열지 않았다. 형님 싯달타 태자가 기꺼워하며 달빛 아래의 평화로움을 누리는 대로 우리들도 역시 따라 즐겼다. 수레를 모는 마부 산다에게 천천히 몰도록 눈짓하였으며 시종들과 호위 병사들이 뒤로 쳐졌다.

※

우기의 자주 내리는 비로 인해서 까삘라 성의 큰길은 먼지 하나 없이 산뜻했다. 서쪽 하늘에는 마지막 저녁노을이 붉게 남아 있었고, 동쪽 하늘에는 이제 막 떠오르는 은빛 달덩이가 아름다웠다.

그리고 그 환한 달덩이같이 근심이 없는 원래 밝고 깨끗한 위엄을 보이며 장엄하게 빛나는 싯달타 태자의 얼굴이 있었다.

평화로운 보름달빛 아래 부드럽고 조용하게 왕궁을 향하던 수레가 큰 집 정원 앞에서 멈추었다. 크고 화려하며 호사스럽게 꾸민 저택에 딸린 정원이었다. 그 저택의 열려진 창문 너머로 사까 왕족의 공주 한 사람이 가야금을 타며 아름다운 목소리로 노래를 부르고 있는 모습이 보였다. 형님의 눈길이 그 노래를 부르는 주인공에 이르자 눈치껏 수레를 세운 것이다.

그 어린 공주는 내가 잘 알고 있는 사람이었다. 그녀의 집은 우리 집과 가까이 있었으며, 순도다나 대왕의 오른팔이라는 대신의 무남독녀였다. 대신은 그녀가 원하는 대로 악기와 시를 자유롭게 공부하도록 했다. 그녀의 이름은 고따미로 우리 사까족의 여자에게 어울리도록 만들어진 이름이었다.

훗날 싯달타 태자가 부처님이 되고 난 다음 사상과 견해가 다른 많은 외도와 브라만들이 부처님을 부를 때 종족의 이름을 그대로 따서 고따마라고 친밀히 부르기도 했다. 그러나 우리들은 '바가와(Bhaghava)' 하고 조심스럽고 공손히 불렀다. 바가와란 존경하는 스승님이란 뜻이다.

고따마 종족이어서 고따미라는 이름이 붙은 어린 공주는 몸이 매우 가냘펐다. 왕비인 마하 빠자빠띠 고따미와 구별을 하기 위해서 가까운 이들은 몸이 날씬하다는 뜻인 기싸를 붙여 그녀를 부를 때 '기싸 고따미'라는 애칭으로 불렀다. 뒤에 죽은 아들을 살리기 위해 죽은 사람이 없는 집을 찾아다니며 겨자씨를 구하던 기싸 고따미는 다른 사람이다.

기싸 고따미는 가냘프지만 매우 아름다웠다. 또 풍족한 부모 덕택에 마음껏 치장할 수 있었으므로 더욱 아름다웠으며, 그 용모의 아름다움 못지않게 아름다운 노래를 만들고 악기를 잘 다루는 것으로 유명했다.

그러한 소문이 널리 퍼지자 나이가 비슷하고 훌륭한 왕자들이 모여들었고, 결혼을 위해 매파를 보내기도 했다. 그러나 기싸 고따미는 그 누구의 청혼도 받아들이지 않았다. 그녀가 청혼을 거절하기는 했지만 뚜렷한 이유가 있는 것은 아니었다. 단지 '왕자님들의 사랑을 돌려 드릴 수 없기 때문'이라는 대답뿐이었다.

청혼하는 이들의 사랑을 돌려 드릴 수 없다고 했지만 그녀가 사람 사는 세계에 대해 싫증을 느끼고 있는 것은 아니었다. 단장하고 아름답게 꾸미기를 좋아하며, 아름다운 노래와 악기들을 다루며 즐거워하기도 했다.

그래서 이 알 수 없는 소녀의 속마음을 만날 때마다 풀기 어려운 수수께끼를 풀어가듯이 하나씩 정리하고 있었다. 이 날은 그 수수께끼의 대답이 저절로 나왔다. 그러나 그 대답을 보여 주기 전에 그녀의 시를 먼저 말하는 것이 순서일 것이다.

❀

우기의 시원한 바람이 산들산들 불어오고 있었고 보름달이 밝게 빛나는 정원에는 꽃들이 활짝 피어 있었으며, 먼지 하나 없이 깨끗이 씻긴 큰길은 시원히 뚫려 있었다.

그리고 활짝 열어 놓은 창문으로는 아름다운 소녀의 모습과 함께 노랫소리가 들려왔다. 기싸 고따미의 노래는 주변의 모습과 어우러져 마음속의 느낌들을 자연스럽게 표현하고 있었다. 그녀의 목소리는 가지와 잎이 무성한 나무 위에서 노래하는 새처럼 청아했다.

그 시의 제목은 우리들 수레 위에 떠 있는 달님이었다. 우리들은 귀를 기울이고 그 노래를 음미하며 즐겼다.

마음이 평안하며 즐거워지는 시(산따라사까비야Santarasakabyā)

하늘 위에 밝게 빛나는 달님처럼
이 땅 위에 황금덩이 같은
아들을 바라보는 어머니는
마음속의 모든 번뇌 사라지리라.

하늘 위에 밝게 빛나는 달님처럼
이 땅 위에 황금덩이 같은
아들을 바라보는 아버지는
마음속의 모든 번뇌 사라지리라.

하늘 위에 밝게 빛나는 달님처럼
이 땅 위에 아름다운

님의 모습을 바라보는 그의 아내는

마음속의 모든 번뇌 사라지리라.

마음속의 모든 번뇌 사라지리라.………

우리들 모두는 노래의 마지막 구절을 따라 불렀다. 그 시 구절을 듣는 사람 모두가 스스로 따라 부르지 않고는 못 견딜 만큼 아름다운 노래였다. 노래를 부르는 동안에도 보름달이 환히 비추고 있었다. 주변의 풍경 역시 깨끗하여 먼지 없는 큰길과 만발한 꽃들, 서늘한 바람이 기분 좋게 불고 있었다. 노래 부르는 이와 그 노래를 듣는 이가 함께 느끼고 있던 시원하고 조용함을 자세히 드러내 주었다. 거기에 좋아하는 사람과 나들이에서 돌아오는 흐뭇함까지 곁들여서.

"산다(Chanda)야,

이 보배 목걸이를 지금 노래 부른 소녀에게 갖다 주어라."

값을 정할 수 없을 만큼 귀중한 보배 목걸이를 형님 싯달타는 노래 한 구절을 위한 상으로 준 것이다. 산다가 돌아오자 우리들은 계속해서 왕궁으로 향했다.

※

그날 까삘라 성에 돌아온 것이 스스로 행운인가 불행인가 구별할 수 없음을 일찍이 말했다. 지금 생각하면 기뻐해야 할 일이었지만 그때에는 하늘이 캄캄할 정도로 불행한 일이라고 생각했었다. 나는 형님이라는 집착으로 그분을 우리의 둥지 안에서 같이 있게 하고 싶었던 것이다. 그러나 그분은 부모 형제, 친척 자매, 아내와 아들의 바람만을 채워 줄 수 없었다.

한밤중, 애마 깐다까(Kaṇṭaka)를 타고서 시종인 산다 한 사람만을 대동한 채 조용히 떠나갔다. 이 사실이 알려진 것과 동시에 모든 친척들의 울음잔치가 벌어진 것은 특별히 설명할 필요가 없다. 그러나 일찍이 말했던 대로 시간과 기회가 닿는 대로 드러내리라.

※

기싸 고따미 공주는 가까이 다가오는 모든 사까족 왕자들을 사랑할 수 없었다. 그러나 세간 사람들의 삶을 혐오하는 것도 아니었기 때문에 그녀의 사랑 거부는 수수께끼 중 하나였다.

형님 싯달타께서 노래 한 구절을 듣고서 값비싼 상을 주셨다. 형님이 상을 준 것은 고요하고 아름다운 시간에 고요하고 아름다운 노래를 듣고서 가슴이 깨끗하고 평온해졌기에 그에 대한 보답으로 준 것이었다.

그러나 이러한 행동을 기싸 고따미는 다르게 생각했다. 태자비는 이미 한 아이의 어머니가 되었으므로 그에게 좋아하고 집착할 일이 없어졌으리라. 그리고 아내에게 마음이 다해 버린 태자 싯달타께서는 어리고 젊은 자기의 모습에 흥미 있어 하지 않았던가?

소녀 기싸 고따미는 마음속으로 지나친 생각을 하며, 짝사랑하고 있었다. 그래서 청혼하는 모든 젊은 왕자들을 거절했다. 그러나 그 짝사랑하던 이가 친척들을 모두 남겨 놓고 떠나 버렸다.

울어야 하리라. 끼싸 고따미여!
다른 이들보다 두 배 세 배 더하여
울 만큼 울어야 하리라.

> Buddhavaṁsa Aṭṭhakathā
> Gotama Buddhavaṁsa
> Apadāna Aṭṭhakathā
> Avidūrenidaṅa

라자가하에서의 걸식

형님 싯달타 태자와 마부 산다는 그날 밤 아노마(Anoma) 강변에 도착했다. 아노마라는 말은 '천함이 없이 높고 높다'라는 뜻이다. 달빛에 의해 은구슬처럼 빛나는 그 거룩한 아노마 강의 모래 언덕에서 싯달타 태자는 수행자가 되었다.

"나의 검푸른 머리카락은 이미 뭉텅 잘라버렸다.
돌아가라. 산다야.
깐따까와 함께 까삘라로 돌아가라."

수행자가 된 태자는 산다에게 말했다. 태자의 단호한 모습에 산다는 어떤 말씀도 더 드릴 수 없었다. 어릴 때부터 같이 지내온 친구이자 시자인 산다는 깐따까와 함께 떨어지지 않는 걸음을 옮겼다. 그러나 주인을 두고 강을 건넌 애마 깐따까는 아노마 강 건너편 언덕에 이르자 그만 심장이 터져 죽어버렸다. 산다의 애달픔은 한층 컸으리라.

아노마! 그 거룩한 강변의 은빛 모래 언덕에서 수행자가 된 그분은 아누삐야라는 이름의 망고 숲에서 수행자만이 가질 수 있는 고요함과 평화로움을 즐겼다. 그리고 여행을 계속하여 마가다국의 수도인 라자가하에 이르게 되었다.

❦

다섯 산이 둘러싸서 보호해 주는 라자가하에서 수행자가 된 태자는 집집을 돌며 걸식하고 있었다. 조용하고 진지한 태도로 법도에 맞춰 걸식하는 수행자를 마가다국의 빔비사라(Bimbisāra) 대왕이 왕궁의 높은 누각에서 눈도 깜빡이지 않고 숨소리마저 죽이며 바라보고 있었다.

'저 분의 태도로 보아서 큰 깨달음을 얻고, 높은 가르침을 펴실 분이 틀림없다'라고 생각하고, '이 수행자의 나이는 나와 많이 차이나지 않는다. 많다면 나보다 5년 정도 많을 것'이라고 생각했다. 그 수행자를 보면 볼수록 마음이 기울어졌다.

그러나 왕은 보통 사람들처럼 쉽게 결정하지 않았다. 넓고 강대한 나라를 다스리는 왕은 모든 일을 신중히 처리해야 하기 때문이다. 왕은 그 수행자를 바로 만나지 않고 먼저 세 사람의 대신을 사자로 보내며 말했다.

"그대들은 저 수행자를 따라가서 알아보시오. 그의 신체는 키와 몸이 알맞아 매우 아름답고 자세 또한 바르고 깨끗하여 수행자의 덕을 갖추었소. 산과 개울을 살피며 눈길을 내려 앞으로 한 길 정도만 보며 걷는 것은 교만심이 없다는 것이오. 그대들은 가서 저 수행자를 직접 알아보시오."

몸과 입, 마음, 이 세 가지를 잘 단속하며 탁발하던 수행자는 발우에 음식이 채워지자 마을을 벗어나 만타와 산으로 갔다. 산기슭에서 탁발한 음식을 적당히 드셨을 때 빔비사라 대왕의 수레소리가 들렸다.

수행자가 멀찍이 보이는 곳에 수레를 세운 빔비사라 대왕은 걸어서 왔다. 대신들이 조사한 대로 이 수행자는 거짓으로 선한 척하지 않으며, 빈둥거리며 얻어먹기 위해서 수행자가 된 것도 아니었다. 이 수행자의 걷는 모습과 눈길, 태도 등을 미루어 볼 때 낮은 지위의 사람은 아니다. 이렇게 수행자에 대해 자세히 알아본 대왕은 급히 따라온 것이다.

빔비사라 대왕은 조심스럽게 수행자 가까이 가서 정중하게 인사를 여쭈었다.

"수행자시여! 당신은 매우 젊어서 첫 번째 나이(사람의 수명을 100살로 보고 셋으로 나눈 첫 번째 나이로 30세 정도)로 보입니다. 피부가 깨끗할 뿐만 아니라, 신체가 조화롭게 발달한 것으로 보아 왕족 같습니다. 당신을 받들어 모실 수 있도록 저의 재산을 보시하겠습니다. 어느 종족 출신인지 말씀하여 주십시오."

수행자가 높은 계층에서 태어났다는 것은 알 수 있었다. 그러나 어느 종족 출신인지는 알 수 없었다. 많은 종족 중에서 과연 어느 종족 출신인가를 자세히 알고 싶어서 물은 것이다. 수행자는 대왕의 물음에 남김없이 대답했지만 재산을 보시하겠다는 요청만은 거절했다.

"대왕이시여! 나는 깜마의 쾌락을 원하지 않습니다. 깜마 오욕락에서 벗어나기 위해 수행자가 되었습니다. 깜마 오욕락에서 벗어나 지금 하고 있는 수행에 만족하며 즐거워하고 있습니다."

"좋습니다. 수행자시여, 수행자님께서 원하시는 목적에 이르렀을 때, 다시 저의 나라에 오셔서 가르침을 베풀어주십시오."

수행자가 된 다음 첫 번째로 귀의한 신자에게, 그분은 조용히 계시는 것으로써 허락을 하셨다.

Vinaya

오! 야소다라

수행자는 마가다국 빔비사라 대왕의 보시를 조용히, 그리고 분명하게 거절했다. 이 소식이 전해지자 형님 싯달타 태자가 다시 돌아오기를 바라던 마음은 끝나버렸다.

순도다나 대왕과 왕비 마하 빠자빠띠 고따미는 아들의 출가로 인해 흐르던 눈물을 거두고 계속해서 나라를 책임지고 이끌어가야 했다. 그러면서도 오직 아들의 소식에만 귀를 열어 두었다.

빔비사라 대왕의 보시를 거절하는 순간 혹시 하던 희망이 모조리 사라졌으므로 슬퍼하기도 했다. 그러나 작은 나라이지만 사까족 왕자로서 위엄을 잃지 않았으며 크고 강한 나라를 준다는 것도 받지 않았다. 이것은 사까족의 자존심과 명성을 높여주는 것이기 때문에 눈물을 흘리면서도 만족해했다.

대와다하에 있는 야소다라 태자비의 부모와 친척들은 남편에게 버림을 받은 여자로서 기죽지 않게 하려고 사람을 보내 돌아오기를 청했다. 그러나 야소다라 태자비는 까삘라를 떠나지 않았다. 태자가 비록 자기와 어린 아들을 버리고 출가했어도 그분의 아내라고 생각했다. 이 세상에 한 사람뿐인 남편이 얼굴을 돌리고 멀리 가버렸다. 그러나 그분이 있는 곳을 바라보며 지내는 것만으로도 그분과 한 가닥이나마 연결된 것처럼 생각하며 지냈다.

그분께서 비단옷을 버리고 거친 베옷으로 갈아입었다고 듣는 순간부터 그녀 역시 거친 베옷으로 갈아입었다. 그분께서 저녁을 먹지 않고 한 끼만 드신다고 듣는 순간부터 그녀 역시 화려하게 준비된 저녁 식탁에서 얼굴을 돌렸다.

그분께서 침대 없이 맨 땅에서 주무신다고 했으므로 그녀 역시 마룻바닥에서 잤다. 그분께서 향수를 바르는 일이 없으므로 그녀 역시 향수를 바르고 치장하는 일들을 잊어버렸다.

눈물을 흘리는 야소다라!

이렇게 울며 간절히 기다리는 야소다라의 모습은 그녀의 부모에게는 가슴을 쳐야 하는 아픔이었다. 야소다라는 그분을 따라서 고통과 힘든 것을 참고 이겨냄으로써 그분과 어느 한 가지라도 연결될 수 있을 것이라고 생각했다. 그러한 생각으로 스스로의 마음을 달랠 수밖에 없었다.

※

모든 것을 버리고 떠나간 그분은 지금 우루웰라(苦行林) 숲 속에서 목숨을 건 수행을 하고 있다. 그렇게 노력하는 것은 나와 함께 세상 전부를 완전히 버리려는 것이다.

오! 야소다라여, 아! 그리워하는 이여!

그를 따라 수행하는 것만이 그를 따라갈 수 있는 것인가?

Vinaya

부왕의 말씀

　우루웰라 숲에 들어간 뒤, 더러 그분의 소식이 들려왔다. 한번은 그분이 경행대에서 힘이 다하여 쓰러졌다고 했다. 그리고 쓰러져서는 다시 일어나지 못하고 죽었다고도 했다.

　부왕인 숟도다나 대왕은 소원을 이루지 못한 아들은 결코 죽지 않는다고, 절대 죽을 수 없다고 믿었다. 그러나 사랑하는 아들이 죽을 수도 있을 만큼 심한 고통을 참으면서 수행하는 것은 분명했다.

　까삘라에 남은 우리 형제들은 태자를 따라나설 계획을 짜고 있었다. 깊은 숲 속에서 친척도 없이 홀로 고통을 감당하는 형님에게 우리들이 가서 보호하고 도와주려 했다. 그것을 안 숟도다나 대왕은 말했다.

　"나의 조카들이여, 나의 아들들이여!

　싯달타 태자가 혼자서 떠난 것은 자유롭게 진리를 찾으려는 것이다. 진리를 완전하게 아는 것이 중요하기 때문에 친척들과 멀리 떨어진 곳으로 간 것이다. 친척과 궁전, 나라에 대한 집착이 없는 곳을 찾아서 간 것이다. 피와 살이 같은 종족의 애착이 있는 이가 가서 도우면 그에게 방해가 될 수 있다.

이 친족들을 그가 절대로 받아들이지 않을 것이다. 그렇기 때문에 산다 또한 한 마디 말로써 쫓아보낸 것이 아닌가?

조카와 아들들아, 너희를 위해서 조금 마음 놓이는 일 한 가지를 말해주리라. 꼰단냐, 와빠, 받디야, 마하나마, 아싸지, 이 다섯 브라만들이 까뻴라 성을 떠나 우루웰라 숲에 가서 수행자가 되었다. 그들이 나의 아들과 함께 있다는 좋은 소식이 왔다.

그 다섯 수행자는 탁발하여 먹을 것을 마련해 주고 더운물과 시원한 물을 쓸 수 있도록 준비해 주며 여러 가지를 보살펴 주고 있다. 친척도 혈연관계도 없는 그들이 오직 법을 들으려는 바람으로 태자의 시중을 들어 주고 있다."

"조카들이여, 아들들이여!

그가 모든 것을 버리고 우리들의 둥지를 떠났을 때, 우리는 모두 텅 빈 것처럼 되었다. 버리고 간 그도 우리들에 대한 집착을 끊어 텅 비었음을 느꼈을 것이다. 그래서 나도 그의 뜻을 이해하게 되었다. 그럴 것이라고 생각했다."

"내 아들 싯달타는 우리 사까족만을 위해 있는 것이 아니다. 우리 종족의 한계를 벗어나서 가 버렸다. 이제 세상에 있는 모든 사람들을 위해 있는 것이다.

지금 현재 있는 사람들, 미래에 태어날 사람들을 위해 값을 매길 수 없는 보배 한 분을 우리 종족이 선물한 것이다. 그의 성취를 기원하고 그것으로 우리 사까족들의 공덕을 삼자. 그의 소식에 귀를 기울이며 지내도록 하자."

Majjimapaṇṇāsa
Bodhirāja Kumāra Sutta

숲 속에서 보낸 여섯 해

우리들은 우루웰라 큰 숲으로 따라갈 기회가 없어졌다. 그곳에는 우리들과 가까운 친구도 없었다. 그래서 그분의 수행하는 모습과 고통 받는 모습 등, 자세하고 정확한 소식을 까삘라 성에서는 얻을 수 없었다.

그러나 부처님이 되시고, 보디 왕자가 새로운 왕궁을 지은 다음 부처님을 모시고 공양을 올릴 때, 부처님께서 직접 그 수행 과정을 말씀하셨다.

그때 우리들은 자세하고도 완전하게 알게 되었다.

❦

보디 왕자에게 부처님께서는 이렇게 말씀하셨다.

"왕자여! 까삘라 성을 떠났을 때 내 나이는 젊었다. 내 머리털은 희거나 새치도 없었으며 검고 검었다. 첫 번째 나이(30세 정도),

일생에서 가장 좋을 때 눈물을 흘리는 부모 친척들을 버리고 떠났다. 머리털과 수염을 깎고, 물들인 거친 베옷으로 만든 가사를 걸치고 수행자가 되었다.

평범한 삶을 버리고 생로병사를 벗어나는 길을 찾기로 한 나는 첫 번째로 알라라 깔라마(Ālāra Kālāma)에게 갔다. 그리고 그가 행하는 수행법을 가르쳐 주기를 청했을 때 알라라 깔라마는 쉽게 그의 수행법을 가르쳐 주었다. 조금만 배워도 그가 말만 앞세우지 않고 실제 수행법을 알고 있다는 것을 믿을 수 있었다.

알라라 깔라마가 깨달은 가장 높은 법은 무색계 세 번째 선정(Ākiñcañña yatana jhana)이다. 그 수행법에 따라 알라라 깔라마와 같은 경지에 이르자 나는 그에게 그 사실을 말했다. 그는 자기 일처럼 매우 기뻐하며 말했다.

'젊은 수행자여! 같이 지낼 도반을 얻으니 힘이 나는구려. 이제 내가 아는 법을 당신도 알고 있습니다. 당신이 아는 법을 나 또한 알고 있습니다. 당신은 나와 같습니다. 나와 당신은 같습니다. 좋습니다. 지금 이 시간부터 우리 두 사람은 힘을 모아 수행자 대중들을 잘 이끌어 갑시다.'

알라라 깔라마는 제자였던 나를 그와 같은 지위로 대접했다. 그뿐만 아니라 나에게 모든 것에 대한 우선권을 주었다.

왕자여! 그렇게 모든 면에서 잘 대해 주었지만 나는 알라라 깔라마를 떠나왔다. 내가 찾는 법은 모든 고통이 다한 닙바나였다. 그러나 거기에서 얻을 수 있는 가장 높은 경지는 아께인신냐 야따나

자나로 무색계 세 번째 선정뿐이었다. 그 정도의 선정만으로는 만족할 수 없어서 다시 법을 찾아다니다 만난 스승이 우다까 라마뿍따였다."

※

"왕자여! 우다까 라마뿍따(Uplaka rāmaputta)에게서 나는 무색계 4선정(Nevasaññānāsaññā yatanajhana)을 얻었다. 그것은 무색계 선정 네 가지 중에서 마지막 네 번째 선정이다.

세간의 모든 선정 중에서는 가장 높은 것이었다. 그러나 나는 모든 고통이 다한 법을 찾으려 했기 때문에 우다까 라마뿍따에게서도 역시 떠나야 했다.

법을 찾으려는 일념으로 마가다국의 이곳저곳을 돌아다니던 나는 어느 날 우루웰라 숲에 이르렀으며 세나니가마(Senanigama) 마을에 가까이 갔다.

그 지역은 모든 것이 적당했다. 수행에 알맞은 숲이 있었고, 조용하고 풍부하게 흐르는 아름다운 강물은 맑고 깨끗했다. 나루터 역시 잘 갖추어져 위험이 없었으며 주변 마을은 걸식하기에 멀지도 가깝지도 않고 적당했다. 그곳은 수행하기에 좋은 장소였다.

왕자여! 그곳에 머물며 수행에 전념하던 중 세 가지 비유가 떠올랐다. 전에는 한 번도 생각하지 않았던 비유들이었다."

"왕자여! 너에게 비유 하나를 들어 보겠다. 어느 한 사람이 생나무 장작을 물에 담가 두었다가 꺼내서 부싯돌로 비빈다면 불을 얻을 수 있겠는가?"

"얻지 못합니다. 부처님! 피곤함만 있을 뿐입니다."

"왕자여, 무슨 이유인가?"

"부처님, 불을 피우려는 장작은 마르지 않은 생나무이며, 물에 담가져 있었습니다. 그 두 가지 이유 때문에 불을 얻지 못합니다."

"왕자여, 수행자인 많은 사문과 브라만들도 그와 같다. 그들의 몸과 마음은 깜마 오욕락에 젖어 있으며, 스스로 지혜를 내어 깜마 오욕락을 얻고자 하는 욕심에서 빠져 나올 수 없으며, 욕망을 잠재울 수 없다.

그런 사람들은 아무리 열심히 노력한다고 해도, 그 자신에게 고통과 피곤함을 받게 하거나 받게 하지 않거나 간에, 세간 윤회를 벗어나는 출세간(Lokuttarā)의 지혜를 얻지 못한다."

"왕자여, 다음 비유 하나를 들어 보겠다. 어느 한 사람이 물에는 담가 두지 않았지만 생나무 장작을 부싯돌로 비벼서 불을 얻을 수 있겠는가?"

"불을 얻을 수 없습니다. 부처님!"

"왕자여, 이유가 무엇인가?"

"부처님, 그가 불을 얻으려는 장작은 비록 물에는 담가 두지 않았지만 생나무 장작으로 젖어 있습니다. 그래서 불을 얻지 못합니다."

"왕자여, 많은 사문이나 브라만들도 그와 같다. 그들의 몸과 마음은 깜마 오욕락에 떨어져 있다. 그리고 스스로 지혜를 내어 그 오욕락을 얻고자 하는 욕심에서 빠져 나오지 못하고 욕망을 잠재우지 못한다. 그런 사람은 열심히 노력하여도, 그 자신에게 큰 괴로움을 받게 하거나 받게 하지 않거나 간에 출세간의 지혜를 얻지 못한다."

"왕자여, 다음 비유 하나를 또 들어 보겠다. 어느 한 사람이 물에 젖지 아니한 마른 장작을 부싯돌로 비벼서 불을 일으킨다면, 그 사람은 불을 얻을 수 있겠는가?"

"그렇습니다. 불을 얻을 수 있을 것입니다. 부처님!"

"왕자여, 무슨 이유인가?"

"부처님, 그가 불을 피우려는 장작은 말라 있습니다. 또 물에 젖지 않게 하기 위해 물과 멀리 떨어진 곳에 놓아두었습니다. 그 두 가지 때문에 그는 불을 얻을 수 있습니다."

"왕자여, 그와 같은 사문이나 브라만들이 무수히 많이 있다. 그들의 몸과 마음은 깜마 오욕락에서 떨어져 멀리 있다. 깜마 오욕락에 대한 욕심을 스스로의 지혜로 억제하고 조용히 잠재운다. 그런 사람들은 열심히 수행 노력하여, 그 자신이 고통을 받거나 받지 않거나 간에 출세간의 지혜를 얻을 수 있다."

※

"왕자여, 그렇게 생각한 다음 나는 이를 악물고 혀끝을 세워 목구멍을 막아서 불선업의 마음을 부수고 말려 버리도록 노력했다. 그러자 힘센 장정이 힘없는 사람을 짓밟아서 고통스럽게 하듯이 심한 고통이 밀려왔다. 겨드랑이에서 땀이 흘러내릴 정도였다."

"왕자여, 그 다음 나는 숨을 쉬지 않고 멈추었다. 입과 코를 막아 나가고 들어오는 바람이 통하지 못하게 했다. 그러자 풀무질할 때 큰 바람소리가 터져 나오듯이 귀에서 큰소리가 터져 나왔다.”

"왕자여, 그러나 나는 그 수행을 계속하여 행하였다. 입과 코뿐만 아니라 귀조차 막았다. 그러자 날카로운 송곳으로 머리를 찌르는 것처럼 몸 안의 바람들이 머리 속을 찔렀다.”

"왕자여, 나는 그런 수행만을 고집했다. 입과 코와 귀를 전처럼 막자, 힘센 남자가 가죽 끈으로 머리를 꽉 조이게 묶는 것과 같은 심한 고통을 받아야 했다.”

"왕자여, 나는 그 정도에서 그치지 않고 수행을 계속했다. 바람이 나가는 모든 구멍을 전처럼 다시 막았다. 그러자 소 잡는 백정의 날카로운 칼이 뱃속을 조각조각 저미듯 몸 안의 바람들이 뱃속을 찔러댔다.”

"왕자여, 그러나 물러서지 않은 나는 그 수행을 계속했다. 바람이 나가는 모든 구멍을 다시 막았다. 그러자 힘센 두 남자가 팔을 잡고서 이글거리는 숯불 위에서 그슬러 굽는 것처럼 몸 전체가 매우 뜨거워졌다.”

"왕자여, 그 정도의 수행에도 만족하지 못한 나는 먹을 것을 줄이기 시작했다. 콩 삶은 물, 나뭇잎 삶은 물을 한 줌 정도만 먹었다. 그렇게 먹을 것을 줄이자 몸이 몹시 피곤했다. 몸의 부분들이 마른 넝쿨을 이어 놓은 것처럼 되었으며, 넓적다리는 낙타다리처럼 바짝 말라갔고, 척추는 염주 알처럼 울퉁불퉁 드러났고, 갈비뼈는 무너진 헌집의 서까래처럼 질서 없이 늘어졌다.

두 눈은 우물 속의 별 그림자처럼 움푹 꺼져 내려갔고, 머리는 햇빛에 말라비틀어진 박처럼 보기에 아름답지 못했다."

"왕자여, 그 정도로 심하게 수행했던 나는 뱃가죽인가 하고 만지면 허리뼈가 만져지고, 허리뼈인가 하고 만지면 뱃가죽이 만져졌다. 뱃가죽이 허리뼈에 붙어 있었다.

그러던 나는 대소변을 보려고 자리에서 일어나다 쓰러져 버렸다. 겨우 정신을 차리고 손으로 몸을 쓰다듬자 뿌리가 말라버린 털이 뽑혀 나왔다.……"

Majjimapaññāsa bodhirāja kumāra sutta

시간이 이르렀다

온몸이 산산조각 나는 듯한 고통, 죽음의 목전에 이르는 고통을 맛보고서 나는 그때의 생각이 틀렸다는 결론을 내렸다.

출세간에 이르는 결과를 편안한 수행으로 얻을 수 없다. 또한 심한 고통, 누구도 미치지 못할 만큼 큰 고통을 통해 출세간 지혜에 이른다는 생각 역시 틀렸다.

이 바르지 못한 두 길을 육년 동안 수행했기 때문에 현재의 결과에 이른 것이다. 이보다 더 고행을 한다면 진리에 도달하지도 못한 채 죽을 것이다. 죽음이 눈앞에 있는 것을 알면서도 계속할 것인가?

'고행을 계속한다는 것은 나를 위해서도, 이 세상을 위해서도 좋은 길이 되지 않을 것이다.'

심한 고행으로 겨우 목숨만 남은 태자는 그때까지 지극하게 수행하던 그 고행(Dukkhara cariya)을 다시 생각하게 되었다.

그러나 태자를 따라나섰던 다섯 수행자(Pañcavaggī)들의 생각은 달랐다. 처음부터 다섯 수행자들은 태자의 곁에서 시중을 들면서 같이 고행하고 있었다. 고행을 한층 더해서 행할 때마다 태자가 법을 깨달을 때가 가까워졌다고 생각하며 만족해했다.

그러나 태자가 자기의 수행이 잘못되었음을 스스로 깨닫고 길을 바꾸었을 때, 다섯 수행자는 등을 돌리고 가버렸다. 이러한 사실들을 부처님께서는 보디 왕자에게 계속하여 말씀하셨다.

※

"왕자여! 그렇게 겨우 목숨만 남은 나는 이렇게 생각했다. 과거에 자기 스스로의 노력으로 괴로운 고행을 행했던 사문이나 브라만도 지금 내가 행한 고행의 수준이었을 것이다. 미래에 그 누가 고행을 한다고 해도 이 정도일 것이다.

지금보다 더한 고행을 할 수는 없다. 그러나 이 극심한 고행으로도 세간을 벗어나는 특별한 도를 얻을 수 없다. 그러면 다른 길이 있는가?"

"왕자여, 그러자 농사의 시작을 알리기 위해 처음 논을 가는 농경제 행사에 부왕과 함께 참여했을 때의 일이 생각났다. 그 행사 도중에 나는 나무 그늘에 앉아서 첫 번째 선정에 들어갔었던 일이 있었다.

고행을 버리고 다른 길을 찾던 나는 '그때의 그 선정이 세간을 벗어나는 지혜를 얻기 위한 길이 아니었을까?'라는 생각이 들었다.

그리고 이 선정을 기초로 한 길이 바른 것임을 알게 되었다. 그 다음 나는 '그 선정의 행복을 두려워하는가?'라고 스스로 물었다. 그리고 '두려워하지 않는다.'라고 대답했다."

"왕자여, 이렇게 스스로 묻고 대답한 나는 고행으로 지친 내 몸의 상태를 돌이켜 보았다. 그리고 더할 수 없는 심한 고통을 받아왔던 그 몸으로는 선정의 행복을 감당할 수 없다고 생각했다. 그래서 공양을 받아 힘을 조금씩 키워 나가야 했다."

"왕자여, 그때 다섯 수행자들은 나의 시중을 들고 있었다. 그들은 '싯달타 태자가 고행을 통해 특별한 깨달음을 얻으면 우리에게도 말하여 줄 것'이라고 믿고 있었다. 그러나 내가 고행을 버리고 예전처럼 음식을 먹기 시작하자 그들은 나를 버리고 가 버렸다.

'싯달타 태자이자 수행자인 고따마는 깨달음에 이를 수 있는 수행을 포기했다. 그리고 이제는 타락하여 보시를 많이 받을 수 있는 마을로 돌아다닌다.'라고 생각하고 떠난 것이다."

※

"왕자여, 나는 음식을 먹고 힘을 키운 다음, 첫 번째 선정과 두 번째 선정, 세 번째 선정, 네 번째 선정에 차례로 들었다. 그리고는 그 선정에서 나와 지극히 맑고 깨끗한 마음으로 몸과 마음을 관찰하였다. 그날 밤 초경에 전생을 아는 지혜(숙명통)를 얻어서 윤회하였던 수많은 생의 모든 것을 돌이켜 기억할 수 있었다.

그 밤의 중간에는 모든 것을 볼 수 있는 지혜(천안통)를 얻었다. 무량한 모든 중생들이 업에 따라 오고가는 모습을 눈앞에서 분명하게 보아 아는 것이다.

이렇게 세간의 선정을 기초로 한 마음은 조용히 머물러 산란하지 않고 깨끗했다. 뜨거운 번뇌와 방해가 없이 부드러우며, 지혜를 닦음에 힘이 있고 조용하여 흔들림이 없는 경지에 이르렀다.

그때 나는 대상에 집착하고 욕망을 일으키지 않는 지혜를 얻기 원하여 마음을 기울였다.

나는 '이것이 고통'이라고 사실대로 바르게 알았다.
나는 '이것이 고통의 원인'이라고 사실대로 바르게 알았다.
나는 '이것이 고통이 다한 것'이라고 사실대로 바르게 알았다.
나는 '이것이 고통을 끊는 길'이라고 사실대로 바르게 알았다.

이렇게 알고 난 나의 마음은 깜마 오욕락에 탐닉하는 것과 이 생애와 저 생애를 바라고 원하는 것, 그리고 진리인 사성제를 막아버리는 무지에서 벗어났다. 그리고 벗어나야 할 것에서 벗어났다고 아는 지혜(Pacca vekkhanañāṇa)가 생겼다.

"다시 태어나야 할 일은 끝났다.
높은 수행을 행하여 마쳤다.
해야 할 일은 모두 해 마쳤다.
이 닙바나를 얻기 위해서
다시 더 수행해야 할 일은 없다.

이러한 것을 스스로의 지혜로 알았다."

"왕자여, 세 가지 지혜* 가운데 세 번째 지혜를 그날 밤 마지막 먼동이 트기 직전에 얻었다. 밝은 빛이 솟아났다. 이것은 잊어버림 없는 노력으로 바르게 수행한 결과였다."

༺༻

이 세상을 위해서 처음으로 지혜의 횃불을 밝히시던 모습을 부처님께서는 이렇게 완전하고도 자세히 말씀하셨다.

부처님께서 '그 밤'이라고 하신 것은 마하 새까라사(Mahā Sekkaraja) 103년 음력 4월 보름, 수요일이다. 우리 교단의 전통에 따라 새해로 바뀌는 계절, 아침 먼동이 트는 시간이다. 세간에서 쓰는 것처럼 한밤중이 아니다. 그래서 그 밤의 마지막 시간 먼동이 트기 전 시간을 4월 보름날에 넣어서 세는 것이다.

싯달타 태자가 깨달음을 이루시던 그날 아침, 새나니가마 마을에 살던 장자의 딸 수자따는 보리수 아래를 청소하기 위하여 아침 일찍 하녀를 보냈다.

보리수 아래를 비질하러 온 하녀는 싯달타 태자를 보자 그들이 정성을 드리는 목신인 줄 알고 급히 집으로 달음질쳤다. 그리고

---

* 3가지 지혜 ① 숙명통(뽁배니와사 냐나) : 전생을 아는 지혜, ② 천안통(대바쌔쿠 냐나) : 멀고 가깝고, 크고 작은 모든 것을 볼 수 있는 지혜, 혹은 중생들이 업에 따라 오고가는 것을 아는 지혜, ③ 무루지(아사왜카야 냐나) : 모든 번뇌가 다한 지혜.

오래지 않아 그의 주인인 수자따와 다시 돌아왔다.

"거룩하신 목신이시여!
제가 여태까지 당신에게 소원을 빌어서
모두 성취하였습니다.
저의 소원이 모두 이루어졌듯이
당신의 소원도 모두 이루어지기를 바랍니다."

그녀는 황금사발에 담긴 유미 공양을 부처님께 올렸다. 자기가 올린 공양을 받은 분이 세상에 같음이 없는 높은 삼마 삼보디의 지혜를 얻으셨다는 것을 안 그녀들은 얼마나 기뻤겠는가?
"아난다야, 세상에 같음이 없는 큰 지혜(삼마 삼보디)를 얻은 날과 다시 돌아오지 않는 닙바나(Anupadhisesa Nibbana)에 드는 날에 공양 보시를 올린 것은 같은 공덕을 얻는다. 다른 공양 보시보다 특별한 이익의 공덕을 가진다."
이렇게 닙바나에 드시기 전 마지막 날에 부처님께서 말씀하셨던 것은 바로 이 유미 공양을 가리킨 것이다.

Mijjima paṇṇāsa Bodirājā Kumāra sutta
Mahā parinibbāna sutta
Sunda Kammāraputta vatthu

깨달음을 이루신 후 사슴동산으로

깨달음을 이루시는 과정에서 스승 없이 스스로 사성제의 진리를 깨달아서 다른 이에게도 깨닫게 해주는 지혜를 얻은 곳이 가장 중요하듯이, 부처님이 되신 후에 처음으로 가르침(Dhamma Sekka)을 펴신 곳도 그만큼 중요하다. 부처님께서는 직접 보디 왕자에게 그 이유를 말씀하셨다.

사실 세간의 선정을 알려주었던 알라라와 우다까 수행자가 살아 있었다면 그들이 그 가르침을 처음으로 들었을 것이다. 그러나 그들은 이미 이 세상 사람이 아니었다. 알라라는 이미 7일 전에 이 세상을 떠났고 우다까는 바로 전날 초저녁에 죽음을 맞았다.

그 두 사람에 대해 부처님께서 '오! 크게 잃었구나.'라며 탄식하셨다.

"왕자여! 알라라와 우다까가 이 세상을 떠난 것을 알았을 때 나는 '누구에게 제일 먼저 법을 설해야 하나? 이 법을 누가 빨리 깨달을 것인가?' 하고 생각했다.

그리고 '다섯 수행자들은 나에게 많은 은혜를 베풀었다. 그들에게 먼저 법을 말하는 것이 좋으리라.'고 생각했다. 그래서 다섯 수행자들이 있는 바라나시(Bāraṇsī) 근처의 선인들이 머무르는 곳(Isipatana)이라는 사슴동산(Migadāvana)으로 갔다."

"왕자여! 나는 그 여행길에서 우빠까라는 외도 수행자를 만났다. 그는 '수행자여! 당신의 태도는 특별하게 깨끗합니다. 당신의 모습과 살결은 매우 깨끗하고 맑습니다. 당신은 누구를 목표로 하여 수행자가 되었습니까? 당신의 스승은 누구입니까? 누구의 법을 좋아하십니까?' 하고 물었다."

나는 대답했다.

"우빠까여! 나는 모든 것을 알았다.

그리고 모든 것을 버렸다. 갈망이 다한 곳, 닙바나를 대상으로 번뇌에서 벗어났다. 스스로의 노력으로 완전히 깨달았기 때문에 누구를 스승이라고 말할 수 없다.

우빠까여, 나에게 스승은 없다. 나는 모든 번뇌가 다한 사람이며 가장 높은 공양을 받을 자격이 있는 사람(아라한)이다. 모든 진리를 있는 그대로 바르게 아는, 세상에서 오직 한 분뿐인 부처님이다. 번뇌의 불은 꺼져서 평온하다.

나는 처음으로 법을 말하기 위해 까시(Kāsi)국의 바라나시로 간다. 이 세상에 진리라는 닙바나에 이를 수 있는 길을 펴 보일 것이다."

이렇게 말했을 때 우빠까는 다시 물었다.

"수행자시여! 수행자께서 말씀한 대로 모든 것을 다 아시는 지혜(Sabbiññutañāṇa)가 구족한 부처님이 되었습니까?"

"우빠까여, 나와 같이 모든 번뇌의 다함에 이른 사람을 진짜 영웅(Jina)이라고 한다. 나는 천한 악업을 모두 이겨냈기 때문에 영웅이라고 한다."

그렇게 말했을 때 우빠까는 머리를 끄덕이며 말했다.

"그렇다면 그럴 수도 있겠군요."

그렇게 말한 다음 그는 나와 헤어져 여행을 계속했다.

※

"왕자여, 나는 여행의 목적지인 사슴동산에 이르렀다. 다섯 수행자들은 멀리서 오는 나를 보고는 '수행자 고따마가 우리를 따라왔다. 그는 수행을 포기하고 보시와 공양이 많은 마을을 찾아다닌다. 우리는 그에게 예배하지 말자. 마중도 하지 말며, 발우와 가사도 받아 주지 말자. 단 그가 높은 종족이니 자리 정도는 펴 주는 것이 적당할 것이다. 그가 앉고 싶으면 앉을 것이다.'라고 서로 약속했다."

"왕자여, 그러나 그들은 내가 다가갔을 때 자기들의 약속대로 가만히 있지 못했다. 어떤 이는 나를 마중하며 발우와 가사를 받아 주었다. 어떤 이는 자리를 펴 주었으며, 어떤 이는 발 씻을 물을 길어 왔다.

그러나 부르는 칭호는 바뀌지 않았다. 예전의 습관대로 '수행자 고따마'로 부르기도 하고, '당신'이라고도 불렀다. 수행자로서 같은 위치에서 지냈던 대로 그때까지 그렇게 불렀다. 그래서 나는 깨달음을 얻었고, 이제는 바뀌었다는 사실을 있는 대로 바르게 말해야 했다."

"수행자들이여! 나는 여래, 부처님이다. 예전에 부르던 이름이나 당신이라고 부르지 마라. 수행자들이여, 나 붓다는 모든 번뇌가 끊어졌다. 내가 원하던 것을 나 스스로 누구의 도움도 없이 정확하고 바르게 확실히 알았다.

수행자들이여! 귀를 기울여서 들어라. 내가 스스로 깨달은 죽지 않는 법, 닙바나에 이르는 법(Amata)을 가르치리라. 나 여래가 가르친 대로 따라서 행하면 그대들도 머지않아서 선한 수행자가 되는 이익을 얻으리라. 모든 수행의 끝인 세간을 벗어나는 법을 각자 현재에 이룰 수 있을 것이다.'라고 말했다."

"왕자여! 내가 이렇게 말했을 때 다섯 수행자들은 '고따마, 당신은 아주 심한 고행을 할 때에도 세간을 벗어나는 특별한 법을 얻지 못했다. 어째서 지금처럼 수행을 버리고 보시 공양이 많은 마을을 찾아다닐 때 얻을 수 있었단 말인가?' 하고 물었으며 나의 말을 듣지 않았다.

왕자여, 나는 그들의 생각이 틀린 것을 설명하며 내가 말하는 법을 들으라고 했다. 두 번째 기회도 거절했기 때문에 세 번째로 다시 설명했다. 그때는 내가 그들에게 도리어 질문했다.

'수행자들이여, 예전에 내가 여래이며 부처님이라고 말한 적이 있었던가? 그대들은 잘 생각해 보아라.'라고 하자 그들은 대답했다.

'들어본 적이 없습니다. 기억에 없습니다.'라고 사실대로 대답했다. 그리고 다섯 수행자들은 그때서야 마음을 놓고 의심을 풀었다."

"왕자여! 나는 『초전 법륜경(Dhamma cakka)』을 날마다 깨끗이 구분하여 설명했다. 수행자 두 사람이 법문을 듣고 있으면 다른 수행자 셋이 걸식하러 갔으며, 걸식을 하던 수행자 세 사람이 돌아와 법문을 들으면 다른 수행자 둘이 걸식을 해왔다. 이렇게 우리 여섯 사람은 만족하게 먹으며 지냈다.

왕자여! 다섯 수행자들은 나의 가르침을 받아서 선한 남자 수행자가 된 이익을 얻었다. 모든 수행의 끝인 출세간의 법을 각자 곧바로 체험할 수 있었다."

☙

그른 것을 바르다고 생각하고 극심한 고통을 감당해야 했을 때의 모습과 그때까지 행하던 그른 길을 과감히 버리고 바른 길을 따라 자기 스스로 법을 깨달은 모습, 그리고 깨달은 법을 제일 먼저 다섯 수행자들에게 말씀하셨던 모습 등, 그 모든 것을 부처님께서는 보디 왕자에게 말씀하셨던 것이다.

부처님의 가르침을 받은 다섯 수행자들이 출세간의 법을 얻는 모습을 보디 왕자가 자세히 알고서 만족해하였다. 이렇게 출세간의 법을 쉽고 빨리 깨닫기 위해서는 부처님께서 말씀하셨던 기본 조건 5가지*가 필요하다.

Bodhiraja sutta

---

* 기본 조건 5가지 : 특별한 법을 알고 보기를 원하는 이가 갖추어야 할 조건 5가지.
  ① 삼보에 대한 신심이 지극하여야 한다.
   부처님 : 사성제 진리를 스스로 깨달으시고, 다른 이에게도 깨달 게 해주실 수 있는 스승님이라고 믿는 것
   담마 : 부처님께서 설하신 법 그대로 수행하면 반드시 닙바나에 이른다고 믿는 것
   상가 : 부처님께서 설하신 법 그대로 수행하여 출세간의 법을 얻으신 분들이며 또 업과 업의 결과는 반드시 있다는 사실을 믿는 것
  ② 수행할 수 있을 만큼 건강해야 한다.
  ③ 거짓이나 꾸밈없이 사실대로 말하며 정직해야 한다.
  ④ 게으름 없이 꾸준히 노력해야 한다.
  ⑤ 자기에게 있는 일어나고 사라짐을 관찰할 수 있는 지혜가 날카로워야 한다.

법의 수레바퀴

부처님의 법을 은행금고에 보관하듯 잘 간수해 온 한 사람으로써 목숨을 아끼지 아니하고 간직해 왔던 법의 보배 중에 이렇게 처음 펴 보이신 진리(Dhamma)에는 『초전법륜경』도 포함된다.

부처님의 첫 법문이어서 우리 제자들이 특별히 존중하는 가르침이다. 이제 그 가르침 중에서 사성제의 진리와 관계된 것을 말하리라.

"비구들이여!

비구 수행자들은 낮은 법 두 가지에 의지하지 말아야 한다. 어떤 것이 낮은 법 두 가지인가?

성인들의 재산이 아니며 행복과 번영을 가져다주는 것이 아닌, 낮고 천한 세속 마을 사람들의 재산이자 범부들의 습관인 깜마 오욕락의 기쁨을 즐기는 것이 하나의 낮은 법이다.

성인들의 재산이 아니며 행복과 번영을 가져다주는 것이 아닌,

극심한 고통으로 자기 스스로를 피곤하고 힘들도록 괴롭히는 것이 하나의 낮은 법이다.

이 두 가지 모두를 천하고 저속한 법이라고 부른다."

🪷

처음으로 가르침을 시작하자마자 낮은 법과 그른 길의 두 가지를 들어 보이신다. 이렇게 드러내는 것에는 부처님이 되신 과정과 매우 밀접하게 관계가 있다.

한 나라의 고귀한 태자 신분으로 깜마 오욕락을 만족할 만큼 누리기도 했었지만 이익은 하나도 없었다. 또 보통사람들이 행하기 어려운 극심한 고행을 했지만 법을 깨닫는 것과는 다른 길이었다. 적당한 때 기억을 떠올려서, 출세간의 지혜를 얻는 것에는 작은 이익도 주지 못하는 두 가지의 낮은 법을 드러내신 다음 말씀하셨다.

"비구들이여!

나 여래는 낮은 법 두 가지를 떠난 중도 수행(Majjima paṭipada)법을 확실하게 깨달았다. 나 스스로의 지혜로 틀림없이 깨달았다. 그 수행은 뜨거운 번뇌를 거두며, 특별한 지혜로 잘 알게 하며, 닙바나의 이익을 준다.

그 중도 수행은 어떤 것인가?

바르게 봄(삼마대이티), 바르게 생각함(삼마상까빠), 바르게 말함(삼마와싸), 바르게 행함(삼마까만다), 바르게 생명을 이어감(삼마아지와), 바르게 노력함(삼마와야마), 바르게 기억함(삼마사띠), 바르게 머무름(삼마사마디)이다.

이 여덟 가지를 구족하면 성인의 도(Ariya magga)를 이룰 수 있다. 또 여덟 가지 깨달음의 조건을 계(실라), 선정(사마디), 지혜(빤냐)의 닦아야 할 세 가지로도 모을 수 있다.

계에는 바르게 말함, 바르게 행함, 바르게 생명을 이어감이 속하고, 삼매에는 바르게 노력함, 바르게 기억함, 바르게 머무름이 그에 속하며, 지혜에는 바르게 봄, 바르게 생각함이 그에 속한다.

계에 해당하는 세 가지 중에서 바르게 말함에는 남이 듣기 좋은 말을 꾸며서 말하지 않고 나쁜 말을 삼가는 것도 이에 해당된다. 바르게 행함과 바르게 생명을 이어감도 그와 같다. 계는 넘치지 않도록 잘 단속하여 범하지 않는다는 뜻이다.

삼매의 세 가지 중에 바르게 노력함은 뒤로 물러나지 않고 힘을 내 앞으로 나아가는 것이다. 바르게 기억함은 잊어버림이 없이 법의 뜻에 깊이 들어가 깨끗하고 분명하게 아는 것이며, 바르게 머무름은 법을 보고는 그 앞에 튼튼하고 굳세게 머무는 것이다.

지혜의 두 가지인 바르게 봄과 바르게 생각함은 서로 같다. 이것은 탐심, 성냄, 어리석음이 되는 나쁜 생각에서 벗어나는 것을 뜻한다. 중도 수행 여덟 가지, 닦아야 할 세 가지 등, 어떻게 말하든지 뒤의 일곱 가지에 앞서서 첫 번째인 바르게 봄(바른 견해)이 우선 갖추어져야 한다. 바른 견해가 갖추어지지 않은 나머지 하나씩은 도의 부분이 될 수 없다.

그러면 바르게 본다는 것은 무엇인가?

닙바나를 사실대로 바르게 아는 지혜이다.

닙바나는 무엇이 바르고 무엇이 사실인가?

모든 고통이 다하여 없음이 바르고, 모든 고통이 다하여 없음이 사실이다. 그래서 고통이 모두 소멸해 없는 진리(Nirodha cacca)라고 부르기도 한다.

고통이 없는 진리가 분명히 있지만 사실대로 바르게 알지 못하는 것은, 고통을 고통이라고 바르게 알지 못하기 때문이다. 고통은 내가 마음대로 할 수 없는 것(無我)이라는 사실을 모르기 때문이다. 그래서 고통, 무상, 무아 등 세 가지의 특성을 연결하는 고의 진리(Dukkha cacca)를 먼저 말씀하셨다.

"비구들이여!

이렇게 말하는 법은 성인들이 아는 고의 진리이다.

다시 태어남은 고통이다. 늙음도 고통이다. 병듦도 고통이다. 죽음 역시 고통이다. 좋아하는 것과 헤어지는 것도 또한 고통이다. 좋아하지 않는, 생명이 있거나 생명이 없는 것들과 만나고 함께 하는 것도 고통이다.

원하는 대로 이루어지지 않는 것도 고통이다. 줄여서 말한다면 집착하는 몸(Upadānakkhana, 五蘊)이 모두 고통이다."

부처님께서 구분해 보여 주셨던 고통으로, 다른 곳에서도 말씀하셨지만 이 최초의 가르침에서도 필요한 만큼 말씀하셨다. 온 세상에 널리 퍼져서 어떻게 할 수 없을 만큼 많은 고통이 이 작은 부분에 모두 들어 있다.

고의 진리에서 말씀하셨던 이 고통 중에는 몸에 관계된 고통과 마음에 관계된 고통이 포함되어 있다. 그 중에서 바른 견해로 금방 벗어날 수 있는 고통은 어떤 것인가?

이 질문에 대한 대답은 고통이 완전히 소멸해 없는 진리에 들어 있을 것이다. 앞에서 보았던 고통들은 저절로 생겨날 수 없으며, 어떤 이유에 의해서 만들어진 것이다. 그래서 고통의 원인이 되는 진리(Samudaya sacca)를 이어서 말씀하셨다.

"비구들이여!

여기에 말하는 법은 성인들이 아는 고통의 원인이 되는 진리이다. 목마르게 원하는 것(渴望)은 새로운 생이 생기게 한다. 좋아하고 푹 빠져서 헤어날 줄 모르게 만든다. 갖가지 대상의 깜마 오욕락에 집착하게 한다. 이러한 갈애는 세 가지가 있다.

모양, 소리, 냄새, 맛, 닿음 등 바깥 대상에 탐닉하는 것(Kamma taṇha)과 마음의 인식 작용이 차례로 이어져서 영원할 것이라고 집착하는 것(Bhava taṇha), 죽으면 모든 것이 끝이라고 생각하는 것(Vibhava taṇha), 이 세 가지이다."

이 세상에는 많은 고통이 있지만, 그 고통의 뿌리는 이 세 가지 갈애이다. 부처님께서는 고통의 원인이 되는 진리 다음에 고통이 완전히 소멸한 진리(Dukkha nirodha cacca)를 계속하여 말씀하셨다.

"비구들이여!

여기에 말하는 법은 성인들이 아는 고통이 완전히 소멸한 진리이다. 그 고통의 원인이며 뿌리가 되는 갈망을 남김없이 뽑아버려서 다한 것, 모든 갈애에서 벗어나서 집착이 없는 것이 고통이 완전히 소멸한 진리이다."

고통이 완전히 소멸한 진리를 말씀하신 것에서 고의 원인(Samudaya)이 다했음을 지적하신 것에 주의해야 한다. 고의 진리에 보였던 고통 중에서 몸의 고통은 이 세상에 육신을 가지고 생활하고 있는 동안에는 부처님이나 아라한, 어떤 성인이라도 벗어나지 못한다.

마음의 고통은 바로 고통의 원인이 되는 진리와 이어져 있다. 그래서 그 원인, 즉 갈망을 빼버린다면 마음의 고통은 사라져 조용해 진다. 그러기 위해서는, 즉 고통이 다한 진리에 도달하기 위해서는 현재 행해야 할 것이다.

이렇게 현재 행하는 일을 할 수 있는 것은 생명이 살아 있는 금생에서다. 이 생명이 있는 동안 이 몸의 고통은 없을 수가 없다. 부처님과 아라한들도 비켜 갈 수 없는 그 고통들을 슬픈 통곡과 모든 뜨거운 번뇌들과 연결되지 않고 틀림없이 확실하게 소멸함을 현재 금방 체험할 수 있는 법, 소멸의 진리들을 사실대로 바르게 알았을 때 그대로 중도 수행으로 부르는 바른 길로 수행하는 일이 따른다.

그래서 소멸의 진리 다음에 도의 진리, 그 번뇌가 소멸한 곳에 이르도록 수행하는 길을 이어서 말씀하신다. 중도 수행을 보일 때 도의 진리를 설명해 보였다.

여기에 사성제의 진리를 구분한 다음, 사성제 진리를 모두 모아서

'진리를 아는 지혜(Caccañāṇa)', '할 일을 아는 지혜(Kiccañāṇa)', '깨달은 줄 아는 지혜(Katañāṇa)'라는 세 가지 지혜로 다시 구분하였다. 진리를 아는 지혜는 사성제의 진리를 사실대로 바르게 아는 지혜이다. 할 일을 아는 지혜는 사성제의 진리에 행해야 할 일을 아는 지혜이며, 깨달은 줄 아는 지혜는 이미 깨달았음을 사실대로 바르게 아는 지혜로, 이 둘은 뜻이 다르지 않고 시간을 구분할 때만 다르다.

진리 네 가지, 사성제 진리에서 해야 할 일은 고의 진리로 구분하는 일이다. 이것은 관찰하는 것과 관찰할 것을 구분해서 아는 것을 의미하고 있다.

다음은 고의 원인의 진리로, 버릴 줄 아는 것이며 집착을 버리는 것이다. 소멸의 진리는 현재를 대상으로 해야 한다. 도의 진리는 거듭 거듭 수행하는 것이다.

여기에 그 진리와 그 진리가 하는 각각 다른 일이 있다. 이 네 가지 일 중에 필요하고 중요한 것은 닙바나를 현재에 행하는 것뿐이다. 그 일을 함과 동시에 남은 일 세 가지도 같이 해서 마치는 것이다. 도의 지혜로 현재 행하는 것은 소멸의 진리 한 가지뿐이다. 남은 진리들은 해야 할 일을 다 해서 마친 다음 뜻으로 만나는 것뿐이다.

사성제 진리를 세 가지 지혜로 세 번씩 거듭하여 열두 번이 된다. 이 열두 가지와 사성제 진리로 소멸의 진리를 현재 행하는 바른 견해와 연결하여 있다. 그래서 부처님께서 『초전법륜경』의 가르침에서 진짜 부처님이 틀림없음을 승인하는 부분에서 이렇게 말씀하셨다.

❦

"비구들이여!

어느 때 이 사성제 진리에 각각 지혜 세 가지씩으로 열두 가지를 있는 사실대로 바르게 아는 지혜가 나 붓다에게 깨끗하게 드러났다. 그때에 나는 온 세계에 붓다가 된 것을 사람과 천인들이 아는 것을 승낙하였다."

"나에게 생겼던 도를 다시 생각하는 지혜(Pacca Vekkhaṇāñāṇa)가 분명해졌다. 나의 아라한 과(阿羅漢 果)와 반대되는 것들이 무너뜨릴 수 없다.(어떤 장애도 받지 않는다) 이 몸의 태어남이 마지막 생이다. 다음에 다시 태어날 일은 없다."

이미 수행하여 얻은 도와 과를 다시 돌아보아서 아는 이러한 지혜가 분명해졌다.

Vinaya

가르침을 펴라

부처님의 말씀을 다섯 무더기로 분류한 것 중에 가장 긴 무더기 (Dīghanikāya)만을 모은 가르침(Sutta)에 비교하면, 이 초전법륜 경전은 가장 작은 분량에 속한다. 그러나 비록 작은 경전이지만 법의 성품은 경·율·론 삼장 전부를 덮을 만하다.

그래서 이 가르침 부분을 '자세하고 바르게 이해하게 하기 위해서' 닷새를 부처님께서 말씀하셔야 했다. 하루 중 쉬는 시간 잠깐을 빼고는 나머지 모든 시간을 이 법의 성품을 설명하고 논하셨다.

아침나절, 탁발하는 시간에도 그들의 토론은 그침이 없었다. 수행자 둘이 탁발을 나가면 부처님께서는 남은 세 사람과 논하시고, 셋이 탁발을 나가면 남은 두 사람과 논하셨다.

이 가르침은 음력 6월 보름날 말씀하시기 시작하여 열 아흐렛날까지는 모두가 만족하게 받아들였다. 첫날 법문에서 꼰단냐

(Koṇañña)가 깨달음의 눈(法眼)을 얻었다. 다음에 하루 한 분씩 차례로 깨달음의 눈을 얻으셨다.

6월에는 모든 수행자들에게 『무아경(Anatta lakkhaṇa Sutta)』을 말씀하셨다. 생기고 사라지는 모든 범위 안에 있는 것들 속에는 나(Atta)라고 집착할 것이 없음을 말씀하신 법문이다. 그 다섯 수행자들이 모두 이 『무아경』의 법을 듣고 수행의 완성인 아라한이 되었다.

※

우빠까는 다섯 수행자보다 먼저 부처님을 뵙는 기회를 얻었다. 그러나 그는 먼저 법을 듣고 저편 언덕으로 건너갈 수 있는 기회를 얻지 못했다. 부처님을 믿지 않는 마음, 존경하지 않는 마음 때문에 중요한 기회를 놓친 것이다.

다섯 수행자들에게도 그와 같은 마음이 있었으나 부처님께서 인내로 빼어 주셨던 것이다. 그러한 인연으로 다섯 수행자들은 이 교단에 제일 처음으로 들어왔다는 기록을 가지게 되었다. 또 그들 중에 먼저 이해하고 깨달은 사람이 꼰단냐 테라이시다.

부처님의 말씀을 제일 처음 꼰단냐가 이해하게 되었을 때 '꼰단냐가 이해하고 깨달았다(Aññāsi Koṇañña)'라고 부처님께서 말씀하셨기 때문에 '꼰단냐'라는 이름 앞에 알았다는 뜻의 '인냐시'를 더해서 '인냐시 꼰단냐'라고 불렀다.

인냐시 꼰단냐를 선두로 다섯 수행자들이 가르침을 깨달은 다음 두 번째 기회를 얻은 이들이 바라나시 장자의 아들 야사와 그의 친구 사말라, 수바후, 봉나시, 가웅빠띠, 그리고 바라나시 주변에 있던 야사의 친구 50명 등이었고, 이로써 모두 55명의 아라한이 생겨 교단을 이끌어 가게 되었다. 다섯 수행자를 합하면 60명의 아라한이 탄생한 것이다.

세상에 부처님이 출현하셨다. 담마도 분명하게 드러났다. 상가들도 60명이나 있었다. 이 세상의 어느 보배와도 견줄 수 없는 고귀한 세 가지 보배가 출현하였다. 그 삼보 전부를 향해 제일 먼저 귀의하고 의지한 사람이 야사의 아버지인 대장자였다.

이렇게 삼보가 갖추어지고 아라한 60분을 얻은 날 부처님께서는 그들에게 가르침을 펴라는 말씀을 내리셨다.

🙏

"비구들이여! 천인(天人)의 무리, 사람의 무리에서 나 여래가 깨달음을 얻고 모든 번뇌에서 벗어났다. 너희들도 그 무리에서 벗어났다. 이제 많은 사람의 이익을 위해서, 많은 사람의 행복을 위해서, 세상을 연민히 여기어 여행을 떠나라.

한 길로 두 아라한이 가지 말라. 처음과 중간과 끝이 잘 갖추어진 담마를 설하라. 내용과 형식 두 가지를 갖추어서 주변 모두에게 깨끗한 가르침을 분명히 보여라. 나 여래도 직접 우루웰라 숲, 새나니가마 마을로 법을 설하러 갈 것이다."

"좋습니다. 부처님."

가르침을 펴라는 말씀을 잘 받들어 그 가르침을 펼 높은 분들께서 전법여행을 떠나셨다. 부처님의 견해와 교단에 속했을 때의 예의에 관한 두 가지 가르침을 널리 폈다.

가르침을 펴는 그 높은 분들은 열심히 노력하였고, 큰 가르침의 교훈을 받은 여러 지역에서는 교단에 귀의하려는 사람들이 많이 생겨났다. 그 중에서 비구가 되기를 원하고, 비구가 되기에 적당한 이들을 부처님께서 직접 비구를 만들어 주셨다.

"애히 빅쿠(Ehi Bhikkhu)여!

오너라, 비구여. 고통의 끝을 위해 높은 수행을 잘 하라."

이러한 말씀만으로도 비구가 되었다. 인냐시 꼰단냐 등 먼저 제자가 된 분들의 의식에서도 오직 이 말씀뿐이었다. 이분들에게는 이러한 의식만으로도 비구가 될 만한 원인이 있었다.

그분들은 바라밀 공덕으로 부처님께서 "애히 빅쿠" 하고 한 말씀 하시자 머리칼이 저절로 잘라졌으며 가사가 입혀졌고, 어깨에는 발우가 매여져서 바로 법랍 60년이 된 마하테라의 모습으로 변했다.

'애히 빅쿠'가 될 수 있는 조건은 우선 전생에 가사와 발우를 보시한 적이 있어야 한다. 그 다음, 이번 생에 아라한이 될 자격이 있는 분이어야만 한다. 복을 짓고 지혜를 쌓은 분이어야만 부처님께서 "애히 빅쿠여!" 하고 부르셨다.

처음에 비구가 되기 위해서는 원하는 사람들을 부처님이 계신 곳까지 데리고 와야 했다. 한 길로 두 분의 아라한이 가지 말라고 하신 말씀대로 가르침을 펴시는 분들은 각기 다른 지역에서 가르침을 펴셨다.

자기가 가르침을 펴고 있는 지역에서 비구가 되고자 하는 사람이 생기면 그들을 데리고 부처님이 계신 곳으로 힘들여서 왔다. 그렇게 어렵게 와서도 부처님과 직접 만나게 되면 다행이었지만 부처님과 어긋나게 되면 어느 곳으로 가셨다는 소문을 듣고 다시 그곳으로 찾아갔다.

이때는 부처님께서도 탁발하시고 발길이 닿는 숲에서 지내시면서 가는 곳마다 교단의 기초를 잡아주셔야 했다. 아라한들은 비구가 되려는 제자들을 데리고 긴 여행을 하게 되어 피곤하고 많이 지치게 되었다. 앞으로는 지금보다 비구가 되려는 사람이 더 많을 것이라고 내다보신 부처님께서 이렇게 말씀하셨다.

※

"비구들이여! 지금부터는 여러 지역의 마을이나 도시에서 너희들이 비구를 만들어 줄 것을 나 여래가 허락하노라."

그분에게만 있던 힘을 제자들에게 나누어주신 것이다. 피곤함과 늦어짐이 없이 교단을 항상 번영하게 하기 위한 것이다. 이렇게 힘을 나누어주신 다음 이어서 말씀하셨다.

"비구들이여! 비구를 만드는 차례는 이러하다. 먼저 비구가 되려는 이의 머리카락과 수염을 깎아야 한다. 그 다음 가사를 입혀서 비구들의 발밑에 예배하게 해야 한다. 쪼그리고 앉아서 두 손을 모아 합장하고 삼귀의를 따라 해야 한다.

붓당 사라남 가차미 : 부처님을 의지하여 모시겠습니다.

담망 사라남 가차미 : 담마를 의지하여 모시겠습니다.

상강 사라남 가차미 : 상가를 의지하여 모시겠습니다.

이 삼귀의를 세 번 정확히 따라 하게 해야 한다.

비구들이여! 삼귀의를 내려 주고 따라 하는 것으로 비구를 만들어 주기를 나 여래가 허락한다."

비구가 되는 차례와 함께 지켜야 할 계율(Vinaya)을 정해 주신 것이다. 제일 먼저 나누어 준 힘과 제일 먼저 드러내 주신 계율이었다. 교단 전체를 자세히 보면 담마와 계율을 만날 것이다. 일생 동안 계속 이어서 설하셔야 할 담마의 기초를 사슴동산에서 튼튼히 내려 주셨다. 또 지금 첫 번째 계율을 드러내신 것이다. 이 담마와 계율이 세상이 다하도록 머물러지이다.

Majjimapaṇṇāsa

Bodhirajakumara Sutta

Vinaya mahāvagga

Mahāknandhaka

Pañcavaggīyakathā

Pabbajjākatha

웰루와나

웰루와나(죽림정사)는 부처님께서 첫 번째로 보시 받은 절이자 나의 일생에서 잊어버릴 수 없는 장소 중에서 첫 번째로 손꼽히는 곳이다. 그리고 마음속 깊이 아픔을 주는 일들이 생긴 곳도 바로 이곳이다. 지금 이 절에 관한 것을 들어 아는 대로 보여 말하리라.

마가다국의 대왕 빔비사라가 부처님이 되시기 전에 미리 청한 대로 부처님께서 오셨을 때, 이 절은 아직 세워지기 전이었다. 그래서 부처님의 뒤를 따르는 일천 명이 넘는 스님들께서 나무숲에서 지내셨다.

그늘이 좋은 나무 밑을 정사로 삼고 머무셨다. 뒤따르는 상가 일천 명은 모두 불을 섬기는 수행을 하는 곳에서 온 이들이었다. 헝클어진 머리, 짐 나르는 지게, 불을 지피는 여러 가지 도구 등 그들이 필수품으로 여겼던 모든 것들을 내란자라(Neranjara) 강에 던져 버리고 비구가 된 이들이었다.

이 비구들은 불을 섬겨 오던 이들이었다. 불을 매우 귀히 여겨 예배하며 이러한 행동을 통해 행복한 결과를 얻을 수 있다고 믿었다. 그들이 바라던 바를 얻은 것도 사실이다.

불을 섬김으로써 모든 소원을 이룰 것이라고 생각하던 그들에게 세상사람들이 모여들자 그들의 얼굴이 환해진 것이다. 보시하는 이들도 더욱 많아졌고 그들은 더욱 정성을 다하여 불을 섬겼다. 우두머리인 우루웰라 까싸빠는 주변에서 해와 달처럼 존중되었다.

그러나 지금은 세상사람들이 가져다 바친 보시 공양물보다 몇 배나 더 큰 상을 얻었다. 까싸빠는 자신에게 상을 주신 은혜로운 분의 뒤에 조용히 앉아 있었다.

※

부처님께서 대중을 거느리고 오셨다는 소식을 듣고 오래지 않아 빔비사라 대왕이 동산에 도착했다. 그는 싯달타 태자가 수행자였을 때 '원하는 결과를 얻으면 라자가하에 다시 오십시오.' 하고 청을 드렸던 적이 있었다. 자기 소원이 이때에 모두 이루어질 것을 미리 보았던 것 같다.

자기보다 5년 위인 부처님을 빔비사라 대왕은 마음껏 뵙고 있었다. 부처님과의 관계에서 모두 대왕의 생각대로 이루어지자, 스스로 마음이 부드러워지며 평안해졌다.

그러나 왕이 거느리고 온 많은 대신과 호위하는 많은 병사, 그리고 따라온 마가다국의 사람들은 대왕과 같이 생각하지 않았다. 부처님

한 분의 얼굴뿐만 아니라 우루웰라 까싸빠도 같이 주시하였다.

까싸빠는 이 지역에서 해와 달처럼 많은 사람들의 존경을 받는 분이며 오랜 세월을 의지하고 모셔오던 스승이 아닌가? 또 갑자기 유명해진 마하 사마나 고따마(Mahā samaṇa gotama), 이 두 분을 지금처럼 가까이 만나기는 쉽지 않은 일이다.

이렇게 어렵게 만난 지금 어느 분을 더 존경해야 하나? 어느 분이 스승이고 어느 분이 제자가 되는가? 모여든 많은 사람들은 이런 생각 저런 생각을 말하며 서로 수군거렸다.

먼저 부처님께서 까싸빠에게 말씀하셨다.

"우루웰라 숲에서 살아왔던 까싸빠여! 그대는 예전에 불을 섬기는 수행자이며 불에 제사 지내던 사람이다. 지금 어느 법을 보고서 불을 섬기는 제사를 버렸는가?"

마가다국 사람들의 의심을 풀어 주기 위해서, 이 큰 제자의 견해와 사상이 바뀌게 된 이유를 분명히 알리기 위해서 물으셨던 것이다. 우루웰라 까싸빠는 가사를 다시 고쳐 입고 부처님 앞에 지극히 공손한 태도로 두 손을 모아 합장 올리면서 이렇게 대답했다.

"부처님! 제사 지내는 것으로써 모양, 소리, 냄새, 맛, 그리고 여자들도 얻을 수 있었습니다. 모든 것이 갖추어진다고 말해야 할 것입니다. 그러나 '그 깜마 오욕락은 몸에 묻은 때와 같은 것'이라고 제자는 알았습니다. 그래서 이제는 크고 작은 제사를 지내는 것을 좋아하지 않습니다."

"까싸빠여, 그대의 마음이 갖가지 깜마 대상을 좋아하지 않는다면 어떤 이름의 인간 세상과 천상 세계를 좋아하는가?"

이 질문에도 우루웰라 까싸빠는 자세히 대답하였다.

"부처님! 닙바나는 조용합니다. 몸도 없습니다. 욕심에 대한 근심도 없습니다. 깜마 오욕락에 집착하지도 않습니다. 다시 입태해서 태어나야 하고 늙어야 하며, 아파하는 것과 죽는 것 등을 걱정할 필요도 없습니다.

도(Magga)가 아닌 다른 법은 모릅니다. 그 닙바나를 안 지금 제자의 마음은 크고 작은 제사에 즐거워하지 않습니다."

그 다음에 우루웰라 까싸빠는 부처님의 두 발에 이마를 대고 예배 올리면서 말했다.

"부처님! 거룩하신 부처님께서는 제자의 스승님입니다. 저는 거룩하신 부처님의 제자입니다."

두 번 거듭하여 공손히 여쭈었다. 이러한 모습을 본 대중들은 고요해졌다. 조용해진 대중을 보며 부처님께서는 보시에 관한 이야기(Danakatha)와 계율에 관한 이야기(Sīlakatha)를 시작으로 알아야 할 법들을 설하셨다.

※

법문을 듣는 사람들의 마음이 부드럽고 조용해졌을 때 사성제 진리를 설하셨다. 사성제의 진리는 다른 종교 지도자들에게서 내려와 전해진 법이 아니다. 부처님께서 직접 깨달으신 법이다. 원래 부처님의 법이며 현재의 법이다. 지금 직접 만나서 들은 가르침을 기초로 하여 지혜가 나오게 하는 법인 것이다.

법을 들은 대중과 함께 빔비사라 대왕은 그 앉은 자리에서 아리야 성인의 지혜에 들어갔다. 소따빠띠 팔라(수다원 과)에 이른 것이다. 빔비사라 대왕을 따라간 대중은 모두 십일만 명이었다. 그 중에서 구만 명이 첫 번째 과인 수다원에 이르렀으며 나머지 사람들은 모두 삼보를 믿고 받드는 신자가 되었다.

아리야 성인의 지혜로써 바른 것을 보고 바른 것을 존경할 수 있게 된 빔비사라 대왕은 부처님께 이렇게 말씀드렸다.

"부처님!

제자는 태자 시절에 다섯 가지 큰 소원이 있었습니다. 왕이 되는 것이 하나이며, 왕이 되었을 때 제가 다스리는 나라에 부처님께서 오시는 것이 둘이며, 저희 나라에 오신 부처님을 잘 모시는 기회를 얻는 것이 셋입니다. 또 부처님께서 설하시는 담마를 듣는 것이 넷이며, 부처님께서 설하신 그 담마를 이해하고 깨닫는 것이 다섯입니다.

부처님! 제자가 그처럼 생각했습니다. 지금 그 소원이 모두 이루어졌습니다. 거룩한 부처님의 담마는 매우 훌륭한 것입니다. 저를 목숨이 다하도록 의지하여 삼보를 모시는 제자로 기억해 주십시오 내일 아침에는 상가 대중들과 함께 제자의 공양을 받아 주십시오"

※

부처님께서는 조용히 침묵으로 허락하셨다. 다음 날 아침, 아름답게 장식한 왕궁에서 부처님을 선두로 한 상가 대중들을 뵐 수 있었다.

훌륭하게 차린 공양을 드시고 나서 각자의 자리에 조용히 앉아 계시는 부처님과 비구 스님들을 보고 빔비사라 대왕의 신심이 점점 커져서 '거룩하신 부처님과 상가 대중들께서 어느 장소에 머무시면 적당할까?' 하고 생각했다.

이러한 높으신 분들이 일반 사람들과 섞여서 지내시는 것은 적당치 않다. 부처님을 뵈려는 이들, 법을 들으려는 이들이 쉽게 갈 수 있는 곳이 필요하다. 가고 오는 길이 좋아야 하며 낮에는 사람들과 섞이지 않고 밤에는 시끄러운 소리가 수행을 방해하지 않는 곳이어야 적당하다. 이러한 장소를 어디에서 찾아야 하는가?

이렇게 스스로 질문을 하는데 다음 순간 '오! 나의 웰루와나 동산, 그곳이 바로 이러한 조건을 갖춘 곳이다.'라고 생각하게 되었다. 상가를 위한 적당한 땅을 생각해 내는 것과 동시에 부처님께 말씀드렸다.

"부처님, 상가들께서 머무르시기 적당한 웰루와나 공원을 부처님을 위시한 상가 대중스님들께 제자가 보시하겠습니다."

빔비사라 대왕이 황금 주전자로 물을 부으면서 보시하는 의식을 거행하였다. 부처님께서는 처음으로 정사를 보시한 신자에게 법문으로 칭찬해 주신 다음, 상가들과 함께 웰루와나 동산의 숲으로 가셨다.

※

예전에 이 공원은 왕의 형제들과 왕비, 왕자, 공주들이 놀러 나오던 곳으로 깜마 오욕락을 즐겼던 곳이었다. 그러나 이제는 상가가 머무는 곳이 되어서 깜마 오욕락의 대상을 빼내는 곳이 되었다. 이 땅을 시작으로 앞으로도 다른 정사를 만들 땅들도 하나씩 교단에 들어올 것이다. 그래서 부처님께서 계율을 하나 더 만드셨다.

"비구들이여!

수행할 수 있는 장소인 정사 만들 땅을 보시 받는 것을 나 여래가 허락한다."

처음으로 계율을 정하신 것은 비구들에게 각자 책임을 지고 다른 비구를 만들어줄 수 있는 힘을 나누어주신 것이었다. 지금은 그 비구들 모두가 머물 수 있는 수행처, 절을 지을 수 있는 땅을 보시 받을 수 있도록 허락하신 것이다.

이제 상가 대중은 법의 큰북을 울릴 단체를 만들고, 그 다음 필요한 계율을 계속해서 정해야 할 것이다. 그러나 이러한 계율을 정하는 것만으로 상가 단체에 대해 안심할 수는 없었다.

두 팔처럼 의지할 만한 사람들이 필요한 것이다. 큰제자 여러분들과 함께 둘러싸고 보호해 주어야만 이 단체의 큰북이 오래도록 소리를 울릴 수 있으리라.

지금 있는 제자 비구 중에는 법의 수준이 깨끗하여 수행자의 일을 마친 이들이 많이 있다. 그러나 상가 단체의 큰북을 완전하게 울려 줄 수 있는 이는 없다.

앞으로 어느 날일지는 모르지만 그런 날이 오겠지 하고 바랄 수 있는 사람도 없다. 현재 있는 사람들 중에서 바랄 수 없다면 앞으로 올 사람들을 기다려야 하리라.

Vini mahā vagga
Mahā kandhaka
Sāriputta moggalāna kathā

가장 높은 제자

상가를 받쳐 줄 수 있는 사람을 기다리는 중에 도착한 덕 높은 두 분이 있었다. 한 분은 훗날 부처님의 오른팔로 불리며 지혜에 있어서 모든 제자 중에서 첫째가는 제자(Egga sāvaka)로 꼽는 특별한 공덕이 있는 분이며, 또 한 분은 왼팔로 불리며 신통에 있어서 부처님 제자 중에 첫째로 꼽히는 특별한 공덕을 지니신 분이다.

※

지혜가 특별한 분의 어릴 때 이름은 우빠띠사(Upatissa)로 라자가하 근처 우빠띠사 마을에서 태어났다. 신통이 특별한 분의 어릴 때 이름은 골리따(Kolita)로 태어난 마을의 이름과 같으며, 라자가하 근처에 있었다.

우빠띠사와 골리따는 어디에든 같이 다니는 절친한 친구 사이였다. 어느 날 다른 많은 친구들과 함께 산 정상에서 벌어지는 큰 축제 행사에 참석했다가 '지금 이 잔치에 참석하여 즐거워하고 기뻐하는 저 사람들도 앞으로 백 년이 지난다면 어느 한 사람도 남아 있지 않을 것'이라는 생각이 떠올랐다.

그런 생각 때문에 두 사람은 다른 사람들이 즐거워하는 것처럼 즐길 수가 없었으며, 다른 이들처럼 웃을 수도 없었다. 두 사람은 한적한 곳에 가서 그 문제에 대해 의논했다.

"친구여, 어머니 뱃속에서 태어난 사람은 모두 죽어야 하는 것이 사실이다. 그러나 죽음이란 것이 있듯이, 죽지 않는 법 또한 있지 않을까?"

"반드시 있을 것이다. 친구여!"

"그럼 죽지 않는 법이 있을 만한 곳을 우리가 찾아보자."

"죽지 않는 법을 먼저 얻은 이가 나머지 한 사람에게 다시 들려 줄 것을 약속할 수 있겠는가?"

"할 수 있다. 친구여! 그러한 법을 찾는 것은 세간 사람들의 삶에서 떠나서 수행자가 된다면 더욱 쉬울 것이다."

"좋다. 우리 두 사람은 수행자가 되자."

우빠띠사와 꼴리따는 그 지역에서는 덕망이 높아서 두 사람이 수행자가 되자 오백 명의 젊은이들이 따라서 수행자가 되었다. 그러나 그들은 처음부터 부처님 교단의 수행자가 아니었다. 때인사야(Sincaya)라는 스승의 가르침을 받는 외도들이었다. 외도들 중에서는 옷을 입지 않는 이들도 있지만, 그들의 스승은 옷을 입는 사람이어서 다행이라고 해야 하리라.

그 두 사람은 지혜가 뛰어나서 오래지 않아 때인사야 스승의 가르침 모두를 외워 이해하고 부분 부분 나누어서 구별할 수 있었다. 그러나 그들이 찾던 죽지 않는 법은 만날 수가 없었다. 그 스승의 가르침에서 찾지 못한다면 다른 곳에서 찾아야 할 것이다.

그들은 눈을 크게 뜨고, 귀를 기울였다. 만나는 사람들마다 혹시 죽지 않는 법을 줄 수 있는 사람인가를 살피며 지냈다. 그들을 위해서 선업일 뿐만 아니라 부처님 교단 전체를 위해서도 다행이라고 해야 할 것이다.

그들이 죽지 않는 법을 찾아 돌아다니고 있을 때 우연히 처음 설법을 들은 다섯 수행자 중 한 분인 아싸지(Assaji) 존자를 만나게 되었다. 아싸지 존자는 부처님이 계시는 곳으로 돌아가던 중이었다. 마침 탁발하고 있는 아싸지 존자를 우빠띠사가 먼저 뵙게 되었다. 존자의 거동을 가만히 지켜보던 우빠띠사는 다른 수행자들과는 다른 그분의 태도에 존경심을 가지게 되었다.

눈길을 아래로 향한 채 조용히 탁발을 하고 있는 그분을 뵙고는 '이 세상에 있는 모든 수행자들 중에 이 한 분만이 번뇌를 끊은 아라한일 것이다.'라고 생각했다.

'이 수행자에게 스승의 명호와 법의 뜻을 물으면 좋으리라. 그러나 지금은 적당치 않다. 집집마다 탁발하고 있기 때문이다. 이 수행자의 뒤를 떨어지지 않게 따라가야 하리라. 이렇게 따라가면 틀림없이 죽지 않는 법을 찾을 것이다.'라고 생각했다.

아싸지 존자는 걸식을 마치고 라자가하 도시 바깥에 이르렀다. 그때 존자의 뒤를 따르던 우빠띠사는 공손하게 인사를 여쭈며 물었다.

"수행자시여!

당신의 얼굴은 매우 깨끗합니다. 수행자께서는 어떤 스승님을 의지하여 수행하십니까? 수행자의 스승님은 누구십니까? 당신은 스승님의 어떤 법을 좋아하십니까?"

우빠띠사의 질문에 아싸지 존자께서 대답해 주셨다.

"사까족에서 수행자가 되신 마하 사마나 고따마 부처님을 의지하여 수행자가 되었습니다. 그분께서는 나의 스승님이십니다. 그분의 법을 내가 좋아합니다."

"그러면 조금만 말씀해 주십시오. 수행자의 스승님께서는 어떤 것을 말씀하십니까?"

"나는 수행을 시작한 지 얼마 안 되었습니다. 그래서 당신에게 널리 설하지는 못합니다만 간략하게 말씀드릴 수 있습니다."

"잠깐 간략하게 뜻만 말씀하여 주십시오. 저는 뜻만 알기를 원합니다. 말이 많은 것은 필요 없습니다."

"그러면 잘 들으시오."

죽지 않는 법을 찾던 우빠띠사 수행자에게 아싸지 존자는 교단에 머무는 동안 언제나 즐겨 읊으셨던 게송을 말씀하셨다.

모든 법은 원인이 있으며 그로 인해서 생긴다.

그 결과의 원인들도 부처님께서 설하셨다.

원인과 결과 두 가지 모두 사라짐도 설하셨다.

나의 스승님 마하 사마나께서는 이렇게 설하신다.

※

첫 번째 구절에서는 원인에 의해서 생겨난 오온 덩어리인 고의 진리를 보인 것이다. 두 번째 구절은 결과가 생겨나도록 원인이 된 고의 원인이 되는 진리를 말했다. 세 번째 구절은 원인과 결과가 모두 소멸한, 고가 모두 소멸한 진리를 보였다.

도의 진리를 바로 직접 보여주는 말은 없지만, 뜻은 소멸의 진리(Niroda cacca)와 같다. 소멸의 진리인 닙바나 법은 도의 지혜(Magga ñāṇa), 과의 지혜(Phala ñāṇa)만이 현재 행할 수 있는 법이어서 대상인 닙바나를 드러낸 것과 대상할 수 있는 도의 지혜, 과의 지혜와 떨어질래야 떨어질 수 없이 포함되는 것이다.

사성제의 진리를 간략히 소개한 법을 듣고서 그 순간에 우빠띠싸는 성스러운 진리를 아는 지혜(Ariya caccañāṇa)를 얻었다. 그 다음 아싸지 존자께 공손히 예배를 올리며 말했다.

"제자가 이해하였습니다. 존자님의 은혜가 너무나 큽니다. 존자님께서는 지금 부처님께 가십시오. 저에게는 친구가 한 사람 있습니다. 저는 그와 함께 가겠습니다."

우빠띠사는 기쁨에 넘쳐 아싸자 존자께서 들려주신 게송을 거듭 외우면서 친구 꼴리따를 찾았다. 그의 얼굴이 밝게 빛나며 기뻐하는 모습을 보자마자 그도 짐작하였다.

"친구여! 오늘 드디어 죽지 않는 법을 얻은 것이 아닌가?"
"그렇소. 얻었다네, 친구여. 드디어 얻었다네!"

우빠띠사는 아싸지 존자를 만난 것과 그에게서 들은 가르침 모두를 다시 꼴리따에게 말해 주었다. 이렇게 다시 전해 듣는 것만으로도 우빠띠사가 얻었던 지혜를 꼴리따도 얻을 수 있었다. 죽지 않는 법을 찾던 두 친구는 그렇게 큰 이익을 얻었다.

두 친구의 외모는 비록 외도의 모습을 하고 있지만, 속마음은 이미 부처님의 제자가 되었다. 마음속에 있는 그대로 외모도 바꾸어야 하리라. 죽지 않는 법을 처음으로 가르쳐 말씀해 주신 스승님, 그 은혜로운 분의 제자가 되어야 하리라.

두 친구는 곧 이 은혜로운 스승님을 찾기로 했다. 그러나 그들에게는 그들을 믿고 함께 수행자가 된 많은 친구들이 있었다.

"그들에게 먼저 이 사실을 알리세. 사실을 알리고 그들의 생각대로 결정하도록 하세."

"그러는 것이 좋을 것 같네."

두 사람이 모두에게 자신들의 결심을 말하자, 그들도 두 사람이 가는 곳으로 따라가겠다고 했다. 처음부터 그들을 보고 따라온 것이 아닌가?

마지막으로 때인사야 스승님께 허락 받을 일만 남았다.

"스승님께 말씀드릴 것이 있습니다. 저희들은 이제 부처님께 가겠습니다. 부처님께서는 지금부터 우리들의 스승님이 되십니다."

우빠띠사와 꼴리따는 제자의 의무로서 공손하게 여쭈었다.

"그것은 적당한 방법이 아니다. 제자들이여, 가지 마라. 우리 세 사람이 이 단체를 함께 이끌어 가자."

때인사야 스승은 뛰어난 제자들이 부처님께 가지 못하도록 막고는 자기와 같은 위치를 주겠다고 유혹했다. 그러나 그 옛 제자들이 자리에 집착하겠는가. 널리 알려진 단체의 스승과 어깨를 나란히 하며 지낼 수 있는 특별한 기회이지만, 부처님의 발 밑에 엎드리는 것보다도 더 가치를 두지 않았다.

"때인사야 스승님, 당신은 스스로 아라한이 아니란 것을 알고 있습니다. 같이 가서 부처님의 법을 배우도록 하시지요."

"그럴 수는 없다. 스승인 내가 어찌 남의 제자가 되겠는가?"

그들은 세 번이나 거듭해서 말리는 때인사야 스승을 떠나 부처님이 계신 곳으로 걸어갔다.

"세상에 지혜 있는 이는 적고, 지혜 없는 이는 많다. 그 많은 이들이 여기에 남을 것이다."

❦

"비구들이여! 보아라. 우빠띠사와 꼴리따 두 사람이 온다. 그들 두 사람은 뛰어난 한 쌍의 제자가 될 것이다."

멀리서 오는 것을 보시기만 하고서 부처님께서는 미리 말씀하셨다. 부처님의 두 발 밑에 의지해 오는 것과 동시에 그들의 어릴 때 이름은 사라지고 교단의 이름으로 불리었다.

사리불 마하테라(Sāripttara mahāthera)와 목갈라나 마하테라

(Moggalana mahāthera)가 그 두 분이시다.

Vinaya mahāvagga

옛 궁전에서 기다리다

"아난다여! 너의 형이 우리에게 오기는 올 것인가?……"

왕궁에 인사드리러 갈 때마다 백부인 대왕께서는 이런 질문으로 맞이하였다. 형님의 부왕께서는 연세가 많아 늙으셨다. 대왕은 굳센 마음으로 나라를 책임지고 있지만 나이가 들어 늙어 가면서 점점 마음이 약해지셨다.

그분이 자랑스러워하고 가장 사랑했던 아들이 등을 돌리고 떠나갔다. 생각하지 않으려고 해도 순간순간 떠오르는 아픈 마음과 아들을 향한 사랑이 힘겨루기를 한다.

아들이 추구하는 그 높은 목표를 이해하기 때문에 사랑의 마음이 언제나 승리를 차지했다. 아들을 향한 사랑의 마음으로 '그의 목적이 빨리 이루어지이다'라고 발원하였다. 이 사랑에서 나온 발원으로 자기의 마음이 흐트러지지 않도록 다잡을 수 있었다.

부왕의 그 지극한 축원은 이루어졌다. 아들의 그 높은 목적은 자랑스럽게도 성공했다. 견문과 지혜가 성숙한 단체의 우두머리가 되었으며 시간이 지나자 크나큰 공덕을 지니고 있다는 소식이 퍼져 갔다. 이렇게 모든 곳에서 자기 종족의 이름을 드높이고 있는 자랑스러운 큰아들이지만 그를 생각할 때마다 부왕의 마음에서는 점점 힘이 없어져 갔다. 마음으로 받쳐 주던 몸이 주춤주춤 흔들렸다.

"그의 가르침을 받아야 할 사람들! 그와 같이 할 사람들 중에 우리 종족은 들지 않은 것 같구나.……"

젖을 먹여 길렀던 어머니 마하 빠자빠띠 고따미께서도 슬픈 소리로 중얼거리셨다. 비교할 수 없을 만큼 높은 공덕으로 온 세상에 법의 큰북을 울리시지만 유독 까뻴라만은 비켜가는 것이다. 사슴동산에서 안거하실 때에는 안거가 끝나는 해제 때에는 오시겠지 하고 생각했다.

❀

죽림정사가 생겨났다. 까뻴라에서는 먼 거리였다. 죽림정사에서 두 번째 안거가 끝났지만 까뻴라에 대해서는 말씀조차 없으셨다. 흔들림 없는 공덕의 주인이야 무심히 지내실 수 있을지 모르지만, 부왕과 왕비께서는 견디지 못하셨다.

그분들 같은 노인이 참을 수 있는 단계는 지나갔다. 그래서 부처님, 그 거룩하신 분을 모셔 오도록 대신 한 사람과 호위병사 일천 명을 보냈다.

그러나 대신은 가는 길은 알아도 돌아오는 길은 기억나지 않는가

보다. 부처님을 모시러 떠난 어느 누구, 어느 한 사람도 다시 나타나지 않았다. 부처님께 가서 그분의 법문을 듣고는 아라한의 높은 성인이 되었으며, 세상사람들의 일과 왕의 일을 중요하게 생각하지 않았다.

이렇게 하기를 아홉 차례나 보냈지만 부왕과 왕비의 뜻을 그분의 귀에 들리도록 여쭌 사람조차 없었다. 아흔이 넘어선 대왕께서는 몸과 마음에 힘이 없어졌다.

육십 가까운 나이에 늦게 얻은 아들, 그래도 어느 한 구석 밉게 생겼거나 말썽 한번 부리지 않았다. 눈에 넣어도 아프지 않을 만큼 그 자랑스러운 아들이 늙은 부모와 처자식을 버리고 자기 소원을 위해서 갔다. 그것까지도 참을 수 있다.

소원을 이루었으면 제일 먼저 돌아와서 그 공덕을 자랑해도 좋지 않은가. 어째서 다른 사람들에게는 가면서도 이곳은 오지 않는가?……

처음 태어났을 때 어미 없는 자식이라고 얼마나 정성을 쏟았던가? 내가 어디 다른 부모만큼 못하기나 했던가! 철 따라 불편 없으라고 궁전을 지어 주고, 늙은이와 병든 이들이 눈에 뜨이지 않게 하려고 얼마나 세심하게 정성을 쏟았던가!

혹시 이 세상에 대해 싫증이라도 낼까봐 왕궁에는 젊고 아름다운 여자들로 가득 채우지 않았던가. 처음 태어나서 선인들이 아들의 운명에 대해, 이 세상을 전쟁이나 무력을 사용하지 않고 다스리는 전륜성왕이 될 것이라고 예언했을 때 온 사까족 모두가 그를 얼마나 아꼈던가?

이제 전륜성왕은 그만두고 이 세상에 더 없는 큰 지혜를 깨달았으면, 그래도 이 늙은 부모에게 한 번쯤은 와야 하지 않는가? 지난 육 년 동안 그 힘든 고행을 할 때 이 아비의 자리는 가시덤불이 아니었더냐?

더러는 누군가 나에게 와서 죽었다고 했을 때, '그럴 리가 없다. 복과 지혜를 갖춘 내 아들이 자기의 소원을 이루지 않고는 절대로 죽을 리가 없다.'라고 믿어 주지 않았던가. 그 장한 아들을 보고 싶어하는 늙은 부모의 심정을 영 잊은 것은 아닌가?

몸과 마음에 기운이 없으신 대왕께 마지막 남은 희망을 여쭈어야 했다.

"기운 차리십시오, 백부님. 그분에게 보낼 마지막 한 사람이 있습니다. 바로 깔루다이(Kāludayī)입니다. 그는 형님 부처님과 매우 가까운 사이가 아니었습니까? 형님 부처님께서 꼭 오시도록 말씀드릴 수 있을 것입니다."

※

대신 깔루다이는 왕궁 안에서 책임이 가장 중요한 사람이었다. 싯달타 태자와는 어린 시절 함께 흙장난하던 친구였으며, 어른이 되어서도 매우 가까운 사이였다. 아들과 가까웠던 것이 계기가 되어 숟도다나 대왕의 오른팔이 되었다. 왕궁 안팎의 모든 일을 마음 놓고 의논할 수 있는 왕의 고문이 되었다.

"깔루다이 대신을 보내면 왕궁의 일이 진행되지 않을 것이다.

아난다야, 왕궁 안의 모든 일들을 그만이 빈틈없이 준비하고 처리해낸다. 그러나 그를 보내지 않는다면 다시는 아들을 볼 수 없을지도 모른다. 그래, 깔루다이를 불러라."

대왕의 명령에 따라 대신 깔루다이가 대령했다. 깔루다이의 얼굴을 보니 일찍부터 이러한 일이 있을 것을 알고 기대해온 것 같았다. 대왕의 명령을 받고 가는 것보다 스스로 마음속의 바람으로 기쁘게 가고 싶어하는 것이 더 많아 보였다. 깔루다이는 순도다나 대왕의 명령을 공손히 듣고 나서 말씀드렸다.

"대왕이시여, 시키는 대로 책임을 완수하면 저에게 한 가지 상을 내려 주십시오."

나는 깔루다이의 얼굴을 보았다. 그의 눈길은 순도다나 대왕에게 향해 있으며 간절한 염원을 담고 있었다. 그리고 대왕의 말씀을 듣기 위해 귀를 곤두세우고 있었다.

왕궁 안에 그가 없으면 안 되므로 그의 소원을 들어주지 말라고 내가 말씀드리려는 순간 대왕께서 먼저 입을 여셨다.

"아들을 보고 싶다. 깔루다이, 다른 일은 마음대로 하라."

"기쁩니다. 대왕님. 제가 원하는 상은 다른 것이 아닙니다. 부처님 앞에 도착했을 때 비구가 되도록 허락하시는 것입니다."

그 역시 앞서 간 사람들을 따라 가는구나!…… 그러나 이미 그러한 생각을 짐작하신 백부님은 동요하지 않으셨다.

"아들을 스승으로 삼고 비구가 되는 일, 내가 나의 이익을 위해서 집착하여서 막지 않겠다. 깔루다이야, 그러나 내가 원하는 바를 정확하게 여쭈어 주거라."

"안심하고 계십시오."

호위 병사 무리를 이끌고 깔루다이가 떠나갔다.

깔루다이가 안심하라는 말은 그의 능력을 자신하기 때문일 것이다. 숟도다나 대왕도 그의 능력과 용기를 믿고서 왕궁의 첫 번째 대신으로 삼았었다. 그러나 지금은 아들을 보고 싶은 생각만이 너무나 커서 그의 능력조차 의심이 되었다.

그렇게 마지막 희망을 걸고 보낸 깔루다이가 떠나간 다음 그 보고 싶은 아드님이 오실 날을 손꼽아 기다리면서 지냈다.

※

라훌라의 어머니 야소다라는 어른들과 비교하면 그래도 다행이었다. 싯달타 태자가 떠나갔을 당시에는 그리움과 뜨거운 번뇌 두 가지를 모두 혼자서 감당해야 했다. 그러나 이 아픔의 형벌도 부모님과 어른들의 연민심과 친척들의 자비에 의해 조금씩 치료되어 갔다. 지금 그 어린 아들 라훌라가 일곱 살이 되었다.

그 아들의 몸은 어머니 품에서 안온하게 잘 자랐다. 그는 아버지의 모습을 닮아서 깨끗하고 밝았다. 그 아기의 얼굴을 보며 어머니는 위안을 삼았다. 걸음마를 하기 시작하면서 그 아기는 탈 없이 무엇이나 잘 먹고, 무럭무럭 잘 자랐다.

할머니와 할아버지에게 갖가지 먹을 것을 청하고 말을 배웠다. 사랑스러운 아기의 노는 소리를 들으면서 야소다라는 아이의 미래를 생각했다. 아이의 미래를 생각하면서 아버지를 빠뜨릴 수는 없다. 부모님들과 어른들은 아들이 올 것인가 하고 걱정이 많다.
야소다라는 생각했다. 남편은 생에서 가장 높은 곳에 이른 사람, 그러나 왕자 시절을 잊고 지낼 수 없으리라. 그때 그분에게 향했던 살뜰한 나의 정성과 사랑을, 몸과 입과 마음으로 쏟은 그 정성들을 그분께서는 생각하실 것이다. 그 공덕과 은혜로 어느 시간에는 뵐 수 있는 기회를 주리라.

자기의 공덕과 그분을 똑같이 존중하고 믿는 한 여자의 생각이었다. 그 해 4월 보름, 그 여자의 생각이 맞는지 안 맞는지 밝혀질 것이다.

Apadāna Aṭṭhakathā
Santike nidāna

깔루다이의 시

삼계의 가장 높은 닙바나의 약으로
모든 중생을 건네주어
황금의 위험 없는 나라에 보내주시는
인간과 천상의 스승님!

그 높은 보배 마하 위하라(Mahā Vihara),
노력의 최고 정상, 깨달음에
여섯 가지 찬란한 빛
지혜의 광명으로 진리를 열어 보여서
놀람이 다할 수 없고 비교할 이 없는
복덕이 밝게 빛나는 우리 부처님!
……

말씀 여쭈려는 것에 귀를 기울여 주시도록, 부처님께 머리 숙여 예배드리며 칭송하는 예찬이다. 그 말을 여쭙는 이는 바로 깔루다이 존자이다. 그때는 같은 해 음력 2월 보름날이었다.

※

숟도다나 대왕의 사신인 깔루다이에서, 세속의 삶을 버리고 부처님의 제자 비구 깔루다이 존자로 바뀌고 날이 제법 지나갔다. 그를 따라 왔던 일천 명의 젊은 호위병들과 함께 아라한과 (Arahataphala)를 성취했음을 표시하는 아름다운 가사를 입고 세간의 오욕락과는 비교할 수도 없는 평화롭고 행복한 사마내(沙門)의 호사를 각기 즐겨왔다.

이 높은 분들은 앞서 갔던 사신들과 같이 세속적인 삶의 끈을 모두 끊어 버렸다. 숟도다나 대왕의 명령을 따르지 않아도 어느 한 가지 마음 걸리는 일이 없었다.

그러나 깔루다이는 다른 사신들과 조금 다른 것이 있었다. 다른 사신들은 숟도다나 대왕의 바깥일들만 책임졌었다. 그래서 왕의 가족에 관한 일은 자세히 모른다.

아들 싯달타가 사람들의 세계를 떠나 숲으로 갔을 때, 그들 사까 왕족의 자존심은 조금도 줄어들지 않았다. 아들 한 명이 잔인하고 인정 없이 자기들을 버리고 간 뒤에도 이 왕족의 자존심은 넘쳐흘렀다. 그래서 바깥일을 담당한 이들이 보기에 왕족의 품위는 언제나 자신이 넘치고 단정하였다.

이렇게 품위 있고, 언제나 꿋꿋하게 지내는 가운데서도 모두를 버리고 떠난 사람 때문에 자주 눈물을 흘려야 했다. 바깥사람들이 보는 곳에서는 자존심으로 막아 두었던 그 눈물을 깔루다이 앞에서는 남김없이 흘리며 하소연하였다.

이 가족의 자존심과 슬픔, 그들의 가슴에 응어리진 슬픔의 덩어리를 오직 깔루다이 한 사람만은 모두 알고 있었던 것이다. 이 가족의 아픔을 같이 나누고 느끼는 것도 깔루다이 한 사람뿐이었다. 보통사람들이라면 실컷 울고 나면 가슴속의 아픔이 조금은 누그러지리라. 그러나 왕족의 품위와 자존심으로 울고 싶어도 울 수 없는 가족들의 고통은 다른 사람들보다 훨씬 심했다.

※

지금은 옛 주인으로 고개 숙이고 다시 모실 필요는 없지만 그들의 그 고통을 함께 느꼈던 것으로도 그들에 대한 연민심이 넘쳐 흐를 수밖에 없었다. 이러한 고통과 슬픔을 제거해 줄 수 있는 이는 부처님, 오직 그 한 분이 있을 뿐이다.

그분께서 버리고 떠남으로 인해 생긴 아픔이기에 그분 스스로 책임지고 치료해야 하리라. 지금 그 치료를 위한 여행을 해야 할 시간에 이른 것이다.

그래서 '있는 대로 부탁드릴 말씀을 머리 위에 합장으로 여쭈오니 허락하여 주십시오.'라고 서두를 꺼내고 공손하게 여행의 계절을 글로 그려서 아름다운 목소리로 들려 드렸다.

숲을 노래한 시

태를 묻은 거기, 태어난 그곳
승리의 땅 까뻴라
낳아 주신 아버님 숟도다나와
황금 같은 살결의 야소다라
심장 같은 아들 라훌라

한 줄에 꿰어 놓은 꽃 타래처럼
목을 길게 하여 기다리는 그이들……
목숨을 다하여 일생을 사랑하며 그리워하네.

넘치게 보고 싶은 나의 그이를
오래 오래 그리워하다
모시고 싶어서 보낸 그 사람들에게
눈을 크게 뜨고 기다린다 전해달라고
일만의 병사 중에
제가 마지막으로 와서 이제 모시옵니다.

때는 겨울이 바뀌어 여름이 오기 전
모두가 즐거워하는 이 아름다운 계절에
어린 새잎들은 반짝반짝 불꽃처럼 윤기 나고

숲 가득 꽃 색깔로 풍성합니다.
늙으신 아버님,
그 옛 궁전의 사람들 뵙게 하고 싶어 청하옵니다.
이제쯤 가실 때가 되었습니다.

어디를 바라보아도 모두 즐거워하는
이 아름다운 계절
시원한 산들바람이 꽃향기를 나르고
벌들은 분주히 꿀을 나르네.
북풍이 남아 있고 이슬이 다하지 아니하며
더위는 아직 심하지 아니합니다.

햇살은 사방에 가득히 넘치고 구름은 없네.
천둥도 비구름도 모두 숨어서
안개가 오르내리는 때는 이른 봄
삼계의 가장 높으신 오! 우리 부처님!
파두마 연꽃 같은 두 발을 옮겨가시면
울퉁불퉁 먼지 나는 그 험한 길도
우리 님 편안히 가시도록 옆으로 비켜나리.

바라밀 공덕이 높으신 나의 주인님
깨끗한 그 길로 가시어라
멀리 한 곳으로 비켜나서

가시는 곳 지루하지 않게
고운 모래를 깔아
즐거운 여행이 되시옵소서!

볼록볼록 한들한들 새잎이 피는
아름다운 계절이 되었습니다.
가시는 그 길, 나무는 곧고
가지들은 우거져 그늘이 짙어졌습니다.
새 눈과 봉오리 더러는 피고
어린 열매들은 조롱조롱 맺혔습니다.

불길이 피어나듯
숲 속을 밝게 비치는 갖가지 꽃들은
종알종알 송이송이 피어서 웃음 짓고
묵은 잎은 나무 아래에
새잎은 가지마다에
제각기 향기를 자랑합니다.

산들바람은 가지를 흔들고
숲은 모두 새잎으로 갈아입었습니다.
묵은 잎은 떨어지고 새잎은 피어서
계절 따라 가지가 우거졌네.

꽃봉오리를 따라 바라보면
겨울이 남아 여름이 되기 전 더위도 심하지 않고
이슬이 멈추는 이 좋은 시절에
따뜻하고 편안한 친척들
우리 그 님을 뵈옵기 적당합니다.

이제 가실 때가 되었습니다.
여행길 구비마다
새가지, 새잎이 산뜻합니다.
사방에는 들꽃 피어 밝게 웃음 짓고
벌 나비는 꽃을 찾아 꿀을 나르네.

꾀꼬리 앵무새는 쌍을 지어 날아 숲 속에 모여들고
연못의 오리들도 봄을 즐기네.
여기 저기 짝을 찾아 자기 노래 부르며
날아오르고 날아내리네.

갖가지 모습으로
나무 위로 나무 아래로 서로 찾아다니네.
부드러운 흙, 좋은 그늘
잎들은 무성하여 공작이 노래하네.

감히 세상일을 여쭐 수조차 없어서 멀찌감치 담장 너머에서 세속의 사람들이 그분을 사모하며 기다리는 곳으로 가시기를 노래하였다.

그분이야 가슴이 아프지 않더라도 가슴 아파하며 기다리는 이들이 있는 곳으로 눈길을 돌려주십사고 여쭈어야 했다. 시를 잘 짓고 아름다운 음성으로 노래하는 것에 특별한 재주를 지녔던 어릴 적 친구가 꼭 가야 할 그곳의 정경을 그려서 보여 드린 것이다.

비교할 수 없는 높고 높은 행복 속에 지내신다지만 그렇지 못한 딱한 이들의 심정을 헤아려 주십사고 한사코 여쭈어야 했다.

Teraapadāna Aṭṭhakatha
Kāḷudāyī Therpadāna 60게송 중 일부

까뻴라에서 걸식하시다

오늘 아침, 동산에는 보지 못했던 갖가지 꽃들이 화사한 웃음을 머금고 있다. 동산 전체가 아름다운 꽃향기로 피어올랐다.

동산에서 자태를 뽐내는 꽃, 환영하기 위해 나온 이들의 손에 들었던 갖가지 꽃과 향. 그날 동산에는 갖가지 꽃과 향, 그리고 어른과 아이, 남자와 여자 등 모든 사람이 모여들었다.

자기 종족의 명성을 드날린 부처님을 사까족 모두는 즐거운 마음으로 성대히 환영했다. 큰 환영 잔치를 열어서 예배를 올리고 공양했다.

그러나 오늘 아침, 이 동산에는 예배하는 사람이 하나도 없다. 어제 저녁 분주하고 시끄러웠던 것과 달리, 오늘 아침은 발걸음조차 없다. 잠자리에서 일어난 비구들만 있었다. 그 상가 대중들도 조용해서 어떤 소리도 들리지 않았다.

더러는 꽃 넝쿨 아래를 천천히 경행하거나 일어난 자리에 그대로 가부좌를 틀고 앉아 계셨다. 조용한 법을 얻으신 분들이어서 동산 전체가 조용하기만 하다. 동산에는 이만여 분의 아라한이 계시지만 한 사람도 없는 곳처럼 그저 조용할 뿐이었다.

예전에 지내 왔던 대로 새벽 일찍 먼동이 트기 전부터 해가 떠오를 때까지 묵묵히 각자 수행을 했다. 아침이 밝아 왔지만 부처님께서는 머무시는 곳에서 나오시지 않았다.

비구 대중은 매일 하는 것처럼 탁발 준비를 했다. 이미 발우는 발우 자루 안에 새로 씻어서 담아 두었다. 라자가하의 죽림정사라면 지금 이 시간쯤에는 우유나 여러 가지 죽 가운데서 한 가지를 마실 수 있었을 것이다.

그리고 전날 초청 받은 신남 신녀들 집에 가려고 준비할 것이다. 신자의 집에 초청 받았을 때도 상가 대중 전체를 초청하지 않았으면 순번에 의해 몇 명은 따라가고 나머지 대중들은 탁발하러 나간다.

까삘라는 부처님이 태어나신 곳. 그러나 이 동산에 도착한 시간부터 먹거나 마실 음식을 올리러 오는 이들이 전혀 없었다. 오늘 아침도 아름다운 꽃을 따서 예배하고는 곧바로 돌아갔다.

"내일 아침, 제자의 집에서 공양을 받으십시오."

어느 한 사람도 이렇게 초대하지 않았다. 다른 친척들은 그만두고라도 부왕 순도다나 대왕과 젖을 먹여 기르신 마하 빠자빠띠 고따미 왕비조차도 초대하지 않으셨다. 인가(Aaga)국이나 마가다국 출신 비구들은 이러한 일이 특이하다고 생각했다. 그러나 우리의 옛친구 깔루다이는 이러한 사실을 잘 이해하리라.

※

그렇다. 출가하기 전 우리들과 같은 세계에 살았을 때에 형님 싯달타는 친척집을 방문해도 음식을 들어본 적이 없었다. 가장 높은 위치이고 귀함을 받던 사람이었기 때문에, 그가 다른 사람들을 초대하여 대접했을지언정 어느 누구도 그를 감히 초청하지 못했다.

그 위력이 발우를 손에 들고 걸식해야 하는 지금까지도 따라다니는 것이다. 그 위력을 지금까지 인정하고 있는 사람 중에는 부왕도 포함이 되었다. 부왕은 부처님을 아들로 생각하고 그가 먹고 마실 시간이 되면 당연히 궁전으로 올 것이라고 생각했다.

그 궁전 안에서 귀하고 맛있는 음식만 먹고 마셨던 아들이 다른 누구의 집에 가지 않을 것이라고 생각했던 것이다. 자기 집을 두고 어디를 가겠는가?

너무도 당연한 일에 말이 필요 없었다. 그래서 왕궁 안에 부처님과 함께 뒤따르는 상가를 위해 넉넉한 음식을 잘 준비해 놓았다. 그러나 그런 소식을 전할 사람은 보내지 않았다. 이런 것은 왕궁과 친밀히 지내 왔던 깔루다이 같은 이들은 쉽게 이해할 수 있었다.

깔루다이는 대왕의 명령을 받고서 죽림정사에 가서 부처님을 뵈었던 일이 생각났다. 비구가 된 다음 어느 누구도 그 높으신 분께 세속적인 말로 당신의 아버지가 보고 싶어 한다고 꺼낼 수 없었다. 그들이 얻은 담마의 행복과 비교할 수 없는 일을 어떻게 권할 수 있겠는가?

그러나 깔루다이는 여쭈어야 했다. 그렇다고 그가 쉽게 여쭐 수 있었던 것은 아니었다. 아름다운 시를 잘 지었던 그는 육십이 넘는 게송을 지었다. 그리고 그 아름다운 게송들을 부처님께서 잘 들으시도록 담 너머에서 읊었던 것이다.

그래서 부처님께서는 대중과 함께 하루에 일 유자나(7~12km)씩 천천히 피곤하지 않도록 걸어 오셨던 것이다.

❋

그날 아침에 생긴 일을 깔루다이 존자는 계속하여 말씀하셨다. 해가 제법 높이 솟아올랐을 때, 부처님께서 머무시던 곳에서 나오셨다. 발우와 가사를 갖추어 입으신 모습이 걸식을 나가시는 것이었다. 뒤따르는 비구들도 각자 적당한 곳에 자리 잡았다. 부처님께서는 상가 대중의 맨 앞에 서서 동산을 떠났다.

처음 보는 특이한 모습, 한 줄로 나란히 걸어가는 이만여 명의 상가 대중을 성 안팎의 모든 사람들이 놀란 눈으로 지켜보았다. 그러나 어느 한 사람도 부처님의 발우를 받아 주는 사람이 없었으며, 어느 친척도 환영하거나 초대하지 않았다. 부처님께서는 까뻴라 성문 가까이 이르렀다. 그리고는 성문 근처에서 잠깐 멈추었다.

"태어나신 그곳에 탁발하러 들어가실 때, 과거 부처님들께서는 어떻게 하셨나? 힘이 큰 부잣집들을 골라서 탁발하셨는가. 그렇지 않으면 만나는 대로 높고 낮은 집을 가리지 않고 걸식하셨던가?……"

부처님께서는 잠깐 생각에 잠기는 모습이었다.

이윽고 제일 첫 집에서부터 시작하여 집집마다 차례로 들어가서 탁발하였다. 과거 높으신 부처님의 전례에 따라서, 다음 미래에 올 제자들을 위해 좋은 본보기 하나를 보여주신 것이다.

성안에서는 소동이 났다. 공양을 올리는 이들보다 놀라서 쳐다보는 이들이 더 많았다. 성 가운데쯤 왔을 때 사람들의 놀라운 마음은 점점 커져 갔다.

전에는 어느 누구의 집을 방문해도 드시지 않았던 분, 궁 안에 준비된 좋은 음식만을 잡수셨던 분, 지금 그분이 한 끼의 밥을 빌기 위해 집집마다 대문을 두드리는 것이다.

멍하니 바라보다가 서로 수군거렸다. 집집마다 방문하는 동안 어느덧 부처님과 상가 대중들은 왕궁 근처에까지 이르셨다.

✿

사람들의 입과 입으로 전해진 이 소식을 들은 라훌라 어머니 야소다라는 창문을 열고 기다리고 있었다. 그녀는 직접 뵙지 못했지만 그분의 모습을 여러 가지로 짐작하며 바라다보고 있었다.

"예전에 그분께서는 검푸르게 윤기 나는 상투에 갖은 보배 장식으로 찬란하게 치장하였다. 지금 그 상투는 없다고 말한다. 머리칼을 모두 잘라 버린 그분은 그 전처럼 아름다우실까?"

"예전에 그분께서는 까시국에서 나오는 값나가는 비단으로 옷을 지어 입으셨다. 지금은 짙게 물들인 옷을 입고 계신다고 한다. 노란 가사를 입으신 그분, 그 전처럼 보기 아름다우실까?"

"예전에 그분께서는 어느 곳에 가시려면 훌륭한 수레나 가마,

말이나 코끼리를 타고 가시곤 했다. 지금은 땅 위에 맨발 그대로 다니신다고 한다. 가마도 없고 수레도 없는 그분, 그 전처럼 위엄이 있으실까?"

"예전에 그분께서는 미리 준비하여 잘 차려놓은 부드럽고 맛있는 음식을 마음 내키는 대로 드셨다. 지금 한 끼의 밥을 위해 집집마다 들어가신다고 한다. 다른 이들이 보시하여야 한 끼를 드실 수 있는 그분, 그 전처럼 위엄이 있으실까?"

❀

다른 이들이 만나 뵙는 것처럼 직접 달려가서 뵙지 못했기 때문에 상상으로 그릴 수밖에 없었다. 그 전의 태자 시절, 아름답고 적당하여 보기 좋았던 환영들이 그녀의 마음을 차지하고 있었다. 그 옛날의 영상들이 이제는 거룩하신 부처님의 모습으로 바뀌어야 하지만 아직 직접 뵙지 못했기 때문에 두 가지 마음이 서로 뒤섞여 있는 것이다.

그러나 지금 그 두 가지 마음이 깨끗이 사라져 갔다. 해가 떠오르면 이슬이 사라지고 햇빛이 찬란히 빛나듯이 부처님이라는 해의 왕이 밝게 빛났기 때문에 야소다라 마음에 있는 의심의 안개도 말끔히 걷힌 것이다.

예전의 아름다움이 집착의 욕망에 속하며, 고치고 치장하여 만들어낸 아름다움이라면, 지금의 아름다움은 번뇌를 끊은 맑고 깨끗하며 가장 편안하여 위험이 없는 거룩한 아름다움으로 환하게 밝았다.

머리끝에서 발끝까지, 발끝에서 머리끝까지 다시 보고 또 보아도 만족스럽지 않은 것이 없었다. 그 거룩하신 분의 모습이 어느 집 문 앞에서 사라져 보이지 않게 되자 급히 자리에서 일어났다.

이 왕궁을 그냥 지나치시기 전에 왕궁 안으로 모시도록 부왕께 말씀드려야 한다. 이 자존심 강한 사까 왕족 전체의 위엄을 남김없이 무너뜨린 이 엄청난 일을 부왕께 말씀드릴 수 있는 이는 한 사람도 없을 것이다. 그러니 내가 가서 여쭈어야 할 것이다.

그분의 거룩하신 모습, 그분의 위엄 있는 모습을 직접 뵙지 못했다면 야소다라 역시 말씀드릴 용기가 나지 않았으리라. 지금 이 거룩하신 모습을 뵙고 난 뒤라 두려움 없이 부왕께 말씀드릴 수 있었다.

"부왕의 부끄러움을 드러내고 싶은 아들이었던가?······"

순도다나 대왕의 마음은 큰 타격을 입었다. 부왕이 이렇게 직접 살아 있는데 다른 집을 다니면서 빌어야 한단 말인가. 사까 왕족의 전통조차 염두에 두지 않는단 말인가?

연민심 뒤에 따르는 상한 자존심, 그 자존심에 상처를 입었을 때 터져 나오는 화냄, 이 화냄과 자존심, 그리고 연민심이 부왕의 마음속에서 엎치락뒤치락 휘젓고 있었다.

※

전체 사까 왕족들을 다스려 오던 대왕이지만 그보다 더 높은 왕인 마음의 명령을 반대하며 물리치거나 거절할 수 없었다. 그 마음의 명령대로 왕궁에서 뛰쳐나갔다. 흘러내리는 옷을 두 손으로 거머쥐고

"부처님! 제자에게 부끄러움을 가지도록 가르치시는 것입니까? 제자가 이 많은 상가 대중을 위한 공양을 베풀지 못할 것이라고 생각하십니까?"

한걸음에 달려간 부왕이 부처님께 여쭙는 원망스런 어조였다.

"대왕이시여! 잘 들으십시오.

이렇게 집집마다 차례대로 걸식하여 먹는 것은 대왕께 부끄러운 수치를 드리려는 것이 아닙니다. 대왕의 궁전에서 이 비구 대중에게 공양을 올릴 수 없을 것이라고 생각해서도 아닙니다. 단지 이렇게 집집을 돌며 걸식하는 것은 우리 가문의 전통입니다."

부왕 숟도다나께서 몸이 떨릴 정도로 흥분하는 것과는 반대로 부처님께서는 조용히 평온한 어조로 말씀하셨다.

※

세상사람들의 애착 따위는 모두 끊어버렸으므로 숟도다나 부왕조차 부왕이라고 부르지 않았다. 친척도 권속도 아닌 빔비사라 대왕과 똑같이 대하시는 것이다. 같이 지내는 비구 대중은 우리들이 부처님과 친척이라고 '동생 아난다, 동생 난다, 아들 라훌라, 어머니 고따미' 등으로 높여서 불러주었다.

그러나 형님께서는 한 번도 가족의 호칭으로 부르시지 않았다. 본래의 이름 그대로만 부르신다. 만나는 이 모두를 누구나 평등하고 똑같이 생각하심은 지금 부왕을 부르는 것과 같다. 집착이나 애착이 없으신 분께서는 아는 법 그대로만 말씀하신다. 그러나 법을 알지 못하는 부왕이 어떻게 이해할 수 있겠는가?

"부처님! 제자의 권속 가운데, 저의 캇띠야 왕족 가운데 지금처럼 집집마다 다니며 빌어먹는 이가 있었던 적이 있습니까?"

종족에 대한 자존심이 강한 왕족의 교만심으로 여쭈었던 것이다.

"대왕이여! 캇띠야 왕족이란 대왕의 종족입니다.

우리의 종족은 과거에 출현하셨던 거룩하고 높으신 부처님들이며, 그분들도 이처럼 집집마다 밥을 빌어서 생명을 이어갔습니다."

'나의 종족, 나의 권속, 나의 아들, 나의 부처님'이라는, 이 '나'라는 생각에 집착하고 있는 부왕의 유아견을 깨뜨려야 했다. 부왕 스스로는 나의 권속, 나의 종족, 나의 혈통, 나의 아들, 나의 부처님이라고 집착해도 아들인 부처님은 털끝만큼도 집착을 받지 않았다. 부왕이 그에게 향하는 큰 사랑을 그는 싸늘하게, 아니 분명하게 금을 그어 놓았다.

"대왕이시여! 당신은 당신의 가문, 나는 나의 가문……"

그렇다면 나 숟도다나가 그토록 힘겹게 잡고 있는 것은 무엇인가? 아들이라고 생각했다. 내가 낳은 내 아들, 그 잘나고 지혜롭고, 사람들이 보기만 하여도 정신을 잃을 정도로 장한 내 아들이라고 얼마나 자존심을 세웠던가?

그런데 그 장한 아들이 내 쪽이 아닌 것이다.

"………"

❀

이렇게 집착을 받음이 없는 곳에 부처님이 계신다. 보이는 것 모두는 생겼다가 사라지는 것이다. 집착한다고 해서 얻어지는 것도 아니고, 가진다고 해서 나의 소유가 되지 않는 것이 법칙이다.

자기의 몸과 마음조차도 나의 소유가 아니다. 스스로 '나'라 하고 '나의 것'이라고 깊이 애착하여도, 이 몸뚱이는 날마다 시간마다 아니 그보다 짧은 순간순간마다 그가 가는 길을 따라갈 뿐이다.

나를 나의 것으로 삼아서 늙게 하고 싶지 않지만, 그 몸뚱이 스스로는 늙음의 길을 벗어남이 없이 그대로 가고 있을 뿐이다. 나의 것을 아프게 하고 싶지 않아 부탁하고 소원하여 보지만 소용없다. 그렇다고 안 아파지며 병들지 않는 것이 아니다.

그 스스로 병드는 준비가 되어 있는 것이다. 죽어야 할 위험을 만났을 때 두려워하고 발버둥친다고 어느 한 시간이라도 죽음의 왕이 내미는 손아귀를 벗어날 수 있겠는가?

불타오르는 삼계 안에서 불의 위험이 닥쳤을 때 아들과 딸이 부모를 구해 줄 수 있는가? 부모는 아들과 딸을 위험이 없는 곳으로 보내 줄 수 있는가? 눈물을 글썽이는 것밖에 무엇을 더 할 수 있겠는가?

무엇 하나 마음대로 할 수 없으며, 내가 조절할 수 없는 것(Anatta)의 성품이 그대로 이어지며 생기고 사라지는(Sankhāra) 법의 질서 위에 서서 '나'라고 집착하고 '나의 것'이라고 애착한다.

그리고 생기고 사라지는 법들에 의해 변하고 무너질 때, 가슴이 터지도록 통곡한다. '나'라고 하는 것과 '나의 것'이라고 하는 것에 집착하지 않을 때, 일어나고 사라지는 법의 운행 질서에 의해 변하고 사라지더라도 울고 통곡하지 않을 것이다.

고통스러움을 받아야 할 필요도 없다. 고통은 누구에게도 어떤 도움도 되지 않는다. 여기에서 고통을 소멸하는 길을 만나야 하는 것이다.

※

그분의 마음에서 부왕이라는 집착은 깨끗이 사라졌다. 그러나 부왕의 한량없는 사랑과 자기에게 베풀었던 그 많은 공덕과 은혜는 기억하고 있었다. 그 무량한 은혜에 대해 지금 끝없이 조용하며 평화로운 담마로써 보은을 하는 것이다.

아직 닦아야 할 것이 남아 있는 사람으로서 도의 지혜와 과의 지혜로 집착에서 벗어나 닙바나의 법을 현재에 행할 수 있게 된 순도다나 대왕은 한량없는 은혜의 주인이신 그 높은 아드님을 뒤따르는 상가 대중들과 함께 궁전 안으로 초대하였다.

순도다나 대왕은 궁전 앞 그 길에서 아들의 법문을 듣고 수다원 과위를 성취한 것이다.

Vinaya mahāvagga

Mahā khantaka

Rahulā vatthu

야소다라 궁전에 가시다

부처님을 맨 앞에 모신 상가 대중들은 왕궁 안에 들어와 공양을 올리는 곳에 모두 모였다. 공양 올리는 일에 능숙한 이들은 필요에 따라서 공양이나 반찬과 음식 등을 올리고 과일이나 마실 것 등을 불편함이 없도록 부지런히 시중들었다.

나머지 사람들은 한 쪽에 조용히 앉아서 합장 올리고 있었다. 그러나 그 자리에 야소다라 모자는 보이지 않았다. 부처님께서 궁전에 들어오시자 모든 권속들과 하인들이 그녀의 왕궁에서 나가 부처님께 인사드릴 것을 권했다.

그러나 야소다라는 생각에 깊이 빠져 있었다.

"그가 나를 떠나갔다. 그러면 그가 나에게 다시 와야 한다. 내가 왜 그에게 가야 한단 말인가?"

이러한 생각으로 자신을 다스리고 있었다. 그러나 마음만은 다스릴 수 없었다. 그녀는 궁전 안에서 단장하고 있었지만 마음은 부처님이 계신 곳으로 달려갔다. 그녀는 시중드는 이들과 함께 짙게 물들인 굵은 베옷을 입고 있었다.

그녀의 마음은 이미 그분 앞에서 왕궁을 떠나던 날 밤부터 쌓인 그리움과 그간에 생겼던 모든 일들을 남김없이 말하며 하소연하고 있었다. 그 서러웠던 일들을 모두 말씀드리고, 그분께서 측은한 마음으로 눈물을 흘려주실 것을 원하고 있었다.

※

아셨을까? 부처님께서 그의 궁전에 오셨다.
그래, 오신 것이다.
스스로 떠나셨으니 스스로 오신 것이다.
부왕이 발우를 안고
사리불 존자를 오른쪽에
목갈라나 존자를 왼쪽에 거느리시고.

그 두 존자께 부처님은 이렇게 당부하셨다.
"야소다라 공주, 그녀가 원하는 대로 예배하도록 두어라. 누구도 그녀를 막지 말라.……"
자비와 연민심 두 가지를 모아서 하신 말씀이다. 야소다라에 관해 부처님의 마음에는 바랄 것이 하나도 없었다. 그러나 전에 보여 주었던 지극한 사랑을 잊어버리거나 던져버리지는 않으셨다. 야소다라가 보냈던 사랑을 그보다 더 크고 높은 마음으로 받아들이는 남자였던 것이다. 그 높은 남자의 마음에는 사랑과 자비와 함께 측은히 여기는 연민심이 있을 뿐이다.

남편에게 버림을 받았던 딱한 여자의 아픈 가슴과 그리움, 그리고 위축감을 자기 일처럼 가련히 여기는 마음뿐이었다. 그러나 그 마음 뒤에 따르는 마음의 상처나 슬픔은 느끼지 않는다. 보통사람들의 사랑에는 평등심(Upekkhā)이 함께 하지 않기 때문에 집착하고 싶은 욕심으로 뜨거워진다.

평등심으로 언제나 함께하는 그분의 사랑에는 알아차릴 수 없이 감추어진 사랑은 없는 것이다. 평등심은 좋아하거나 싫어하거나 뜨겁거나 끌림이 없는 바른 성품을 사실 그대로 볼 수 있는 지혜이다. 만나는 것마다의 세상 법칙(Lokadhamma)*을 중간 위치에서 바라보는 것이다. 그 평등심과 함께 하는 부처님의 연민심에 슬픔이나 가슴 아픔은 따르지 않는다.

---

* 세상 법칙(Lokadhamma) 8가지 : 이 8가지 바람으로 중생들이 동요하여 (Anguttara) 흔들려서 기뻐하거나 슬퍼한다.
① 라바(Lābha) : 재산이 많아서 교만하여 동요함
② 아라바(Alābha) : 재산이 없어서 기가 죽어 동요함
③ 야사(Yasa) : 친척이 많아서 동요함
④ 아야사(Ayasa) : 친척 권속이 없어서 동요함
⑤ 빠상사(Pasaṁsā) : 칭찬을 듣고서 동요함
⑥ 내인다(Ninda) : 창피를 당해서 동요함
⑦ 수카(Sukha) : 행복함에 기뻐서 동요함
⑧ 둑카(Dukkha) : 괴로움에 지쳐서 동요함

지금 입을 열어 하시는 말씀을 미루어 보면 슬픔이나 아픔이 없는 연민심으로 불쌍히 여김을 알 수 있다. 남편에게 버림받은 한 여자의 슬픔, 아픔, 그리움, 마음 졸임 등에 대한 책임을 져야 할 한 사람으로서 연민심을 펴야 하리라.

나는 일생 동안 부처님께서 가련한 여자들을 자기 일처럼 도와주는 것을 자주 보았다. 지금 부처님께서는 야소다라의 궁전에 오셨다. 그리고 준비해 놓은 자리에 조용히 앉으셨다. 부처님이 앉으신 곳으로 야소다라는 재빨리 다가갔다.

우리들의 눈은 야소다라에게 향했다. 우리의 귀는 야소다라의 말을 듣기 위해 바짝 긴장했다. 궁전에는 숨소리조차 들리지 않았다.

※

많은 날들을 그리움에 사무쳐 짐작만으로 그리며 기억했었다. 그리고 지금 그 주인이 자기 앞에 나타났다. 그리워했던 그 많은 날, 그 많은 날 받아왔던 아픔들을 무슨 말로 해야 하는가?

야소다라, 오! 야소다라여!

야소다라의 말소리를 우리는 들을 수 없었다. 눈으로만 볼 수 있었다. 연꽃 같은 그분의 발등에 막을 수도 멈출 수도 없이 흘러내리는 눈물로서만 그간의 사정을 모두 드러내어 여쭈고 있었다.

울어라. 야소다라여! 마음껏 울어라.

그 사랑을 빼어버리지 못하는 한 계속해서 울어야 하리라.

Vini mahāvagga aṭṭakathā

동생 난다 왕자의 잔칫날

다시 떠나갔다. 새로운 싹, 새로운 봉우리가 하나씩 하나씩 떠나가고 있다. 이대로 계속 떠난다면 이 궁전 안에 남아 있는 사람이 있을 것인가?

이러한 사태는 누구에게 허물을 지워야 하는가?

크나큰 마음의 힘을 가지고 있는 큰아들에게? 아니면 마음이 너무 여린 작은아들 난다에게?

다른 사람들의 생각이야 어떻든 숟도다나 대왕은 각별히 사랑하는 그 큰아들에게 허물을 지울 수는 없었다.

아들의 가르침으로 성인 제자의 한 사람으로 들어갔을 뿐 아니라 자기를 뛰어넘어 높은 위치에 이른, 부모보다 훌륭한 자식인 보배와 같은 큰아들에게 허물을 지울 만큼 용감하지는 못했다.

허물이 있다면 성인의 지혜를 얻고도 항상 함께 하지 못하는 자기 자신에게 있는 것이 아닌가? 또 유난히 마음이 여린 난다 왕자에게 있으리라. 교단의 가르침이 어떤 이익을 가져다주는지 스스로 조용한 닙바나의 행복을 맛보지 않았던가?

이 크나큰 가르침이 널리 퍼지고 융성하게 일어나는 중요한 일을 부왕으로서 만족하게 생각하지 않을 일은 없다. 큰아들의 그 교단이 크고 강해지면 부왕 역시 자랑스러워할 일이다. 성인의 지혜를 바르게 얻은 사람이라면 누구나 이 교단이 커지고 번영하는 것을 바랄 것이다. 성인 제자(Ariya savaka)가 된 부왕 역시 그러한 바람이 있다.

☸

그러나 지금처럼 출가하여 교단에 속해야만 가르침을 펼 수 있는 것은 아니지 않는가?

교단 외부에서 필요한 것을 후원해 주는 것도 역시 중요하며 가르침을 펴는 것을 간접적으로 돕는 일이라고 생각했다. 부처님이 된 아들이 다시 세속적인 삶으로 돌아올 여지는 전혀 없다.

그렇다면 다른 아들인 난다 왕자가 부왕의 유업을 이어받아 사까 왕족의 우두머리가 되어서 가문의 영예를 드날리는 형님에게 친척들과 함께 풍성한 보시를 드리며 살아간다면 얼마나 좋겠는가?

이러한 생각으로 오늘 아침에는 왕성 전체가 떠들썩하도록 특별한 잔치를 벌였다. 부왕의 왕위를 이어 받을 난다 왕자와 자나빠다 깔랴니 공주를 짝지어 주고 상투를 틀어 왕관을 씌워 주는 한편, 새 궁전을 마련하여 옮겨가도록 하고 왕위를 모두 물려주는 뜻으로 황금일산을 씌워 주는 행사를 시작했던 것이다.

이 대단한 잔치에 부처님께서 스스로 참석하셨다. 잔치를 거행하는 것보다 더 큰 행운이었으므로 부왕은 기쁨을 참지 못했다. 가장 훌륭한 음식을 잔칫상에 올렸다. 잔치에 참석한 친척들과 모든 이들이 너무 놀라 입을 다물지 못했다.

부처님은 큰 교단 전체의 우두머리로 모든 힘을 가지고 있다. 그러나 여기에서 벌어지고 있는 일은 교단과는 전혀 관계가 없는 일이다. 이 지구가 생긴 이래 계속해서 행해져 왔던 세속 사람들의 일이다. 그런 행사에 부처님이 오셨다. 그 기대하지 못했던 행운에 준비된 공양을 올리게 된 숫도다나 대왕은 즐거워했으며 한없이 행복해 했다. 모든 친척들 앞에서 얼굴이 환해졌다.

그러나 잠시 뒤에 일어난 일에는 너무 놀라서 참석한 모든 사람들은 서로의 얼굴만 멍하니 쳐다보았다.

✿

"난다야, 발우를 들어라."

부처님은 공양을 드시고 깨끗이 씻은 발우를 동생 난다 왕자의 손에 들려주었다. 동생 난다 왕자가 감히 거절치 못하고 발우를 받아 안았다. 난다 왕자가 평소에 두려워하고 지극히 존경해 왔던 형님의 명령을 어떻게 거절할 수 있겠는가?

형님께서 안겨 주는 발우를 조심스럽게 안고 그저 따라갈 수밖에…….

부처님께서는 자리에서 일어나 천천히 걸어가셨다. 불쌍한 난다 왕자는 하는 수 없이 그 뒤를 바싹 따라 가야 했다. 안고 있는 발우를 부처님께 돌려 드릴 수도 없었으며 그렇다고 다른 사람에게 대신 안겨서 딸려 보낼 수도 없었다.

그분이 얼마나 귀중한 형님인데, 형님의 발우를 다른 이에게 맡길 수 있겠는가? 저기쯤 가시면 다시 받으시겠지. 아니면 저기에 이르면 받으시려나?……

왕궁을 지나 숲으로 들어서도 받으시려는 기색도 드리려는 엄두도 낼 수 없으니 그저 가는 데까지 따라갈 수밖에……

부처님께서는 동생 난다의 마음을 아시는지 모르시는지, 뒤 한번 돌아보시지 않고 그냥 걷기만 하셨다. 난다 왕자는 도저히 형님의 명령을 어길 수 없어 따라갔다. 따라가기는 하되 몸은 가고 마음은 그냥 왕궁에 있다고 해야 하리라. 그 마음은 몸에서 떠나 자나빠다 깔랴니 공주에게 머물고 있었다.

'난다 왕자가 형님인 부처님의 발우를 들고 따라갔다'는 소리를 듣자마자 공주는 빗던 머리를 그대로 잡고 창문으로 달려가서 소리쳐 당부했다.

"오! 왕자님, 빨리 돌아오세요.………"

그 모습과 소리가 난다 왕자의 마음을 따라갔는가? 아니면 그의 마음이 그 모습과 그 소리 곁에 머물고 있는가?

사랑하는 여자의 애절한 목소리가 화살이 되어 정확하게 남자의 심장을 맞춘 것도 사실이리라. 그 화살 때문에 불쌍한 난다 왕자는 숨을 들이쉴 수도 내쉴 수도 없게 된 것 또한 사실이었다.

그러나 그 강한 무기도 부처님의 위력을 풀어낼 수는 없었다. 그래서 그 딱한 난다 왕자는 부처님이 머무시던 니조다 정사까지 그대로 따라가야 했다.

※

"난다여, 너는 비구가 될 수 있겠는가?"

절에 도착하자마자 부처님께서 하신 첫 말씀이었다. 적당한 자리에서 형님과 동생으로 만나서 하신 말씀이라면 다행이겠지만 지금은 이렇게 아무 틈도 없이 물으신 것이다.

난다가 어떻게 대답해야 하나?

그의 마음속에는 형님의 질문과 자나빠다 깔랴니 공주가 당부하는 소리가 섞여서 들려왔다. 어떤 때는 형님의 목소리가 크게 들리고, 어떤 때는 공주의 애달픈 목소리가 울려왔다.

"난다, 너는 비구가……."

가까이 들려오는 형님의 목소리를 들었다. 형님께서 자기의 생각을 물으시는 것은 사실이다. 그러나 그 질문 속에는 명령의 소리가 더 크게 묻어 있다. 지금까지 좋아하고 두려워하고 존경해 왔던 형님의 말씀을 난다가 어떻게 거절할 수 있겠는가?

"그렇습니다. 할 수 있습니다.

부처님! 저는 비구가 될 수 있습니다."

마음은 두 가지로 갈라졌지만 그의 입으로는 형님의 말씀을 따르는 소리가 되어 나왔다.

오! 자나빠다 깔랴니!
기다리면서 울어라.
울면서 기다려라.
기다려라.……

Apadāna aṭṭhakathā

Santike nidānā

Vini mahā vagga aṭṭhakatha에서

야소다라의 또 다른 전쟁

비록 출가는 했지만 교단에서의 생활을 즐거워하지 않는 난다 왕자가 다시 돌아올지는 모르지만, 지금 다시 큰 왕궁 전체가 텅 비어 버린 것을 아는가?

왕궁 안에 있는 모든 건물이 좁다고 뛰어다니며 놀이에 열중하던 라훌라조차 오늘은 조용해진 것이다. 할아버지 할머니께 종알종알 많은 것을 묻고 떠들던 소리가 없어졌다.

라훌라! 그는 이 세상에 가장 높은 분의 아들인 것을 아직 모른다. 야소다라비는 그 어린 아들의 머리결을 쓸어 넘겨주면서 한 가지 생각에 골똘해졌다.

이 아기의 아버지는 자기에게 사랑도 있고, 연민이 남아 있는 것도 사실이다. 그러나 어떤 집착도 없다. 그분의 발등에 얼굴을 비비며 눈물의 소나기를 퍼부은 그때부터 이 사실을 너무나 잘 알아야 했다. 옛 아내이지만 이 두 발 주인의 마음을 무엇으로도 도저히 흔들리게 하지 못했다.

그러면 이 아이와 아버지의 관계에서 자기는 모든 희망을 버려야 하는가?

버릴 수 없었다. 그냥 보낼 수는 없다. 왕족의 피, 왕족의 마음으로 자기의 질문을 자기 스스로 거절해 버렸다.

부모 형제들이 집으로 돌아가기를 권했을 때 거절했던 것도 이 자존심 때문이 아니었던가? 그것을 바탕으로 시부모님의 궁전에서 자세를 흩트리지 아니하고 계속하여 지내왔던 야소다라, 그분이 돌아오셨을 때 다른 많은 이들과 같이 가서 뵙고 싶었지만 끝내 자기의 궁전을 찾으시도록 나서지 않았던 야소다라였다. '내가 어째서 보통 사람과 같단 말인가? 그분이 아무리 훌륭하고 세상사람들이 모두 존경해도 나는 그분의 번듯한 아내이다. 아내를 버리고 간 사람이 다시 아내를 찾아야지 내가 왜 간단 말인가?' 하고 생각했다.

그런 야소다라가 졌다고 두 손을 들어 버릴 것인가?

자기의 전쟁이 모두 완전하게 패하였더라도 다른 한 가지로 그 실패를 만회해야 했다. '이 아기에게 아버지가 누구인 것을 알려야 하리라. 마음속에 아버지라는 애정을 심어 주도록 하고 애착의 마음이 일어날 말들을 가르쳐 주리라. 아내와의 전쟁에서 승리의 깃발을 휘날리는 주인에게 아들과의 전쟁을 열어서 살펴보리라.'

이 또 한 번의 힘겨루기 역시 그들 모자가 질 것임을 알았더라도 어떻게 말릴 수 있었겠는가?

출가하기 전에도 형님을 내가 잘 살펴보았다. 지금 역시 형님을 자세히 지켜보고 있다. 그분의 모든 것을 특별히 살펴보고 있다.

법을 얻기 위해 까삘라 성을 떠날 때도 이렇게 조용하기만 했다. 지금 이 성에 오신 것도 깔루다이 존자가 잘 여쭌 것 한 가지 이유만은 아니다. 친척 권속들의 예배와 공양을 받으려는 것만도 아닐 것이다. 이 큰 가르침의 단체를 위한 목적이 있을 것이다. 며칠 전에도 그 목적 하나를 이루었다. 그렇다면 누구 차례이겠는가?

동생 난다를 비구로 만들던 날, 마하 사리불 존자가 말씀하신 한 가지 일을 떠올렸다.

☙

때인사야 스승의 제자들이었던 그 두 분이 비구가 되었을 때 마가다국 전체와 라자가하에 있는 유명하고 이름난 남자들이 앞다투어 부처님 교단으로 들어왔다.

부처님이 펴시는 가르침의 여행, 법을 전하는 길에 이때부터 시작하여 장애가 생겨나게 되었다. 비구가 되고 남겨진 가족들, 이전에는 잊혀졌던 다른 사상들, 다른 종파와 그 제자들, 그런 이들은 비구 스님들을 볼 때마다 비난했다.

"마가다국의 다섯 산이 보호해 주는 수도 라자가하에 사마나 고따마가 왔다. 때인사야 스승의 제자들 모두를 그의 손 아래로 거두어 갔다. 이제 누구의 남편, 누구의 아들을 데리고 갈 것인가?"
그 말을 들은 비구 스님들이 다시 반문했다.
"크신 노력이 있으신 부처님, 깨끗한 지혜를 가르치시는 높으신 그분께 거칠고 험한 소리로 질투한다면 무슨 이익이 있을 것인가?"
이렇게 말함으로서 많은 이들이 이해하게 되었고 7일이 지나자 그 소리는 사라져 갔다. 그러나 라자가하에서 만났던 이런 일들이 다른 곳으로 옮길 때마다 다시 생겨날 것이다.
이러한 일을 만난다고 해도 부처님께서는 교단을 튼튼하게 키우는 일을 포기하시지 않을 것이다. 그렇다면 교단의 힘을 키우면서도 이런 소리가 적게 나오도록 하려면 어떻게 해야 하나?
하나뿐인 친동생 난다 왕자를 명령으로 비구를 만든 것이 이 문제의 답이 되리라.

Apadāna aṭṭhakathā

유산을 얻은 라훌라

교단 전체의 문제점을 한 쪽에서 해결하는 동안 한 쪽의 가족들도 그들의 생각대로 만족하면서 지냈다. 그러나 그들 스스로 생각해서 얻은 대답과 반대가 된 상태를 보고는 울음잔치를 치러야 했다.

나는 이렇게 될 줄 미리 알았지만 막지는 못했다. 일생을 존경해 왔던 형님께 반대되는 일을 감히 할 수 없었으며, 교단의 새로운 싹을 무너뜨릴 수 없었다.

하루하루가 지나갔다. 그날은 부처님께서 까삘라에 오신 지 일주일째 되는 날이었다. 여러 가지를 미리 준비한 야소다라는 아들 라훌라를 잘 입혀서 그의 아버지께 보냈다.

"라훌라야! 어머니 말을 잘 들거라.

저기 저 거룩하신 분이 너의 아버님이시다. 네가 앞으로 이 왕궁을 물려받아서 왕이 되려면 재산이 많아야 한다. 너는 너의 아버지에게 가서 유산을 달라고 청하여라."

왕궁에 부처님께서 오실 때마다 어른들이 하는 말씀을 듣고 라훌라도 자기 아버지를 잘 알고 있었다. 부처님이 아버지임을 알자 애정도 생겼다.

라훌라는 부처님의 앞으로 똑바로 걸어왔다. 아버지와 얼굴을 마주하면서 방긋이 웃었다. 그리고 어머니가 가르쳐 준 말을 기억하면서 친밀히 여쭈었다.

※

"아버지! 아버지!
아버지의 그늘은 편안합니다."

부처님께서는 라훌라에게 대답도 없이 자리에서 일어나 걸어가셨다. 라훌라도 아버지 가사 끝을 잡고서 따라갔다.

"아버지, 저에게 유산을 주세요.
아버지, 저에게 유산을 주세요."

라훌라는 쫄랑쫄랑 따라가면서 옹알옹알 말했다.

아버지와 아들이 이렇게 만나는 모습은 뒤따르는 비구들의 놀라움이 되었다. 그러나 어느 누구도 막지 못했다. 숟도다나 대왕조차도 자기 아버지를 따라가는 손자를 잡을 수 없었다.

그렇게 니조다 정사까지 이르렀다.

"사리불이여."

"예, 부처님!"

부처님께서는 거처에 드시면서 부르셨다. 공손하게 대답하며 마하 사리불 존자가 나서자 그분은 말씀하셨다.

"이 아이가 아버지의 유산을 원한다. 그가 원하는 대로 아버지의 유산을 얻을 수 있도록 사미를 만들어 주어라."

아들 라훌라를 사리불 존자에게 넘겨주셨다.

돌고 도는 윤회업이 항상 따르기 때문에 고통스럽고 피곤한 시간을 아버지가 유산으로 주지 않았다. 그 윤회에서 벗어나 참다운 행복, 출세간의 행복을 유산으로 준 것이다. 아들을 이보다 더 사랑하는 아버지가 있겠는가?

마하 사리불 존자께서는 아버지 뒤에 바싹 붙어 아직도 가사 자락을 꼭 잡고 있는 라훌라를 불렀다. 그리고 삭발을 시키기 전에 여쭈었다.

"부처님! 라훌라를 어떻게 사미를 만들어 주어야 합니까?"

"비구들이여! 삼귀의로서 사미를 만들어 주는 것을 나 여래가 허락한다."

바라나시 근처에 있는 동안 삼귀의를 통해서 비구가 되는 것을 허락하셨다. 다음 마하 브라만이 비구가 될 때에는 삼귀의로 비구를 만들어 주던 것을 버리고 수계라는 형식을 통해서 비구를 만들어 주도록 정하셨다.

그래서 삼귀의를 통해 비구가 되는 것이 적당한지 아닌지 의심이 있었다. 마하 사리불 존자님의 말씀은 이러한 일을 내다보신 것이다.

부처님 또한 이런 문제를 생각하셨기 때문에 마하 사리불 존자가 여쭌 문제에 대해 '비구들이여!' 하고 대답하신 것이다. 그분의 말씀을 들은 다음 사리불 존자는 우물 곁으로 갔다.

라훌라를 사미로 만드는 잔치에는 세간에서처럼 아름다운 행사들이 없었다. 북도 종도 치지 아니하고 코끼리와 말, 그리고 가마도 없으며 참석한 친척도 없었다.

그러나 교단 안에서 가장 크고 유명한 존자들께서 차례로 둘러서서 축하해 주었다. 마하 목갈라나 존자는 라훌라의 머리를 깎아 주고 가사를 입혀 주었다. 또 삼귀의를 소리 내어 정확하게 내려 주었다. 라훌라도 똑똑한 발음으로 따라 했기 때문에 사미가 되는 의식은 순조롭게 진행되었다.

마하 까싸빠 존자는 법문을 일러주셨다. 크고 작은 허물을 가까이 보아서 허물이 없도록 잘 지도해 주시는 사리불 존자는 라훌라의 전계사가 되었다.

❁

특별한 행사로 사미가 되는 의식 절차가 끝났을 때 할아버지 순도다나 대왕께서 도착했다. 대왕은 숨이 가쁜 모습으로 부처님께서 거처하시는 곳으로 곧바로 들어갔다.

그분이 오실 것이라고 미리 아신 부처님께서는 이미 문을 활짝 열어 놓고 기다리신 것이다. 순도다나 대왕은 부처님께 공손히 머리 숙여 합장 드리고 말했다.

"거룩하신 부처님이시여!
제자가 상(賞) 하나를 청하겠습니다."

"대왕이시여, 부처님은 상을 주는 것에서 벗어났습니다."

부처님과 함께 비구들은 자신의 한 끼니를 위해서만 다른 이의 대문에 가서 서야 한다. 그래서 자기에게 주어야 할 상이 없음을 부왕에게 말씀하신 것이다. 부왕 역시 물건이나 재산, 금은보배가 아닌 상임을 다시 여쭈었다.

"부처님! 적당한 상, 허물이 없는 상을 청합니다."

"대왕이시여, 원하는 상을 말씀하십시오."

"부처님! 부처님께서 숲으로 가서 수행자가 되었을 때 제자는 크나큰 고통을 받아야 했습니다. 작은아들 난다 왕자가 비구가 되었을 때는 더욱 마음의 고통을 얻어야 했습니다.

부모들이 아들을 사랑함이란 살을 뚫어서 뼛속 골수에까지 아픔이 미칩니다. 부모가 허락하지 아니한 아들을 비구나 사미를 만들어 주시지 말기를 청합니다."

❀

법을 보신 분으로 이 할아버지를 너무 지나치다고 생각할 수도 있다. 그러나 그의 편에서 보면 허물을 지울 수도 없다. 삼보에 대해 목숨을 아끼지 않고 존중하는 자기 같은 사람조차 아들과 손자와 헤어졌을 때 견딜 수 없이 아파한다.

그렇다면 삼보를 존중하지 않는 사람들이야 말할 것도 없으리라. 이러한 체험에서 우러난, 아들과 손자를 가진 모든 이들을 위해서 소원을 청한 것이다.

긴 세월의 이익을 위해서 가장 필요한 것, 가까운 친척 두 사람을 거둔 다음 부처님께서 부왕의 말씀을 따라주셨다.

"비구들이여!

어머니, 아버지가 허락하지 아니한 아들을 스님으로 만들어 주지 말라. 그들을 스님으로 만들어 주는 비구에게는 나쁜 행동의 허물을 지운다."

계율 하나를 정하여 발표하셨다. 교단이 머무는 동안 이 계율은 함께 하여야 할 것이다.

Apadāna aṭṭhakathā

왕자들과 이발사

나 아난다라는 그림자의 주인이 가지고 있는 비교할 수 없는 키의 여러 가지를 보여 드렸다. 교단 역시 힘을 가지게 되어서 나날이 번창하여 갔다. 그러나 그렇게 번창해 가는 중에 나는 아직 포함되지 않았다.

그때까지 나는 교단 안에 들지 않았었기 때문이다. 그래서 이제까지의 이야기는 들은 것 반, 본 것 반이라고 해야 할 것이다. 그러나 지금부터는 형님을 따라간 후의 일이므로 직접 본 것이다. 교단 안에서 만나고 느꼈던 것들이다.

라자가하에서 벌어졌던 일이 원인이 되어 형님은 동생과 아들을 교단 안에 들어오도록 불러들였다. 세상사람의 눈으로 볼 때는 두 사람의 희망을 모두 부수고 교단의 일만 중요하게 여긴 것이다. 그러나 친동생과 친아들을 지극히 사랑하는 마음에 그처럼 한쪽의 희생을 강요하면서까지 거의 억지로 준비하신 것이다.

그러나 우리 사촌들까지 이처럼 강제로 거두어들이지는 않았다. 자기들의 삶에 대한 중요한 결정을 스스로 하도록 놓아두고 까뻴라를 떠났다. 형님의 위력으로 거두지는 않았지만 우리들 한 무리는 그냥 지낼 수 없었다. 일생의 희망을 차례로 버리고 수행자가 된 사까 왕자의 뒤를 따르지 않을 수 없었다.

우리들 한 무리가 비구가 될 때 같이 가자고 동반자로 고른 것은 아니다. 그러나 자세히 보여준 형님과 아우의 본보기는 소리쳐 같이 가자고 부르는 것보다 당기는 힘이 더 컸다. 동반자로 고르지 않았더라도 같이 따르도록 이끌리게 되었다.

까뻴라에 부처님께서 계실 때에는 망설였지만 부처님과 새로운 제자를 포함해 모든 제자분들이 떠나갔을 때 가슴이 둥둥 울리는 소리를 들어야 했다.

※

그분이 계신 곳, 말라국의 도시 아누삐야(Anupīya)의 맹고나무 숲으로 떠났다. 우리 일행은 받디야(Bhaddiya), 아누루다(Anuluddhā), 바구(Bhagu), 끼밀라(Kimila), 대와다따(Devadata), 그리고 나 아난다(Ananta) 등 여섯 왕자였으며 시자인 우빨리(Upāli) 이발사가 따라왔다.

동생 난다와 아들 라훌라를 뺀다면 우리는 부처님과 가장 가까운 친척이었다. 나는 형님을 출가하기 전부터 친형제처럼 좋아하고 어려워하며 존경했다.

그리고 유명한 부처님이 되신 다음에는 좋아함 가운데 가장 존경하는 기쁨을 키워 왔다. 교단에 큰 북 하나를 잘 묶어 세워서 법의 북소리를 울려 퍼지게 하는 형님, 마음껏 존경하는 한편으로는 가슴 가득 기쁨이 넘쳤다.

그러나 그런 마음 다른 한쪽에는 움직일 수도, 벗어날 수도 없이 이끌려 가는 것이 있었다. 그것은 얼기설기 서로 얽혀서 지냈던 피가 같은 친족들의 귀한 재산과 권력이었다.

다른 사까족 왕자들보다 교단에 들어오는 것이 늦어진 것은, 사실대로 이야기하자면 그들보다 우리가 가진 모든 것이 더 호사스러웠기 때문이었다.

다른 이들보다 더 나은 권력과 재산 그리고 호사 때문에 수행자가 되는 것이 늦었다고 하면 '너희들 형님 싯달타 왕자는 어떻게 말해야 하는가?' 하는 질문이 생길 것이다.

형님의 마음과 우리들의 마음, 우리의 취미가 같지 않았다는 것을 기억하시면 이 질문의 답을 얻을 것이다. 형님만큼 단단하고 뛰어남이 없는 우리들의 마음을 생각하면 버리고 떠나왔던 권력과 부귀가 결코 적은 것은 아니었다.

※

우리들 가운데 아누루다는 그 부모님과 형님 마하나마까지 모든 정성을 쏟아서 고이고이 길러 왔다. '없다'라는 말을 들어본 적이 없을 만큼 원하는 대로 좋아하는 대로 무엇이든지 다 들어주었다. 받디야는 우리 종족 전체의 중요한 일을 처리하는 왕이었다. 순도다나 대왕의 역할을 모두 대신 맡아 했던 것이다.

형님 싯달타 태자가 탄생했을 때도 이미 나이가 많았던 부왕은 지금 아흔이 넘었으므로 많이 늙으셨다. 그래서 나라의 일을 스스로 계획하고 처리하기 힘들어서 조카인 받디야에게 모든 것을 건네주셨던 것이다.

각기 굳은 결심으로 우리들은 권력과 부를 잘라 버리고 떠나왔다. 우리들은 말라족의 지역에서 발을 멈췄다. 그리고 우리가 입고 왔던 비싼 옷과 장식품을 벗어서 우빨리에게 건네주었다.

"돌아가라. 우빨리여!

이제 고향으로 돌아가 이 물건을 팔아서 살아가라."

이제는 시중 들어줄 하인이 필요 없으므로 이발사 우빨리를 돌려보냈다. 주인이 자유를 주었기 때문에 우빨리는 보배 보따리를 지고서 오던 길을 다시 돌아갔다. 그러나 오래지 않아 다시 숨이 가쁘게 따라왔다.

우리들은 그가 미처 도착하기도 전에 물었다.

"우빨리, 무엇 때문에 그렇게 숨차게 다시 따라오느냐?"

"왕자님, 사까족 가운데는 몸과 마음이 매우 거친 이들도 있습니다. 왕자님들 없이 저 혼자 이 물건들을 가지고 돌아가면 그들이 저를 편히 두지 않을 것입니다. 이것들을 얻기 위해서 왕자님들을 나라에서 떠나가도록 유인해 냈다고도 할 것입니다. 그들은 저의 목숨을 소유하는 주인이므로 틀림없이 죽일 것입니다."

계급이 서로 다른 이 세상에서 하인으로만 여겼던 우빨리는 지혜에 있어서 우리들보다 낮지 않았다. 다음에는 보다 더 나아진 모습조차 들어야 하리라.

"좋다. 우빨리여, 그들에게 돌아가지 않으려면 우리들과 함께 가자. 나의 친한 친구 로사 왕에게 맡기겠다."

나는 우빨리를 달랬다. 오랜 세월 시중을 들어왔던 사람이므로 마음 놓고 의지할 곳을 얻게 해주려고 했다. 그러나 우빨리는 고개를 저으며 다시 말했다.

"왕자님들처럼 친척과 부와 권력이 크고 호사스러운 생활을 하던 공덕이 높으신 분들조차 비구 수행자가 됩니다. 저 같은 하인이 아까워할 것이 무엇이 있겠습니까?

그 물건들은 저기 숲 속 나뭇가지에 걸어 놓았습니다. 보는 이는 누구든지 가져가 필요에 따라 쓸 수 있도록 하였습니다. 이제 저도 왕자님들과 같이 비구가 되겠습니다."

"좋다. 우빨리여, 정말 좋은 생각이다."

우빨리와 함께 우리들 일곱 사람은 부처님 앞에 도착해 비구가 되기를 청했다.

"부처님! 제자들 사까족은 지나치게 자존심이 강한 이들입니다. 그러니 오랫동안 저희들의 시중을 들어온 이발사 우빨리를 먼저 비구로 만들어 주십시오. 저희들은 뒤에 비구가 되어 그에게 머리 숙이겠습니다. 여행을 마중하며 두 손 모아 예배하겠습니다. 정중하게 대하겠습니다. 이렇게 하면 제자들이 가지고 있는 사까족의 교만 덩어리가 부드러워질 것입니다. 부처님!"

이렇게 좋은 목적으로, 좋은 차례로 우리들 한 무리는 수행자가 되었던 것이다.

Vinaya mahā vagga

Rāhulā vatthu

Cūḷa vagga

Saṁghabedaka kkhandhaka

내가 윤회에서 벗어난 법

나는 출가하기 전부터 형님과 매우 가까운 사이였다. 지금은 나 스스로 수행자의 한 사람으로 들어왔다. 수행인과 세속인으로 서로 다른 삶을 보낼 때는 멀리 떨어져 지냈었지만 이제 수행인으로 같은 길을 걷게 되었다.

그래서 그 전처럼 다시 친밀한 관계가 시작되었다. 친밀함이라고 하지만 실은 내 쪽에서의 관계일 뿐이다. 비석처럼 강건한 마음의 주인은 제자 모두를 사랑과 연민, 같이 기뻐하는 마음으로 대한다. 법의 뜻으로만 보시고 생각하시는 것이다.

한 가지, 나 자신을 돌보지 않고 자비와 사랑을 두터이 하여 형님께 시봉했을 때 형님께서도 나를 다시 아껴 주셨다. 이러한 기회가 왔을 때 그분께서 막아 두었던 일 한 가지를 억지로 열었던 적이 있었다. 그것은 다음 적당한 곳에서 자세히 밝힐 것이다.

이처럼 출가 전부터 시작되어 왔던 친밀함으로 형님과 매우 가깝게 지낼 때 적당한 말들이 있었듯이 가끔 적당치 못한 말도 있었다. 미처 알아듣지 못하고 적당치 않게 여쭈었던 말 한 가지를 지금 말하리라. 나를 낳아준 부모 나라인 사까 나라의 나가라까(Nagaraka)라는 큰 마을에 도착했을 때 일이다.

※

"부처님이시여! 선하고 좋은 친구(도반)와 함께 하는 것이 가르침의 여행 중 절반은 됩니다.……"

선한 이들은 교단에 들어온 다음 비록 도(막가)와 과(팔라)의 법을 얻지 못했지만 몸과 마음의 태도가 조용하여 잘 조절할 수 있는 비구들을 가리켜 여쭌 것이었다. 여기에서 '절반'이라고, 말하지 아니할 것을 말한 것이다.

"아난다여, 그렇게 말하지 말라.
아난다여, 그렇게 말하지 말라."

그분께서 그 말을 금방 막으셨다. 그리고 계속해서 말씀하셨다.

"좋은 친구, 좋은 도반과 어울리는 것은 교단 여행의 끝까지 이른다. 좋은 도반과 어울리는 수행자는 쉽게 팔정도를 키울 수 있다. 나 여래라는 좋은 도반을 가까이하므로 무량한 중생 제자들은 늙음, 병듦과 죽음, 걱정과 근심, 통곡의 슬픈 고통에서 벗어난다."

이 말씀을 하시는 동안 그분의 음성은 부드럽기만 하고 태도는 전처럼 그대로 조용하였다. 그 얼굴은 은빛 보름달처럼 밝아서 딱딱하거나 거친 것은 어디에도 없었다. 지혜의 단계가 낮은 어린 동생에게 눈길을 내려서 바라보시는 연민심의 안개만을 보내주셨다. 그러나 형님의 측은한 눈빛은 나의 부끄러움을 더욱 크게 하였다.

조용하고 편안하신 태도 역시 쪼그라든 마음을 더욱 쪼그라지도록 눌렀다. 부드러운 목소리조차 마음을 힘껏 끌어 잡고 흔들어 버리는 것 같았다. 크나큰 연민심의 주인께서 법으로 적당하게 말씀하시는데 무엇 때문에 흔들렸겠는가?

그때까지 나는 부처님이라는 선한 이와 함께 교단 안에 있었지만 바른 도를 키우지 못했기 때문이었다. 생로병사의 고통에서 벗어나는 법을 얻지 못했기 때문이었다.

교단에 속해 있고 같은 밥을 먹으면서도 아직 가르침의 맛을 보지 못했던 나는 스스로의 말에 스스로 부끄러움이 더해서 그분 앞에서 뛰쳐나왔다. 스스로 부끄러움을 더욱 키워서 뛰쳐나왔던 것은 사실이다.

※

그렇게 나오고 나서는 망설였다. 어디로 가야 하나? 어느 숲, 어느 산, 어느 계곡에 가서 수행을 해야 하나?

형님을 좋아하는 마음과 다른 많은 이들에 휩싸여서 비구가 되었던 것이다. 수행에 관한 것 중 두 손안에 들어 있는 것은 하나도 없었다. 일찍이 설하셨던 담마도 자기와는 아무것도 상관없을 뿐, 팔정도를 키우는 것이 곧 좋은 친구와 함께 어울리는 것이라고 말씀하셨다.

그러면 그 팔정도를 어디에서 어떤 모습으로 수행해야 하나?

모습만 갖춘 비구에서, 진리를 사실대로 본 수행자가 되려면 어디에서 어떤 모습으로 바꾸어 가야 하는가?

그분께 이러한 것을 여쭈면 알기 쉽고 보기 쉽게 한 가지 방법으로 말씀해 주실 것이다. 그러나 지금 나에게는 전쟁이 시작되기도 전에 화살이 다 떨어졌다. 진리를 사실대로 본 비구가 되기 전에는 그분의 얼굴을 다시 뵐 용기가 없었다.

나는 일생에 참을 수 없이 슬픈 일을 세 번 만났었다. 마하 빠자빠띠 고따미께서 몸과 마음이 완전한 닙바나에 드실 때가 한 번이고, 형님 부처님께서 몸과 마음이 다한 닙바나에 드실 때가 또 한 번이었다.

일생 중에 제일 먼저 만났던 큰 슬픔이 바로 이때였으니 어느 누가 떠나간 것도 아니었다. 언덕에 오르지도 못하고 물속에 들어간 것도 아닌 것 같은 내 처지가 그렇게 슬픈 상태였다.

출가하여 교단에 들어올 때, 친척과 권속, 온 나라가 떠들썩하도록 요란하게 시끄러웠다. 지금 교단에 들어온 다음에도 의지할 것, 가진 것 없이 빈손 그대로다. 그렇다고 다시 집으로 돌아가기는 더욱 수치스러운 일이다. 다시 돌아가기 부끄럽다고 가사만 입고 지내기에는 더욱 더 어려운 일이었다. 법을 알지 못하고, 얻지 못하는 한 이로서 크나큰 어려움을 피할 길은 없었다.

그래서 법을 알기 위해서 생각을 거듭하던 나는 발길 닿는 대로 걷고 있었다. 의지할 법을 각자 얻은 비구들은 밝고 편안한 얼굴로 대중에게서 벗어나 천천히 걸어 다녔다. 그러나 나는 그들과 만나고 싶지 않아서 일부러 인적이 없는 곳을 찾아서 걸었다. 그때 어느 한 분과 마주치게 되었다.

❀

"아난다여, 어디를 그렇게 걸어가느냐?
너의 얼굴색이 편치 못하구나."

법랍이 높으신 한 비구께서 정면으로 다가오며 말씀을 건네셨다. 나는 급히 무릎을 꿇고 예배드렸다. 괴로워 스스로 만든 근심에 잠겨 있었으므로 그냥 의무로서 절을 드렸다.

그 전에 이 분과 마주쳤을 때는 마음이 그냥 즐거웠다. 만나시(Mannasi)라는 여자 브라만의 아들인 이 분은 법사로서 아주 유명하신 분이었다. 도저히 비켜 갈 수 없었으므로 있는 대로 모두 말씀드렸다.

"어디로 가야 할지 모르겠습니다. 스님, 불편한 이 얼굴을 미루어 보시어 제자의 마음속 고통을 살펴보아 주십시오."

"아난다여, 모든 고통의 뿌리는 '나'를 집착함으로써 생긴다. '나는 아름답다. 나는 예쁘다. 내 재산이다. 나는 권력이 있다.'라고 하는 등 '나'라고 집착하는 일이 너무나 많이 있다.

그 '나'라고 하는 것을 세간에서 말하는 대로는 알기가 쉽다. 그러나 법의 편에서 생겨나는 '나'라는 집착들은 그처럼 쉽게 알거나 쉽게 볼 수 있는 것이 아니다. 지혜라는 눈을 아주 미세하게 얽어 덮은 백태일 뿐이다."

"그 백태들이 덮어씌운 모습을 말씀해 주십시오."

비구들이 안 계신 곳을 찾으려는 마음으로 뛰쳐나왔던 나는 그분이 이끄는 대로 끌려갔다.

"아난다, 그 백태들이 덮여서 그렇게 얼굴이 일그러진 것이 아닌가? 자기 스스로 자기의 허물을 보지 못하면 치료할 수가 없다."

"제자를 불쌍히 여기시어 할 수 있는 방법으로 치료해 주십시오."

"좋다. 아난다여, 잘 듣고 놓치지 않게 두 손에 꽉 잡아두어라. 너의 얼굴을 일그러지도록 한 것은 '나'라는 집착 바로 그것뿐이다. 다른 이들은 의지할 곳, 머무를 곳, 담마를 각자 얻었다. 나야말로 어떤 법도 얻지 못했다. 이렇게 나와 남을 구분하는 마음 때문에 혼자서 뛰쳐나온 것 아니던가?"

"그렇습니다. 마하테라님"

"좋다. 아난다, 계속해서 귀를 기울여라.

아난다라고 부르는 이름의 그 몸을 자세히 보라. 몸(Rūpa), 느낌(Vedana), 생각(Saññā), 마음의 구성(Sankhara), 인식 작용(Viññāṇa) 등 이렇게 다섯 가지 모임(五蘊), 다섯 가지 덩어리가 영원한가? 영원치 아니한가?"

"물론 항상하지도 영원하지도 않습니다."

"그 영원하지 아니한 것, 그것들이 행복인가, 고통인가?"

"물론 고통입니다."

"변해서 무너지고 망가져서 영원치 못하고 고통뿐인 이 다섯 가지 덩어리를 '나'라고 볼 수 있겠는가? 나라고 부를 수 있겠는가?"

"나라고, 그렇게 볼 수 없습니다."

"좋다. 아난다, 계속해서 잘 들어라. 이 모든 덩어리, 다섯 가지 덩어리를 '나'라고 볼 수 없다. 이 다섯 가지 덩어리는 나와는 어떤 관계도 없다. 그러나 나라는 집착은 이 오온, 이 다섯 가지 모임의 덩어리와 떨어지지 않는다. 이 다섯 무더기를 원인으로 해서 나라는 집착이 생겨나는 것이다."

"세상의 비유로써 볼 수 있도록 말하리라. 잘 단장하여 치장한 젊은이들과 처녀들이 자기 얼굴이 비친 모습을 거울 속에서 바라본다. 깨끗한 물그릇에서도 바라본다.

거울과 물속에 떠오르는 얼굴 그림자는 그 대상으로 인해서 생겨나기 때문에 거울과 물의 은혜가 없지 않지만 거울도 아니고 물도 아니다. 거울과 물도 역시 얼굴 그림자가 아니다.

그와 같이 아난다라고 부르는 이름, 명칭으로만 정해놓은 이 오온 다섯 가지 덩어리를 원인으로 해서 '나'라는 집착이 생겨나는 것이다. 그래서 그 '나'는 오온도 아니고, 오온 역시 '나'가 아닌데 오온을 나라고 집착한다. 그 '나'로 법을 얻고, 법을 알고, 법을 깨닫고 싶어한다. '나'가 아닌 법을, 나를 앞에 두고 찾는 한 고통과 만나야 할 것이다. 아난다여."

"그렇습니다. 제자가 이해하였습니다."

※

'나'라는 집착의 백태를 스스로 보도록 하여서 치료해 주신 스승님의 은혜에 공손히 큰절을 세 번 올렸다. '나'를 앞에 두고서 그른 길을 따라가던 나는 좋은 스승님, 지혜로운 스승님, 좋은 도반에 의지하여 바른 길로 들어왔다.

바른 길에 이르기 위해서 '나의 힘'이란 아무것도 필요치 않았다. '나'의 힘이 하나도 들지 않았다. '나'를 앞에 두고 가던 그른 길을 계속해서 가지 않을 뿐, '나라는 것이 없다'는 지혜를 키운 것뿐이다.

'나'라고 집착해야 할 일 어느 한 가지도 없는 세계 안에서, 죽을 때까지 '나는 법을 얻지 못했다'라고 하는 마음으로 괴로워할 필요가 없었다. 뜨거운 번뇌가 없는 원래 그대로의 조용한 비구들의 행복을 '나'가 아닌 지혜로 즐길 뿐이다.

"배워서 아는 지혜(Dasanañāṇa)로 본 다음에 수행(Bhavana)의 지혜를 함께 하라. 아난다여."

합장을 올리는 두 손 앞에서 그분께서는 천천히 돌아서서 가셨다. 얻은 법의 지혜를 계속 수행해서 수행자의 본 모습으로 돌아가야 하리라. 부끄러운 마음이 넘쳐서 등을 돌리고 뛰쳐나왔던 나는 그 황금 같은 얼굴을 다시 뵙고 즐겁게 여쭈어야 하리라.

"좋은 도반, 좋은 스승과 어울려 함께 하는 것은 수행의 여행 전부가 됨을 스스로의 지혜로 보았습니다. 부처님!"

Khandha saṁyutta
Ānanda sutta

나의 우빠사야 스승님

"오! 고따마 부처님,
이 닙바나의 법을 부처님 한 분께서만 아시고 다른 비구 수행자들이 알지 못했더라면, 그렇게 알지 못하는 이들 때문에 이 교단이 구족하지 못했을 것입니다. 지금 이 닙바나의 법을 부처님께서 아시고 비구들도 압니다. 그렇게 알기 때문에 이 큰 교단이 온전히 구족하게 머물고 있습니다."

부처님께서 라자가하의 검은 다람쥐에게 먹이를 주는 웰루와나(죽림정사)에 계실 때 왓사곡따(Vajjagutta) 외도가 와서 여쭈었던 말이다. 이 말을 이어서 비구니, 청신사, 청신녀들도 법을 깨달았기 때문에 교단 전체가 매우 구족해진 모습을 여쭈었다. 그 다음 왓사곡따 역시 교단에 들어와서 수행의 여행길 끝까지 도착하였다.

이제 왓사곡따 장로의 말씀은 사실이다. 지금 이 기록 중에서도 큰 제자분들이 포함되지 않고 부처님 한 분만 드러내면 구족하지 못한 기록이 될 것이다. 구족한 큰 교단으로 칭송 받지 못할 것이다.

은빛 보름달이 아무리 훌륭하다고 해도 별들을 거느리지 않으면 달님의 자랑을 다 드러내지 못할 것이다. 그래서 그 큰 달님의 이야기 중에 별님들의 이야기도 끼워 넣어서 드러내 보이는 것이다.

내가 별님의 무리 중에 들어갔을 때 모든 별님과 매우 가까운 사이가 되었으며 크고 작고 중간인 갖가지 크기와 색깔의 별님들과 만났다. 그 별님들 중에 제일 먼저 가까워졌던 은혜로운 분들을 먼저 말하겠다.

❦

비구 스님들의 공양 그릇을 발우라고 한다. 쇠나 흙, 이 두 가지만으로 발우를 만들 것을 부처님께서 허락하셨기 때문에 흙으로 빚어 크게 만들어서 불에 구운 질그릇이다.

굶주림을 덜기 위해서 사용할 뿐, 집착이 생기지 않도록 만들어 놓은 것이다. 그 테두리가 없는 그릇, 큰 사발은 스승과 함께 살아야 하는 이들에게는 매우 쓸모가 많다.

그러나 좋은 스승님께 배움을 받지 아니한 이들에게는 그 사발로 인해서 문제가 생겨났다. 애착이 없는 수행자들에게는 매우 쓸모 있는 사발이지만 집착이 심한 사람들에게는 혐오스러운 물건이다.

색깔도 없고, 모양도 없으며, 테두리도 없고, 귀중할 것 하나 없는 품위 없는 큰 사발들, 그 볼품없는 큰 사발들 때문에 불쌍한 사람들에게 먹을 것과 마실 것이 끊어지는 일이 자주 생겼다.

값비싼 황금사발과 은쟁반으로 훌륭하게 준비하여 잘 차려진 품위 있는 식탁도 이 테 없는 큰 사발들이 둘러쌌다. 하나도 아니고 둘도 아니고 일백도 아니며, 하루도 아니고 이틀도 아니고, 수많은 숫자가 수많은 날을 큰 사발을 들고 집집마다 돌아다녔다.

더러는 이 큰 사발로 탁발하는 것에 만족하지 못하고 갖가지 소리를 내어서 빌기도 했다. 걸식하고 돌아와 공양하는 방에서 만나더라도 서로 시끄럽게 떠들었다. 그들은 가사를 입었으므로 비구라고 부르기는 했지만, 위엄과 존엄은 하나도 없었으며 가사를 입은 모습도 단정하지 못했다. 가고 오는 모습도 생긴 대로 였으며, 말도 제멋대로 예의 없이 했다. 이렇게 여러 가지 문제가 생겼다.

중요한 원인은 전계사(Upajjāya) 스승이 없기 때문이었다. 그래서 부처님께서 이 일을 위해 계율 한 가지를 정하셨다.

"비구들여!

비구가 되려는 이들은 우빠사야(전계사) 스승 한 사람씩 정할 것을 나 여래가 허락한다. 전계사 스승은 아들을 대하는 아버지의 마음으로 제자를 보호해야 한다. 제자는 아버지처럼 존경하는 마음으로 전계사 스승을 시중들고 모셔야 한다.

이렇게 스승과 제자들이 서로서로 존중하고 계율을 잘 갖추어 지내면, 이 교단에 계율과 지혜, 두 가지가 구족하여 크게 번영할 것이다.……"

이러한 말씀으로 스승과 제자, 제자와 스승이 서로서로 존경하고 보호하여서 우리 교단에 들어오면 교단의 위엄이 커지리라. 전계사 스승이란 제자와 가까이 지내면서 크고 작은 허물을 잘 살펴서 허물을 범하지 않도록 하고, 수행을 잘하기 위해서 바른 길을 가르쳐 주는 스승이다.

우리 교단 안에 새로 들어오는 사람은 전계사 스승을 가까이 해야 한다. 공손하게 자기에게 가까이 오는 제자에게 전계사 스승은 부처님께서 직접 설하신 훌륭한 법문을 가르쳐 주어야 하며, 그 가르침의 뜻을 분명하게 구분하고 설명해 주어야 한다.

생활하는 예절과 수행 등을 가르쳐 주어야 하며, 제자에게 가사 등 필수품이 필요할 때 자기에게 남는 것이 있으면 나누어주어야 하고, 남는 것이 없으면 얻을 수 있는 길을 찾아 주어야 한다.

스승과 제자가 서로 이러한 책임을 져야 한다. 이러한 책임을 가진다고 해서 스승이 제자보다 특별한 우선권을 갖는 것은 없다. 스승을 제자가 모셔야 하는 의무와 같이 스승도 제자를 보호해야 한다. 부처님께서 정하신 대로 서로 도와서 튼튼하게 서야 하는 사람들이다.

❧

교단에 들어올 때 내 손을 잡아 주신 이가 배타시사(Beṭṭhasīsa) 존자이다. 새 비구인 나에게 계율에 맞게 지내는 법을 가르쳐 주신 다음 그분께서는 혼자 숲 속의 절로 떠나셨다. 그분이 상가 대중을 벗어나서 그렇게 혼자서 떠나신 것은 목적이 있으셨기 때문이다.

날마다 탁발하여 잡수시는 일을 마치면 나머지 시간은 그 목적 전부를 실행하신다. 말할 일도 가르칠 일도 없이 그 한 분만이 계시는 초막에서 하루하루 수행자들의 행복을 조용히 즐기신다. 번뇌도 없이 원래 그대로 조용한 담마의 행복을 즐기실 때, 어느 날이나 똑같이 해야 하는 일들에 싫증이 나셨다. 그래서 한 번 걸식하면 오랫동안 탁발을 안 가시고도 지내실 수 있는 한 가지 생각을 내셨다. 원하는 것이 극히 적은 그분은 길게 생각하실 필요도 없었다. 날마다 걸식하여 잡수시고 남은 밥을 말리는 것뿐이다.

그분께서는 몸과 마음이 편안하시다. 시간이 있는 대로 법의 즐거움을 즐기고 시간이 되어서 뱃속이 먹을 것을 원하면 말린 밥을 물에 불려서 드신다. 이렇게 한 번 걸식하시면 여러 날을 먹어도 되었다.

그분 쪽에서는 자기 길을 가기 위해 이렇게 편안히 지내셨던 것이 사실이다. 그러나 상가 대중 전체를 위해서 문제가 되었다. 비구는 누구든지 그날 얻은 음식은 그날만 사용해야 한다. 다음을 위해 저장하라는 허락이 없었다.

그분의 처지에서는 탐심을 적게 하려는 뜻으로 이렇게 지내 왔지만 후세 사람들은 꼭 좋은 쪽만을 따라 하지 않을 수도 있다. 낮의 것을 저녁에 먹으려고 저장하는 일도 쉬이 될 것이다. 법으로서는 허물이 없는 이 태도가 계율로서는 허물이 되었다.

대중들이 경멸하여서 부처님께 이 사실을 말씀드렸다. 부처님께서도 상가 대중 전체의 미래를 내다보시고 삼가야 할 것(Sikhapada)으로 정하셨다.

"비구가 음식물을 저장했다가 먹으면, 그 비구에게는 작은 허물

(Pacittaya)을 지우게 한다."

교단의 미래를 내다보시고 정하신, 그 삼가야 할 것으로 나의 스승님에게 허물을 지을 수 없다. 먼저 행했던 사람은 제외하는 것이 계율의 전통이기 때문이다.

이 삼가야 할 것을 정하신 다음부터는 낮의 음식을 저장해 두지 않으셨다. 모든 비구는 날마다 탁발해서 드셔야 하기 때문에, 이제 숲에서만 지내는 수행을 하시는 분들께서는 겨울이나 여름에만 숲 속으로 가실 수 있었다. 우기에는 길이 불편해서 걸식하기 쉽지 않으므로 우리들과 함께 도시 근처에서 안거하셨다.

※

전계사 스승님과 함께 지내는 기회를 얻었을 때, 시봉했던 것 중에서 계율의 하나로 정해져야 했던 원인이 된 일이 한 가지가 더 있다.

어느 안거 중에 그분의 몸에 피부병이 생겼다. 피부병의 성질대로 가려우면 긁어서 날이 갈수록 심해지고 커져서 온 전신에 퍼졌다. 피와 고름이 흘러 그분의 가사가 종기에 들러붙어서 날마다 물에 불려서 떼어 내야 했다.

피부병이 사라지는 가루약을 부처님께서 허락하셨다면 그 병을 치료해 드릴 수 있었겠지만 그러나 그때까지는 아직 허락하신 적이 없었기 때문에 적당한지 아닌지 두 가지 마음으로 통증만이 더 커져갔다.

어느 날 가사를 물에 불려서 떼어 내던 중에 부처님께서 오셨다.

심한 고통을 당하는 제자에게 필요하다고 생각하셨기 때문에 곧 계율로 정하셨다.

"비구들이여! 비구들에게 가려움 병, 종기, 고름이 흐르는 병 등이 생겼거나 몸에 나쁜 냄새가 나면 그에 적당한 약을 사용하도록 나 여래가 허락하노라."

이 계율과 같이 관련하여, 병이 없는 비구들이 목욕할 때 비누가루 대신 쓰는 마른 쇠똥과 향내나는 흙, 물에 풀어서 물들이고 남은 나무껍질 등의 사용을 허락하셨다. 부처님께서 허락하신 약으로 병이 말끔히 사라졌을 때 나의 전계사 스승님께서는 이렇게 자주 읊으셨다.

마음이 너그러워서
교만의 뿔이 부러진 큰 황소는
밭을 가는 곳에 풀 무더기와 나무들을 만나도
두려워하지 않는다.

뒤로 물러나지도 않으며
쉽게 밀어 제치고 지나가는 것처럼
낮과 밤도 나를 쉽게 지나가는구나.

이렇게 밤이나 낮이나
편안히 지나가는 이유는

깜마 오욕락 대상과 섞이지 않고
조용하고 편안한
최상의 행복을 얻었기 때문이라네.

Belaṭṭhasīsatheragāthā pāḷi와 aṭṭhakathā

나에게 법을 보여준 스승님

계율을 가르쳐 주신 우빠사야 스승님, 숲에서 지내며 계율과 가르침을 일러주시고, 크고 작은 허물을 짓지 않도록 보호하고 이끌어 주셨던 그분의 크나큰 공덕은 평생 잊을 수 없을 것이다.

그밖에 전계사 스승님과 똑같이 은혜가 크신 스승님 중 한 분이 브라흐마나 장로이다. 나에게 진리에 대해 눈을 뜨게 은혜를 베푸셨던 그 스승님의 공덕을 작은 소리로 줄여서 말한다면 법사로서 첫째가는 분이라고 해야 할 것이다.

그렇게 진리를 드러내서 자세히 가르쳐 주시는 덕 높으신 분과 만날 수 있는 기회를 얻었기 때문에 나의 선업과 공덕업이 좋았다고 해야 할 것이다.

법사로서 이름이 드높던 스승님은 법문만 잘 하시는 것이 아니었다. 다른 이에게 잘 알아들을 수 있도록 말씀하시는 것처럼 그분 스스로도 높은 수행을 하신 분이다. 그분은 말씀과 행동에 열 가지의 공덕을 두루 갖추셨다.

첫째, 욕심에 집착하지 않는 공덕을 말씀하시고, 그분 스스로도 집착하는 욕심이 없으시다.

둘째, 좋고 나쁘고 낮고 귀한 것 등, 얻은 것마다 만족하는 공덕을 말씀하시고, 그분 스스로도 쉽게 만족하신다.

셋째, 깜마 오욕락의 대상을 멀리하는 공덕을 말씀하시고, 그분 스스로도 깜마 오욕락의 대상에서 멀리 떨어져 계신다.

넷째, 사부 대중들과 이르는 것마다 말해서 섞여 지내지 않는 공덕을 말씀하시고, 그분 스스로도 그렇게 섞여 지내지 않으신다.

다섯째, 물러섬이 없이 새로운 용기를 더하는 마음의 공덕을 말씀하시고, 그분도 그렇게 물러섬이 없는 용기 있는 마음이 있으시다.

여섯째, 계율의 공덕을 말씀하시고, 그분 스스로도 계율이 청정하고 구족하시다.

일곱째, 바른 삼매의 공덕을 말씀하시고, 그분도 바른 삼매의 공덕이 구족하시다.

여덟째, 법의 성품을 사실대로 바르게 보는 지혜의 공덕을 말씀하시고, 그분 역시 바르게 보는 지혜가 구족하시다.

아홉째, 번뇌에서 벗어난 닙바나의 공덕을 말씀하시고, 그분 스스로도 닙바나를 행하실 수 있는 공덕이 구족하시다.

열번째, 도의 지혜와 과의 지혜를 다시 생각하는 지혜의 공덕을 말씀하시고, 그분 스스로도 그러한 지혜가 구족하시다.

출가한 지 얼마 안 된 비구들을 지도하는 스승의 한 분인 브라흐마나 장로가 이렇게 훌륭한 공덕을 얻을 수 있었던 것은 그분의 스승님 위력에 힘입은 바가 컸다.

※

그분의 스승님은 속가의 삼촌이 되시는 분으로 연세와 법랍이 가장 많으신 꼰단냐 존자였다. 존자는 부처님 제자들 가운데서 연세와 법랍이 가장 크신 것처럼 법을 깨달으신 것도 첫 번째이다. 부처님 다음, 이 세상에서 두 번째로 법을 깨달으신 특별하신 분으로 상가 대중들과 신자들이 늘 존경하고, 높이 여겨서 예배드렸다.

이렇게 존경심으로 예배하러 오는 사람들의 허물은 티끌만큼도 찾을 수 없다. 높은 신심과 존경으로 예배하는 것이다. 예배하러 오는 사람들은 번뇌가 없고 원래 깨끗한 마음을 가지고 있는 것도 사실이다.

그러나 그 예배를 받아야 하는 분은 고통이 있었다. 그것은 마음의 고통이 아니다. 마음의 고통은 사슴동산에서 완전히 소멸해 버렸다. 지금의 고통은 몸에 관한 고통이다. 늙어서 주름지고, 앉거나 서 있기에 편치 않은 몸에서 오는 고통이었다.

예배를 드리러 오는 이들은 끊임없이 계속되고, 그들을 맞아 꼰단냐 존자도 일어나서 손님을 맞이하고 접대해야 했으며, 적당한 법문으로 칭찬해 주어야 했다.

예전에 그분께서 싯달타 태자의 시중을 드실 때는 조금의 게으름도 없었다. 육 년, 그 긴 세월을 한 가지의 책임도 빠뜨림이 없이 철저히 실행하셨다.

이제는 연세가 많아서 한 번 바람이 불면 떨어지는 익은 열매와 같이 되셨다. 생로병사에서 벗어나는 법을 지혜로 깨달아 느꼈으므로, 육신에 닥치는 생로병사에 흔들려 동요할 일은 없었다.

그러나 육신이 소멸하기 전에 법의 향기를 느끼며 편안히 지내시고 싶으셨다. 법 높으신 스승님은 그 주위에 젊음이 한창인 훌륭한 제자들이 골고루 갖추어져 있었다. 그래서 이제는 교단에 관해 마음 쓰지 않고 혼자서 지내시고 싶으신 것이다. 그러나 오직 한 분, 부처님께만은 얼굴을 돌릴 수가 없었다. 윤회의 고통에서 벗어나 저쪽 언덕에 이르도록 건네주신 은혜로운 분, 자기들이 모두 버리고 떠나왔지만 곧바로 따라오셨던 자비로운 마음의 주인, 그 공덕과 은혜를 갚기 위해 평생 동안 시봉을 했다. 더운물과 찬물을 필요할 때 준비해 올리고, 다리를 주물러 드렸다.

아라한의 높은 생애로 다시 태어나게 해주신 아버님께 착한 아들이 해야 할 의무를 끊임없이 실행하여 왔다. 늙어서 자기 몸을 겨우 추스르는 지금도 가끔 필요할 때마다 의무를 저버리지 않았다.

❦

이렇게 존경하는 그분께 드리고 싶은 의무와 한편으로는 얼마 남지 않은 생애를 조용히 지내고 싶은 마음을 어떻게 하면 흡족하게 이룰 수 있을까?

안냐시 꼰단냐 존자는 직접은 할 수 없는 의무를 위해 그분과 똑같이 마음 놓고 맡길 수 있는 사람을 찾았다. 가장 적당한 사람이 누이인 만나시 브라흐만의 아들이었고, 그분이 바로 브라흐마나 장로이다.

브라흐마나 장로를 자기 대신 부처님께 보내고 그분 스스로는 사람들이 없는 곳으로 떠나가셨다. 그래서 부처님께서 까뻴라에 오실 때 꼰단냐 존자는 함께 오시지 않았다.

Sagāthavagga
Koṇṭaññā sutta

받디야 존자의 행복

 나에게 법의 눈을 열어준 브라흐마나 존자와 교단을 이끌어 가는 덕 높으신 분에 대해 보여 주었다. 이제 나와 함께 교단에 들어와 같이 지내는 이들에 대해 이야기해야 하리라.
 여섯 왕자와 이발사 한 사람, 우리 일곱 사람은 함께 비구가 되었다. 그 가운데 첫 번째로 수행자의 일을 마친 이는 받디야 존자이다. 따라서 그의 이야기를 먼저 해야 할 것이다.
 그는 출가한 곳인 아누삐야의 망고동산 숲에 있을 때, 사람들 소리가 들리지 않는 조용한 대나무 숲 속으로 가서 혼자 앉아 있는 경우가 많았다. 그렇게 지내면서 가끔 중얼거렸다.
 "오! 행복하구나. 오! 행복하구나."
 그는 출가하기 전, 사까 나라의 여러 왕들 중 한 명이었다. 왕의 한 사람으로 책임이 무거웠지만 그에 따른 권력과 위엄도 함께 가지고 있었다. 그 권력에 따른 부귀와 호사 또한 빠질 수 없는 것이었다. 만약에 다른 사람이 '아! 행복하구나!' 하고 중얼거린다면 달리 생각할 필요가 없었다.

교단의 그늘 아래서 진리를 깨달은 것에 따른 행복임을 쉽게 짐작할 수 있었기 때문이다. 그러나 받디야 존자 같은 이가 행복하다고 할 때에는 그밖에 다른 것으로도 생각할 수도 있었다.

'저 분이 이 교단 안에서 행복하지 않고, 출가 전에 받았던 부귀호사를 다시 생각하는가?……'

※

부처님의 귀에까지 이른 이 소문으로 받디야 존자는 부처님 앞에 가서 의심의 먼지를 없애고 깨끗이 하기 위해서 물으시는 대로 대답해야 했다.

"받디야, '오! 행복하구나. 오! 행복하구나.' 하고 읊었던 것이 사실인가?"

"그렇습니다. 부처님. 사실입니다."

"어떤 호사와 부귀를 생각하고 그처럼 읊었는가?"

"부처님, 제자는 출가하기 전에 나라의 일을 계획하고 다스렸습니다. 나라의 힘을 손에 쥐고 있었기 때문에 언제나 호위병을 배치해야 했습니다.

궁전 안과 밖, 도시 안팎을 비롯하여 지역의 경계선 등에도 호위하는 이들을 겹겹이 둘러놓았습니다. 그렇게 빈틈없이 호위병을 배치했지만 저는 언제나 두려움과 의심의 눈으로 보아야 했습니다.

그 부귀와 호사 그리고 권력을 모두 버린 지금, 비구 수행자가 되어서 숲이나 산, 어디에고 가고 싶은 대로 가고, 나무 아래와 대나무 숲 속에 앉고 싶은 대로 앉으며, 사람 소리가 들리지 않는 곳에 홀로 있어도 두려워할 필요가 없습니다.

의심을 할 일도 없으며, 소름끼칠 일도 없습니다. 다른 이가 보시하는 것만으로도 행복하게 지낼 수 있습니다. 사람들이 없는 한적한 곳에서 사슴들이 자유롭게 뛰어 놀듯이 제자의 마음은 두려워할 일, 의심할 일에서 모두 벗어났습니다.

그래서 '오! 행복하구나. 오! 행복하구나.' 하고 참을 수 없는 행복의 탄성이 흘러 나왔던 것입니다. 부처님!"

이것이 '이익이 높은 곳에 도달한 제일가는 이'라는 칭호를 받은 받디야 존자가 탄성을 읊은 이유였다.

Udānapāḷi dhaddiya sutta

아누루다 존자의 깨달음

 동생 아누루다는 출가하기 전, 무엇이 '없다'라는 말을 이해하지 못할 정도로 특별히 복이 많은 사람이었다. 지금 비구 수행자가 되었어도 그는 복이 많은 이다. 부처님의 사촌 동생일 뿐만 아니라, 그가 가지고 있는 능력이 매우 뛰어났기 때문에 눈부실 만큼 유명해졌다. 출가하고 난 다음 오래지 않아 천인과 같이 볼 수 있는 특수한 지혜, 천안통을 얻었기 때문이다.
 그는 천안통을 얻은 다음에도 뛰어난 능력으로 수행을 계속 노력했다. 능력이 뛰어난 것보다 수행에 더욱 노력을 기울여 게으르지 않았다. 공양 시간을 제외한 나머지 시간에는 항상 선정에 머물러 있었다. 보통 사람들이 알아보지 못하는 대상도 거듭 바라보았다.
 처음에는 세간 선정에서 가장 높은 신통을 얻으면, 진리를 보기 쉬우리라고 생각했다. 보통사람들이 한 달 걸려서 볼 수 있는 진리를 그러한 지혜가 높은 이는 하루면 볼 수 있을 것이라고 기대했다. 그러나 그러한 기대는 물거품이 되었다.

가르침의 가장 근본 목적인 닙바나의 법을 깨닫는 순간이 있을 것이라고, 그는 모든 시간을 들여 신통 수행에 열심이었다. 노력을 기울인 만큼 신통 능력으로 볼 수 있는 힘은 더욱 커지고 깊어졌으며, 깨끗하고 분명해졌다.

그러나 이러한 능력이 닙바나에 이르게 해주지는 않았다. 닙바나의 진리를 깨달을 수 없었으며, 알지도 못하고 보지도 못했다. 같은 날 같은 시간에 비구가 되었던 받디야 존자는 신통에 의지하지 않았지만 오래지 않아서 법을 얻었다. 두 손에 확실하게 법을 잡고서 기쁨의 노래를 부르고 있었다.

그러나 그에게는 노래를 부를 아무것도 없었다. 자기의 선정 신통에 의지해서는 법의 깨달음에 이르지 못함을 알고는 마하사리불 존자께 여쭈었다.

"사리불 존자님!

제자는 특별히 깨끗한 사람들의 눈으로 보는 것을 지나서 천인들의 눈과 같은 천안통의 지혜로 일천 세계를 볼 수 있습니다.

물러나지 않는 노력으로 열심히 수행합니다. 몸 역시 번뇌가 없이 조용합니다. 마음 또한 한 가지만 있어 흔들림 없이 잘 머물고 있습니다. 그렇지만 사견과 집착의 걸림이 있지 않아도 제자의 마음은 번뇌의 소용돌이(Āsava)에서 벗어나지 못합니다."

아누루다가 여쭌 그대로 사리불 존자께서 말씀하셨다.

"아누루다여! '나는 특별하게 깨끗한 눈으로 보는 것을 지나서 천인들 눈과 같은 천안통으로 일천의 세계를 볼 수 있습니다.'라는 생각이 있는 한 너에게 교만심이 남아 있노라."

"아누루다여! '나는 물러남이 없는 심한 노력으로 열심히 수행하여 잊어버림이 없이 알고 기억함이 선명하다. 몸도 번뇌가 없이 조용하고 편안하며 마음은 한 군데에 잘 머문다.'라는 생각이 있는 한 너에게는 마음의 산란함이 있노라."

"아누루다 테라여! '그렇지만 나의 마음이 갈망과 사견으로 집착하지 않아도 번뇌의 소용돌이에서 벗어나지 못합니다.'라는 생각이 있는 한 너에게 의심이 있노라."

"아누루다여! 너에게 당부한다. 이 세 가지를 버려라. 이 세 가지를 가슴에 두지 말고 닙바나에 마음을 보내라."

이러한 가르침을 들은 다음 아누루다는 이 세 가지를 마음에 두지 않아 털어 버리고 깨끗한 신심을 새롭게 하여 바른 노력에다 바르게 아는 힘을 더해, 닙바나에 이르게 하는 특별하게 집중하는 길(위빠싸나)을 따라 똑바르게 서서 곧장 앞으로 나가는 수행으로 비구의 할 일을 모두 마쳤다.

꽃

아누루다에게 생긴 것을 다시 살펴보면, 가깝지만 멀고 먼 것이라는 말과 같다. 그가 알려는 닙바나의 법은 멀리에 있는 것이 아니라 그의 아주 가까운 근처에 있을 뿐이다. 아는 지혜로 본다면, 알게 하고 보게 하려고 만반의 준비를 해서 옆에서 대기하고 있다.

'나'라는 교만심과 섞임이 없이 조용히 머물러 있다. 갈망과 사견으로 집착되지 않아서 모든 번뇌의 소용돌이에서 벗어나 있는 성품인 것이다. 이렇게 벗어난 성품이기 때문에 무아, 조절할 수 없는 성품(Anatta) 안에 포함된다.

나라는 것과 섞임이 없이 그 성품, 그대로 모습으로 벗어남인 것이다. 내가 아닌 무아(다스릴 수 없는 것), 그 성품을 내 것이라고 집착하며 '일만 세계를 볼 수 있는 내가 무엇 때문에 법을 보지 못하는가?' 하고 스스로 하고 싶은 대로 생각해서, 닙바나의 법에 어긋나서 교만심과 의심을 번갈아 일어나게 했다.

닙바나는 조용히 머무는 모습이다. 그렇게 조용하기 때문에 생기고 사라지는 것과 섞이지 않는다. 그 성품, 그 모습 그대로 조용할 뿐이다. 어느 한 가지로 인해서 고치고 만들거나 준비해서 생기는 조용함이 아니다. 원인과 이유도 필요 없고, 생김도 사라짐도 없이 그 스스로 조용히 머문다. 그러한 것을 뜻으로만 짐작해서 '나' 혹은 '나의 것'이라는 집착으로 '내가 물러남 없는 노력으로 조용하도록 노력해서 차지하리라'고 생각하기 때문에 의심의 물살 속으로 빠져 간 것이다.

우리 교단에서는 닙바나를 '니싸라나(Nissāraṇa)'라고도 부른다. 니싸라나라는 단어를 만나면 닙바나를 얻을 수 있다. 갈망과 사견으로 집착하지 않아서 모든 번뇌의 소용돌이의 대상에서 벗어나는 성품으로 그 이름을 얻은 것이다.

'너'도 넣지 말고 '나'도 섞지 말고, 그 성질 있는 그대로 벗어난 법을 얻기 위하여서이지만, 너와 나를 섞어서 생각하기 때문에 '나의 마음이 갈망과 사견에 집착되지 않아도 번뇌의 소용돌이에서 벗어나지 못하는가?'라는 의심이 생겼다.

의심과 산란심, 그리고 교만심이 막고 있기 때문에 그는 가장 가까이 있는 닙바나의 법을 얻지 못했다. 사리불 존자의 가르침대로 이 세 가지를 버렸을 때, 가장 가까이 있던 닙바나의 법을 순간에 만나게 되었다.

이러한 출세간의 지혜를 얻지 못했으면 이미 얻었던 세간 선정에 의한 특수한 지혜와 신통도 튼튼하지 못했으리라. 출세간의 지혜, 도의 지혜를 얻어야만 튼튼하고 오래가며, 원할 때마다 들어가서 얻을 수 있다.

출세간의 지혜로 튼튼해진 천안통을 갖춘 그에게 부처님께서는 그 부분의 첫째가는 사람이란 특별한 칭호를 주셨다.

Anguttarā aṭṭakatha anurudhā vatthu

몸도 마음도 같이 가는 사람들

"부처님의 가르침을 존경하는 마음으로 세속적인 삶을 버리고 고통을 벗어나는 길을 찾으려는 새 비구는, 계율이 깨끗하고 게으르지 않은 좋은 친구를 가까이 두어야 한다."

"부처님의 가르침을 존경하는 마음으로 세속적인 삶을 버리고 고통을 벗어나는 길을 찾으려는 새로운 비구는, 비구들에게 적당한 태도와 적당하지 못한 일을 잘 구분하시는 승단의 법랍이 높으신 존자님 뒤를 따라야 한다."

계율에 대한 지혜로움이 첫째가는 사람이라는 특별한 칭호를 얻으신 우빨리 존자께서 잘 사용하시는 말씀이다.

부처님의 가르침을 실천하는 우리 단체가 깨끗하기 위해서는 지혜가 중요하다. 깨끗한 교단의 권위와 능력이 무너지지 않고 튼튼하게 유지되기 위해서 계율의 깨끗함 역시 중요하다.

비구들은 큰 계율(Patimokkha saṁvara)의 깨끗함을 위해서 계율에 있는 대로 따라서 행하여야 한다. 처음 비구가 되었을 때 우빨리 존자는 부처님께 숲 속에서만 수행할 수 있도록 허락해 달라고 청했다. 존자의 말씀대로 부처님께서 허락하셨다면, 더욱 빨리 법을 깨달았을 것이다.

그러나 부처님께서는 그것을 허락하지 않으시고, 당신 곁에서 지내면서 금해 놓은 계율(Vinaya sikkhāpada)들을 익히고 기억하는 책임을 주셨다.

깨달아야 할 큰 가르침에 대해 지계의 수행으로 도움을 주신 것이다. 아는 것과 실천하는 것, 이 두 가지에 특별한 능력을 지니신 우빨리 존자는 계율에 관한 것을 잘 알아서 실천함에 적당한 것들을 자세히 구분해서 아는 것에 부처님 제자 가운데 첫째가는 이라는 칭호를 받았다.

부처님의 가르침을 펴고 교단의 이름을 드높이는 것에 있어서 우빨리 존자와 아누루다 존자만큼은 유명하지 않지만 끼밀라 장로와 바구 장로 역시 교단의 수행 끝까지 도착하신 분들이다.

큰 법회를 열 때 80분의 큰 제자께서는 반씩 나누어 부처님을 중심으로 좌우에서 모시는데, 두 분 모두 부처님을 오른쪽에서 모시는 큰 제자 마흔 분 안에 드신다.

끼밀라 장로는 아누루다 존자와 난디야 존자와 함께 빠씨나원따 동쪽 숲에 있는 정사에 머무는 시간이 많다. 인적이 없는 조용한 숲 속의 정사에서 고요한 닙바나의 진리가 주는 행복을 즐기고,

같이 지내는 대중들을 보면서 기쁨의 노래를 읊으셨다.

사까족의 보배로운 선남자들이
많은 재산과 부귀를 버리고 와서
주는 대로 받는 음식을 빌어서
얻은 대로 만족하며
빠씨나윈따 숲 속에서 즐거워하네.

물러나지 않는 노력으로
그 높은 선남자들은
닙바나에 보낼 수 있는 마음이 있어
세간의 즐거움, 깜마 오욕락에 섞임 없어
진리의 즐거움으로
숲 속의 절에서 즐거워하네.

바구 장로께서는 사까족 왕자의 호사를 버린 대가로 큰 이익을 건진 분이다. 부처님, 그 높은 분께서 가르쳐 주신 길을 끝까지 걸어가신 다음, 자기가 걸어온 길을 뒤돌아보며 즐거운 마음을 자주 노래하셨다.

수행을 시작하면 졸리워서
나는 절에서 나와 경행대에서조차 쓰러졌네.

흙을 털어 내고 다시 경행대에 올랐다.
두 번 세 번 다시 걸을 때
나의 마음은 조용해졌다.

그것에 힘입어서 적당하게 알아차리자
세간 깜마 오욕락의 허물들이 분명하게 보였다.
그 대상에 싫어하는 마음이 일어나고
거기에서 더 나아가
세간의 깜마 오욕락에서 벗어났네.

특별한 지혜(Vijñāṇa) 3가지(숙명통, 천안통, 무루지)를 얻었다.
부처님의 가르침을 이은 벗들이여!
담마의 높은 공덕을 생각해 보라.

− Bhaguthera의 게송

※

나와 함께 비구가 된 사람 중 다섯 분은 이미 말했다. 마지막으로 남은 이가 대와다따 테라이다. 대와다따는 야소다라 공주의 동생이었으며 한편으로는 부처님의 사촌 동생이기도 했다.

그러나 대와다따 테라는 우리와 몸은 같이 있었지만 마음은 같지 않았다. 비구가 된 초기에 얻은 세간의 선정 신통에 만족하여 수행을 더 이상 계속하지 않았으며, 왕위를 이을 아자따사따 왕자를 제자로 만들었다.

그것뿐인가? 부처님과 우리들이 꼬살라국의 수도 사왓띠 근처에 있는 제따와나 정사에 가려고 준비하는 동안에도 그는 공양방에서 일어나지 않고 왕자가 보시한 공양 오백 그릇을 그를 따르는 무리들과 즐거워하며 먹고 있었다.

부처님의 뒤를 따르는 비구 대중들이 차례대로 줄지어 갈 때도, 대와다따 테라를 따르는 무리들은 공양방에서 이야기에 열중하는 중이었다.

Vinaya cūḷavagga

제따와나 정사

첫 번째로 보시 받은 땅인 웰루와나 동산에는 빔비사라 대왕이 높은 건물을 지어 보시했다. 절에서 쓰일 필요한 물건들도 올렸다. 먼저 법을 깨달은 이, 부처님과 가까운 사이로 존경하며 절을 시주한 대왕으로 유명했다.

그러나 그보다 먼저 절을 지어 보시한 사람이 있었다. 나무 그늘이나 풀숲을 의지하고 수행처로 삼아 지내면서 만족해 하던 비구 대중들을 라자가하의 위살라(Visāla) 장자가 보았다. 그리고 비구들에게 부탁했다.

"부처님께서 절을 짓도록 허락하시면 알려 주십시오."

대중이 많이 모여 거처할 곳이 필요해지자 부처님께서는 절을 짓도록 허락하셨다. 그때 위살라 장자는 60여 채의 절을 재빨리 지어서 부처님께 올렸다. 부처님께서 이미 교단 안에 들어온, 지금 들어오는, 미래에 들어올, 사방에 있는 모든 상가에게 보시하도록 말씀하셨다.

말씀하신 대로 위살라 장자가 물을 부으며 보시하는 의식을 거행할 때 부처님께서는 절 보시한 축원 법문을 하셨다. 빔비사라 대왕의 큰 건물이 완성되기 전에 비구 대중들이 편히 지낼 기회를 얻었다.

※

그 위살라 장자의 누이인 뿐냐락칸나대위(Puññālakkhaṇadevi)는 아나타삐인따까(급고독) 장자와 오누이였다. 그래서 아나타 장자는 무역에 관계없이 처남이 있는 라자가하를 해마다 찾았다.

서로 처남이 되기도 했지만 아나타 장자의 누이가 위살라 장자의 부인이며, 위살라 장자의 누이는 아나타 장자의 부인으로 서로 겹사돈을 맺은 것이다.

위살라 장자와 아나타 장자는 친형제처럼 서로 사랑했다. 아나타 장자가 라자가하에 오면 다른 일을 모두 접어두고 장자를 환영하고 귀히 여겨 잘 대접했다.

그러나 이번에 라자가하를 방문한 아나타 장자는 의아해 했다. 자기를 아주 반갑게 맞이하던 처남이 인사조차도 없기 때문이었다. 귀히 대접하던 때와는 너무 달랐다.

"자, 여러분. 내일 아침에는 일찍 일어나시오 죽을 맛있게 끓이고, 밥솥과 반찬을 만들 솥에는 일시에 불을 지펴야 합니다. 이 음식과 저 반찬은 넉넉히 만들어 놓도록 하십시오."

큰 솥과 작은 솥이 걸린 아궁이 사이를 분주히 다니면서, 이것저것 세심하고 빈틈없이 지시하느라 끝이 없었다.

아나타 장자는 예전과 다른 처남의 모습을 조용히 지켜볼 뿐이었다. 그렇게 일하는 사람들에게 사소한 것까지 자세히 지시하고 한참이나 늦어서야 겨우 끝이 났다. 이윽고 두 처남과 매부가 만나 인사를 마치자, 아나타 장자가 물었다.

"무슨 일인가? 친구여, 지지고 볶고, 이렇게 많은 음식을 장만하다니. 큰 잔치라도 있는가? 아니면 제사를 지내는가?

그것도 아니면 빔비사라 대왕과 그의 병사들을 내일 아침 식사에 초대했는가?"

"아니라오. 친구여, 잔치도 없고 빔비사라 대왕을 초대한 것도 아니라오. 그러나 큰 공양 잔치가 있네. 내일 아침 부처님과 상가 대중 스님들을 공양에 초청했다네, 친구여."

"부처님이라고 했던가?"

"그렇지, 부처님일세."

"부처님… 부처님… 부처님."

아나타 장자의 입에서는 이 말만 계속 머물렀다.

"부처님… 부처님… 부처님."

그 아름다운 소리와 말을 중얼거렸다. 아직 만나지 못했던, 특별한 상을 오늘 얻었다. 자기 마음이 너무 급해서 잘못 들었나 하고 다시 물어 보았다.

"친구여, 부처님이라고 했던가?"

"맞네, 부처님이라고 했네. 이 세상에 부처님께서 출현하셨네. 이 도시 근처 웰루와나 동산에 계시면서 모든 사람들에게 법의 시원한 감로수를 내리시고 계신다네."

"친구여, 부처님의 명호를 듣기가 무척 어렵다고 했네. 특별한 공양을 받을 만하신 분, 그 부처님을 지금 가서 뵐 수 있겠는가?"

"이미 밤이 늦었네, 내일 아침에 같이 가도록 하세."

부처님을 뵙기에 적당하지 않은 시간이라고 하여서 그냥 참고 잠자리에 들어야 했다. 그러나 아나타 장자의 마음은 도저히 잠자리에 그냥 있을 수 없었다. 내일 뵈올 부처님이 계신 웰루와나 동산에 가 있었다.

그의 마음이 너무 급해서 아침인가 하여 세 번이나 자리에서 일어나기도 했다. 마지막에는 도저히 참을 수 없어 다시 잠자리에 들지 않았다. 급히 얼굴을 씻고 웰루와나 동산으로 향했다. 어슴푸레한 별빛에 의지하여 조심스럽게 걸음을 옮기다가 밤새 갖다 버린 시체에 걸려 넘어졌다.

가지 않을 곳, 가지 않아야 할 시간에 도착했기 때문에 소름이 돋았다. 그러나 부처님을 생각하고 스스로에게 힘을 주어 계속해서 앞으로 걸어갔다. 웰루와나 동산이 가까운 넝쿨 숲에 이르렀을 때 멀리 동쪽에서 붉은 기운이 퍼져 나왔다. 그 붉은 아침, 먼동이 터 오는 가운데 한 사람이 일찍이 일어나서 천천히 걷고 있었다.

"부처님… 부처님… 부처님이신가?"

인적이 드문 숲, 점점 밝아오는 어슴푸레한 여명 속에서 기다리고 계시는 분을 자세히 살펴보았다. 크고 깨끗하고 반듯한 모습, 섬세하고 부드러운 태도, 그분을 보자 바로 부처님인 것을 알 수 있었다.

"부처님… 부처님… 부처님…."

작은 소리로 중얼거리던 아나타 장자는 조용히 가까이 갔다. 부처님께서는 경행하시던 곳에서 내려오셔서 펴놓은 자리에 앉으신 다음 말씀하셨다.

"오너라. 수닫따여! 오너라. 수닫따여!"

그분께서 이름을 불러 초청하셨다. 수닫따(Sudatta)는 아나타 장자의 어릴 때 이름이었다. 어른이 되어 스스로 재산을 불린 다음 의지할 곳이 없어 고통 받는 이들에게 먹을 것을 주었으므로 수닫따보다 아나타삐인다까라는 이름으로 유명해진 것이다.

어릴 때 이름을 친숙하게 부르는 소리를 들은 아나타 장자는 기쁨에 넘쳐서 부처님의 두 발에 머리를 대고 예배드렸다. 만족하도록 머리를 대고 여러 번 절을 올린 다음 마음속에 있는 의문을 여쭈었다.

"부처님! 밤새 편안히 주무셨습니까?"

왕과 거부 장자, 부자들은 크고 화려한 집에서 세간의 호사를 즐기며 편히 쉰다. 그러나 지금 이 거룩하신 분께서는 거처하시는 집도, 이슬을 피할 지붕도 없다. 숲 속에서 오직 한 분만 경행하고 계셨다. 밤기운이 아직은 차가울 때인데 편안히 쉬셨는가?

그 마음을 보신 부처님께서는 아나타 장자가 생각하는 의심의 먼지를 법의 약으로 깨끗이 씻어 주셨다.

"장자여!
어떤 사람은 번뇌의 불이 모두 꺼져 조용해진 사람이다. 착하지 못한 불선업을 짓지 아니하며, 깜마 오욕락의 대상에 묻지 아니하고 가까이도 않는다. 조용한 곳에 이르러서 업으로 받은 몸이 없다. 그런 사람은 모든 시간 편안히 잘 수 있다."

"장자여!
어떤 사람은 밀착되어 붙어 있는
모든 집착을 끊어서
마음의 뜨거움을 없애고
마음이 조용한 닙바나에 도착하여 편안하다.
그런 사람은 편안하게 잘 수 있다."

☙

아나타 장자의 말에 이어서 '편안히 잘 수 있다'고 말씀하셨던 것이다. 서고, 앉고, 가고, 멈추는 행주좌와 4가지 중 잠자는 것 한 가지만 말씀하셨어도 뜻으로는 4가지 모두 편안하다고 알아야 한다. 여기에서 편안함이란 무엇인가?

편안함이란 다른 것이 아니라 마음의 뜨거운 번뇌를 소멸함이다. 마음의 뜨거운 번뇌를 없애는 방법은 무엇인가? 밀착되어 붙어 있는 갈망을 모두 끊어버리는 것이 이 가르침의 대답이다.

첫 번째 질문의 대답 역시 이와 같다. '조용한 닙바나에 도착하여' 라는 구절로 고통이 모두 소멸한 진리와 고통의 소멸에 이르는 길 두 가지를 말하셨다.

'마음의 뜨거움을 빼어버려서'는 고통의 진리를 보여주는 것이다. '밀착되어 붙어 있는 갈애를 모두 빼어 끊어버림'은 고통의 원인의 진리를 보인 것이다.

이렇게 사성제의 진리로 단장한 가르침으로 아나타 장자는 성인의 생애를 그 자리에서 시작할 수 있었다. 많은 가르침을 수도 없이 말씀하신 장소, 아름다운 그곳 제따와나(Jetavana) 정사는 처음 이 자리에서 조짐이 생겨나기 시작했다. 그날 그 자리에서 제따와나 정사의 창건주 아나타삔인따까 장자가 부처님을 처음 뵙는 모습으로 장자가 스스로 밝힌 이야기이다.

이제 직접 본 제따와나 정사를 말하리라.

그날 새벽 일찍 부처님을 친견하고 난뒤 아나타 장자는 돌아가고, 부처님과 나를 포함한 많은 비구 대중 스님들은 공양을 초청한 위살라 장자의 집으로 향했다. 공양이 끝나자 그 자리에서 아나타 장자는 그가 사는 곳인 사왓띠 수도에 오셔서 상가 대중 스님들과 함께 안거하시도록 청원드렸다.

"장자여! 부처님은 사람 소리가 들리지 않는 조용한 곳에서 즐거워한다."

부처님께서는 절을 세울 적당한 장소를 가르쳐 줌으로써 허락하셨다.

꽃

그날 허락하신 대로 지금 여행을 하는 중이다. 부처님 뒤를 따라 차례로 갈 때 1유자나마다 한 마을에 하나씩 스님들이 머물러 쉴 수 있도록 절을 세워 놓았다. 부처님과 뒤따르는 상가 대중 스님들이 불편을 느끼지 않고 편안한 여행이 되도록 세심하게 준비되었다.

마을과는 어울리지 않을 정도로 크게 세운 절을 보게 되었다. 라자가하에서 사왓띠는 45유자나 정도 떨어졌다. 우리들은 하루에 1유자나씩 고르게 걸어갔다.

아나타 장자는 마을마다 하룻밤을 쉴 수 있도록 45개의 큰 절을 미리 지어서 준비해 놓았다. 이러한 것으로 미루어보아 아나타 장자의 재력과 그의 말대로 실행되는 모습으로 그의 덕망을 알 수 있었다.

우리 모두는 꼬살라국의 수도 사왓띠(Sāvatthi)에 도착했다. 사람과 말과 수레 소리가 어울려 시끌 시끌 요란한 그 도시는 사람이 쓰는 물건은 무엇이든 살 수 있다는 뜻에서 사왓띠라고 하였다. 이 큰 도시에 우리들이 도착했을 때 크나큰 환영 잔치가 벌어졌다.

절 창건주 장자의 아들 깔라(Kāla)와 젊은 청년 오백 명이 잘 차려서 단장한 다음 다섯 가지 색깔로 만든 깃발을 각자 손에 들고 맨 앞에서 행진했다. 그들 뒤에는 장자의 두 딸, 쭐라 수밧따(Cūḷa subhadda)와 마하 수밧따(Mahā subhadda), 그리고 그들의 친구 오백 명의 처녀들이 물이 가득 담긴 항아리를 각자 머리에 이고 따랐다.

장자의 부인 뽕나랙칸나대위는 갖가지 장신구를 아름답게 단장하고서 딸의 뒤를 따랐으며, 그와 같이 단장한 오백 명의 여자들이 보배로 장식한 황금 사발을 들고 왔다. 그들의 뒤는 절 창건주인 대 장자 차례였다. 모두 새옷으로 차려입은 오백 명의 남자들이 벙긋벙긋 기쁨이 넘치는 얼굴로 장자를 따라왔다.

크고 화려한 환영 행사와 마찬가지로 절의 건물도 빈틈이 없을 정도로 차례차례 규모 있게 줄지어 늘어서 있었다. 부처님과 상가 대중을 위한 건물들의 담장과 대문, 모임을 가질 수 있는 큰 건물, 불 지피는 건물, 물건을 넣어두는 창고가 늘어서 있으며, 화장실과 경행대, 절 건물을 연결하는 지붕이 이어진 회랑, 우물과 목욕탕, 연못과 누각이 모두 자기 자리에 알맞게 차지하고 있었다.

이렇게 많은 정사 건물 가운데는 꼬살라국의 주인인 빠세나디 대왕이 보시한 정사도 한 채 들어 있었다. 제따와나 안에는 까래리꼭띠(Karerikuṭi), 꼬삼바꼭띠(Kosambakuṭi), 간다꼭띠(Gandhakuṭi)와 살라라가라(Salalagāra)라는 기본이 되는 큰 건물 네 채가 있었는데 그 중에서 '살라라가라'가 빠세나디 꼬살라 대왕의 선업으로 창건한 정사였다.

큰 절 가운데 꼬살라 대왕의 선업이 들어 있듯이, 그 정사 입구의 큰 대문 역시 선업을 짓는 한 사람을 위해 창건주 장자는 허락해야 했다. 그 사람은 권력의 힘이 막강한 제따 왕자로 이 동산의 옛 주인이기도 했다.

그 옛 주인의 이름을 따서, 우리 교단의 역사에 들어 있는 이 큰 절을 제따와나(Jetavana, 기수급고독원-제따 왕자의 동산)라고 불렀다.

부처님은 '사람들 소리가 없는 조용한 곳에서 즐거워한다.'라고 말씀하신 대로 적당한 곳을 찾을 때에 아나타 장자의 눈에 이 동산이 보였다. 사왓띠 수도의 서남쪽, 멀지도 가깝지도 않은 이 동산은 땅이 윤택하고 갖가지 나무와 꽃들이 있으며 우물과 연못도 갖추어졌다. 가고 오는 길 역시 아름답고 반듯했다.

부처님께서도 기꺼워하실 정사를 지을 만한 땅이었으므로 '값이야 비싸면 어떤가. 반드시 부처님께 보시하리라.' 하고 결정했다. 그리고 아나타 장자는 제따 왕자를 찾아갔다. 그리고 동산을 사서 숲에 절을 짓고 부처님께 보시하기를 원한다고 말하자, 제따 왕자는 왕족으로서 교만심을 내며 대답했다.

이 도시에서 두 사람은 비슷할 정도로 잘 알려진 사람들이었다. 제따 왕자는 권력과 왕족이라는 면에서, 아나타 장자는 재산과 친구가 많기로 유명했다. 동산을 파는 이와 사는 이 중에서 누가 더 유명해질 것인가?

틀림없이 사려는 이가 더 유명해질 것이다. 팔려는 이에게 값을 많이 줄수록, 사는 이에 대한 공덕의 소문이 더 크게 퍼지리라. '그만큼, 그 정도를 주는 것은 그 사람뿐이므로 그만이 살 수 있다'라고 칭송할 것이다.

그래서 사고판다는 말이 다시 나오지 않게 막으려는 뜻으로 '이 동산은 금화를 빈틈없이 깔아주어도 팔지 않는다.'고 한마디로 거절했다.

제따 왕자가 입을 막으려고 한, 그 한 마디가 아나타 장자에게는 길을 열어주는 것이 되었다. 이 거절하는 말을 가지고 장자는 대법정에 올라갔다. 땅주인 왕자가 자기에게 팔았다는 것이다. 그 당시 꼬살라국의 법률로는 어떤 한 가지 물건을 주인이 값을 정하면 사고파는 거래가 이루어지는 것이었다.

대법정의 재판장이 제따 왕자를 조사할 때 '금화를 가득 깔아주어도 팔지 않는다.'라고 한 말을 확인했다. 그리고 '그 말이 값을 정한 것이다.'고 아나타 장자에게 승리를 판정했다.

대법정에서 승리를 얻은 아나타 장자는 창고에서 금화를 수레로 실어다 동산의 경계선에서부터 깔기 시작했다. 나무가 있는 곳에 이르러서는 나무둥치의 크기를 재어서 다른 곳에 대신 깔아주었다.

금화 한 닢 한 닢으로 빈틈없이 깔아야 했기 때문에 수많은 수레로 실어 나른 금화가 일억 팔천만 냥이나 들어갔다. 그러고도 아직 동산 입구에 깔아야 할 빈곳이 조금 남았다. 아나타 장자는 그 빈곳을 채우기 위해서 다시 금화를 실어 오도록 지시했다.

동산의 옛 주인 제따 왕자는 금화를 깔기 시작할 때부터 장자의 얼굴을 살피고 있었다. 그 많은 금화를 깔아서, 적당한 가격이 아니라 몇 배나 더 들이며 사고 있는데도 그의 얼굴에는 어느 한 순간이라도 찡그린다거나 아까운 표정이 없었다.

그는 선업 공덕을 지을 수 있게 된 기회를 가진 것만 떠올리고 좋아서 벙긋벙긋 입이 벌어지고는 했다. 일억 팔천만 냥의 금화도 모자라 더 가지러 보낼 때에도 아까워하는 기색이라고는 전혀 없었다.

※

신심이 하늘 높은 줄 모르는 장자를 살피던 왕자는 '이 정도로 많은 재산을 선뜻 내어서 보시하는 것은 틀림없이 크고 높은 이익이 있을 것이다.'라고 생각하며 장자에게 말했다.

"장자여! 그만하십시오. 이곳에는 금화를 깔지 마십시오. 저의 선업이 되도록 이 장소를 저에게 주십시오."

"드리겠습니다. 왕자님."

장자는 '이 큰 나라 전체에서 제따 왕자는 유명하여 이름을 모르는 이가 없다. 그러한 사람이 부처님 교단에 들어오면 이익이 많을 것'이라고 생각하고 허락한 것이었다.

아나타 장자는 이 크고 아름다운 제따와나 정사를 만든 경위를 여쭈고 나서 말씀드렸다.

"제자의 허락대로 그가 얻은 장소에 제따 왕자는 큰 대문 하나를 만들었습니다. 부처님, 그래서 이 큰 정사도 왕자의 이름을 따서 제따와나라고 비석에 새겼습니다. 이 절을 어떻게 보시하면 되겠습니까?"

"장자여! 이 제따와나 정사를 교단 안에 이미 들어온, 현재 들어오는, 미래에 들어올 사방에 있는 모든 상가에 보시하라."

"좋습니다. 부처님."

부처님 말씀대로 아나타 장자는 황금주전자로 물을 부으면서 보시하는 의식을 행했다. 이 절의 완공식에 참석하신 부처님께서 직접 정사 낙성식 축원 법문을 하셨다.

❀

"절은 차고 더움을 막아주며 쇠파리, 모기, 전갈 등 벌레의 위험에서 보호해준다. 뱀과 사나운 짐승들의 위협도 막아준다. 또 절은 심한 폭풍우와 비바람 그리고 뜨거운 햇빛도 막아준다."

"절은 거룩한 상가 대중 스님들이 머물며 수행을 키우도록 해준다. 절을 지어 보시함이 가장 큰 공덕이라고 나 여래가 설하노라. 그래서 스스로 큰 이익된 결과를 원하는 지혜 있는 자라면 지혜 있는 이들이 기꺼워하는 절을 지어야 하리라.

그 절에서 아는 것(수행), 보는 것(경전), 법을 설해 주는 비구들에게 깨끗한 마음으로 네 가지 물건(절, 공양, 가사, 약)으로 도움을 주어 보시해야 한다."

"그 절에 사는 비구들은 자기를 믿고 따르는 신자들에게 모든 고통에서 벗어나는 좋은 법을 설해 주어야 한다. 절 시주자와 그 외의 사람들은 자기 스승에게서 고통에서 벗어날 수 있는 좋은 진리를 듣고 깨달아, 모든 번뇌가 없는 조용한 곳에 금생 현재에 직접 이를 수 있게 해야 한다."

절을 지어 보시한 결과로 현세에서 틀림없이 얻을 수 있는 가장 높은 행복을 가르쳐 주시는 모습은 아! 얼마나 힘나는 일인가!

Vinaya cūḷavagga / Senāsanak khannaka

은혜를 아는 마음

마음에 힘을 불어넣어 주며 같이 지내는 대중 스님들께서 나를 경전(Sutta)·계율(Vinaya)·아비담마(Abhidhamma) 세 가지를 저장한 진리의 은행(Dhamma bhaṇṭākrika)이라는 별칭으로 칭찬해 주신다. 평생 배우고 모셔 왔던 경전 공부 때문에 그런 칭호를 얻은 것도 사실이나, 부처님과 함께 진리의 총사령관(Mahādhamma senāpati)이라고 불리는 마하 사리불(Mahā Sāriputtara) 존자의 은혜를 가장 먼저 들어야 할 것이다.

여러 곳에서 여러 사람들에게 말씀하셨던 법을 부처님께서는 마음을 너그러이 하시어 나에게 반복하여 설해 주셨다. 부처님의 가르침 중에서 어려운 부분은 마하 사리불 존자께서 분명하고도 깨끗하게 구분해 주셨으며, 법에 대한 새로운 가르침을 듣는 기회도 얻을 수 있었다.

뛰어나지 못하고 중간 정도의 지혜를 가지고 있을 뿐인 내가 이처럼 의지할 만한 훌륭하신 분을 만나지 못했다면 이 교단에서 가장 높은 특별한 칭호를 얻을 수 없었을 것이다.

앞서 말했던 두 분의 가장 높은 제자가 오시는 모습도 그분에게서 직접 들었던 것이다. 이렇게 전해들은 말을 기초로 한 다음 내 스스로의 눈으로 보고 만난 것 모두를 말하리라.

❁

이 교단의 그늘 아래에서 그와 같이 높으신 분들과 오랜 세월 같이 지내 왔던 것만큼이나 그분들의 은혜 역시 말로서 다 드러낼 수 없을 만큼 많이 있다. 은혜가 무한한 가운데 내가 마음을 다해 존경하는 이유를 먼저 말하겠다.

갖가지 사상과 생각으로 각기 의지하거나 모시는 것이 다른 많은 사람들이 더러 숲에 예배하기도 하고, 산에 제사를 지내기도 한다. 해와 달, 별 등에도 예배한다.

이 세상 많은 사람들은 세상을 만든 주인이 있다고 생각해서 보지도 못했으면서도 예배하고 의지하려 한다. 혹은 어느 것 하나를 지정하지 않고 사방을 향해서 절을 하며 지내는 이들도 있다.

마하 사리불 존자가 마음이나 사상에 집착이 전혀 없는 거룩하신 부처님의 가장 큰 제자인 것은 확실하다. 그러나 그 높으신 분의 행동 한 가지는 생각하기 어려운 것 중의 하나였다.

우리 법랍이 적은 비구들은 이 행동으로 인해서 여러 가지 생각을 하고 제각기 짐작과 억측을 하기도 했다. 더러는 '때인사야 스승의 그릇된 견해가 남아 있는 것은 아닌가?' 하고 생각하기도 했다. 견문과 지식이 넓지 못하고 법랍이 적은 비구들이 생각하고 의심한 그분의 태도는 이런 것이었다.

※

저녁에 잠자리에 들기 전 아싸지 존자님이 계신 곳을 향해 절을 세 번 하신 다음, 그분이 계시는 곳을 향하여 머리를 두고 주무시는 것이었다. 존경하는 존자님이라 감히 그 앞에서 말은 못했지만, 안 계시는 곳에서 수군거리는 소리가 퍼져 마지막에는 부처님도 아시게 되었다.

부처님께서는 그런 행동을 한 사리불 존자를 부르시고 의심하는 대중들 앞에서 물으셨다. 존자께서는 사실대로 말씀드렸다. 그리고 부처님께서는 비구들이 기억할 만한 게송 하나를 말씀하셨다.

삼마 삼붓다 부처님의 법을
그분에게서 듣고 담마를 깨달았다.
불을 섬기는 브라만들이 날마다 불을 섬기듯이
그 은혜를 알아 언제나 머리 숙여 예배한다.

지혜 부분의 공덕이 뛰어난 큰 제자가 다른 이의 은혜를 아는 선한 일을 위하여 축원 게송을 읊으신 부처님께서는 예전 어느 한때에도 이 제자의 선업을 보시고 '착하고 착하다'라고 칭찬하신 적이 있었다.

라다(Rādha)라는 이름의 브라만 늙은이 한 사람이 교단에 들어오고 싶어서 비구 스님들께 간절히 청을 드렸다. 먼저 비구가 된 스님들은 좋은 나이에 온 이들은 쉽게 비구를 만들어 주었지만 라다 노인은 비구를 만들어 주고 싶은 마음이 없었다.

이 노인에게는 의지할 만한 것이나 힘이 될 만한 것이 아무것도 없었다. '쭈그러진 가지와 뭉툭한 칼'이란 말처럼 어디에도 쓸 만한 구석이 없었다. 이런 늙은이를 교단에 받아들이면 나이 어린 사람들에게 방해만 될 뿐이라고 생각했다.

비구들이 생각한 대로 라다 노인에게는 앉아서 먹을 만한 재산도 없었으며, 자식과 아내조차도 그를 좋아하지 않아 늙어서 밥만 축낸다고 집에서 쫓아냈다.

그 딱한 이는 이제 다른 이가 주는 대로, 있을 때는 먹고 없을 때는 굶어야 하는 처지가 된 것이다. 그러한 그가 비구가 되려는 것은 그러한 고통을 두려워한 것만은 아니었다. 목숨이 있는 동안 부처님의 가르침을 받고 수행하고 싶은 마음도 있었다.

자기가 꼭 하고 싶었던 비구 생활, 자기가 존경하는 수행을 할 수 있는 기회를 얻지 못하게 된 라다 노인은 마시거나 먹지도 못할 만큼 풀이 죽어 있었다. 피부는 말라서 더욱 검어지고, 피가 모자라 누렇게 되었으며, 살이 빠져 살갗이 쭈그러지고 힘줄이 튀어나와 온몸에 그물을 펴 놓았나 생각될 정도였다.

어느 날 그에게 살아날 길이 생겼다. 겨우 목숨만 붙어 있는 그 노인이 부처님을 뵙는 기회를 얻었던 것이다. 이 브라만 노인의 신심을 아시는 부처님께서는 그를 비구로 만들어 줄 사람이 있느냐고 물으실 때 누구도 머리를 들지 않았다. 그 중에 나도 들어 있었다.

부처님께서 마하 사리불을 불러 마지막으로 말씀하셨다.

"사리불이여, 이 브라만이 베푼 은혜를 어느 한 가지라도 기억하는가?"

"기억합니다. 부처님!

라자가하에서 걸식할 때 제자에게 공양 한 주걱을 보시한 적이 있습니다. 이 은혜를 갚기 위해서 누구도 해주지 않는 이 노인을 제자가 책임을 지고 비구를 만들어 주겠습니다. 부처님!"

"싸~두(착하구나), 싸~두, 사리불은 다른 이의 은혜를 잘 아는구나!"

지혜가 제일가는 큰 제자를 부처님께서 착하다고 칭찬하신 다음 비구가 되는 일에 관한 계율 하나를 정하셨다.

"비구들이여! 전에는 삼귀의로 비구를 만들어 주는 것을 허락했었다. 그 허락을 오늘부터 버린다. 비구가 되는 의식 절차(Natti catutha kammvācā)에 의해 비구를 만들어 주도록 나 여래가 허락한다."

교단 전체에 비구가 되는 의식 절차에 의해서 제일 처음 비구가 될 기회를 얻은 이가 바로 그 늙고 가난한 브라만이었다. 그 늙은 브라만을 비구로 만드는 일에는 사리불 존자의 얼굴을 봐서 많은 비구들이 둘러서서 도와주었다. 그러나 비구를 만든 다음은 사리불 존자 한 분의 책임일 뿐이었다.

'나이 육십, 법랍 일년'인 만큼 라다 비구는 모든 것에서 다른 이의 뒤였다. 얻은 공양을 법랍 순서대로 나눌 때도 마지막에 가장 낮은 물건만이 남을 뿐이었다.

그래서 마하 사리불 테라께서 나이가 많은 늙은 제자를 위해 적당한 잠자리와 자신의 몫인 음식을 나누어주어야 했다. 그분은 대중으로 들어오는 물건은 그 제자에게 주고 자신은 직접 걸식하여서 잡수셔야 했다.

오직 혼자 남은 그 늙은 노인 한 사람을 이렇게 돌보아 준 덕택에 큰 달님 옆에 유난히 빛나는 별 하나가 반짝이게 되었다. 우기가 끝난 다음 밭갈이를 시작했지만 스승을 잘 만난 라다 비구의 밭갈이는 곧바로 잘 되어서 훌륭한 추수를 거두었다.

이러한 내용을 담고 있는 칸다왓가 라다 상윳따(Khandhavagga Radha saṁyutta)를 배웠거나 들은 이는 라다 비구의 그 늦은 밭갈이의 수확에 만족함을 느낄 것이다.

라다 비구가 섬세하고 깊은 담마의 뜻을 차례차례 여쭈었을 때 부처님께서는 자세히 대답해 주셨다. 이렇게 부처님께서 가르침의 지혜를 차례차례 열도록 이익을 주었기 때문에 먹고 마실 것조차 없는 늙은 나이에 비구가 되러 온 노인이 이익을 주는 데 첫째가는 사람이라는 특별한 칭호를 얻게 되었다.

이렇게 밥 한 주걱의 은혜조차 잊지 않는 사리불 존자께서 가장 높은 진리를 깨닫게 해준 아싸지 존자를 어떻게 잊고 그냥 지내실 수 있겠는가? 어떻게 존경을 드리지 않고 지낼 수 있겠는가?

Vinaya mahāvagga

남다른 인욕심

아싸지 존자가 계신 곳을 향해 예배한 다음 잠자리에 드시는 그 본보기처럼, 그분에게 의심이 될 만한 것 한 가지가 더 있었다.

　마하 사리불 존자님께서 어느 때 큰 마을에 있는 절에서 제자 비구들과 함께 안거하셨다. 안거가 끝나자 신도들이 안거하셨던 비구 스님들께 가사를 보시하려고 준비했다.

　와소 달(음력 6월)에 안거했던 비구 스님들께 보시하기 때문에 '와소 가사'라고도 부른다. 사리불 존자는 그 가사가 다 만들어질 때까지 기다릴 수가 없어서 안거가 끝나자마자 부처님께서 계신 곳으로 떠난 것이다. 그리고 떠나며 남아 있는 비구들에게 당부했다.

　"신자들이 와소 가사를 보시하면 젊은 스님이나 사미에게 내 몫을 보내라. 그렇지 않으면 잘 보관하고 소식을 보내라."

　그렇게 당부한 말이 입에서 입을 통해 부처님께 이르게 되었다.

그렇게 전해질 때까지는 단순히 소식만 전해진 것이 아니다. '아직까지 그분에게는 물건에 대한 집착이 남아 있었는가?'라는 의심이 같이 전해졌다. 그분은 그런 말을 듣고도 평소대로 흔들리거나 동요함이 없었다.

오해하지 말아야 할 분을 오해하고, 의심하지 말아야 할 분을 의심하며 그릇되게 말하고 행동한 것이다. 그것을 바로 잡기 위해서 부처님께서는 말씀하셨다.

"이 사람은 현재의 생에도 집착이 없고, 다음 생에도 기다리거나 바람이 없다. 번뇌와 함께 하지 않는 깨끗한 마음으로 지내는 이를 선하고 깨끗한 사람이라고 나 여래가 설하노라."

와소 가사에 대해서 그분은 신자님들의 선업이 피어나도록 하고, 어린 비구와 사미들에게는 가사를 마련해 주기 위해서 부탁했던 것이다. 그분의 참뜻을 아셨기 때문에 부처님께서 그런 말들이 더 이상 퍼지지 않도록 증명해 주신 것이다.

사실 그분은 비구가 된 지 보름 만에 모든 번뇌를 끊고 높은 법을 직접 체험하셨다. 가장 높은 지혜로서 모든 번뇌의 소용돌이를 모두 빼어버렸다.

그러나 그 번뇌와 섞이지 않는 성품 그대로인 몸 무더기가 원하는 것은 남아 있었다. 성질 그대로인 그 원함을 잘 이해하는 사람이라면 문제될 것이 없다. 마음 불편할 것이 생길 이유도 없다. 그러나 성품 그대로인 것을 모르는 사람과 만나면 죽을 때까지 말해도 끝나지 않을 일이 생길 것이다.

꽃

어느 날 비구 한 사람이 걸식에서 돌아왔을 때 튀김과자 한 개가 들어 있었다. 설탕이 잘 뿌려진 그 과자는 버터냄새가 진하게 났다. 그 과자의 주인은 발우를 공양방에 두고 일이 끝나지 않은 후원 쪽으로 갔다.

마하 사리불 존자께서는 모든 대중 스님들과 여러 가지 일을 직접 하셨다. 물을 길어 오는 일, 마당을 쓰는 일, 화장실을 청소하는 일 등을 꼼꼼히 챙기거나 스스로 하시기도 했다.

그날은 탁발을 나가시지 않고 절 안의 여러 가지 일을 처리하셨고 그러는 동안 배가 너무 출출하셨다. 그때 공양방의 발우 뚜껑 위에 먹음직한 과자 하나가 있는 것을 보았다. 발우를 자세히 보자 매우 가까이 지내는 비구의 것임을 알았다.

존자와 그 비구는 서로 나누어 잡수시는 사이였다. 그래서 당신이 매우 허기져 있을 때, 이 과자를 먹더라도 눈 흘길 것은 아니라고 생각되어 그 과자를 드셨다.

그 다음 우리 모두는 공양방에 모였다. 각자의 발우를 가지고 자리에 앉았다. 걸식을 나가지 않은 사리불 존자의 발우에도 한 분 한 분이 좋은 공양과 음식을 덜어드렸다. 그때 큰소리가 울렸다.

"내 과자를 누가 먹었습니까?"

"여보게, 내가 매우 허기져서 먹었다네, 자네의 물건인 줄 알고 이해하리라고 생각해서 먹었다네."

그분께서 대답하셨다. 묻는 소리는 딱딱하고 거칠었으나 대답하는 말씀은 매우 부드러웠다. 특별한 음식이 생기면 그분께 서로서로 드리려고 다투던 비구 대중들은 방금 그 비구의 태도에 놀라서 서로 바라보았다.

"오! 먹는 사람은 쉬운가? 먹기 좋은 과자를 싫어하는 사람도 있겠는가?"

그 다음 말이 공양방에 울려 퍼지자 전체가 조용해졌다. 누구도 공양을 들지 아니한 채……. 그분께 미안한 마음, 큰 소리로 말한 비구에 대한 불만감, 말했던 이의 큰 후회감, 이러한 느낌으로 모든 대중의 가슴이 흔들리고 있는 동안, 그분께서는 조용한 태도로 자기의 발우를 보며 천천히 공양을 드시고 계셨다.

그러나 그날부터 시작하여 특이한 것이 한 가지가 생겼다. 마하 사리불 존자는 그 다음 평생을 과자를 들지 않으셨다.

오! 알아차림이 크고 크십니다(Sati saṅvega)!

어느 하루의 일로 평생 과자를 드시지 않는 그분에게, 그때 일을 마음 크게 담고 계시다고 말할 수도 있을 것이다. 그러나 그렇게 말하는 이들에게는 그분의 제자 중 한 사람인 내가 한 가지를 말함으로써 그렇지 않다는 것을 보이겠다.

☙

이전의 일이 생겼을 때는 어린 사람들의 의심을 부처님께서 직접 풀어주신 것처럼 그냥 가만히 지내야 했다. 그러나 지금 이 사건은 그냥 지낼 수 없었다. 전에처럼 보이지 않는 곳에서 한 말이 아니다. 부처님, 그분 앞에서 분명하게 고발하는 사람이 있었으므로 대중 가운데서 의심이 없도록 각자 풀어야 했다.

부처님께 고발한 이는 비구 한 사람이었고, 그 내용은 때렸다는 것이다. 그 사건은 다음과 같았다.

부처님과 함께 안거를 끝낸 다음 사리불 마하테라 한 분이서 여행을 가려고 나가셨을 때 많은 대중 스님들이 배웅해 드렸다. 그렇게 배웅해 드린 사람 가운데 부처님께 고발한 그 비구도 들어 있었다. 절에서 조금 나가서 마하 사리불 존자께서는 배웅 나온 비구들을 다시 돌려보냈다.

종족의 이름 아니면 가족 이름을 부르며 한 분씩 인사했다. 많은 이들의 이름을 기억하셨지만 그 고발한 비구의 이름은 기억하지 못하셨다. 그러나 한 절에서 같이 지내온 지금 다시 이름을 묻기도 적당하지 않아 그 비구에게는 인사를 하지 않고 그냥 떠나셨다. 이렇게 가실 때 편하지 못한 일이 겹쳐서 생겼다. 사실 그 비구의 이름은 나 자신도 몰랐다.

종족이 유명한 것도 아니고, 수행이나 지혜 등 어느 하나 특별함이 없었으며, 비구가 되어서도 무엇 하나 제대로 들은 것이 없었다. 이렇게 알아줄 만한 공덕이 한 가지도 없지만 정작 자기를 몰라주자 용서하는 마음이 없었다.

비구 대중 가운데서 자기에게만 인사하지 않고 돌아서는가 하고 얼굴이 일그러졌다. 그때, 그분의 대가사 끝이 그 비구의 어깨를 스치고 지나갔다.

어느 때 브라만 한 사람이 마하 사리불 존자가 과연 화를 낼 것인가를 알아보기 위해 뒤에서 힘껏 때린 적이 있었다. 그분께서는 화를 낼 만한 그런 일에도 때린 이의 얼굴조차 돌아보지 않았다. 간이 떨어질 만큼 심하게 후려친 이를 용서하고 참는 것이다.

그러나 반대로 참는 마음이 없었던 그 비구는 가사 끝에 닿은 것만으로도 간이 저릴 만큼 아팠던 것이다. 그래서 극심한 원한을 품고 부처님께 가서 모함한 것이다.

"덕 높으시고 거룩하신 부처님!

마하 사리불께서는 당신이 제일가는 제자라는 교만심을 믿고 제자의 어깨를 때렸습니다. 부처님!"

이 사건의 전후를 부처님께서 모르시지 않으리라. 틀림없이 자세히 아시지만 사리불 존자를 앞으로 오도록 부르셨다. 모함에 대해 스스로 대답하도록 하기 위해서였다.

부처님의 명령을 그분께 전해 드린 다음 나와 마하 목갈라나 존자는 절 건물의 문을 열었다. 대문도 모두 열고 소리쳤다.

"여러 대중 스님들은 나오십시오. 빨리빨리 나오십시오. 마하 사리불 존자의 용감하고 분명한 설명을 듣기 위해 나오십시오."

큰 잔치, 좋은 구경거리를 놓치지 않도록 절 건물마다 돌면서 스님들을 불렀다. 그렇게 부르자 부처님의 거처 앞에는 상가 대중이 모두 모였다. 상가 대중을 정면에서 가까이 바라보는 것만으로도 고발한 비구는 덜덜 떨기 시작했다.

"사리불, 이 비구가 말한 대로 어깨를 친 것이 사실인가?"

상가 대중 앞에서 부처님께서 조사하셨다. 고발한 비구의 모함을 마하 사리불 존자는 비유로서 대답하셨다.

"여쭙겠습니다. 부처님, 이 대지 위에는 깨끗한 물건도 버리고, 깨끗하지 못한 물건도 버립니다. 똥, 오줌, 침, 가래, 피, 고름 등도 버립니다. 그런 물건을 버리더라도 이 대지는 싫어하거나, 부끄러워하거나, 혐오하지 않습니다. 부처님!"

"부처님, 발 닦는 걸레는 깨끗한 물건도 닦고, 깨끗지 못한 물건도 닦습니다. 똥, 오줌, 가래, 침, 피, 고름을 닦기도 합니다. 그런 것을 닦더라고 발 닦는 걸레가 싫어하거나, 부끄러워하거나, 혐오스러워하지 않습니다. 부처님!

천한 백정의 아들이나 딸들이 걸레 같은 옷을 입고, 깡통을 들고 마을에 들어갈 때는 마음을 낮추고 들어가야 합니다. 부처님!"

"부처님! 뿔을 자른 잘 길들인 큰 황소는 사거리 길 가운데를 지날 때 어느 한 사람도 들이받지 않습니다.

부처님이시여, 이 비유처럼 제자는 화내는 마음 없이 지냈습니다. 그러나 그러한 몸의 행동을 알지 못하고 같이 지내는 이 비구에 닿아서 부딪치고 여행을 떠났을지도 모릅니다. 부처님!"

모함을 당한 분이 대답을 올리는 것이 끝났을 때, 모함한 이는 부처님의 발밑에 엎드려야 했다. 지혜롭지 못하여 한번 어리석었던 그 어린 비구를 사리불 존자는 용서했다. 용서할 뿐만 아니라 도리어 다시 용서를 청했다.

"스님의 허물을 내가 참겠습니다. 만약 나에게 허물이 있다고 생각된다면 스님이 참아 주십시오."

자기에게 적당하지 못한 일을 벌려온 비구 앞에 허물이라고는 티끌만큼도 없는 그분께서 쪼그리고 앉아 두 손을 모아 합장하고 정중하게 용서를 구하신 것이다.

그날 그 모습은 내 생애에서 정말로 잊을 수 없었다.

Anguttaa

Nava nipatta

Sīhanā dasutta

부처님의 오른팔

한 술 주정꾼이 어느 집 대문 앞에서 두려움 없이 함부로 지껄이며 욕설을 퍼부었다. 집안에 있는 이는 욕을 하는 주정꾼을 막거나 반박하지 않고 자기 일에만 열중하였다.

이 두 사람 중에 부드러운 이와 강한 이의 모습이 드러난다. 누가 부드럽고 누가 강한 이인가?

위협하는 이를 보며 참고 있는 마하 사리불 존자는 마음이 부드러워서가 아니다. 흔들림이나 동요 없는 돌비석처럼 튼튼하게 굳건한 것이다. 자신이 가득하기 때문에 다른 사람의 방해에도 동요함이 없이 원래 그대로 조용한 마음으로 참을 수 있는 것이다. 자기에게 부딪쳐 오는 모든 것을 머리를 숙이고 참아 왔던 이 분도 법에 관해서는 참거나 머리를 숙이는 일이 없었다. 법에 관해서 생기는 모든 위험들은 가루가 되도록 부수고 없앴다.

그래서 큰 진리의 총사령관이라는 특별한 칭호로 칭송 받았고 부처님의 오른팔로서 의지함을 받았다. 지금 법의 총사령관께서 벌이는 전쟁의 방법 한 가지를 자세히 살펴보자.

서로 겨루어 승리를 차지하려는 전쟁터는 야마까 장로의 마음속이며, 자주 쳐들어와서 침범하는 원수는 '내 것'이라는 집착이었다. 부처님께서는 선인들이 내려오는 사슴동산에서 첫 법문(『초전법륜경』)으로 성스러운 네 가지 진리를 말씀하신 다음 두 번째 법문으로 『무아경(Anatta lakkhana Sutta)』을 말씀하셨다.

다섯 가지 오온(몸, 느낌, 생각, 의도, 인식작용)의 무더기 속에 내 것이 없음을 질문과 답으로 설하셨다. 이러한 가르침으로 교단의 위력이 크게 번영한 것이다. 그러나 무아의 가르침, 그 그늘 아래에는 무아의 지혜가 있지 않은 사람들도 있다.

야마까 장로가 그런 사람이다. 보배경에서 부처님께서 들어 보였던 아라한들과 관계된 비유가 적당할 것이다.

※

심지도 다하고 기름도 다했기 때문에 태울 것이 없는 기름불은 그 자리 그 장소에서 사라져 갔다. 아라한, 그분들의 몸과 마음도 그와 같은 것이다. 다른 많은 이들과 같이 아라한에게도 과거에 지었던 선업, 불선업 등이 있다.

그 과거 깜마에 나의 것으로 집착이 없으면 그 깜마업이 능력을 발휘할 수 없다. 그래서 과거 업이 다했다고 말한다.

수명이 다하기 전, 모든 크고 작은 일을 하는 데 있어서 '나'라고 집착하지 말라. 그래야 새로운 업이 생기지 않는다. 조용하고 편안한 진리만을 현재 직접 체험하며, 앞으로 다가올 생애를 기다릴 필요가 없다.

수많은 윤회 가운데 새로 생기게 할 씨앗이 다했다. 길고 긴 윤회의 가지를 늘려야 할 마음의 바람은 없다. 그래서 그러한 분의 몸과 마음은 새로 이어야 할 것이 없기 때문에 이 생애에서 조용해져 간다.

이러한 가르침에 관해서 부처님께서 말씀하시려는 뜻을 알 수 있는 지혜가 있는 이와 지혜가 없는 이, 두 종류가 있다. 지혜가 있는 이보다 지혜가 없는 이들이 몇 배나 더 많다. 그래서 쉬운 것 같으나 어렵고 깊은 그것에 야마까 테라 같은 이가 잘못 생각하고 있음을 탓하지는 않는다.

나보다 먼저 지혜가 생겨 깨달음에 이른 모습을 칭찬하려고 말씀드리는 것이다. 조용히 소진한 불의 비유처럼, 아라한들의 몸과 마음이 끝으로 조용해지는 모습을 설하실 때 개인적으로 알고 보도록 설하신 것이다.

사실 집착, 바람, 두려움 등 모든 것에서 벗어난 아라한의 도와 과에 대한 지혜가 생겨나는 것과 그 모습을 말씀하시는 것이다. 개인적이라고는 하지만 대중을 목적으로 말하는 것 전부를 순간에 자세히 볼 수 있을 것이다.

야마까 장로는 이렇게 볼 수 없었기 때문에 아라한의 몸과 마음이 다음에 다시 이를 것이 없으면 한꺼번에 끊어져 가는 것이 아닌가

하고 생각의 한쪽 끝에 이른 것이리라.

  죽으면 그만이라는 생각(단견)과 영원하다는 생각의 두 가지 양쪽 끝이 있다. 중생이 죽은 다음에 그 중생이 다시 새로운 생을 바꾸어 온다고 하면 영원하다는 생각에 잡히게 된다.

  또 새로운 생으로 건너가지 않는다. 이 생애로서 끝이라고 하면 단견을 벗어나지 못하게 된다. 사실 그 양쪽 끝의 두 가지 다 유아의 다른 모습일 뿐이다.

  죽기 전에 가고 오고 움직이던 몸과 마음 무더기들을 나라는 생각으로 연결해 두었기 때문에 단견과 연결이 된다. 처음부터 연결하지 않는다고 하면 끊을 필요가 없다. 마하 사리불 존자의 질문에 이러한 것이 분명하게 있을 것이다.

❦

  알아야 할 기초 지식들을 알았으니 야마까 장로의 이야기를 계속하겠다. 야마까 장로가 『보배경』에서 '키낭 뿌라낭 나와나티 딴바웡' 등의 가르침을 들은 다음 한 가지 생각이 떠올랐다. 그리고 다른 비구들이 물어올 때 그의 생각을 이렇게 가르쳐 주었다.

  "모든 번뇌가 다한 아라한의 몸은 죽으면 끝이다. 죽은 다음 아무것도 없다. 부처님께서 이렇게 설하신 법을 내가 직접 들었다."

  죽은 다음 아무것도 없다고 말하면, 죽기 전 오고가고 움직일 때에는 사람, 중생이 있다는 생각을 하는 것이라고 오래된 비구들이 짐작했다. 그래서 그의 허물을 바꾸어 주려고 당부했다.

  '부처님께서 그가 본 대로 설하신 것이 아닐 것이다'라고, 그러나 그에게 사실대로 다시 보게 하는 것은 비구 스님들의 힘으로 어떻게 할 수 없었다. 그를 법의 총사령관 앞에 데리고 가야 했다.

"야마까 장로여! '모든 번뇌가 다한 아라한이 죽으면 끝이다. 죽은 다음 아무것도 없다. 부처님께서 직접 이렇게 설하심을 내가 직접 들었다.'라는 이런 천하고 저속하고 그릇된 생각이 있는 것이 사실인가?"

"그렇습니다. 존자님, '번뇌가 다한 아라한은 죽으면 끝이다. 죽은 다음 아무것도 없다.'라고 부처님께서 설하신 법을 제자가 직접 들었습니다. 존자님."

마하 사리불 존자의 질문에 야마까 장로는 공손히 대답했다. 야마까의 대답하는 말에 그 자신이 본 대로 인정함은 들어 있다. 그러나 그 대답이 천하고 저속하고 그릇됐다고 인정한 것은 아니었다. 그는 사실대로 진리를 보지 못했기 때문에 그런 견고한 생각에 사로잡히게 된 것이다.

그래서 그의 생각이 잘못된 이유를 말씀하시기 전에 오온부터 시작하여 하나씩 질문해야 했다.

"야마까 장로여! 몸(Rūpa)은 영원한가? 영원하지 않는가?"

"영원치 않습니다."

"느낌(Vedanā)은?"

"영원하지 않습니다."

"생각(Saññā)은?"

"영원하지 않습니다."

"생각의 구성(Sankhāra)은?"
"영원하지 않습니다."
"인식 작용(Viññāṇa)은?"
"영원하지 않습니다."
모든 생기고 사라지는 것을 덩어리로 묶으면 이 다섯 가지가 된다. 영원하고 견고한 덩어리는 한 가지도 없다는 것을 그 스스로 알게 하여 아견의 덩어리에 금을 내어 깨어버린 다음에 말했다.
"지금 묻는 질문을 너의 생각대로 대답하라. 영원하지 않는 그 다섯 가지 덩어리를 중생이라고 생각하는가?"
"중생이라고 보지 않습니다."
"다섯 가지 덩어리 안에 중생이라고 할 것을 찾아볼 수 있는가?"
"다섯 가지 덩어리 안에서 중생이라고 할 것을 찾아서 만나볼 수 없습니다."
"다섯 가지 덩어리에서 찾아 만나지 못했으면, 다섯 가지 덩어리를 보는 것을 그만두고 다른 곳에서 찾아서 만났는가?"
"다른 곳에도 역시 찾을 수 없습니다."
"그러면 다섯 가지 덩어리(五蘊)가 아닌 중생을 네가 찾아서 만났는가?"
"다섯 가지 덩어리가 아닌 중생을 찾아서 만나지 못했습니다."
"아마까, 너에게 여러 가지로 돌려서 물었다. 물을 때마다 너는 죽어야 할 중생과 죽기 전 살아 있는 '중생'이라는 것을 보여주지 못했다. 현재의 생에서조차 죽어야 할 것이지만 살아 있는 중생이라는 것을 보여줄 수 없으면서 죽으면 그만이고 끝이라는 말을 할 수 있겠는가?"

"………"

※

정확히 겨누어서 발사한 큰 폭탄이다. 그 큰 폭탄을 정확하게 맞은 다음 야마까 장로의 마음속에는 아견을 고집하는 것이나 다시 집착할 일이 없어졌다.

자기의 견해를 사실대로 바르게 볼 수 있을 때 계속해서 덮어두어야 할 일은 필요하지 않았다.

"사리불 마하테라님.

제자에게 생각이 깨끗하지 못하고, 저속하고 천한 잘못된 견해가 있었습니다. 지금 존자님의 법을 들었기 때문에 그 천하고 그릇된 견해를 빼어버렸습니다. 법을 있는 그대로 확실하게 알았습니다."

야마까 장로의 마음속에 이미 아견의 그림자가 사라지고 없음을 그분께서 짐작하셨다. 그러나 그분 혼자의 짐작만 가지고는 끝나지 않는다. 다른 비구 스님들이 의심을 가지지 않게 하기 위해서 다시 물어 보았다. 이 질문과 대답은 교단 전체의 역사에 본보기가 될 것이다.

"그러면 계속해서 물으리라. 야마까여, '번뇌가 다한 아라한이 죽은 다음 무엇이 되는가?' 어떤 사람이 너에게 이렇게 질문하면 어떻게 대답하겠는가?"

"제자의 대답은 이렇습니다. 존자님.

이 다섯 가지 덩어리는 영원하지 않는다. 영원하지 않기 때문에 고통스러운 덩어리의 사라짐이 있을 뿐이다."

'사람, 중생'이라는 생각이 섞임이 없이, 있는 그대로의 법의 견해(Dhamma dhiṭṭhana) 그대로일 뿐인 이 대답은 무아견에 대한 부처님 교단 전체의 생각을 대신하고 있다.

Angttara

마하 사리불 존자의 법문

부처님께서는 많은 경전의 가르침을 통해 힘과 능력(Indriya)의 균형을 갖는 데 따른 이익을 가르쳐 보이셨다. 인드리야 다섯 가지 중 '신심과 지혜'가 균형을 이루는 것이 필요하며, '노력과 선정' 역시 고르게 되어야 이익이 있다. 넘침이 없이 모자라기만 하는 것 중 하나가 알아차림이다.

나는 눈에 당장 보이는 신심이 지나쳐서 갈망의 종이 될 뻔했던 적이 많이 있었다. 노력 없는 선정으로 하품을 늘어지게 하고 있는 모습을 본 적도 많이 있다.

또 나 스스로도 노력에만 치우쳐 밤새도록 고통을 받았던 때가 있었던 것을 다음에 보여드릴 것이다.

신심과 지혜의 균형을 말할 때, 사람들은 지혜를 키우면 신심이 커질 수도 있다고 말한다. 그러나 사실은 그렇지 않다. 얻지 못한 출세간의 지혜를 얻기 위해서 이 교단까지 신심으로 가까이 다가왔다. 신심을 기초로 하여 지혜에 이르게 된다.

지혜의 기초가 되는 신심이 이러한 은혜를 주는 것은 사실이다. 그러나 지혜가 넘치지 않게 신심으로 다스려야 할 일은 없다. 사실대로 바르게 아는 지혜란 넘침이 없다. 정말 지나쳤다고 하면 그 생각은 지혜로 본 것이 아니라 잘못된 생각으로 본 것이다.

정말로 지혜가 뛰어난 것이 사실이라면 신심 역시 같이 굳건해지는 것을 사리불 존자가 여쭈는 말씀으로 알 수 있다. 이 법문에서 중요하게 가르쳐 보이는 분은 마하 사리불 테라로, 부처님의 가르침을 도와드리는 것으로 들어 있다.

❦

날란다 도시 독따빠와리까 장자의 동산에 있는 절에 계실 때 이 법문이 설해졌다.

"높으신 부처님!

부처님께서 아시는 지혜에 있어 부처님보다 넘치는 다른 사마나 브라만은 전에도 없었고 미래에도 없습니다. 지금 현재에도 없습니다. 제자가 이렇게 믿고 있습니다."

"사리불이여, 너의 그 말이 크고 높구나, 매우 굳건하구나! 매우 자세하고 정확하다. 뛰어난 사자왕의 울음소리처럼 두려움이 없는 소리로 우렁차구나!"

"사리불이여, 과거에도 아라한의 특별한 공덕을 얻은 거룩하신 부처님들께서 출현하셨다. 그 부처님들께서 이러한 계행이 있었으며 이러한 지혜가 있었다. 그 부처님들께서 이러한 선정에 드시고는 하셨다. 그 부처님들께서 이렇게 벗어나셨다. 그러한 모든 부처님의 마음을 너의 마음으로 구분해서 알겠는가?"

"거룩하신 부처님, 알지 못합니다."

"그러면 미래에 출현하실 많은 부처님의 마음도 네가 구분해서 알겠는가?"

"알지 못합니다. 부처님."

"현재 있는 나 여래의 마음은?"

"알지 못합니다. 부처님."

"사리불이여, 이렇게 과거, 미래, 현재 부처님들의 마음을 너의 마음으로 구분해서 알지 못하면서 크고 높은 말들을 했다. 뛰어난 사자왕의 소리처럼 우렁차게 두려움도 없이 말했다. 무슨 이유로 그러한 말을 했는가?"

"높으신 부처님, 제자에게는 과거, 미래, 현재 부처님들의 마음을 구분해서 알 수 있는 능력이 없습니다. 그러나 부처님께서 말씀하셨던 법을 길 삼아서 그대로 실천하여 알 수 있는 지혜의 능력은 있습니다."

"부처님, 비유 한 가지를 들겠습니다.

나라의 주인인 왕에게 변방을 지키는 도시 하나가 있습니다. 굳건한 성곽의 기초, 튼튼한 성벽과 기둥, 그리고 성문이 있는 그 도시에는 문이 하나만 있습니다. 모르는 이를 막고 아는 이를 들어오게 허락하는 것은 문지기의 책임입니다.

그 도시의 능숙한 문지기가 성곽을 순찰하는데, 성채에 금이 간 곳도 볼 수 없었고 성벽에 구멍도 찾을 수 없었습니다. 이에 그 문지기는 이렇게 생각합니다. '이 도시에 들어오는 사람과 나가는 모든 중생들은 하나뿐인 이 문으로만 들어오고 나간다.'

가르침의 길을 받아 따라 행하여서 알 수 있는 제자의 지혜가 이 비유와 같습니다. 부처님!"

※

"과거 부처님께서도 마음을 더럽히고 지혜의 힘을 줄게 하는 장애(Nivarana) 다섯 가지를 빼어버리고 네 군데로 마음을 집중(Satipaṭṭhāna)하여 잘 머물러 두셨습니다.

깨달음의 조건(Bojjanga) 일곱 가지를 바른 길로 수행하셨습니다. 같음이 없이 높고 큰 바른 깨달음(Samma sambodhi)의 큰 상을 따냈습니다.

미래에 출현하실 부처님께서도 이러한 길로 가실 것입니다. 지금 높으신 부처님께서도 과거에 거룩하신 부처님과 같이 되셨습니다."

"높으신 부처님, 제자가 부처님께 가까이 왔을 때 부처님께서는 높은 것보다 더 높게, 특별한 것보다 더 특별하게, 검고 흰 것을 나누어서 구분하여 말씀하여 주셨습니다.

부처님께서 말씀하신 대로 제자가 구분하여 분명히 알았습니다. 부처님, 담마, 상가 세 종류의 보배를 믿는 마음이 더욱 굳건해졌습니다."

"복덕이 크신 부처님! 선업에 관해서 부처님께서 말씀하셨던 가르침들*이 가장 높으셨습니다."

Khandha saṁyutta

---

* 선업에 관한 가르침 : 도를 얻게 하는 조건 37가지

① 사띠빠타나(Satipaṭṭhāna, 알아차림을 기울이는 곳) 4가지 : 몸, 느낌, 마음, 일체 육근의 대상.

② 삼마빠다나(Sammappadhāna, 바른 노력) 4가지 : 이미 지은 불선업을 다시 짓지 않도록 빼어버리는 것, 아직 생기지 아니한 불선업을 생기지 않도록 노력함, 생기지 아니한 선업을 생기도록 노력함, 이미 지은 선업을 거듭 거듭 다시 기억하여 크게 하도록 노력함.

③ 이디빠다(Iddhipāda, 향상하는 큰 신통)의 기초가 되는 4가지 : 소원, 노력, 생각, 조사.

④ 인드리야(Indriya, 선업을 키우고 악업을 막도록 잘 다스리는 능력) 5가지 : 지혜(Paññā), 노력(Vīriya), 알아차림(Sati), 선정(Samādhi), 신심(Sadda).

⑤ 발라(pala, 향상하고 번영하기 위해 필요한 힘) 5가지 : 건강의 힘, 지혜의 힘, 재산과 물건의 힘, 예의와 행동 등이 좋은 것의 힘, 친구의 힘.

⑥ 보장가(Bojjanga, 깨달음의 조건) 7가지 : 사성제의 진리를 깨닫는 도과의 지혜의 원인들
사띠 삼보장가 : 알아차림.
담마위짜야 삼보장가 : 법을 조사함.
위리야 삼보장가 : 노력을 기울임.
삐띠 삼보장가 : 기뻐함.
빠사디 삼보장가 : 조용함.
사마디 삼보장가 : 마음이 조용히 머묾.
우뻬카 삼보장가 : 좋고 싫은 데 기울지 아니함.

⑦ 팔정도(八正道) : 바르게 보고, 바르게 생각하고, 바르게 말하고, 바르게 행동하고, 바른 직업, 바른 노력, 바르게 알아차림, 바르게 마음이 머묾.

해도 해도 다 할 수 없는 이야기

"아난다! 너도 사리불을 좋아하느냐?"

사왓띠의 제따와나에 머무시던 부처님께서 어느 날 이렇게 물으셨다. 사실 부처님의 오른팔이며 의지할 만한 크신 그분을 좋아하지 않는 이가 없었다. 부처님을 좋아하고 존경하는 사람이라면 누구나 이 분도 좋아하고 존경할 수밖에 없었다.

그러나 부처님께서는 일부러 물으셨다.

그분께서 하시는 모든 일에는 항상 지혜가 앞서 계신다. 어느 한 가지 일을 하시려면 한 가지 원인을 물으시고 자연히 떠오를 결과를 높은 지혜로 비교하셔서 구분하신다. 지혜와 함께 이어져 있는 말을 물으시고 말씀하시는 것이다. 그분의 그늘 아래 의지해 왔던 햇수가 오래 되자 시작하신 말씀 뒤에 숨은 뜻을 짐작할 수 있었다.

지금 높으신 부처님의 금구를 여신 다음에도 역시 원하시는 것 한 가지가 숨어 있었다. 그래서 여쭈어 말씀드리는 것은 그분이 원하시는 것과 적당할 뿐만 아니라 스스로 마음속에서 원함과도 온전히 같다.

※

"높으신 부처님이시여!

어리석은 이, 허물만 보는 이, 멍청한 이, 제 정신이 아닌 이들을 빼고는 사리불 존자를 좋아하지 않는 이는 없습니다.

사리불 존자는 앞뒤로 높은 지혜를 갖추었습니다. 높은 지혜, 큰 지혜, 밝은 지혜, 빠른 지혜, 날카로운 지혜, 그릇된 사견들을 깨뜨리는 지혜가 구족합니다. 사리불 존자는 나쁜 것을 원하지 않는 분입니다. 좋거나 나쁘거나, 낮은 것이나 높은 것 등 얻은 대로 만족해 하십니다.

사리불 존자는 오욕락에서 멀리 떨어져 있습니다. 어리석고 나쁜 이들과 섞임이 없습니다. 물러나지 않는 새로운 힘과 항상 함께 하는 마음을 가지고 있습니다."

"부처님이시여!

사리불 존자는 같이 지내는 대중들이 말씀드리는 것도 지극하게 받아들입니다. 나쁜 견해, 나쁜 수행, 나쁜 생각을 조사해서 자세히 물으실 수 있습니다. 모든 나쁜 불선업을 경멸하십니다. 그러한 분을 누가 좋다하지 않을 수 있겠습니까? 부처님!"

원하시는 두 가지가 한꺼번에 터져 나오는 그분의 공덕이다.

마하 사리불 존자, 그분에 대해 이러한 공덕과 은혜들이 터져 나오듯이 마하 목갈라나 존자에 관해 물으셔도 드릴 말씀과 공덕들이 많이 있다.

Sagāthā vagga

대나무 기둥 위의 전단향 발우

특수한 지혜 신통의 주인 마하 목갈라나 존자에 관한 것을 말씀드리려고 할 때 빼인똘라바라 도와라사 장로와 전단향 발우가 먼저 떠오른다.

라자가하의 웰루와나(죽림정사)에 머무실 때다. 마하 목갈라나 존자와 빼인똘라바라 도와라사 장로 두 분께서 함께 걸식하러 가셨을 때 한 장자의 집 앞에 많은 사람들이 모여 웅성거리는 것을 보게 되었다. 장자의 집 앞 빈터에 대나무 장대를 높이 세워놓고, 그 꼭대기에 전단향 발우를 매달아 놓았다.

"마하테라님!

이 집의 주인인 장자가 아라한을 위해서 보시했습니다. 신통이 크신 아라한들께서는 하늘로 날아가서 보시를 받으십시오."

"다른 사람들이 노력해 보았습니까?"

전단향 발우에 마음이 있는 빼인똘라바라 장로께서 물었다.

"자기 자신을 아라한이라고 하는 이들을 찾지 못했습니다. 신통이 크다고 하는 이들은 있었는데 조사해 보면 어느 사람도 찾을 수 없습니다. 그러던 가운데 매우 지혜가 많은 한 분이 오셨습니다. 뒤따르는 많은 무리들과 함께 장자에게 오셔서 발우를 보시 받기를 원했습니다.

장자가 일찍이 준비한 대로 '선정 신통으로 하늘을 날아서 가져가십시오.'라고 여쭈었습니다. 그러자 그분이 '그러면 좋다. 오늘 나의 신통을 펴 보일 기회를 얻었다.'라고 말씀하시고는 엄숙하게 걸어왔습니다. 대나무 기둥 가까이 와서 두 팔을 들고 하늘을 날려고 할 때, 그의 제자들이 둘러싸서 잡아당겼습니다.

'아무것도 아닌 발우 하나를 위해서 일반 사람들에게 적당치 않는 선정 신통을 보이지 마십시오. 스승님!' 하고 말렸습니다. 그러나 그들의 연극이 드러났기 때문에 많은 사람들 가운데서 망신만 당하는 결과를 얻었습니다."

※

"세상에 아라한들, 신통 부리는 이들은 혀끝으로만 말하지 실제로 보면 매우 찾기 드뭅니다."

"거사님! 당신이 말하는 대로는 아닙니다. 참으로 신통이 크신 아라한들께서 계십니다. 나의 앞에 계시는 분을 보십시오. 당신 눈앞에서 선정 신통으로 보시를 받으실 겁니다."

신자의 말을 부정하고는 목갈라나 존자께 물이 흐르는 도랑을

터 주었다. 그러나 목갈라나 존자께서는 그의 말을 받아들이지 않았다.

"이 발우는 나에게 필요 없습니다. 존자께서도 선정 신통을 얻으신 분 아닙니까?"

일찍부터 그 전단향 발우에 마음이 있던 빼인똘라바라 장로께서는 목갈라나 존자께 두 번 더 말하지 않고 자기가 신통을 보였다. 라자가하 도시 위를 발우와 함께 세 바퀴나 빙빙 날으는 모습을 보여주었다. 장자와 함께 그 도시 안의 남녀노소들의 칭송하는 소리가 시끄럽게 울려 퍼졌다.

빼인똘라바라 장로가 하늘에서 내려와 장자 앞에 서자 장자는 발우를 건네 받아서 훌륭한 음식을 가득 담아서 그분에게 올렸다. 칭송을 올려도 올려도 아쉬운 대중들이 제따와나 정사 큰 대문까지 따라왔다.

※

"한 가지 말을 할 것이 있으면 이익이 있을 때 해야 한다. 이익이 없는 말을 할 때는 조용히 해야 한다."

이것이 부처님의 가르침이며, 부처님께서 그 산 본보기이시다. 법을 설하실 때, 의논하실 때, 계를 정하실 때를 빼고 부처님께서는 조용히 지내시는 것을 좋아하신다. 조용히 계시던 부처님께서 그 시끌시끌한 소리를 들으시고 나를 부르셨다.

"아난다, 절 대문 근처의 저 시끄러운 소리는 무엇인가?"

목갈라나 존자께 이 사실을 막 들었을 때여서 사실대로 말씀드릴 수 있었다.

"아난다, 모든 비구들을 모이게 하라."

이 말씀을 내리실 때 오늘 계율을 하나 정하시리라는 것을 우리 모두는 알아차렸다. 이 일의 시작을 따로 말씀드릴 필요는 없었다.

"도와라사여! 라자가하 장자의 발우를 선정 신통으로 날아 올라가서 가져온 것이 사실인가?"

종족의 이름과 어릴 때 이름, 두 가지 중에서 부처님께서는 종족의 이름을 부르시는 습관이 계시다. 세간에서의 예의이자 풍습이기도 했다.

"그렇습니다. 부처님!"

발우 하나 때문에 신통을 보였던 삐인똘라바라 장로를 갖가지로 나무라신 다음 말씀하셨다.

"비구들이여! 발우를 쪼개어 조각조각 가루로 만들어서 모든 비구들에게 나누어 주라. 비구들이여! 나무로 만든 발우를 사용하지 말라. 사용하는 비구에게 작은 허물을 지우리라."

계율 두 가지가 생겨났으며 화려한 칭송으로 떠들썩하게 가져왔던 발우는 그 자리에서 산산조각이 나고 가루가 되었다. 사실 말하자면 그 발우는 매우 아까웠다. 대중 가운데서 심한 꾸지람을 들은 삐인똘라 장로도 딱했다.

라자가하에서 유명한 장자 한 사람이 신통 때문에 교단에 들어와 의지하게 되었다. 어떤 길로 오든지 교단 내에 한 사람 한 사람씩 늘어나면 번성하는 것이 아닌가? 그러나 이러한 번성을 무엇 때문에 허락하지 않으셨나?

  그러나 빼어버릴 수 없는 명령이므로 듣고 따라야 했다. 그러나 마음은 석연치 않았다. 그때 교단에 귀의한 지 얼마 안 된 우리 어린 비구들은 마하 목갈라나 존자의 신통을 얼마나 부러워하였던가?

Cūlavagga

마하 목갈라나 존자의 신통

 마하 사리불 존자께서 지혜에서 으뜸가는 칭호를 받은 것처럼 마하 목갈라나 존자께서는 신통이 가장 크기로 으뜸가는 칭호를 받으신 것은 모두가 아는 일이다.

 다른 이들보다 훨씬 큰 신통을 얻은 것에 걸맞게 부처님께서 이 특별한 칭호로 칭찬하셨던 것이다. 법의 왕이신 그 높으신 분께서 칭찬하신 대로 마하 목갈라나 존자의 갖가지 신통은 마하 사리불 존자와 같이 이름을 드날렸다.

 모두의 존경과 예배와 부러움을 받았다. 그분의 신통과 앞서의 신통을 우리들은 어떻게 보아야 할까? 금계를 정하실 때, 많은 사람에게 보이지 말라고 한 것이 포함되어 있다. 그러나 비구들 사이에 대한 말씀은 없었다.

 우리 비구들 사이에 서로에게 신통을 보여야 할 만한 일들이 쉽게 일어나지 않는다. 신통을 부러워하고 좋아하던 그때는 석연치 않게 생각되었던 것들이 나중에 분명해졌다.

⚜

그러한 의문이 깨끗이 해소된 곳이 날란다(Nālanda) 도시이다. 날란다 도시 근처 빠와리까(Pāvarika) 장자의 망고나무 동산에 있는 정사에서 지낼 때 깨와따(kevaṭṭa)란 이름의 장자 아들 한 사람이 와서 이렇게 여쭈었다.

"부처님! 이 날란다 도시는 재산이 넉넉합니다. 먹을 것, 입을 것도 풍부합니다. 모든 종류의 사람들이 모여서 사는 곳입니다. 이 도시의 남녀노소들은 부처님을 존경하고 신심이 큰 사람들입니다. 그래서 부처님께 제자가 한 가지 청을 드리겠습니다. 날란다의 모든 남녀들이 부처님을 이전보다 더 존경하고 믿도록 신통을 보여줄 비구 한 분을 골라서 지정해 주십시오."

"깨와따여, 사람들에게 신통을 보이라고 비구들에게 나 여래가 설하지 않는다."

장자의 아들이 여쭌 것들을 부처님께서 즉각 거절하셨다. 장자의 아들은 집착을 끊지 못해 세 번이나 청을 드렸다. 부처님께서는 세 번 모두 거절하시고 신통을 보여주는 것에 대한 허물을 말씀하셨다.

"깨와따여, 신통에는 땅 속에 들어가거나 하늘을 나는 등의 갖가지 신통(Iddhipāda pāṭihāriya)과 다른 이의 마음을 아는 신통(Ādesanā pāṭihāriya), 그리고 다른 이의 마음에 자기의 마음으로 교훈하고 가르치는 신통(Anusāsanī pāṭihāriya), 이렇게 세 가지가 있다. 이러한 신통을 보이는 것으로 교단에 들어와서 믿는 마음이 있는 사람들은 더욱 존경하게 되는 것도 사실이지만 믿지 아니하는 이들은 세간의 요술이나 마술이라고 모함하는 일이 없겠는가?"

"예, 있을 것입니다. 부처님!"

한쪽으로만 치우쳐 있던 장자의 아들이 양쪽을 다 보게 되자 분명하게 이해하였다. 신통에 관해서 집착이 있었던 나는 그 가르침을 들었을 때 집착이 사라졌다.

세간의 선정 신통을 얻은 대와다따 테라에게 생겼던 일들, 신통의 주인인 마하 목갈라나 존자가 차마 볼 수 없을 정도의 상태로 빠리닙바나에 드시는 모습을 보았을 때 일찍이 가졌던 마음들 때문에 소름이 돋았다.

그래서 나의 마지막 날을 손가락으로 세고 있는 지금 같은 시간에 어렸을 때 부러워했던 신통에 관해서는 더 이상 말하고 싶지 않다.

※

나에게 일생을 통해 신심을 크게 해준 가르침 한 구절을 말씀드리고 싶다. 부처님의 가르침 중 한 구절이라고 하여 내가 높은 이름을 붙였지만, 그분께서는 가르침 한 구절로 일부러 준비하여 말씀하신 것은 아니다.

시왈리(Sīvali) 장로의 부모님들이 일주일 동안 부처님과 상가 대중 스님들을 모시고 공양을 올리고 싶다고 청을 드리고 준비하였을 때 사사(공양, 가사, 절, 약) 시주물을 올리려는 신자에게 허락하신 것뿐이었다.

시왈리 장로 역시 우리와 같이 지내는 유명하신 분 가운데 한 분이다. 공양을 가장 많이 받는 부분에서 복덕이 제일이라는 칭호를 얻으신 그분은 태어나는 것부터가 특이했던 분이다.

다른 사람은 열 달 안팎의 날짜만 지내야 하는 어머니 뱃속에서 그는 7년을 지내야 했다. 그분의 어머니 꼴리야족의 수빠와사(Suppavāsā)는 아기를 낳지 못하고 7일 동안이나 기절해 있었다. 다시 정신을 차렸을 때는 삼보의 공덕을 기억하며 조금 나아질 수 있었다. 수빠와사는 삼보의 이익을 체험했기 때문에 자기 남편을 부처님께 보냈다.

그리고 부처님의 파두마 연꽃 같은 두 발에 자기 대신 이마를 대어서 예배하고 자기의 일을 말씀드려 여쭙도록 하였다. 그의 남편이 발밑에 엎드려서 여쭐 때 부처님께서는 축원해 주셨다.

"꼴리야 종족의 여자 수빠와사는 편안해지거라. 병 없이 원래대로 건강해지거라. 병이 없는 본래 건강한 아들을 낳거라."

그 시간에 집에 있던 수빠와사는 아무 탈없이 아기를 낳았고 그의 친척들이 매우 기뻐하였으며 삼보의 공덕을 더욱 믿고 의지하였다.

수빠와사 모자가 건강함을 여쭈려고 절에 다시 돌아온 시왈리의 아버지는 그 은혜에 대해 칠일 동안 부처님과 상가 대중 스님을 모시고 공양 올리기를 여쭈었다.

그러나 칠일 중 하루인 27일은 다른 신자가 일찍이 공양 올리기로 여쭈어 허락을 받은 날이었다. 그 사람은 마하 목갈라나 존자의 네 가지 시주물을 제공하는 장자였다. 마하 목갈라나 존자와의 인연으로 그 장자는 공양을 올렸던 적이 많이 있었다.

그러나 수빠와사는 이제서야 공양 올리는 기회를 얻었으며 신심이 한껏 높아져 있을 때였다. 그렇게 신심이 한껏 높아져 있을 때 거절을 당하면 그대로 서 있을 수 없을 만큼 풀이 죽게 될 것이다.

그래서 부처님께서 마하 목갈라나 존자를 그 공양 제자에게 보내셨다. 그 신도에게 약속했던 날을 수빠와사에게 바꾸어 주기를 부탁하도록 보낸 것이다.

그 공양 제자는 부처님의 부탁을 거절하지 못했다. 그러나 세 가지를 보증해 주시도록 청을 드렸다.

"부처님! 부처님께서 일주일이 지나는 동안 제자의 재산, 목숨, 신심, 이 세 가지가 무너지지 않게 한다고 보증해 주시면 제자의 공양하는 날을 수빠와사에게 바꾸어 주겠습니다. 제자는 그 수빠와사의 공양이 끝난 다음날 공양을 올리겠습니다. 부처님!"

제자의 청원은 진리가 잘 들어 있었기 때문에 부처님께서는 미래를 볼 수 있는 선정 신통의 힘으로 그 일주일 안에 그 신자의 재산이 무너지는 일이 없으며, 생명의 위험도 없음을 아셨다.

그래서 신자에게 말했다.

"착한 선남자여! 너의 재산과 수명이 무너지지 않음을 보증하노라. 앞으로 일주일 동안에는 무너지는 일이 없을 것이다."

"부처님! 신심 역시 무너지지 않게 부처님의 신통의 힘으로 보호해 주십시오."

"착한 선남자여! 나의 선정 신통으로 재산이 무너지지 않음을 보증한다. 목숨 역시 보증하노라. 그러나 신심이 무너지지 않게 하는 것은 보증하지 못하노라. 자기의 신심은 자기 스스로가 보호할 뿐이다."

"좋습니다. 부처님. 나머지 두 가지를 보증해 주시면 한 가지는 제자가 스스로 잘 보호하도록 노력하겠습니다."

그 신자가 만족하게 허락해 주었기 때문에 수빠와사 가족들은 공양을 올리는 공덕을 짓는 기회를 얻었다. 마하 목갈라나 존자께서 보여 주셨던 신통(Paṭihariya) 중에서 이 큰 교단이 머물러 있는 동안 언제나 칭송되는 것 역시 말씀드리고 싶다.

Udānā buppavāsā sutta

부처님을 대신하는 분

"비구들이여!

까싸빠는 좋고 나쁘고, 낮고 높음을 가리지 않고 얻은 것마다의 네 가지 시주물에 쉽게 만족해 한다. 쉽게 만족하는 이익 역시 잘 말해준다. 4가지 시주물로 인해서 적당치 못한 행동 역시 하지 않는다. 얻지 못한 네 가지 물건 역시 구하지 않는다. 얻은 물건에도 탐닉하거나 집착하지 않는다.

4가지 물건들을 받아서 쓰는 것 자체가 위험이라고 본다. 벗어남을 바라보는 지혜로써 생각한 다음 사용한다."

❀

큰 달님의 권속인 많은 별들 가운데 세 번째로 큰 별님에 관한 것을 열어 보여드리려 한다. 교단에서 생활하는 비구 스님들에게 최소한 필요한 것은 공양·가사·절·약 등 네 가지 물건들이다.

교단을 이끌어 나감에 마음 편하게 하려고 허락하셨던 네 가지 물건에 대해 많은 상가 대중들의 바른 생각들을 위해서 세 번째 큰 제자분을 산 본보기로 드러내 보이신 다음 계속해서 말씀하셨다.

"비구들이여!

사람들의 마음을 기쁘게 해주는 큰 달이 하늘에서 자유롭게 오고 가듯이 까싸빠 존자는 몸과 마음을 자유롭게 나누어서 신남신녀들을 가까이 한다.

날마다 걸식하러 가더라도 그에게는 모두가 새로운 이들뿐이다. 친밀하게 가까이 지내는 신자들이 없다. '나의 신자들'이라는 집착 역시 없다. 신자들과의 관계에 본보기가 되고 있다."

비구 대중들 모두의 본보기로서 부처님께서 직접 드러내 주셨던 그분은 검박한 두딴가 행의 으뜸이라는 칭호를 받은 두 분 다음으로 웰루와나에 도착하셨다. 부처님을 직접 뵙기 전에 세상에 분명하게 계시는 높은 아라한들을 염두에 두고 수행자가 되셨다고 한다.

그분 일생의 긴 여정 중에서 특별했던 부분 네 가지가 있었다고 들었다.

※

두 가지는 결혼에 관한 것, 나머지 하나는 비구가 될 때의 일이다. 까싸빠는 그분의 종족 이름이다. 평생을 쓰고도 남을 만큼 재산이 많은 거부 장자인 브라만 종족으로 마가다국의 마하 때이타라는 큰 마을의 까뻴라 브라만이 그의 아버지였다.

그분의 어릴 때 이름이 있지만 감히 그 이름을 부를 수 없다.

그분을 지극히 존경하는 마음으로 그 말을 삼가고 있다. 그분의 나이 스무 살이 지나자 부모님들께서는 아들의 결혼을 서둘렀다. 자기들의 자손이 계속 이어지도록 당부했지만 그 아들은 전혀 마음에 없었다.

그가 하고자 하는 것은 출가하여 수행자가 되는 일이었다. 아들이 자기의 생각을 자세히 말씀드렸지만 부모님들은 절대로 포기하지 아니하고 기회가 날 때마다 결혼할 것만을 당부하셨다.

그래서 그분은 귀를 조용히 하려는 생각으로, 황금으로 이 세상에는 있을 수 없을 만큼의 아름다운 여자 모습을 만들었다. 그리고 그 모습처럼 아름다운 여자라면 아내로 맞겠다고 하였다. 그는 이런 여자는 절대로 없을 것이라고 자신 있게 말했던 것이다.

그러나 그의 생각과는 전혀 다르게 어긋나고 말았다. 그 황금으로 만든 인형을 가마에 싣고 처녀를 찾아서 떠나갔던 여덟 사람의 브라만들이 성공한 얼굴로 때이따 마을로 돌아왔던 것이다.

맛다라사국의 꼬띠야 종족 장자의 따님 받다(Bhaddā)는 그 황금 동상보다 더 아름다워서 그 황금 동상을 예물로 결혼 약속을 해놓고 돌아왔던 것이다.

그 도련님 이제 어떻게 해야 하나?

자기가 한 말대로 황금 동상보다 더 아름다운 처녀를 만난 것이다. 종족과 재산 역시 자기들과 비슷하다. 인생의 여정 가운데에서 원치 않던 한 부분에 이른 것이다.

그러나 그는 포기하지 않았다. 집안 어른들은 반대할 수 없더라도 자기들끼리 미리 알려주면 그 일이 없어질 것이 아니겠는가. 그래서 방에 들어가 문을 닫고 그의 생각을 모두 드러내서 편지를 썼다.

"누이 받다여!

내가 미리 알려줄 것이 있습니다. 나는 머지않아 곧 집을 나가 수행자가 될 것입니다. 그러니 누이 받다는 당신과 비슷한 종족이나 재산을 가진 다른 사람과 결혼하시기 바랍니다.

나중에 후회를 하지 않도록 미리 알려드리는 것입니다."

이렇게 써서 완전히 잘 봉한 다음 맛다라사에 있는 처녀에게 보냈다. 그러나 그때도 역시 그가 원치 않던 일에 부딪치게 되었다. 이쪽에서 보낸 심부름꾼과 저쪽에서 보낸 심부름꾼이 길 도중에서 만나 하룻밤을 같은 집에 같이 묵게 되었다. 그때 양쪽 편지를 가지고 있는 두 사람이 편지를 뜯어서 읽어보았다.

두 사람의 편지 내용이 똑같았다. 일이 성사되지 않으면 자기들이 틀림없이 대접받지 못하리라고 생각한 심부름꾼은 두 장의 편지를 모두 태워버리고 자기들 마음대로 아름다운 사랑의 편지를 써서 각자 가지고 돌아갔다.

※

그래서 그 두 사람 처녀 총각은 드디어 한 집, 한 침대에서 만나게 되었다. 밤에 잠자리에 들 때는 두 사람 사이에 꽃 타래로 담을 쳐놓고 잤다.

그 꽃 타래는 어느 쪽으로도 기울어간 적이 없었다. 마치 오누이처럼, 그러나 부모님의 소원대로 부부행세를 하면서……

세월이 흘러서 그 부모님들이 모두 돌아가셨다. 그래서 그 두 사람은 부모님들이 하던 일을 모두 물려받게 되었다. 하루는 그 도련님이 일꾼들이 논갈이하는 것을 보러 갔다. 쟁기 아래에 드러난 벌레들을 새들이 와서 쪼아 먹는 것을 보고는 탄식했다.

"다른 이의 목숨을 잔인하게 죽여서 먹는 여기에 누구의 책임이 있는가?"

"도련님 농사를 짓는 일이니 도련님에게 책임이 있습니다."

일꾼이 대답했다. 사실 새가 먹는 것은 새의 불선업일 뿐이다. 새가 잡아먹더라도 일부러 시킨 것은 아니어서 그 논갈이 일꾼이나 논 주인에게 불선업은 되지 않는다.

그러나 그러한 말로 인해서 빨리 수행자가 되도록 밀어준 것이니 그들에게 허물을 지울 수는 없다. 일꾼의 말로 인해서 크게 두려워하는 마음이 생긴 그 도련님께서는 있는 재산을 그 받다에게 주면서 자기는 수행자가 되겠다고 했다.

받다 역시 그 재산을 받아들이지 않았다. 쌀과 벼를 말리는 마당에서 그녀 역시 크게 두려움을 만난 것이다.

다른 마하테라 장로님들은 자기가 비구가 된 다음 남아 있는 자식과 아내들의 유혹이나 간청을 받아야 했다. 그러나 이 까싸빠 종족의 도련님은 그러한 유혹을 받을 일이 없었다.

두 사람 모두 수행자가 되어서 숲 속으로 함께 걸어갔다. 어느 갈래 길에 이르렀을 때 앞서가던 마하 까싸빠께서 멈추었다. 그리고 받다에게 가까이 갔다.

"누이 받다여!

우리는 모두 수행자가 되었습니다. 전처럼 함께 가는 것은 적당치 않습니다. 이 두 길 중에서 좋은 길을 고르십시오."

"도련님께서는 남자이니 오른쪽 길을 가십시오. 저는 여자이니 왼쪽 길을 가겠습니다."

받다가 두 손을 모아 합장 올리면서 여쭈었다. 이전에는 바라지 않던 부분에 이르렀었다. 지금 이것은 두 사람 모두 자기 스스로의 지혜로 결정하여서 걸어가는 것이다. 각자의 목표로 각기 걸어가는 것이다.

이것이 마하 까싸빠 오누이 두 사람이 이 교단에 들어온 모습이다. 수행자가 되면서부터 부처님과 만나게 되었던 이야기들을 그분께서 직접 나에게 계속해서 말씀해 주셨다.

※

"아난다여!

머리털과 수염을 깎고 물들인 가사를 입고 세상살이에서 벗어나 수행자의 길로 들어선 시간부터 시작하여 나는 스승 없이 스스로 사성제 진리를 깨달으신 부처님만을 스승님으로 생각했다. 부처님 외에 다른 어느 누구도 나는 존경하여 모시지 아니했다."

"아난다여, 세간에 살 때 나는 이렇게 생각하였다. 세속 사람으로 사는 것은 너무나 좁고 답답하다. 번뇌의 먼지와 그을음으로 엉키어 있다.

수행자의 생활은 번뇌의 때와 더러움이 섞이지 아니하고 넓고 넓다. 이 넓은 교단에는 모든 것이 갖추어져 있다. 주변 모두 깨끗하고 분명하여 새로 갓 닦아놓은 흰 소라 껍질 같이 깨끗하다.

집안일을 돌보면서 사는 사람이 이 교단의 가르침을 수행하기란 쉽지 않다. 나는 머리털과 수염을 깎고 물들인 가사를 입고서 세간에서 벗어나 수행자의 길로 들어서리라."

"아난다여! 나는 이렇게 생각한 다음 부드럽고 아름다운 옷으로 대가사를 만들어서 입고 수행자가 되었다. 세상에서 유명하신 아라한 그 삼마 삼붓다를 마음속에 그리며 찾아 나섰다.

이렇게 수행자가 되어서 긴 여행을 떠나 라자가하와 날란다 사이에 도착했다. 바후뿍따라는 큰 보리수 근처에 이르렀을 때 그 보리수 아래에서 내가 오는 것을 바라보며 기다리고 계시던 부처님을 뵙게 되었다. 나에게 스승이신 부처님을 뵙도록 맞추어서 와 계셨던 것이다.

"오! 지금 부처님을 뵙는구나! 내가 잘 오신 부처님을 뵙게 되는구나! 나는 사성제의 진리를 스스로 직접 확실하게 깨달으신 부처님을 뵙기를 원했다. 지금 바로 그 부처님을 뵙는구나!"

※

"아난다여! 부처님을 뵙는 그 순간 마음속에 언제나 모시고 싶었던 스승님이신 것을 알았다. 그래서 나는 부처님의 파두마 연꽃 같은 그 두 발에 머리를 대어 예배 올리면서 이렇게 여쭈었다.

'복덕과 지혜가 구족하신 부처님, 부처님께서는 저의 스승님이십니다. 저는 부처님의 제자입니다. 복덕이 구족하신 부처님, 부처님께서는 저의 스승님이십니다. 저는 부처님의 제자입니다.' 아난다여, 이렇게 내가 사뢰었을 때 부처님께서 도리어 질문하셨다."

"까싸빠여! 너와 같은 믿는 마음이 가득한 제자의 예배를, 아는 척하거나 본 척하는 거짓 스승이 받는다면 그 사람의 머리가 조각조각 갈라져 땅에 떨어질 것이다.

너의 스승 나 여래만이 모르면서 아는 척하거나 본 척하는 이가 아니다. 사실대로 보고 사실대로 알았기 때문에 알고 본다고 허락하노라. 알고 보아 생각하여서 너의 예배함을 받을 수 있다.

이렇게 너의 예배를 받고도 나의 터럭 하나조차 놀라서 움직이는 것은 없다."

꽃

"아난다여!

이렇게 말씀하시면서 부처님께서 나에게 법을 일러 주셨다."

"까싸빠여! 너는 높은 가문 태생으로 자존심과 교만심이 매우 큰 사람이다. 그래서 나이 많고 적고 중간인, 같이 지내는 대중들에게 심한 부끄러움이나 두려움이 있도록 수행하는 것이 필요하다.

까싸빠여! 너는 보고들은 견문 지식이 너무나 많은 사람이다. 그래서 법을 설하는 이들의 법문을 들을 때, 듣는 것마다 모두를 하나도 남김없이 귀를 기울여 깊이 들을 수 있도록 행하는 것이 필요하다.

까싸빠! 너는 몸의 모습이 매우 아름다운 사람이어서 자기 스스로의 몸을 스스로 좋아한다. 그래서 그 행복감과 함께 생기는 몸의

32가지 부분을 나누어서 알아차리는 수행을 항상 함께 하는 것이 필요하다."

"아난다! 이렇게 가르침을 내리는 것으로 나의 비구가 되는 일이 갖추어졌다. 그러나 비구가 된 다음 일주일 동안이나 번뇌를 빼어버리지 못한 깊은 집착심으로 나라 사람들의 음식을 먹었었다. 8일째 되는 날 모든 번뇌와 집착을 벗어나 아라한 과(아라하따 팔라)가 분명해졌다.

그렇게 가르침을 내려주신 다음 부처님께서는 자리에서 일어나서 걸어가셨다. 나 역시 한 걸음도 놓치지 아니하고 바싹 따라갔었다. 어느 한 곳에 이르셔서 울창하게 잘 우거진 나무 아래에 가까이 가셨을 때 나는 나의 대가사를 네 번 접어서 펴 드렸다. 그리고 '부처님! 제자에게 오래도록 많은 이익이 있도록 이 가사 위에 앉으십시오.' 하고 사뢰었다."

"아난다!

부처님께서 나의 두 겹으로 된 대가사 위에 앉으셔서 가사자락 끝 한쪽을 손으로 쓰다듬으시면서 '까싸빠여, 너의 두 겹 대가사가 매우 부드럽구나.' 하고 말씀하셨다. 나는 곧장 말씀 올렸다."

"부처님! 저를 연민히 여기셔서, 이 두 겹 대가사를 보시 받아주십시오. 부처님."

"까싸빠여! 너의 두 겹 대가사를 보시 받았을 때 거친 베로 만든 나의 낡은 두 겹 대가사를 네가 입을 수 있겠는가?"

"부처님! 부처님의 낡은 두 겹 대가사를 제가 입을 수 있습니다."

"아난다! 이렇게 말씀 올린 다음 나의 새 천으로 만든 두 겹 대가사를 부처님께 보시 올리고 나는 부처님의 낡은 대가사를 입었다."

"아난다! 이 교단 전체에 부처님의 대가사를 입을 기회를 얻은 큰아들을 있는 그대로 바르게 말한다면 오직 나만을 가리켜야 하리라."

※

이렇게 교단에 들어오시게 된 이야기 모두를 그분께서 직접 나에게 말씀해 주셨다.

번뇌를 털어 내는 검박한 고행(Dutanga)으로 이름 높은 수행을 스스로도 직접 행하시고 다른 이에게도 설하여 주시는 그 방면에서 첫째가는 사람이라는 특별한 칭호를 받으신 그분에게 부처님께서는 자주 이렇게 말씀하시며 큰 교단 전체를 건네주셨다.

"까싸빠여! 비구들을 가르쳐라. 비구들에게 법을 설하라. 비구들에게 나 여래가 법을 설하듯이 너도 법을 설하라."

사실 미래의 이 큰 교단을 보시고 말씀하셨다면 이렇게 말씀하셨던 날, 가사를 서로 바꾸어 입으셨던 날에 그 큰 기틀을 위해서 기초 말뚝을 세우셨던 것을 볼 수 있을 것이다.

Nidāna vagga

동생 난다와 천녀

"어느 때 내가 숲에서 수행하는 난다를 볼 수 있겠는가?

 어느 때 내가 누더기 가사를 입는 난다를 볼 수 있으려나?

 어느 때 내가 크고 작은 집을 가리지 않고 집집마다 걸식하는 난다를 볼 수 있으려나? 어느 때 내가 깜마 오욕락에 허덕임이 없는 난다를 볼 수 있으려나?"

 어머니가 다른 동생 난다를 위해서 부처님께서 하시는 말씀이다. 교단의 미래를 생각하여 부처님께서는 당신의 위력으로 동생을 비구 수행자의 길로 이끄셨다.

 머리를 깎고 가사를 걸쳐 겉모습은 비구가 되었다. 그러나 속마음이나 태도는 전혀 아니었다. 그와 나이가 비슷한 비구들은 숲 속의 절에서 기꺼이 수행 생활을 즐기고 있지만 동생 난다는 마을 근처의 절에서 한 걸음도 벗어나지 않았다.

누더기 가사는 사람들이 쓸모없어서 버린 천 조각을 모아 기워서 만들었다. 공동묘지에 버린 시체를 쌌던 천 조각, 길가 쓰레기더미에서 주운 천 조각들을 모아서 몸을 가릴 수 있도록 기운 것이다. 가사로 인해 교만심이 생기지 않도록 하기 위함이었다.

이런 누더기 가사를 입고 수행하는 비구들이 많이 있었지만 동생 난다는 볼품없는 이런 가사는 손으로 만지지도 않았다. 그의 어머니가 보내오는 가장 좋은 비단으로 만든 부드럽고 아름다운 가사만을 입었다.

가사도 좋은 것만 가려서 입는 동생 난다의 먹는 것은 어떤가? 이 질문에 대답할 필요도 없다. 그가 걸식하러 가는 집을 보는 것만으로도 알 수 있었다. 왕족의 집, 높은 대신들의 집, 거부 장자의 집 등 좋은 밥과 음식을 보시할 수 있는 집만 골라서 걸식하러 갔다. 시금치, 고추 같은 것만을 보시할 수 있는 집에는 발그림자조차 비추지 않는다.

※

난다는 '내 얼굴을 보는 이마다 나를 좋아하게 해주소서……'라는 소원이 구족한 사람이었다. 몸매와 손발 역시 잘 생긴 남자였다. 출가하기 전부터 매우 아름답던 난다는 노란 가사를 입었을 때도 역시 보기가 매우 아름다웠다.

나이가 비슷한 여자들이 그의 얼굴을 한 번 보면 다시 돌아보지 않고는 견딜 수 없었다. 그 잘 생긴 남자, 몇 번이고 다시 돌아보게 되는 젊고 아름다운 수행자를 보는 여자들에게 '비구 스님에게 마음을 기울이는가?' 하고 탓할 것은 없다.

　허물을 말하자면 내 동생 난다에게 있다고 해야 할 것이다. 원래 태어난 몸이 매우 아름답기도 했지만 스스로 치장하는 모습 역시 재미있다.

　비구 스님들은 누구나 근심 덩어리이며 손질할 일이 많은 머리카락들을 깨끗이 깎아버린다. 길었을 때라도 머리카락의 길이가 손가락 두 마디를 넘기지 않도록 정해져 있었다. 손가락 두 마디를 넘지 않는다면 두 달 정도는 깎지 않아도 된다고 허락했다.

　그런데 우리의 동생 난다는 이 계율만큼은 스스로 잘 따랐다. 이 계율을 따르는 것에는 다른 이보다 훨씬 더 뛰어났다. 다른 이들은 한 달에 한두 번 머리를 깎지만 난다는 한 달에 대여섯 번씩 삭도가 괜찮을 때마다 다시 삭발했다. 파르스름하니 깨끗하게 깎은 머리와 노란 가사는 너무나 아름답게 잘 어울렸다.

　길게 치켜 올라간 속눈썹 사이에 예쁘게 선을 그려 넣은 두 눈, 그 속에는 눈동자가 샛별처럼 빛났다. 그는 가끔씩 얼굴에 가루 지분을 살짝 바르기도 했다.

　또 그는 절대로 다른 이들처럼 보통 흙으로 빚은 볼품없는 검은 발우를 사용하지 않았다. 반짝반짝 빛나는 특별히 준비한 쇠로 된 발우만 좋아했다.

　"이 깜마 오욕의 대상에서 동생 난다가 언제나 벗어나려나?"

　다른 많은 비구들처럼 되기를 바라는 마음으로 부처님께서 이러한 말씀을 낮게 하신 것이다. 그러나 부처님께서는 동생을 엄격하게 막지 않았다. 부처님께서 봐주는 덕택에 동생 난다는 그의 생각대로 지냈다.

그러나 아무리 좋은 생각만 하며 참고 지내더라도, 먹고 입는 것을 자기 뜻대로 하더라도 그는 흡족한 마음을 가지지 못했다. 왕궁에서 생활할 때의 호사로움에 비길 수 없기 때문이었다. 아무리 생각하여도 왕궁에 다시 돌아가고 싶었다.

※

"어떤가? 난다야, 이 교단의 생활에 만족하는가?"

난다가 가는 곳마다 이러한 질문이 끊임없이 쏟아졌다. '마음속에 있으면 밖으로도 드러난다.'라는 말처럼 사까 종족의 보배로운 아들 난다는 교단 안에서 즐거움을 얻지 못했다.

사실이 아닌 것을 사실인 척 꾸며서 말할 수도 없었다. 그렇게 꾸미지 않고 사실만을 말하더라도 그의 마음을 스스로 다스릴 수 없었다. 만약 사실대로 말하여 부처님의 귀에 들어가면 그분 앞에 불려가서 질문을 받아야 하리라.

난다의 이러한 어려움을 짐작한 나는 마주쳐도 조그만 소리로 지나가는 인사만 해야 했다. 이렇게 묻더라도 동생 난다는 한두 마디 정도는 모르는 척한다. 서너 마디까지는 자기 입을 잘 다스린다. 그보다 지나쳐 물으면 마음속에 있는 대로 모두 인정한다.

"난다여, 이 교단에 싫증난다고 하는 말이 사실인가?"

일찍이 생각했던 대로 '난다가 싫증을 내고 있다'는 소문이 부처님의 귀에 들리게 되자 난다를 불러서 이렇게 물으신 것이다. 이러한 질문이 두려웠기 때문에 거듭 조심하고 참았었을 것이다.

아무리 조심하고 참았더라도, 이러한 질문을 받은 지금 같은 처지에서는 두려워하는 것만으로 끝낼 수 없었다. 사실 그대로 말씀드릴 수밖에 없었다.

"사실입니다. 부처님, 제가 이 교단 안에서 지내는 것이 지루해졌습니다. 교단에서 계속 수행자의 생활을 할 수 없습니다. 계를 반납하고 다시 왕궁으로 돌아가고 싶습니다. 부처님."

모든 사실을 다 아시더라도 이유가 있어서 물으신 것이다.

"제가 형님의 발우를 안고 왕궁에서 나올 때 자나빠다 깔랴니 공주는 머리를 빗고 있었습니다. 반쯤 빗은 머리를 한 손으로 거머쥐고, '왕자님, 빨리 돌아오세요.' 하고 황급히 울먹이는 소리로 당부했습니다. 그 소리가 틈만 있으면 제자의 귀에 들려옵니다. 이제는 환속하여 왕궁으로 돌아가고 싶습니다. 부처님."

"오! 그러할 것이다. 그러할 것이다."

자기와 모습은 같지만 행동은 다른 동생 난다에게 자비와 연민심 가득한 눈길로 그윽이 바라보셨다.

"좋다. 난다야, 교단이 지루해졌으면 우리 둘이 여행을 하며 한 바퀴 둘러보자. 가사와 소지품을 준비해 두어라."

웃지도 울지도 못하는 야릇한 표정으로 동생 난다는 형님 앞에서 물러 나왔다. 동생 난다의 인생에 여행 하나가 기다리고 있는 것이다.

결혼 잔치, 왕위를 물려받는 행사장에서 형님의 발우를 안고 절에 따라올 때 역시 이러한 얼굴을 했었다. 이러한 얼굴로 전혀 바라지 않던 인생의 한 굽이에 도착했다. 지금 다시 한번 더 부딪히게 된 것이다.

솔직하게 여쭌다면 틀림없이 그가 바라는 대로 속퇴할 수 있는 기회를 얻으리라고 생각해왔다. 그러나 그의 희망과는 반대가 되었다. 사실대로 말씀드린다고 난다를 그의 바람대로 왕궁으로 돌려보낼 것은 물론 아니었다.

형님께서 원하는 대로 교단이라는 큰 건물을 세우는 데 기초가 되고, 버팀목 역할을 하는 것이 그의 책임이었다.

얼마나 더 기다려야 하는가?

그러나 방편으로 준비한 그 여행이라는 불길은 난다를 단련시키기에 참 좋은 것이었다. 여러 가지 생각으로 분주하던 나는 형님의 발우와 소지품을 준비했다.

난다 역시 오래지 않아 발우와 소지품 모두를 준비해서 형님이 계시는 곳으로 돌아왔다. 부처님과 함께 하는 여행을 준비하면서도, 그 가련한 난다는 조금도 기쁜 표정이 없이 야릇한 얼굴로 조용히 서 있었다.

장소와 처지가 처지이니 만큼 오늘은 향수 가루를 뿌리지 않았으나 가사만은 단정하게 입고 있었다. 자기가 좋아서 하는 일은 아니지만 형님의 말씀을 지극히 존중하여 따를 뿐이었다.

※

그때 나는 한 가지 스스로 풀 수 없는 어려운 일을 기억하게 되어서 행운이라고 해야 할 것이다. 일전에 마하 까싸빠 존자의 제자 한 사람이 계를 받는 곳에 법문을 하는 책임을 맡아달라는 전갈이 있었다.

비구계를 받는 의식 절차에는 계를 받는 후보자가 상가 대중 앞에서 깜마와싸(Kammavacā, 상가 대중 앞에서 읽는 결정된 공고문)를 읽고 허락을 청해야 한다. 계율을 다른 말로 냐따(Ñata)라고도 한다. 깜마와싸는 이 냐따부터 시작되는데 그 중에는 전계사 스승님의 본래 이름이 여러 번 들어 있다. 나에게 생긴 어려움은 그 전계사 스승님의 본래 이름을 드러내서 읽어야 한다는 것이다.

언제나 간직하고 있는 그 높으신 분에 대한 지극한 존중심 때문에, 그분의 본명을 부르기에는 송구스러워 입이 열려지지 않았다. 여행을 떠나실 순간 부처님께 이러한 어려움을 여쭈자 말씀하셨다.

"비구들이여! 계 받는 이들을 가르칠 때 전계사 스승의 이름을 불러야 하는 경우 그 종족의 이름으로 부르는 것을 나 여래가 허락한다."

모든 비구들을 위하여서 계율 한 가지를 정하신 것이다. 종족의 이름으로 마하 까싸빠이지만 그분의 본명은 삐이빨리(Pippali)이셨다.

❀

그렇게 형님과 아우님 두 분께서는 제따와나 정사에서 떠나 여행길에 오르셨다. 나도 마하 까싸빠 존자가 계신 곳으로 갔다. 비구계를 받는 의식을 끝내고 다시 제따와나 정사에 돌아왔을 때 특별한 소식 하나를 들어야 했다.

"아난다 테라님! 동생 난다가 천녀를 얻으려고 비구 생활을 한다고 했으며 부처님께서는 비둘기 다리처럼 아름다운 천녀 오백 명을 얻게 해준다고 보증하셨답니다."

이러한 소문은 그 동안 한 번도 들어보지 못한 너무나 특이한 것이었다. 이 교단에 들어온 모든 비구들의 목표는 길고 긴 윤회의 고통에서 벗어나 닙바나를 지금 현재 시간에 얻으려는 것이다.

그런데 지금 동생 난다는 왕의 딸을 버리고 다시 천녀의 모습에 집착하여 매달리는 것이다. 끓는 솥 속이 뜨겁다고 숯불 위에 뛰어내린 고기처럼 된 것이다.

난다 같은 젊은 비구가 깜마 오욕락의 대상을 바꾼 것은 그리 특이한 것이 아니다. 그러나 믿을 수 없을 만큼 놀랍고 특이하게 생각한 것은 부처님께서 보증을 하신 것이다.

부처님께서 하신 모든 말씀은 비록 시간이 흐른다고 해도 바뀌거나 변하지 않는다. 튼튼한 성문 기둥처럼 흔들림이 없으며 오래되어도 한 가지로 곧은 것이 부처님의 말씀이다.

사실 이 교단에서 계속 생활하는 값으로 난다가 청했다면 틀림없이 주셔야 했을 것이다.

"오! 동생 난다와 천녀 오백 명….

제따와나 정사와 오백 명의 천녀

부처님께서 내려주신 오백 명의 천녀라니!

생각만 해도 소름끼칠 일 아닌가?"

그러나 그 말을 듣고 놀라웠던 마음들은 오래지 않아 사라지게 되었다. 말하자면 이 큰 교단의 튼튼한 머릿돌 하나를 얻기 위해 적당한 방편을 쓰시고 더욱 단단해지게 하기 위해 불 아궁이에 넣어 구우시려는 것이리라.

※

"동생 난다는 보수 받고 비구 생활을 한다.……

동생 난다는 많은 이익을 얻으려는 도매상인이다.……"

동생 난다가 가는 곳마다 이러한 말들이 떠나지 않고 따라 다녔다. 같이 지내는 대중들이 틈만 있으면 이렇게 들먹이자 동생 난다는 얼굴을 들고 다니기 어렵게 되었다.

가끔 방패가 되어줄 것을 바라는 눈빛으로 나에게도 가까이 왔다. 그러나 나 역시 그에게 편안함을 줄 수 없었다. 일부러 이러한 상황을 만드신 부처님의 목적을 짐작했기 때문에 나도 그가 가까이 올 때마다 다른 많은 이들처럼 말했다. 동생 난다는 비구 대중들과 어울려 떳떳하고 편히 지낼 수 없었다.

난다는 아무도 없는 곳으로 피해 갔다. 보수 받고 스님 노릇을 하는 도매상인이라는 빈축을 들을 때마다 그의 가슴속은 뜨거운 모래를 끼얹는 것처럼 화끈거리며 부끄러움과 두려움을 일깨워 주었다. 이 큰 세상을 살아가도록 보호해 주는 법이 바로 이 부끄러움과 두려움 두 가지가 아니겠는가?

이 살아가는 법 두 가지가 이 세상에 사는 한 사람인 동생 난다에게도 역시 충분히 보호해 주었다. 그것이 무너졌을 때 심한 충격을 받고 부끄러움과 두려움을 가지고 숲 속으로 혼자 떠났던 동생 난다가 아침 먼동이 떠오를 때 당당하고 용감하고 떳떳한 얼굴로 비구 대중들 곁으로 돌아왔다.

보수 받고 스님 노릇을 하는 도매상인 등의 비난하는 말을 웃는 얼굴로 정면으로 받아들이면서 부처님 앞으로 당당히 걸어왔다.

❧

"거룩하신 부처님!

부처님께서는 제자에게 비둘기 다리처럼 아름다운 천녀 오백 명을 주시겠다고 약속하셨습니다. 제자가 부처님을 그 책임에서 벗어나게 해드리겠습니다.

비교할 수 없는 가장 완전한 행복을 스스로 체험했기 때문에 오백 명의 천녀를 얻을 수 있는 기회를 버렸습니다. 이 동생에 관한 형님의 걱정은 끝났습니다."

"난다여! 너의 마음이 어느 한 가지 대상에도 집착하지 않아 모든 번뇌에서 벗어났으니 그 순간부터 나는 책임에서 벗어난 것이다."

형님과 동생 두 분께서 벗어나도록 이끌어준 사람과 벗어난 사람으로 만났을 때에 기쁨의 게송을 듣게 되었다.

이 비구가 벗어나기 어려운
깜마 오욕락의 구렁텅이에서 잘 벗어났다.
이 비구는 가슴을 뜨겁게 하고 기쁘지 않게 찔러대는

깜마 오욕락의 가시들을 모두 꺾어버렸다.
어리석은 무지가 다한 닙바나에
높은 지혜로 도달한 그 비구는 고통과 행복,
갖가지 세간 법에 따라 동요함이 전혀 없다네.

Udāna nanda sutta

전쟁에 승리한 상가마시 비구

숲 속에서 수행하기를 즐기는 상가마시(Sangāmaji) 장로는 그날 첫 번째로 제따와나 정사에 돌아왔다. 부처님께 머리 숙여 예배한 다음 정사에 있는 비구들과도 적당하게 인사가 끝나자 사람들이 없는 조용하고 그늘이 짙은 한 나무 아래에 앉아서 수행하고 있었다.

그때, 옛 부인이 어린 아들을 안고 나타났다. 상가마시 장로가 집에서 지낼 때 좋아하던 아름다운 옷과 장신구로 예쁘게 단장하고 있었다. 옛 부인은 상가마시 장로 곁에 바싹 다가앉아 처량한 목소리로 애원했다.

"스님, 이 아들과 어미인 저를 버리지 마세요."

상가마시 장로는 옛 부인이 멀리서 올 때는 바라보지 않았지만 자기 곁에 가까이 왔을 때는 보지 않을 수 없었으며 애원하는 소리도 듣지 않을 수 없었다.

그러나 그 소리와 모양은 상가마시 장로에게 그저 소리와 모양일 뿐, 내 아내와 아들이라는 집착이 전혀 일어나지 않았다. 들리면 듣고, 보이면 보는 것일 뿐 마음의 동요를 전혀 찾아볼 수 없이 무심했다. 옛 부인의 간절한 애원의 소리를 받아들이지도 않고 거절하지도 않고 그저 묵묵히 앉아 있을 뿐이었다.

그녀가 오기 전에는 부모 친척들이 다녀갔다. 그들은 부모님의 재산을 간수하고 가업을 물려받기 위해 집으로 돌아오기를 원했다.

상가마시 장로는 '내 아들, 내 재산'이라는 깊은 집착을 갖고 있는 그들에게 진리를 말해주어도 피곤한 일 이상의 이익이 없다는 것을 깨닫고 그저 조용히 있어야만 했다.

그들은 자신들의 힘으로는 어찌할 수 없는 것을 알자 그의 옛 아내에게 어린 아들을 안겨서 보냈던 것이다. 부인은 자신의 말을 혹시 다른 생각하느라고 못 들었나 싶어서 다시 간청했다. 그래도 기척이 없자 다시 애원했다. 몇 번의 애원에도 변함없는 얼굴로 앉아 있는 옛 남편 앞에 어린 아기를 내려놓았다.

"이 아기는 당신의 아들입니다. 당신이 알아서 하십시오."

그렇게 선언하고 떠났다. 그리고 아기의 아버지에게 혹시 '어떤 변화가 있을까?' 하는 기대를 가지고 멀리 떨어진 곳에서 지켜보았다. 아내의 힘으로도 움직일 수 없게 되자, 아들의 아버지로서 연민심을 끌어내리려고 맡긴 것이다.

그러나 아내와 전쟁에서 승리를 거둔 상가마시 장로는 부성애에서도 쉽게 승리를 거두었다.

아들들은 아버지들의 마음을 흔들어 녹일 수 있는 금덩이지만, 이 아버지의 굳센 마음은 녹일 수 없었다. 세상 아버지의 마음을 아프게 하는 자식의 울음소리도 이 아버지의 마음은 조금도 아프게 할 수 없었다.

"오! 이 사람은 자기 아들조차 사랑하지 않는구나!"

모든 싸움에서 진 아내는 아기를 안고 왔던 길을 돌아갔다. 그들이 올 때도 기다림이나 바라는 마음이 없었던 상가마시 장로는 그들이 모두 돌아갔을 때도 아쉬움이나 흔들릴 일은 없었다. 상가마시 장로의 승리를 들었을 때, 나는 '이 장로께서는 자기 법명과 어울리는구나!' 하고 생각했다.

Udānā sangāmaji sutta

야타빨라 장로의 법문

땅이 기름지고 날씨가 적당하여서 언제나 곳간이 그득하기 때문에 툴라꼬티까(Thullakoṭhika)라고 부르는 큰 마을이 꾸루국(현재의 뉴델리)에 있었다. 그 꾸루국의 꼬라비아 왕의 동상도 그 마을 근처에 있었다. 그 큰 마을은 대중 가운데 야타빨라(Raṭṭhapāla) 존자의 고향이기도 하다.

야타빨라는 그 마을에서 가장 큰 장자의 아들로 편안하게 살았었다. 그가 어른이 되고 결혼한 지 얼마 되지 않았을 때 부처님과 상가 대중이 그 마을에 도착했다.

야타빨라는 부처님의 법문을 듣고 우리와 같이 비구가 되기를 희망했으나 부모님의 허락을 얻지 못했기 때문에 집으로 돌아가야 했다. 그는 외아들이었기 때문에 부모님들은 수행자가 되는 것을 허락하지 않았다.

하나뿐인 아들과 헤어지고 싶지 않은 것처럼 그 많은 재산이 왕의 소유로 들어가는 것 역시 참을 수 없는 일이었다. 아들이 없는 이의 재산은 왕이 소유하게 되어 있었다.

그래서 아들에게 수행자가 되지 말고, 속세에 살면서 많은 보시로 선근 공덕을 쌓도록 달랬다. 그러나 야타빨라는 부모님의 생각을 받아 드릴 수 없었다. 복을 짓는 것과 윤회를 벗어나는 길을 어떻게 비교할 수 있는가?

언젠가는 죽어야 하고, 죽은 다음에 이 재산과 자식이 무엇이란 말인가? 다시 돌고 돌아야 하는 윤회의 찌꺼기가 될 뿐인 것을…….

그래서 비구가 될 수 있는 허락을 얻든지 이 자리에서 죽든지 둘 중 하나는 이루어지겠지 하는 생각으로 맨땅 위에 드러누웠다. 음식은 물론 물도 마시지 않았다. 이렇게 7일이 지나자 내 아들이 수행자가 되어 떠나는 것보다 차라리 죽는 것이 났다고 생각하던 부모도 결국은 자식을 이길 수 없었다.

"아무려면 죽는 것보다는 낫겠지.……"

그래서 야타빨라라는 이름을 얻었다. 이처럼 굳건한 신심으로 비구가 되었기 때문에 '신심으로 비구가 된 사람 가운데 첫째가는 이'라는 특별한 칭호를 받았다.

상가마시 장로와 야타빨라 장로는 모든 번뇌를 끊은 것이 같다. 부모와 친척 그리고 부인의 유혹을 받은 것도 같다. 그러나 법을 깨달은 장소와 유혹을 받은 곳은 다르다. 상가마시 장로는 숲 속

절에서 법을 깨닫고 제따와나 정사에 돌아왔을 때 유혹을 받았으며, 야타빨라 장로는 제따와나 정사에서 법을 깨닫고 고향인 톨라꼬티까에 다시 갔을 때 유혹을 받았다.

"이 비구는 세간으로 다시 돌아가지 않는다."

부처님께서는 그의 굳은 신심을 보고 마음이 놓였을 때 고향에 다시 돌아가도록 허락했다. 먼 길을 걸어서 저녁 무렵 마을에 도착할 수 있었다.

고향 마을에 이르렀어도 야타빨라 장로는 부모님의 집을 따로 찾지 않았다. 마을에서 멀지 않은 꼬라비아 왕의 동산에 들어갔다. 그 동산에서 적당한 곳을 찾아 하룻밤을 지낸 장로께서 아침이 되자 고향 마을로 걸식을 나섰다.

집에는 그의 아버지가 있었으며 이발사가 그분의 머리를 다듬고 있었다. 대문에 어리는 비구 스님의 그림자를 보는 순간 아버지의 입에서 거칠고 지저분한 욕설이 터져 나왔다.

"흉하게 머리를 빡빡 깎은 저질스러운 비구 하나가 왔다. 그 나쁜 비구들 때문에 사랑하는 외아들이 비구가 되었다."

아들 때문에 홧병이 난 장자는 자기 아들을 직접 보고도 기억하지 못했다. 야타빨라 장로는 부모 집에서 밥과 음식 대신 욕설과 저주스러운 말만 얻었다. 좋고 나쁜 세간 법칙을 잘 참을 수 있는 장로는 대문에서 돌아섰다.

그때 하녀가 나와 하루가 지나 쉬어버린 떡을 버리려고 했다. 한 숟갈의 밥도 얻지 못한 야타빨라 장로는 오늘 얻을 것이 그

떡뿐이었기 때문에 말했다.

"누이여! 그 떡을 버릴거라면 나의 발우에 부어라."

단정하게 말을 건넨 장로께서 발우 뚜껑을 열고 앞으로 내밀었다. 비구들은 자기 발로 걸어 다니며 걸식하여 먹어야 한다. '걸식한다. 탁발한다'라고 점잖게 말하지만 사실 빌어서 먹는 것이다. 계율에 맞추어 점잖고 단정한 모습으로 빌어먹고 사는 것이다.

음식을 얻는 것에 따른 계율은 주는 이나 받는 이를 위해 쉽게 하도록 정한 것뿐이다. 걸식할 때는 서서 걸식하는 것만 허락되고 입을 열어 청하는 것은 허락되지 않는다. 그런데 야타빨라 장로는 왜 입을 열어 청했는가?

어느 사람이 저장해 놓았던 물건이 아니었기 때문이다. 하녀는 떡을 발우에 넣을 때 그 발우 주인이 도련님이라는 것을 알았다. 하녀가 즉시 몸을 돌려 주인에게 알리려고 뛰어갔기 때문에 그 집에서 벗어나는 기회를 얻었다.

✽

야타빨라 장로는 그날을 위해서 얻은 음식을, 스님들이 탁발하면 공양 드실 수 있도록 만든 한 누각에 앉아서 천천히 먹기 시작했다. 전에는 큰 거부 장자의 외아들로 갖가지 진수성찬을 먹었었다. 지금은 부처님의 아들 중 한 사람으로 썩은 떡조각을 먹고 있었다. 그러나 야타빨라 장로에게 그 두 가지 음식이 서로 다르지 않았다. 음식이란 위장 안에 일거리를 더하는 것뿐이다. 어떤 먹거리든지 먹는 대로 위장에 맡기고 그날 움직일 수 있는 기력을 얻을 뿐이다.

법을 깨달은 이가 법답게 먹는 것을, 법을 보지 못한 그의 아버지가 보자 가슴이 미어지고 숨이 막힐 일이었다. 아버지는 가슴이 막혀 숨넘어가게 말하지만, 아들은 조용조용 편안하게 대답했다.

"오! 나의 아들아, 도대체 이런 일이 어찌해서 있을 수 있는가? 아버지에게 재산이 넘치도록 있는데 어째서 썩은 떡조각을 입에 넣어야 하는가? 밥을 먹어야 할 때는 자기 집에 돌아오는 것이 마땅치 않는가?"

"신자님!

집을 떠나고 세상을 떠나서 수행자가 된 이에게 어디에 집이 있습니까? 수행자란 집도 솥도 없는 사람입니다. 신자님의 집에 갔었지만 없다는 소리는 고사하고 거친 욕설과 저주만 받았습니다."

"지나간 일은 그만 두고 나의 아들아! 지금 집으로 가자."

"가지 않겠습니다. 신자님, 오늘을 위해 음식 먹는 일은 이미 끝이 났습니다."

"그러면 내일 아버지 집에 공양하러 오십시오."

야타빨라 장로는 침묵으로 승낙하였다. 다음날 아침, '공양이 준비되었다.'는 전갈을 듣고 야타빨라 장로는 조용히 준비하여 가사를 입으시고 발우를 메고 따라 갔다. 펴 놓은 자리에 앉자 아버지는 준비해 놓은 금과 은을 열어 보이면서 기대하는 마음으로 말했다.

"나의 아들아, 이 재산은 너의 어머니 쪽의 재산이다. 나의 재산은 따로 있다. 그밖에 할아버지께 물려받은 유산도 따로 있다. 이 재산으로 근심 걱정 없이 남에게 빌지 않고 살 수 있다. 선업 공덕도 얼마든지 지을 수 있다."

"신도님, 말 한마디 받아주겠습니까?"

"예, 그럼요. 받아들이겠습니다."

"그러면 이 금은을 수레에 실으십시오."

"수레에 실은 다음 어떻게 해야 합니까?"

"수레에 실은 다음 갠지스 강물에 넣으십시오. 신자님."

⚜

그 아버지가 다시 할 말이 없어지자 옛 아내를 대신 보냈다. 야타빨라 장로에게는 상가마시 장로처럼 아내가 한 사람이 아니었다. 자식을 빨리 보고 자손을 이으려는 부모의 욕심으로 두 사람의 아내를 골라 주었던 것이다.

옛 아내 두 사람이 야타빨라 장로가 집을 떠나기 전 좋아했던 옷과 장식으로 잘 차려 입고서 야타빨라 장로의 다리를 한쪽씩 안고서 친밀함을 드러내려고 말을 건넸다.

"오! 도련님, 천녀들을 얻으려고 비구가 되었다고 하셨습니까? 그 천녀들의 모습이 어떠합니까?"

"누이들이여! 나는 천녀를 얻으려고 수행자가 된 것이 아니라오"

남편이었을 때와 부르는 것조차 바뀌었다. 그 한마디로 그들의 유혹 작전은 끝날 수밖에 없었다.

"신도님, 공양 올릴 일이 있으면 올리시오 금은 재산이나 여자들을 보여서 괴롭히지 마시오."

"오! 아들이여, 사랑하는 아들 야타빨라여, 음식을 많이 준비했습니다. 드십시오. 많이 드십시오."

다시 더 괴롭힐 일도 없었으므로 준비해 놓은 음식을 가지고 나왔다. 공양이 끝나자 자리에서 일어난 장로는 몸이란 것이 얼마나 아름답지 못한 것인지를 게송으로 읊으며 동산으로 돌아갔다.

사냥꾼이 올가미를 걸어놓았다.
사슴은 올가미를 피해 풀과 물을 마시고
사슴을 잡으려는 이들이 울고 있는 동안
숲 넝쿨 속으로 사라지듯
나도 위험이 없는 곳에 도착했다네.

꼬라비아 왕은 야타빨라를 어릴 때부터 조카처럼 아들처럼 사랑했다. 예전에 가까웠던 것처럼 나이가 들어 늙어졌을 때는 더욱 만나고 싶었다.

옷을 바꿔 입은 수행자의 모습이 더욱 궁금했다. 겉모습보다 더욱 궁금한 것은 젊은 나이에 수행자가 된 이유가 알고 싶었다.

지금 그 꼬라비아 왕의 소원을 풀 기회가 왔다. 그가 보고 싶고 만나고 싶어했던 이가 그의 동산에 도착한 것이다. 동산을 지키는 이에게서 소식을 들은 왕은 야타빨라 장로가 있는 곳으로 급히 찾아왔다. 왕은 조카나 아들 같은 그 장로에게 극진히 예를 드리고 미리 준비해 온 카펫트를 편 다음 여쭈었다.

"장로님, 이 자리에 앉으십시오."

"괜찮습니다. 대왕이시여, 왕께서 앉으십시오."

자기 자리에 그대로 앉으신 장로는 왕의 초청을 거절했다. 수행자는 가는 곳마다 마른 잎과 풀을 고르게 펴고 앉는 것이었다. 꼬라비아 왕은 자기가 펴놓은 카펫에 앉아서 물었다.

"마하테라 장로님!

늙고, 병들고, 재산을 잃고, 친척들이 망함, 이 네 가지의 무너짐 때문에 많은 이들이 수행자가 됩니다. 장로님은 나이가 매우 젊습니다. 건강 역시 튼튼합니다. 재산이 파괴됨도 없으며 친척들도 모두 잘 지냅니다. 이렇게 모든 것이 구족한데 어떠한 법을 보고서 수행자가 되었습니까?"

"대왕이시여! 특별한 공양 예배를 받으실 만한 부처님께서 네 구절의 법을 설하셨습니다. 그 네 구절을 요약하면 이렇습니다.

첫째, 사람들이 사는 이 세상은 늙고 죽는 위험이 하루하루 가까이 오며 영원하고 튼튼한 것은 아무것도 없다.

둘째, 사람들이 사는 이 세상에 나의 재산이란 없다. 죽으면 모두 버리고 가야 한다.

셋째, 사람들이 사는 이 세상의 위험은 완전히 막을 수 없다. 마음이 원하는 대로 튼튼하게 할 수 없다.

넷째, 사람들이 사는 이 세상에는 언제나 모자람만 있다. 수미산만큼 모아주어도 만족하지 못한다. 단지 갈망의 노예가 될 뿐이다.

이러한 네 구절을 보아서 나이가 젊을 때 수행자의 생활에 들어왔습니다."

그 네 구절의 법문을 간략히 말한 다음 세상에 있는 비유를 들어 자세히 설명하여 보였다. 그 법회를 전해들은 우리들 역시 '싸~두(착합니다)'를 소리 높이 불렀다.

Majjima nikāya raṭṭhapāla sutta

영웅 브라흐마나 존자

인도에는 예로부터 전해 내려오는 말이 있다. 갠지스 강 북쪽사람들은 지혜롭고 예의바르며 보시와 계율 등 좋은 선업을 많이 하며, 남쪽 사람들은 그와 반대라고 한다.

육사외도 중 한 사람인 뿌라나 까싸빠(Pūraṇa kasāpa)는 이렇게 전해 내려오는 말을 기초로 하여 기억할 만한 가르침 하나를 만들어 놓았다. '다른 이를 죽였거나 괴롭힌 사람들이 그 악업을 없애기 위해서 특별히 걱정할 것은 없다. 갠지스 강 남쪽으로 건너가면 그 악업에서 남김없이 모두 벗어난다.'는 것이다.

어느 지역, 어느 나라를 막론하고 나쁜 사람과 좋은 사람이 있기 마련이지만 남쪽에는 거칠고 저속한 이들이 위세를 떨치고 있었다. 그래서 뿌라나 까싸빠가 그 형편에 맞게 가르침을 만들어 놓은 것이다.

사람들은 누구나 자기가 태어난 곳을 그리워하고 좋아한다. 거칠고 저속한 습성에 물들어 있지만 그 지역에서 태어난 사람들 역시 자기 고향을 잊어버리지는 못했다.

이렇게 그리워하는 이 가운데 나에게 법을 가르쳐 준 스승과 법명이 같으신 브라흐마나 존자 역시 포함된다. 편안한 제따와나 정사에서 우리들과 같이 아무런 걱정이나 근심 없이 지내지만 그분께서는 즐거워하지 않으시고 고향만을 그리워했다. 갠지스강의 남쪽에 속하는 수나빠란다(Suraparanta), 그곳으로 다시 돌아가고 싶어하였다.

※

부처님의 법을 얻지 못했을 때는 생각으로만 그리워했지만 확실한 법을 깨달았을 때는 고향으로 돌아갈 것이라고 마음먹고 지냈다. 그날은 그 브라흐마나 존자의 소원이 이루어지는 날이었다.

"부처님께 청하옵니다. 닙바나를 현재에 행할 수 있는 법 한 구절을 간략히 말씀해 주십시오. 부처님."

부처님께서는 그 브라흐마나의 소원대로 사성제의 진리를 축소하여서 간략하게 말씀하셨다.

"브라흐마나여! 모양・소리・냄새・맛・닿는 것・마음으로 생각하는 것 등 갖가지 대상에 좋아하고 아름답다고 생각하는 이에게 좋고 아름다움이 생겨난다. 좋아하고 아름답다고 생각하면 고통이 따른다고 나 여래가 설하노라."

"브라흐마나여! 모양・소리・냄새・맛・닿는 것・마음으로 생각하는 것 등 갖가지 대상을 좋아하고 아름다운 것이라고 생각지 않는 사람에게 좋아한다거나 아름답다는 마음이 사라진다. 좋아하고 집착함이 사라지면 고통도 사라진다고 나 여래가 설하노라."
사성제의 진리를 간략히 말씀하신 다음 계속해서 말하셨다.

※

"브라흐마나여! 나 여래에게서 이 간략한 가르침을 들은 다음 어느 곳으로 가서 지내려는가?"
태어난 고향을 그리워하고 좋아하는 그의 마음을 아시기 때문에 그렇게 질문하셨던 것이다.
"수나빠란다라는 고장으로 가서 지내겠습니다."
"브라흐마나여! 수나빠란다 지역의 사람들은 거칠고 험하다. 습성이 매우 잔인하다. 그 사람들이 너를 욕하고 꾸짖으면 너는 어떻게 생각하겠는가?"
"부처님, 수나빠란다 지역 사람들이 저에게 욕설하고 꾸짖으면 '오! 수나빠란다 사람들은 다행이구나. 오! 수나빠란다 사람들은 매우 다행이구나! 그들은 나를 무기로 때리지 않는구나.'라고 생각하겠습니다."
"브라흐마나여! 그들이 정말로 무기로 때린다면?"
"부처님, 그때에도 '오! 수나빠란다 사람들이 나를 돌멩이로 때려 치지 않는구나.'라고 생각하겠습니다."
"브라흐마나여! 정말로 그들이 돌멩이로 때린다면?"
"부처님, 그때에도 '오! 수나빠란다 사람들이 나를 몽둥이로 때리지 않는구나.'라고 생각하겠습니다."

"브라흐마나여! 정말로 그들이 몽둥이로 때린다면?"

"부처님, 그때에도 '오! 수나빠란다 사람들이 나를 칼로 찌르지 않는구나.'라고 생각하겠습니다."

"브라흐마나여! 정말로 그들이 칼로 찌른다면?"

"부처님, 그때에도 '오! 수나빠란다 사람들이 날카로운 칼로 나의 목숨을 죽이지 않는구나.'라고 생각하겠습니다."

"브라흐마나여, 정말로 그들이 날카로운 칼로 네 목숨을 죽인다면?"

"부처님, 부처님의 제자 중에도 더러는 몸과 목숨을 싫어하고 혐오하여 자기 스스로 목숨을 끝내기도 합니다. '나는 스스로 끝내지 아니 하는구나.'고 생각하겠습니다. 부처님."

그 브라만의 뛰어난 마음을 부처님께서 '착하고 착하도다.'라고 하시며 칭찬해 주셨다. 그리고 그의 고향 수나빠란다로 가는 것을 허락하셨다.

영웅스러운 브라흐마나 존자께서는 그의 고향에 도착하여서 일천여 명의 신남신녀에게 법을 얻게 하고는 결제 중에 몸과 마음이 다한 닙바나에 드셨다고 전해 들었다.

Saḷayatana saṁutta

Puṇṇa sutta

때이사 존자와 루비 도둑

우리 수행자들은 한 자 안팎의 배를 채우기 위해 날마다 걸식하러 나가야 한다. 때이사라는 존자 한 분만은 우리들처럼 집집마다 걸식하러 다닐 필요가 없는 분이다. 보석 세공사 부부가 그분을 아버님처럼 생각하며 매일매일 공양을 올렸다.

   이제까지 12년이 다 되어간다.

   이렇게 걸식하러 다니지 않고 편히 잡수시는 그분에게 '복이 많으시구나.' 하며 다른 스님들께서 부러워하기도 했다. 그분과 같이 날마다 공양을 올리는 공양 신자 한 사람이 생겼으면 하고 기다리기도 했다. 그러나 어느 하루 생긴 일은 우리들 모두에게 두려움을 일깨워 주었다.

   그날 아침도 때이사 존자께서는 날마다 가시는 대로 그 공양 제자 집에 가셨다. 그 집 안주인이 미리 준비한 공양을 올렸고 존자께서는 드시고 계셨다. 그리고 보석 세공사는 쇠고기를 요리하기 위해 칼로 저미고 있었다.

그때에 빠세나디 꼬살라 대왕이 일거리로 루비 한 알을 맡겼다. 루비를 빛이 반짝이도록 잘 간 다음 줄에 꿸 수 있도록 구멍을 내달라는 것이다. 보석 세공사는 심부름 온 이에게서 루비를 받아서 곁에 있는 상자 위에 놓았다.

마침 쇠고기를 저미고 있던 중이라 루비에 고기의 피가 묻었다. 보석 세공사는 쇠고기를 끝까지 저며서 솥에 넣고는 손을 씻으러 나왔다. 그런데 항아리에서 물을 퍼 손을 깨끗이 씻고 돌아왔을 때는 이미 꼬살라 왕의 값나가는 루비가 감쪽같이 사라졌다.

집안을 자세히 살펴보았지만 그와 때이사 존자를 제외하고는 누구도 없었다. 마침 부인도 그때는 다른 일로 이웃집에 갔고, 루비를 전해준 사람도 일을 마치고는 곧장 떠났다. 그 두 사람 외에 목숨 있는 중생이란 집에서 애완용으로 키우는 거위 한 마리만 있었다. 거위는 도마 위에 남은 고기 부스러기와 핏덩이들을 쪼아 먹고 있었다.

보석 세공사의 이마에 뜨거운 땀방울이 맺혔다. 꼬살라 대왕이 믿고 맡겨온 이 루비가 이유 없이 사라진 것이다. 이것으로 인해서 어떤 형벌이 돌아올 것인가. 다행히 형벌을 받지 않더라도 일평생 종살이를 하며 물어주어도 갚지 못할 만큼의 값어치가 나가는 것이었다.

어느 쪽의 길도 찾지 못한 보석 세공사는 공양을 막 끝낸 때이사 존자를 보았다. 12년 동안 줄곧 친아버지처럼 생각하여 모셔왔던 분, 자기들에게 나쁜 것을 막고 선업을 가르쳐 주시던 스승님이다. 그분이 루비를 감추었다고는 생각하지 않았다. 그렇다면 그 보석은 어디로 갔는가?

한편으로는 존경하는 마음, 한편으로는 보석을 잃어버린 것에 따른 걱정과 근심, 좋은 마음과 나쁜 마음이 서로 엎치락뒤치락하지만 때이사 존자는 딱하게도 모르신다. 마음이 급해지자 평생을 존경하며 모셔온 그분에게 묻지 말아야 할 말을 여쭈었다.

※

"스승님, 루비를 가져가셨습니까?"

"신자님, 루비를 내가 가져가지 않았소."

때이사 존자는 낮으나 분명하게 대답하셨다.

"스님, 이 집안에 저와 스님만 있었습니다. 가져갔다면 스님이 가져가셨을 것입니다. 제자에게 루비를 돌려주십시오. 스님."

"신자님, 내가 루비를 가져가지 않았소."

"루비를 네가 가져가지 아니했다면 누가 와서 가져갔는가?"

걱정을 넘어 성이 나며 좋은 마음을 나쁜 마음들이 덮쳤다.

"그래, 그렇게 감추면 감추지 못할 만큼 만들어야 하리."

조용한 태도로 앉아 계신 존자를 거칠게 끌어내서 집 기둥에 튼튼한 밧줄로 묶었다. 마침 다른 집에서 돌아온 아내가 아무리 말려도 소용이 없었다. 그리고 단단한 몽둥이를 내 보이며 물었다.

"자, 루비를 내놓겠는가? 아니면 이 몽둥이로 맞겠는가?"
"신자님, 나는 루비를 가져가지 않았소."
존자의 대답은 한결같았다. 원하는 대답을 못 듣는 순간 보석 세공사의 손에 들려져 있던 몽둥이가 때이사 존자의 머리 위에 떨어졌다. 머리에서 피가 줄줄 흘러내렸다.
이제까지 도마 위에 남은 쇠고기 부스러기를 쪼아 먹던 거위가 때이사 존자 곁으로 와서 흐르는 피를 마셨다. 화가 잔뜩 나서 정신이 없는 보석 세공사는 거위를 보자 '이런 중생이 와서 걸리적거리는가?' 하고 힘껏 걷어차 버렸다. 거위는 그 자리에서 죽어버렸다.
"신자님, 거위를 자세히 보시오."
그때 많은 형벌로 인해 정신이 혼미한 때이사 존자께서 힘을 내어서 겨우 한마디 하셨다. 거위를 자세히 살피던 보석 세공사는 루비를 발견하지 못하자 다시 존자에게 다가섰다.
"이 거위처럼 너도 죽어야 하리라."
"나의 일은 그쯤 하고 거위의 밥통을 갈라서 보시오."
때이사 존자의 지시대로 죽은 거위의 밥통을 가르자 사라진 루비를 보게 되었다. 피 묻은 손으로 받아 놓은 루비를 고기 점으로 생각한 거위가 삼킨 것이다.
이 모습을 때이사 존자가 자세히 보셨으나 드러내서 말할 수가 없었다. 말을 하는 순간 이 거위는 죽음을 당할 것이기 때문이었다. 그래서 죽은 다음에야 입을 여신 것이다.
자기 목숨을 바쳐 다른 중생이 죽어야 하는 위험을 삼가려 했던 그분에게 보석 세공사가 엎드려서 사죄했고, 존자께서도 용서하셨다. 그러나 전처럼 공양하러 가시지는 않았다.

※

"수행자들에게 한 숟갈, 한 주걱
공양을 보시하는 집마다 공덕을 짓는다.
내가 가고 올 수 있는 동안은
집집마다 걸식하여 공덕을 쌓게 하고
그 음식을 먹으리라."

아라한이신 띠이사 존자께서는 그로 인하여서 얼마 지나지 않아 몸과 마음이 다한 닙바나에 드셨다. 억울한 누명을 받아야 했던 존자의 일에 두려움이 생긴 것과 동시에 그렇게 흔들림 없는 그분의 마음에 깊이 존경을 드린다.

Dhammapada pāpavagga

진짜 보배, 바른 보배

제따와나 정사를 보시 받았더라도 부처님께서는 어느 한 곳에 언제나 머무시지는 않으셨다. 교단이 처음 형성되고 나서 말씀하셨던 '가르침을 널리 전하라'는 말씀대로 부처님께서도 직접 가르침을 펴는 일에 지루해 하시지 않고 언제나 다니셨다.

부처님께서 가시는 곳에는 왜살리 수도도 포함되어 있었다. 왜살리들이 다스리는 왓시국은 마가다와 꼬살라국 등 큰 나라 사이에 있는 작은 나라이다. 그러나 그 작은 나라를 큰 나라들이 업신여겨 누를 수 없었다.

나라를 다스리는 힘을 나누어 맡은 릭차위 남자들은 평화롭게 화합하여서 서로 손잡고 그들의 나라를 잘 지켜나갔다.

릭차위 남자들은 모두 모여서 나라의 권력을 나누어서 같이 다스리며 나라에 관한 일을 하기 위해서 자주 모임을 갖는다. 릭차위

들은 고르게 화합하여 모임을 갖고, 그 모임에서 결정한 일들을 화합해서 처리한다.

릭차위들은 전에 하지 않던 세금이나 벌금을 거두지 않는다. 한 가지 일이 생겨나면 옛날에 내려오던 전통대로 법률을 적용해서 결정한다. 그들은 나이 많은 어른들을 존경하여 받들고 어른들의 말을 잘 따른다. 릭차위들은 여자들을 억지로 차지하지 않는다.

그들은 많은 사람들이 모시고 받드는 종파들을 공경하며 보호해 준다. 그들은 자기 나라에 오는 가르침을 펴는 선한 이들을 기쁘게 환영하며 그 선한 이들을 법에 맞게 보호해 준다.

❦

왜살리에 도착했을 때 내가 배운 릭차위들의 풍습이었다. 이러한 전통으로 모두 고르게 화합하여 이끌어 나가기 때문에 주변 강대국들의 침략을 받지 않도록 잘 방어하였다.

나라는 크지 않지만 그들의 중심 수도는 매우 넓고 컸다. 수도의 이름 왜살리는 넓고 큰 서울이란 뜻이 있다. 사람들이 사는 집의 수가 점점 늘어나서 처음 쌓았던 성곽 밖으로 더 넓혀야 했다. 그렇게 다시 넓혀서 세 겹의 성곽을 쌓아서 넓고 큰 수도가 된 것이다.

왜살리는 집들이 많은 것처럼 갖가지 사상들을 가진 각 종파의 스승들도 수없이 많이 있었다. 각기 많고 적은 자기들 무리를 거느리고 있는 가운데 니간타 나타뿍따(Nigaṇṭha nāṭaputta)라는 나체 종파의 스승이 그 도시에서 가장 유명한 이였다.

이렇게 갖가지 사상 종파의 많은 스승들이 있는 그 도시에 우리들이 이르게 된 것은 릭차위 왕족의 한 사람인 마할리(Mahāli)의 초청 때문이었다. 그는 우리들 절 창건주 빔비사라 대왕처럼 법을 보았던 사람이다. 자기가 깨달아서 본 그 담마를 자기들 종족에게도 널리 알게 하고 싶은 것은 모든 사람들의 원하는 마음일 것이다.

부처님의 말씀대로 나는 왜살리 수도의 세 겹 성곽 주변을 돌면서 『보배경』을 독송했다. 각 종파 각기의 스승들이 모두 모여 있는 그 큰 도시에서 내가 진짜 보배가 무엇인지를 널리 보여 준 것이다.

그래서 기근 질병들의 위험에서 많은 사람들에게 이익이 있도록 도움을 주었다.

Dīghanikāya

Mahā parinibbāna stta

PārājikaKaṇṭa aṭṭhakathā

Dhammapada

부왕에게 인사하시다

부처님께서 오신다는 반가운 소식을 들었을 때 마하 빠자빠띠 고따미 왕비는 그 귀한 아들이 왕자였을 때 '무엇을 하든지 예의 바르고 무엇으로 단장하든지 너무나 아름다웠다. 지금 수행자가 되어 가사를 입었다니 전처럼 보기 좋은 모습일까?' 하고 생각하였다.

이만 명의 거룩한 아라한 상가 대중의 앞에서 뵈어야만 어머니의 이러한 생각들이 사라질 것이다. 왕궁에 있었을 때의 모습이 잘생기고 사랑스럽기만 했었다면, 지금 수행자 차림은 보기만 하여도 가슴이 서늘해질 만큼 우러러보고 존경하게 된다.

마하 빠자빠띠 고따미는 갈망과 탐심, 그리고 교만심이 없이 조용하고 묵직한 모습으로 왕궁의 높은 법상에 앉아 있는 부처님을 바라보며 가사 한 벌을 올리고 싶은 마음이 점점 커졌다.

부처님께서 전에 방문했을 때는 아들 난다 왕자와 손자 라훌라가 불과 며칠 사이에 모두 출가했기 때문에 경황이 없어서 그 소원을 이루지 못했었다. 부왕처럼 부처님께 직접 찾아가서 말씀드리지 않았어도 가슴속의 충격이야 어찌 부왕과 달랐겠는가?

그때는 부처님께서도 까뻴라 성에 오래 머무르지 않았으며 오실 때의 목적대로 동생과 아들을 데리고 떠났다. 그래서 그때는 가사를 올리고 싶은 소원을 이루지 못했다. 이제, 이번에 오셨을 때는 오래 전부터 하고 싶었던 가사를 지어 올리리라.

아들 난다 왕자와 손자 라훌라 때문에 받아야 했던 슬픔, 그 가슴속에 응어리진 슬픔을 삭이기가 쉽지 않았던 것도 사실이다. 그러나 그렇게 심해 보였던 상처도 오래 가지는 않았다.

부왕과 왕비는 자신들에게 닥쳐온 큰 충격과 가슴 미어지는 슬픔을 지극하게 사랑할 수밖에 없는 큰아들에 대한 애정으로 풀어서 거둘 수밖에 없었다.

※

남편과 아들이 모두 출가한 야소다라!

그녀는 의지할 지푸라기조차 없어졌다. 자기의 지극한 사랑과 슬픔, 그리고 하소연을 기억하신 부처님께서 자신의 궁전에 잠시 들리셨다. 그래서 가슴이 미어지는 슬픈 눈물을 흘리면서도, 한편으로는 기쁘고 고맙고 존경하는 마음을 함께 느끼기도 했다.

그러나 지금은 기쁜 마음도 고마운 마음도 존경하는 마음도 사라졌다. 마지막으로 의지하던 어린 아들 라훌라조차 없어졌으므로 슬프고 외로웠다.

그분, 싯달타 태자가 숲으로 떠났을 때는 아기의 얼굴을 바라보면서 달랠 수 있었다. 그런데 지금 그 아기, 그 어린 아들과 같이 있기는커녕 보지도 못하게 되었다. 부처님께서 다시 오셨을 때 아들 라훌라는 어디에도 없었다.

왜살리 근처 마하와나 숲 속에 그의 삼촌들과 함께 지낸다고 했다. 자기와 만나면 집착이 커질까 걱정하여 그의 아버지가 일부러 남겨 놓고 온 것이라고 야소다라는 생각했다. 결혼식장에서 미처 예식도 올리기 전에 헤어진 자나빠다 깔랴니 공주 역시 난다 왕자에 관해서 끊임없이 묻고 또 물었다.

그 누이들의 말과 하소연을 들으면서 딱하고 가여웠지만 그들의 말을 들어주는 것밖에는 무엇도 더 해줄 수 없었다. 그들의 마음속 슬픔과 좌절들이 커질 때는 그들을 달래주는 일에 능숙하지 못한 나는 형님과 사리불 존자님께 그 방법을 배워야 했다.

그리고 조용하며 시원한 법을 설해 주지 못하고 오누이로서 마음이 편하도록 말할 뿐이었다. 그렇게 말해 주면서 우리 누이들도 교단의 그늘 아래에 모였으면 좋겠다고 바랐다.

❦

내가 사까족 친척들을 보러 자꾸 가야 했던 것은 부처님을 위해서 만들고 있는 가사 때문이었다. 부처님께서 입으실 가사를 만들 때 마하 빠자빠띠 고따미 왕비께서는 가지고 있던 부드러운 비단을 보시하고 싶지 않았다. 그렇게 하는 것은 너무 성의 없는 것이라고 생각했다.

자기가 직접 키웠던 아들, 부처님을 위해서 자기가 직접 실을 잣고 베틀에 올라 짜서 만든 천으로 가사를 지어 입히고 싶었다. 그러한 소원으로 좋은 목화를 직접 따서 씨를 골라내고 가늘고 고운 실을 직접 뺀 다음 베틀에 올라 천을 짰다. 그리고 꽃처럼 노랗게 빛나는 가사가 되도록 물들였다.

왕비께서 자기의 소원대로 베를 짜고 가사를 지으며 즐거워하고 있는 동안 부왕 숟도다나께서는 왕좌에 앉아 계셨다. 연세가 80이 지나 90이 넘어 육신은 괴로웠으나 마음은 괴롭지 않고 평온했다.

그분의 육신은 늙음, 병듦의 길을 지나 죽음의 길로 향해 갔지만 마음은 늙음과 병듦과 죽음에 벗어나 진리에 잘 머물고 있었다. 부처님과 상가 대중 스님들께 공양 올리는 일을 뺀 나머지 모든 일은 다른 이에게 넘겨주고 수행을 하며 스스로 편안히 지냈다.

나는 평생 잘 늙으신 분을 여러 분 만나 보았다. 잘 늙는 분들은 얼굴의 살이 점점 줄어들기는 하지만 살아온 생애에 대한 만족의 그림자들이 죽을 때까지 어려 있다.

저물기 직전의 햇빛처럼 밝고 깨끗하다. 백부 숟도다나께서도 그렇게 잘 늙으신 분이다. 세상의 법칙에 어긋남이 없이 늙어 가는 몸 때문에 마음이 괴롭거나 상할 일은 전혀 없다.

부처님께서 주신 닙바나의 진리를 대상으로 시간을 보낸다. 그분이 계시는 넓은 방에 들어갔을 때 백부님께서는 왕좌에 조용히 앉아서 법을 즐기고 계셨다. 현재의 행복에 조용히 들어가 즐기시는 그분께 방해를 드릴 이유가 없는 나는 가만히 돌아 나왔다.

'지금 아들 부처님께 가사를 올리는 의식을 준비하고 보시할 가사와 왕비가 행차할 길은 미리 준비되어 있다. 그러면 누구와 같이 가서 보시 공양을 올려야 하나?'

마하 빠자빠띠 고따미께서는 부왕을 모시고 같이 가고 싶었으나 감히 모실 수 없었다. 그분께 방해를 드릴 수 없었다. 육신의 늙음으로 인해 많은 시간을 고통 받고 있는 백부님께 현재 얻은 법 속에 그대로 계시게 하고 싶기 때문이다.

그래서 이 교단의 기록에 남을 가사 올리는 행사에는 사까 종족의 여자들만 참석하였다. 맨 앞에 마하 빠자빠띠 고따미께서 가사를 담은 상자를 머리에 이고 그 다음 사까 왕족의 여자들, 다음에는 시자들이 잘 차려서 단장하고 따랐다.

성안 남녀노소들의 칭송을 받으면서 그들 한 무리가 절에 도착했다.

"부처님!

부처님께 드리려고 이렇게 새 가사를 만들었습니다. 제가 목화를 고르고 씨를 빼서 실을 잣고 베틀에 올라서 짠 다음 물들이고 기웠습니다. 저를 연민히 여기어서 이 가사를 받아주십시오."

오랜 날 정성으로 만들어 온 가사를 두 손으로 받들어 올렸다. 그렇게 두 손을 높이 올려 아들 부처님께 자랑스럽게 드리고 싶었다. 그런데 부처님은 손을 두 무릎 위에 가만히 올린 채 보시를 받으시지 않았다. 마하 빠자빠띠 고따미께서 정성을 들여 만들고 지금 올리고 있는데도 …….

"고따미, 상가 대중에게 보시하십시오. 상가에게 보시하면 곧 나 여래에게 보시한 것이 됩니다."

이 세상에 가장 큰 보시를 받으실 수 있는 부처님께서 말씀하셨다. 이 말씀에 마하 빠자빠띠 고따미는 그만두고라도 나도 놀라 머리를 번쩍 들었다. 그 말씀의 뜻을 이해하지 못하여서 멍하니 형님의 얼굴만 쳐다보다가 이렇게 말씀드렸습니다.

"부처님! 형님께서 마하 빠자빠띠 고따미의 이 새 가사를 보시 받아주십시오. 어머님께서는 부처님께 많은 은혜를 베풀었습니다. 탄생하시고 나서부터 왕궁을 떠나실 때까지 여러 가지로 돌보아 주셨습니다. 직접 젖을 먹여 기르시기도 하셨습니다.

부처님! 어머님께서 부처님께 은혜가 많듯이 형님께서도 어머님께 은혜가 많습니다. 형님 덕분에 삼보를 목숨 다해 존경하여 모셔왔습니다. 형님 덕분에 삼업을 거두어 잘 다스리고 있습니다. 아라한 성인들께서 귀히 여기는 계율이 구족합니다.

부처님! 부처님을 인연으로 마하 빠자빠띠 고따미께서 고통, 고통의 원인, 고통의 소멸, 고통의 소멸에 이르는 길 등 네 가지 진리를 의심이 없는 지혜로 깨달았습니다. 이렇게 부처님께서는 마하 빠자빠띠 고따미께 은혜가 많습니다. 부처님!"

"그렇다. 아난다여."

형님께서는 내가 여쭌 말씀을 인정하셨다. 그러나 왕비가 올린 가사를 받으신다고 허락한 것은 아니다. 삼보를 목숨 다해 믿을 수 있도록 은혜를 주신 분께 그것을 갚을 수 있게 예배드리고 찾아오심을 환영하고, 합장 올리고, 존경을 드리며, 공양·가사·절·약 등, 네 가지 물건을 보시하는 것으로 고마운 분께 합당한 은혜를 갚기란 쉽지 않음을 말씀하신 것이다.

세 번이나 거절당한 왕비는 부처님께 보시할 기회를 얻지 못하고 상가 대중 스님들께 가사를 올리고 돌아갔다. 왕비가 돌아가신 다음 나는 부처님께서 하신 말씀에 관해서 생각했다.

※

이 세상에서 보시 받을 사람 중에 부처님만이 가장 높은 보시를 받을 만한 분이다. 특별한 공양 예배를 받기에 적당하시어 아라한이라는 특별한 칭호로 불리신다. 그런데 이 가장 높은 보시를 받으실 수 있는 분께서 자기에게 보시해 오는 물건을 상가에 건네주셨다.

부처님의 목적이 무엇인가?

그때는 내가 시중드는 책임을 얻기 전이다. 네 가지 거절함과 네 가지 청함, 이 여덟 가지에 의해 어떤 한 가지라도 의심이 생기면 시간에 관계없이 부처님께 기회를 청하고 말씀을 듣는다는 약속을 받아놓기 전이다. 그래서 앞뒤의 일을 비교하여 스스로 대답을 찾아야 했다.

자세히 생각하자 분명하게 드러났다. 제따와나 정사를 보시 받을 때도 역시 부처님 소유로써 받지 않으셨다. 상가 대중에게 보시하도록 가르치셨다. 이것은 상가가 부처님보다 높기 때문은 아니다. 부처님 한 분보다 오랜 세월을 머물게 될 상가 대중이기 때문일 것이다.

그렇다. 부처님께서는 부처님 수명만큼 지내시고 시간이 되면 몸과 마음이 다한 닙바나에 드실 것이다. 그러나 부처님의 가르침은 오래도록 상가에 머물 것이다.

부처님께 보시하러 오는 보시물을 상가에 건네줌으로써 '상가란 부처님께 보시하는 것과 같이 좋은 보시를 할 만한 복전'이라고 후세 사람들이 생각하게 될 것이다. 이렇게 생각해서 네 가지 시주물을 상가에 보시하게 되고, 대중들은 피곤하지 않게 이 교단을 길게 이끌어 나가리라. 이러한 이유로 거절하셨던 것이다.

가사 보시에 관해 바른 대답을 스스로 찾아냈다. 그러나 이번 까삘라 여행의 목적에 대한 것은 생각이 미치지 못했다. 까삘라에서 미처 생각하지 못하던 그 목적을 왜살리 수도에 있는 꾸따가라(Kutakara) 정사에 도착하고 날이 한참 지난 다음에야 알 수 있었다.

부처님의 아버님, 나의 백부님 숟도다나 대왕께서 왕의 위엄을 나타내는 하얀 일산 아래에서 아라한과를 체험하신 다음 태어남이 끝나고 모든 고통이 사라진 곳으로 가셨다. 까삘라 여행은 부왕에게 마지막으로 인사하기 위함이었다.

Therigāthā aṭṭhakathā

로히니 강변의 일

부처님께서는 이미 부왕의 상태를 자세히 아시고 까삘라에 가셨다. 까삘라에 오신 일을 그전에 있었던 일과 비교해 보면 지혜가 있는 이들은 부처님에 관해서 이렇게 생각할 것이다.

그때는 함께 온 비구들이 많지 않아서 사까 왕족이 지어 올린 니로다 정사에 계시지 않고 마하와나(Mahāvana) 큰 숲에 있는 작은 절에서 지내셨다. 왜살리 근처에 마하와나 큰 숲이 있듯이 까삘라(Kapilavatta) 근처에도 큰 숲이 있었다. 히말라야 산의 한 봉우리와 연결된 마하와나는 큰 숲이다.

성안으로 걸식하러 갈 때 상가 대중의 맨 앞에 부처님께서 먼저 가시는 것이 전통이지만, 그날 아침은 우리 상가 대중들만 가야 했다. 부처님께서는 아침 일찍 어디론지 가셨다. 특별한 일이 있으면 이렇게 혼자 가기도 하셔서 우리들은 달리 생각할 필요가 없었다.

성안에 도착하면 모든 일들을 다 알게 될 것이다.

※

우리 사까족의 나라는 영토가 크고 힘이 센 나라들 사이에 있는 작은 나라이다. 꼴리야도 우리들처럼 작은 나라이며 조직도 비슷했다. 우리와 꼴리야 사이에는 로히니라는 작은 강이 하나 흐르고 있다.

작은 두 나라 경제의 바탕은 농업이었으며, 비오는 우기 초에 뿌렸던 벼를 키우기 위해서는 그 작은 강에서 물길을 내고 논에 물을 공급했다. 그 해는 비가 적어서 전처럼 강물이 넉넉하지 못했다. 한편에 물을 넣으면 한쪽은 모자랄 형편이었다. 물을 제대로 대지 못하자 벼 포기들이 누렇게 시들어갔다. 그때 꼴리야 쪽에서 농사짓는 이들이 먼저 말을 시작했다.

"친구들이여! 이 강물을 양쪽에서 나누어서 사용한다면 그 쪽도 넉넉하지 않고 우리 벼이삭도 여물지 않을 것이다. 우리 쪽 벼들은 물을 한 번만 듬뿍 대주면 제대로 익어서 수확할 수 있을 것이오. 그러니 물을 우리에게 모두 주시오."

자기 쪽의 이익만을 생각한 말이어서 까뻴라 쪽 농부들이 허락하지 않았다.

"너희들의 창고에 벼와 쌀이 가득할 때 우리는 고개를 숙이고 구걸해야 한다. 그것을 어떻게 견딜 수 있겠는가? 우리들 벼이삭에도 물을 한 번만 듬뿍 대주면 잘 여물 것이다. 그러니 그 물은 우리가 써야 할 것이다."

"우리들은 못 주겠소."

"우리들도 못 주겠소."

이렇게 말을 주고받다가 마음이 급한 사람이 다른 쪽 사람에게 손을 댔다. 한 사람 한 사람 불길이 건너가자 그 모임은 서로 치고 받는 큰 싸움이 벌어지게 되었다. 그 싸움은 농부들로 끝나지 않고 점점 커졌다. 그리고 양쪽 종족의 자존심을 건드리는 말들이 오고갔다.

"집개, 들개처럼 자기 누이들을 데리고 사는 이들을 우리가 귀히 여기는 줄 아느냐? 그들의 코끼리, 말, 무기들이 우리를 이길 것 같으냐?"

"너희들이 나병을 믿고 싸움을 거는구나. 너희들 나병에 걸린 사람들은 마을에 살 수 없다. 숲으로 들어가서 깔로나무 구멍에서 살아야 한다. 이러한 종족의 코끼리와 말, 무기들을 우리가 두려워 할 것 같은가?"

이미 종족의 자존심을 건드리고 있어 상황은 점점 더 심각하게 되었고 도저히 말로는 풀 수 없었다. 그 옛날에는 사실이었다지만 지금은 전혀 관계가 없는 아픈 상처들이다. 그것들을 건드리자 원한의 불길은 커져만 갔다.

자존심 강한 양쪽 왕족의 상처를 건드린 결과 오래지 않아 로히니 강변 양쪽에는 군대가 마주보게 되었다.

❦

"자, 나서라. 누이들과 같이 사는 이들의 능력을 보여주자."

"자, 올라가자. 깔로나무 구멍에서 승리한 사람들의 힘과 칼을 보라."

어느 쪽도 양보 없이 기세등등한 소리를 지르는 선봉대들 사이가 점점 가까워졌다. 전장에 나온 코끼리와 말들의 울음소리가 귀를 찢었다.

그때 양쪽 선봉장들은 강 가운데의 하늘을 보았다. 이 강은 양쪽 나라의 공동 소유이기 때문에 두 나라의 경계선이며 지금은 서로 차지하기 위해 피 흘리며 죽고 죽이는 싸움을 벌여야 할 장소이다. 고함소리, 신음소리 끝에는 피가 흐를 곳이다.

그곳에 노란 가사를 입으신 분이 나타나셨다. 그 소리는 맑고 분명하고 부드러웠다. 사까족 선봉장은 말했다.

"우리 전체 왕족 중에서 가장 높으신 부처님께서 오셨구나. 우리는 부처님 앞에서 사람 죽이는 것을 보일 수 없다.

꼴리야들이여! 죽이려면 죽여라. 죽이는 것으로 성이 안 풀려 불을 질러 태우려면 태워라. 우리들은 싸움을 벌여서 승리를 취하지 않겠다."

이렇게 한 쪽에서 싸우려는 마음을 버리자, 다른 쪽에서도 무기를 내려놓았다. 무기가 없는 두 손으로 공손하게 합장 올리는 병사들에게 부처님께서는 말씀하셨다.

"너희들은 무엇 때문에 전쟁을 벌이려 하는가?"
"물 때문입니다. 부처님!"

"물이 얼마만큼의 값어치가 나가는가?"

"그 물로 벼를 키워 일 년을 먹을 수 있습니다. 부처님."

"양쪽 병사들의 목숨과 피는 얼마만큼 값이 나가는가?"

"값으로 정할 수 없습니다. 부처님."

"작은 가치의 물 때문에 값을 따질 수 없는 목숨을 잃고 피를 흘리는 것은 적당치 않구나."

양쪽 병사들의 고개는 점점 아래로 내려갔다.

이 은혜를 어떻게 갚아야 하나? 양쪽 대장들은 머리를 맞대고 의논했다. 무기를 가지고 힘을 겨루려던 양편의 우두머리가 의논한 다음 한 가지를 발표했다. 로히니 강변 양쪽에서 500명씩의 사람을 뽑아 비구를 만들어 부처님을 모신다는 것이었다.

이렇게 친척들 앞에 반듯이 서셨던 부처님께서 부왕의 임종시에는 서시지 않으셨다. 강 양편에 넘치는 병사들을 단신으로 막으셨던 부처님께서 죽음의 왕과 벌이는 부왕의 싸움에는 멀리 얼굴을 돌리고 계셨다.

Sutta mahāvagga
Mahā samaya sutta aṭṭhakathā

아들 라훌라

"너의 부모를 사랑하는가? 너의 아들과 딸을 사랑하는가?"

가족이라는 울타리 안에 사는 사람들에게 이렇게 묻는다면 모두 '사랑한다.'고 대답하리라. 그렇다. 한 사람 한 사람 서로 사랑한다면 가족 전체가 더욱 행복하게 살 수 있을 것이다. 한 사람 한 사람 피가 같은 이들이 서로 어긋나서 사랑하는 마음이 없다면 그 가족은 원수가 되어 지내야 할 것이다.

가정의 울타리를 튼튼하게 하고 삶을 더욱 행복하게 하는 가족 사랑을 부처님께서는 허물로 말씀하시지 않았다. 책임지고 사랑하도록 많은 가르침 안에서 보이신다. 하지만 부처님은 이 세상의 가족 사랑만을 지적하신 것은 아니다. 교단이 밝게 번성할 때 교단 안에서도 서로 사랑하도록 말씀하셨다.

"아난다여!

자기의 친척 권속들을 사랑으로 연민히 여긴다면 부처님, 담마, 상가의 세 가지 보배에 또한 목숨 다해 믿도록 가르쳐야 한다."

이 가르침을 펴신 곳은 마하와나 숲 속의 꾸따가라 정사이며, 시간으로는 부왕이 몸과 마음이 다한 닙바나에 드셨다는 소식이 왔을 때이다.

부왕 숟도다나께서 닙바나에 드실 때 그분 곁에는 큰아드님, 작은아드님, 그 누구도 없었다. 뼛속 깊이까지 사무치도록 사랑한다고 했지만 유명하고 이름난 사까족의 남자들은 부처님 곁에 모여 있었다. 까삘라 궁은 벌 없는 벌집 같이 되었다. 교단에서 아직 받아들이지 않았던 여자들만 그분의 곁에 있었을 것이다.

부왕이 가시는 마지막 시간을 부처님께서 지키셨어도 될 것이다. 동생이나 손자를 대신 보내도 되었을 것이다. 그러나 비구가 된 모든 친척과 권속이 얼굴을 돌렸다. 부왕을 향한 사랑과 연민심이 없어서인가? 앞에서 내가 들어 보였던 가르침은 이러한 물음에 대한 대답이 될 것이다.

※

부처님, 담마, 상가의 삼보를 부왕이 목숨 바쳐 믿어온 것은 아들인 부처님 은혜이다. 특별한 닙바나의 행복을 왕의 권위인 하얀 일산 아래서 즐기는 기회를 얻은 것은 아들 부처님이 드린 사랑의 선물이다. 무량한 은혜를 베풀어 낳아주신 부모님께 어느 누가 이보다 더 높은 선물을 줄 수 있겠는가?

한때는 숟도다나 대왕께서도 손자 라훌라 때문에 눈물을 흘렸다.

손자를 사랑하는 것이 살갗과 힘줄, 살을 뚫고 뼛속 골수에 미치도록 파고든다고 말했다. 지금 그 할아버지가 계신다면 손자를 애착 없는 자비심으로 사랑하실 것이다. 집착이 없기 때문에 그 사랑으로 인한 슬픔의 고통이 따르지 않는다. 아버지의 가르침을 땅에 떨어지지 않게 잘 따르며 비구 상가 대중의 사랑을 받는 손자를 즐거운 마음으로 가슴 뿌듯이 바라볼 것이다.

자기들 숙소 안에 어린 라홀라가 들어오면 비구 스님들은 매우 반가워한다. 작은 침대나 의자를 마련하거나 곁에 있는 침대 위에 새 자리를 깔아준다. 더러는 가사를 접어서 머리를 받쳐 주기도 한다. 이렇게 아껴주는 것은 부처님 얼굴을 보아서가 아니라 라홀라의 가르치기 쉬운 마음 때문이다.

라홀라의 마음을 알아보려고 비구 스님들은 그가 멀리서 올 때 빗자루나 쓰레기를 여기저기 던져 놓는다. 라홀라가 가까이 왔을 때 한 비구 스님이 옆의 스님에게 모른 척하고 묻는다.

"스님, 이러한 것을 누가 여기에다 던져 놓았지요?"

"스님, 라홀라가 여기서 돌아다니는 것을 보았습니다. 그가 던져 놓았을지도 모르겠습니다."

그런 말을 듣고도 라홀라는 한 번도 '제가 하지 않았습니다.'라고 대꾸하지 않았다. 곧 흐트러진 물건들을 주워서 제자리에 잘 놓고, 정말로 자신에게 허물이 있는 것처럼 스님들께 용서를 구했다. 그런 그에게서 '나는 부처님 아들'이라는 교만심을 찾을 수 없었다.

모든 스님들께 공손하게 예의를 갖추는 라훌라를 비구 스님들께서 받아들여 예뻐하신다.

형님인 부처님의 아들이자 나에게는 조카인 사미 라훌라, 어른 스님들 가운데서 밝은 얼굴로 지내는 것은 그럴 만한 이유가 당당히 갖추어져 있기 때문이다. 라훌라로 인해서 내가 매우 기뻐했던 일도 있었다.

❀

우리들이 부처님 뒤를 따라 왜살리에서 출발하여 알라와라는 도시에 이르렀을 때 잠시 쉬어가게 되었다. 머무는 도중에는 도시 근처에 있는 잇가하와 정사에서 밤마다 법회를 열었다. 나를 포함한 법사들이 부처님의 가르침을 널리 폈다.

법문이 끝나면 법사 스님들은 자기 숙소로 각기 돌아가 잠을 잤다. 이제 막 출가한 젊은 아기 스님들은 법회를 여는 큰 법당에서 법문을 들으러 온 신자들과 같이 자야 했다.

아직 나이가 어려서 마음 놓고 자던 그 젊은 아기 스님들은 일찍 일어난 신자들 앞에서 보이지 않아야 할 것을 더러 보이게 되었다. 이빨을 뿌드득 뿌드득 갈아대기도 하고 더러는 쿨쿨 소리를 내면서 잠꼬대를 하였다. 일찍이 존경하고 어려워하던 것이 하룻밤 같은 방에서 지냄으로 인해서 경멸로 변하게 되었다. 이것은 신자들과 같이 잤기 때문에 생긴 것이다. 그래서 부처님께서 작은 허물에 속하는 금계를 정하셨다. 그 이후로는 비구가 아닌 사람이 비구 스님과 같이 자는 기회가 없어지게 되었다.

이제 거처할 숙소도 없고 비구도 아닌 라훌라는 어디에서 자야 하는가? 같이 자던 비구 스님들이 어린 사미와 같이 자지 않는 금계를 정하셨다고 말하자 라훌라는 혼자 나갔다.

그렇게 말한 스님에게나 정해놓은 계율에 관해서 한마디의 허물도 말하지 않았다. 또 '정말이냐? 아니면 놀리려는 것이냐?'라는 말조차 없이 전처럼 같이 잘 수 없다는 말 한마디에 곧장 나갔다.

다른 사미들은 이렇게 딱한 처지를 만나면 가까운 곳에 가서 조르기도 할 것이다. 조를 수 있는 사람들도 잔뜩 있었다. 그의 전계사 스승인 사리불 존자도 절 안에 있었고 삼귀의를 일러주었던 목갈라나 존자도 같이 계셨다. 삼촌인 나도 있었으며, 그보다 그의 아버지인 부처님의 숙소도 멀지 않는 곳에 있었다.

※

그러나 라훌라는 누구에게도 가지 않고 부처님께서 사용하시는 화장실에서 혼자서 잤다. 날이 밝은 다음 부처님께서 말씀하실 때에야 모든 것을 알게 되었다. 라훌라가 화장실에서 하룻밤을 보낸 것은 이익이 있었다.

어린 사미들은 비구 스님들과 두세 밤을 같이 자도 된다는 허락을 받은 것이다. 새로 출가한 사미들은 라훌라에게 고마워해야 할 일이다. 우리는 교단에 갓 들어온 어린 새싹들에게 물을 뿌려준 라훌라의 은혜를 잊을 수 없었다.

비구 스님들과 이삼일은 같이 자도 된다는 허락을 얻었을 때 라훌라는 나를 찾아왔다. 내가 삼촌이라는 것 때문에 그가 찾아온 것은 아니다. 예전에 가르쳐 주었던 법문을 다시 외워 보이려고 왔던 것이다.

사미가 되었을 때부터 시작하여 부처님께서는 『꾸마라빤냐』라는 경전을 가르쳐 주었다. 그 경전의 뜻 모두를 알지 못하더라도 기억하라고 가르쳐 주신 것이다. 이것저것 지껄이는 어린아이에게 꼭 알아야 할 법문의 뜻에 가까이 오도록 이끌어 주려는 뜻이 있었을 것이다.

라훌라가 오자마자 삼귀의를 먼저 외우게 하고, 사미들이 지키는 열 가지 계를 조사해 보았다. 그 다음 부처님께서 직접 가르쳐 주셨던 「꾸마라빤냐 숟따(Kumārapanhā Sutta)」 차례가 되어 부처님을 대신해 내가 질문했다.

"라훌라, 하나가 무엇인가?"

"모든 중생들은 영양분을 얻어야만 살 수 있습니다."

"둘이란 무엇인가?"

"몸과 마음(Rūpa, Nama)입니다."

"셋이란 무엇인가?"

"좋고, 싫고, 중간의 느낌(Vedanā) 세 가지입니다."

"넷이란 무엇인가?"

"성스러운 진리(Ariya sacca) 네 가지입니다."

"다섯이란 무엇인가?"

"집착되어 있는 오온(몸, 느낌, 생각, 생각의 구성, 인식 작용) 등 다섯 가지(Upadanakkhanda)입니다."

계속해서 마음이 머무는 곳(Āyadana) 여섯 가지, 깨달음의 요인(Bojjhanga) 일곱 가지, 도의 조건(Magganga) 여덟 가지, 중생들의 견해(Sattavāda) 아홉 가지, 아라한의 공덕 열 가지를 차례차례 묻고 대답했다.

꽃

우리와 같이 지내는 대중들은 라훌라의 마음을 알아보기 위해 여러 가지로 시험해 보았다. 라훌라는 자신이 하지 않은 일을 자기가 한 일처럼 말을 던져도 한 번도 반박하거나 대꾸하지 않았다.

자기에게 해당되지 않는 억지 말을 하더라도 머리 숙이고 받아들이는 라훌라, 만약 '다른 이에게 그렇게 한 적이 있는가?' 하고 묻는다면 '저는 그렇게 말한 적이 있습니다.'고 공손하게 대답할 것이다. 이렇게 대답한다고 해서 그의 공덕이 줄어들 것이라고는 생각지 않는다.

그렇게 사실을 덮어두고 거짓말하던 버릇을 바꾸게 된 것은 우리들 조카, 삼촌 두 사람에게 조금씩 이름만 다를 것이다.

부처님의 말씀으로 사미가 될 때까지 라훌라는 장난꾸러기 아이였다. 아버지 얼굴도 기억하지 못하는 측은한 아이라고 제 어머니가 지극히 아꼈다. 그의 할아버지와 할머니 역시 아비 없는 손자의 기가 죽을까봐 그 아이가 원하는 것은 모두 따라 주었다. 이러한 환경에서 자랐던 한 아이가 금방 그 태도를 바꾸기는 쉽지 않았다.

우리들 역시 부모님이나 어른들이 생각해 주는 만큼 응석을 부린다. 먹고 마시는 것에 까다롭게 굴기도 한다. 원하는 대로 해주도록 거짓의 눈물도 사용한다. 허물이 되는 일을 저질렀을 때 사실을 물으면 얼굴을 돌리고 다른 말을 하기도 한다.

라홀라의 본성은 거짓이나 꾸미는 이가 아니다. 참을 수 없을 만큼 나쁜 점도 없었다. 그래서 법문을 한 번 듣고 난 다음 그의 태도가 바꾸어진 것이다. 장난을 좋아하는 라홀라에게 그의 아버지가 태도를 바꾸게 해준 것은 웰루와나 정사에서이다.

※

어느 저녁 때, 부처님께서 선정(Phalasamāpatti)에서 나오셔서 아들 라홀라가 있는 암발라티까(Ambalaṭṭhika) 정사로 가셨다. 그 정사는 웰루와나 건물들과 이어져 있기는 하지만 대중 스님들이 항상 지내는 곳은 아니다.

대중을 떠나 혼자서 조용하고 자유롭게 수행하는 비구 스님들이 잘 가는 곳이다. 그곳에 라홀라가 있었던 것은 사실은 다른 이를 따라 흉내 내는 것이었다.

그 절에 가서 조용히 앉아 수행하는 비구들을 부처님께서 칭찬하시는 소리를 듣고 부러워서 자기도 그렇게 해보았던 것이다. 그러면 자기 아버지가 자기를 칭찬하시겠지 하고 기다렸다.

이렇게 꾸미는 것은 소리 내지 않는 거짓말이다. 이러한 것을 적절한 시간에 막기 위해서 부처님께서는 그의 바람대로 찾아가셨다.

※

부처님께서 오시는 것을 멀리서 본 라홀라는 자기가 앉았던 자리를 털어서 다시 펴놓았다. 그리고 발 씻을 물도 미리 떠다 놓았다. 펴놓은 자리에 부처님께서 앉으셨을 때, 라훌라는 아름다운 부처님의 두 발을 깨끗하고 시원한 물을 부으면서 두 손으로 정성껏 씻겨드렸다. 발 씻는 일이 끝나자 부처님께서 물 항아리의 물을 조금 떠서 이렇게 말씀하셨다.

"라훌라! 이 그릇 안에 조금 남은 물이 보이느냐?"

"보입니다. 부처님!"

"이렇게 알아라. 라훌라야, 알면서도 거짓말하는 것을 부끄러워할 줄 모르는 이들에게 수행자의 법은 이것처럼 아주 적다."

그리고 다시 물그릇의 물을 남김없이 모두 쏟아버리고 말씀하셨다.

"라훌라야, 조금 남은 물을 모두 쏟아버린 것을 보았느냐?"

"예, 보았습니다. 부처님!"

"이와 같다. 라훌라야, 알면서도 거짓말하며 부끄러운 줄 모르는 이에게는 수행자의 법이 하나도 남지 않은 것과 같다."

다시 부처님께서 물그릇을 엎어 보이며 말씀하셨다.

"라훌라야, 엎어놓은 이 물그릇이 보이느냐?"

"예, 보입니다. 부처님."

"이와 같다. 라훌라야, 알면서도 거짓말하며 부끄러운 줄 모르는 사람에게는 수행자의 법은 모조리 엎어진 것과 같다."

엎어놓은 그릇을 다시 바로 놓으시며 말씀하셨다.

"라훌라야, 아무것도 없는 이 빈 그릇이 보이느냐?"

"예, 보입니다. 부처님!"

"이와 같다. 라훌라야, 알면서도 거짓말하며 부끄러운 줄 모르는 이에게 수행자의 법은 아무것도 없다."

작은 물그릇 하나로 네 가지 비유를 들어 보인 부처님께서는 다시 한 가지 비유를 더 말씀하셨다.

"라훌라야, 한 나라의 국왕이 전쟁을 벌일 때 전쟁터에 나선 코끼리는 앞발로 차면서 싸운다. 뒷발로는 밟아 뭉개고 몸의 앞부분과 뒷부분으로는 밀어서 쓰러뜨린다. 머리로는 위협을 가하고 두 귀로는 화살을 막아내며, 어금니로는 찔러댄다. 꼬리를 휘두르며 이리저리 때린다.

이렇게 몸의 모든 부분을 사용하여 싸우지만, 그 긴 코를 입에 물고 있으면 코끼리가 목숨을 걸고 싸우지 않는다고 말한다. 사실 그 코까지 모두 사용해야만 목숨을 걸고 싸운다고 말할 수 있다. 코까지 모두 사용하여 치고 때리고 용감하게 싸우는 코끼리에게 하지 못할 일과 두려운 일은 없는 것이다."

"그와 같다. 알면서도 거짓말하고 부끄러움이 없는 이에게 하지 않아야 할 나쁜 일은 없다. 나쁜 일이란 모두 행할 수 있는 것이다. 그래서 이 교단 안에서 장난으로 조롱하는 뜻으로라도 거짓말은 하지 않도록 잘 단속하라."

계교나 거짓없이 사실대로 바르게 말하도록 가르치신 것이다.

※

"라훌라야, 몸과 입과 마음으로 업을 지으려고 할 때이거나,

지금 하는 중이거나, 하고 난 다음이거나 이렇게 생각해야 한다.
'나의 이 행동이 스스로를 피곤하고 힘들게 하는가?
다른 이를 피곤하고 고통스럽게 하는가?
자기와 남 모두를 피곤하고 힘들게 하는가?'
이렇게 생각한 다음 피곤하고 고통스럽게 하는 나쁜 태도라면 그 행동을 다시 생각할 여지없이 하지 말아야 한다. 자기와 다른 이, 모두에게 피곤하지 않고 고통스럽게 하지 않는 일이라면 밤이나 낮이나 행하면서 지내라. 좋은 선업을 지어서 즐겁고 기쁘게 지내라. 라훌라야."

쉽게 잘 알 수 있는 수행으로 바르게 하도록 하는 가르침이었다. 그밖에 라훌라가 이 교단 안에서 마음을 잡고 지내도록 자주 말씀하셨던 가르침도 있다.

깜마 오욕락 다섯 가지 대상에
집착이나 탐함이 없이 마음을 끊어
세상에서 떠나 높은 신심으로
이 금생이 마지막이 되도록
모든 고통을 끝내도록 마음을 가져라.

나쁜 것은 막고 선업을 가르쳐 주는
높은 스승님을 의지하여
앉았거나 서 있을 때 사람들 소리와 섞이지 말고

숲 속의 전통대로 편안히 지내며
지혜로 잘 가늠하고 알맞게 막아야 한다.

먹고 입고 지내는 곳과 약,
이 물건들을 사용하되 마음에 집착이 없어야 하며,
갈애가 앞서가는 길은 그른 길,
태어난 이 세상 이것으로 그만,
다시 태어날 길 빨리 서둘러서 피하라.

언제나 가까운 곳에서 가르쳐 주셨던 말씀들이다. 부처님께서 가르쳐 주신 대로 그 동안의 삶에서 라훌라가 배운 것은 갈망을 앞세운 그릇된 걸음이었다. 더듬더듬 도착한 라훌라는 보통의 한 어린아이였다. 그러나 그의 아버지가 이 세상에 삼마 삼붓다라는 이름으로 법의 북을 크게 울리는 때, 부처님 아들이라는 번듯한 얼굴로 왔다.

세상사람들의 전통대로 그 두 사람을 아버지와 아들이라고 부른다. 그러나 우리들 담마의 눈으로 보면 왕궁에서 호사스럽게 자라 겨우 아장거리는 어린 라훌라는 부처님과 아무런 연관이 없었다. 이 교단 안에 들어와서 사미가 되었을 때 비로소 아버지와 아들의 관계가 시작되었다.

Sutta mahā vagga / Mahā samaya sutta aṭṭhakathā

자기를 가장 사랑하는 이

큰 달님 곁에서 빛을 반짝이는 많은 별님에 관한 이야기도 더러 보여 드렸다. 이 별님들과 같이 밝게 반짝이는 다른 별님들도 많이 있다. 그런 분들은 다음에 다시 더 말씀드리고, 여기서는 교단에 뛰어나게 이익을 가져다주신 분들을 먼저 보여 드리려 한다.

빠세나디 꼬살라 대왕은 라훌라에게 큰 도움을 주신 분이다.

"부처님, 제가 조용한 곳에 앉아 있을 때 이런 생각이 떠올랐습니다. '어떤 사람이 자기를 사랑하는 사람이고 어떤 사람이 자기를 미워하는 사람인가?'라고 생각해 보았습니다.

그리고 몸과 마음, 입으로 불선업을 짓는 사람은 자기를 미워하는 사람이라는 대답이 나왔습니다. 그들은 자기를 좋아해서 허물과 불선업을 짓는다고 말하지만 사실 그것이 자기를 사랑하는 법이 아닙니다. 어떤 사람이 자기가 미워하는 사람에게 이익이 없는 일을 하듯이, 자기의 이익이 없어지도록 스스로가 짓는 나쁜 불선업은 자기 자신을 미워하는 것이 됩니다."

"부처님, 몸과 입과 마음으로 선업 공덕을 짓는 이들은 자기를 사랑하는 사람입니다. 그들이 다른 이보다 자기 자신을 사랑하지 않아서 선업을 짓는다고 말하지만, 사실은 좋아하는 사람의 이익을 만들어 주듯이, 자기에게 이익이 되도록 스스로 이끌어 가기 때문에 다른 이보다 자기를 더 사랑하는 것이 됩니다. 부처님."

부처님 앞에서 말씀드리는 빠세나디 꼬살라 대왕의 말이다. 업의 길에 관해서 그의 생각이 미치는 만큼 여쭌 것이다. 그리고 세상일에 대한 말씀을 주고받기도 했다.

"부처님!
사람 사는 세상에서 부귀호사를 크게 누린 다음
잊어버림 없이 알아차리는 사람,
깜마 오욕락에 헐떡이지 않는 사람,
다른 이에게 불선업을 행하지 않는 사람,
이런 사람은 매우 드물고 드뭅니다.

부귀영화를 크게 누린 다음
잊어버리는 사람,
가져도 더 원하는 사람,
늙은 귀신처럼 오욕락에 집착해 헐떡이는 사람,

다른 이에게 법 아닌 일을 행하는 사람이
매우 많고 많습니다."

❦

"부처님, 높은 왕궁 누각에서 말리까 왕비에게 '그대 자신보다 더 사랑하는 이가 있는가?'라고 물었을 때 왕비는 '저 자신보다 더 사랑하는 사람은 없습니다.'라고 대답했습니다.

말리까 왕비의 대답으로 인해 저의 마음은 순간적으로 화가 났습니다. 그러나 말리까가 그와 똑같은 질문을 저에게 했을 때 저의 마음은 조금 편해졌습니다. 말리까는 '자기보다 더 사랑하는 이는 없다.'라고 사실을 대답한 것입니다."

이렇게 자기의 일을 말씀드리기도 했다. 이렇게 자기 마음속에 있는 모든 것을 열어 보이는 빠세나디 꼬살라 대왕도 처음에 부처님을 뵈었을 때는 머리를 숙여 예배드리지 않았다. 그와 절친한 아나타삐인다까(급고독) 장자와 함께 제따와나(Jetavana) 정사에 따라와서 말했다.

"고따마 수행자께서는 '같음이 없는 높고 높은 삼마 삼붓다의 지혜를 얻었다'고 스스로 인정하셨습니까?"

이 교단 밖의 보통 사람들이 부르듯 부처님 종족의 이름으로 불렀던 것을 내가 기억하고 있다. 그럴 때 부처님께서는 정확하게 대답하셨다.

"대왕이시여!

높고 높은 삼마 삼붓다(Samma Sambuddha, 무상정각을 깨달으신 부처님) 지혜를 얻은 사람이라고 사실대로 바르게 말하려면 나 붓다만이 그렇게 말할 수 있습니다."

대답하는 편에서 자세하게 긍정했다. 묻는 쪽은 그 대답 때문에 더욱 헷갈리게 되어 그의 마음속에 비교할 것들이 생겨났다.

❀

"수행자 고따마시여!

뿌라나 까싸빠, 매칼리 고살라, 니간타나따 뿍따, 신사야벨라와 뿍따, 빠꾸다깟싸야나, 아지따께따깐발라 등, 이렇게 큰 스승님 여섯 분이 계십니다.

그 사람들은 브라만 종족에서 태어나 수행자가 되었습니다. 제자들에게 가르침을 내려 주고 있으며 이름이 높아 유명합니다. 자기 자신들의 사상을 새로 만들어 많은 사람들이 그분들을 높고 높다고 생각합니다.

나이와 수행 햇수가 많은 그 스승님들조차 제가 직접 만나서 물었을 때 고따마 수행자 당신처럼 인정하지 않으셨습니다. 당신 고따마 수행자는 나이도 젊고 그들보다 어립니다. 수행자가 된 햇수 역시 많지 않습니다."

나이와 수행 햇수를 능력보다 더 존중하는 사람들의 생각이다. 보통사람으로서 의심하는 대왕에게 높고 높으신 부처님께서 말씀하셨다.

"대왕이시여! 왕족의 왕자가 어리다고 존중하지 않고 예우하지 않고 핍박하는 일은 있을 수 없습니다. 정말로 그런 일을 했다면 그가 왕이 되었을 때 크나큰 형벌로서 갚음을 당해야 할 것입니다.

대왕이여! 독사가 작다고 주의하지 않을 수 없습니다. 작은 뱀이 물더라도 죽음에 이릅니다.

대왕이여! 계율이 단정한 수행자를 어리다고 존경하지 않고 그에게 핍박을 가하지 말아야 합니다. 처자식도 없고 재산도 없으며 번뇌의 모든 뿌리를 뽑아버려서 집착이 없는 아라한이 되어서 공손한 예배를 받기에 적당합니다."

나이와 수행 햇수가 적더라도 능력이 크면 존경받을 수 있다고 말씀하신 것이다. 분명하게 보이는 세상의 비유를 들어주자 빠세나디 꼬살라 국왕은 매우 만족한 마음으로 제자 한 사람으로 여겨줄 것을 간청하였다.

제자가 된 다음 꼬살라 국왕은 제따와나 정사 안에 큰 절 하나를 지어서 선업을 쌓았다. 네 채의 기본이 되는 건물 가운데 '살라라가라(Salaḷāgāra)'라는 건물이 대왕의 공덕으로 이루어졌다.

절을 보시한 꼬살라 국왕은 점점 부처님과 가까워져서 많은 일을 의논드리고 여쭈었다. 부처님의 자비심과 제따와나 정사의 맑은 기운으로 올 때마다 마음이 편안해졌던 것이다.

※

그러나 가끔씩은 편치 못한 일을 만나기도 했다. 꼬살라 국왕은 체격이 몹시 크고 장대하여 먹는 것 역시 대단한 양이었다. 먹는 것과 뚱뚱한 체격이 서로 경쟁하듯이 쌀 한 말 분량의 밥을 한 끼에 다 먹을 정도이다.

그의 배는 보기에 불편할 만큼 불쑥 나왔다. 앉아서 목욕할 때는 불쑥 나온 배가 겹쳐져 도랑처럼 되어서 물이 고여 있었다고 한다. 많이 먹는 것은 그렇다고 해도 그 음식물을 소화시킨 다음에 절에 왔을 때는 그래도 다행이다.

그러나 어느 날 그가 왔을 때는 저녁을 막 끝낸 다음이었다. 마음속에 여쭙고 싶은 것이 있어서 정사로 왔지만 그는 도저히 견딜 수 없는 지경이 되었다. 식곤증이 몰려오자 하품을 끝없이 해댔다. 음식을 가득히 먹은 그 배가 방해되어서 무릎을 내리고 앉아야 할 부처님 앞인데도 다리와 배가 닿아서 도저히 앉을 수 없을 만큼 불편했다.

이에 부처님께서 법문 한 구절을 기억하기 쉽게 만들어서 말씀하셨다.

"음식 먹을 때 주의하고
자기 배의 양을 잘 알아야
건강하고 편안히 오래 살고
늙음과 병이 늦게 온다네."

꼬살라 대왕이 절에 올 때마다 순다사나는 젊은이가 따라왔다. 대왕은 이 정도의 짧은 게송조차 기억하지 못해 순다사나에게 기억하도록 한 다음 왕궁으로 돌아갔다.

다음날 저녁 식탁에 앉았을 때 책임을 맡은 숫다사나 젊은이가 곁에서 기다리고 있었다. 음식을 맛있게 먹는 대왕에게 게송을 외어서 기억을 일깨워 주는 것이다.

그렇더라도 먹기 시작할 때 외우지 않고 끝나갈 때 주의를 일깨워 주었다. 부처님께서 외워야 할 시간을 가르쳐 준 대로 게송을 외우면 대왕이 음식 먹던 손을 거두어들였다.

다음날 또 음식이 조금 남았을 때 다시 게송을 외우면 대왕이 부처님의 가르침을 존중하기 때문에 손을 거두어들였다. 이렇게 조금씩 줄여 한 되가 줄고, 두 되가 줄어갔다.

음식을 줄임과 동시에 대왕의 배도 낮아져서 보기에 적당하고 움직이는 일이 쉬워졌다. 부처님 앞에서 법문을 들을 수도 있게 되었고, 하품하지 않고 오래 앉아서 의논할 수 있었다. 부처님의 가르침으로 현재 이익을 받게 된 꼬살라 대왕은 자기의 몸을 만족하게 쓰다듬으며 기쁘게 말씀드렸다.

"복덕이 크신 부처님이시여!

부처님께서는 아는 것과 행하는 것 두 가지로 이롭게 해주십니다."

먹는 것을 줄여 배가 낮아진 꼬살라 대왕은 전쟁할 때 직접 선두에 서서 이끌 수 있는 데까지 이르렀다. 하루는 전쟁을 승리로 이끈 다음 왕궁으로 곧장 가지 않고 제따와나 정사로 왔다.

그가 왔을 때는 공양 시간이 끝나 부처님께서는 처소에서 쉬고 계실 때였다. 들어가기도 어렵고 그렇다고 다시 돌아가기도 곤란한 대왕이 나에게 와서 도움을 청했으므로 부처님께 들어가서 뵐 수 있는 방법을 가르쳐 주었다.

✽

 꼬살라 왕은 부처님이 계시는 곳으로 발소리를 죽이고 들어가서 문을 살짝 두들겼다. 문이 열리자 대왕은 파두마 연꽃 같은 부처님 두 발에 머리를 대어서 발가락에 입을 맞추고 손으로는 정성스럽게 쓰다듬었다. 꼬살라 왕이 신심으로 존경하는 마음을 조용히 받으시던 부처님께서 물으셨다.

 "대왕이시여!

 어떠한 이익과 은혜를 보았기에 이 몸에 특별하게 존경함을 드러내는가? 어찌하여서 이렇게 지극한 정성을 보이는가?"

 "부처님이시여!

 부처님께서는 많은 사람들의 이익을 키우게 해주시며 번영하도록 이끌어 주십니다. 사람들에게 행복과 편안함이 많도록 이끌어 주십니다. 많은 이들이 선업 공덕 짓는 것을 즐거워하도록 설해 주십니다. 이러한 은혜를 제자 스스로 직접 체험하였기에 이렇게 특별한 존경을 드립니다. 부처님을 좋아하고 공경을 드립니다."

 꼬살라 대왕은 정말로 존경하는 마음으로 정성스럽게 말씀드렸다.

 그에게 이익된 은혜는 부처님의 가르침으로 가벼워진 그의 몸도 포함되었을 것이다.

나의 친구 로사

꼬살라 대왕처럼 부처님을 처음 뵐 때 가볍게 생각했던 이가 말라국의 왕자 로사였다. 로사(Rosa) 왕자와 나는 출가하기 전부터 친한 사이로 춥거나 더운 것을 함께 나누던 어릴 때부터 가까운 친구였다.

부귀와 재산과 권력만이 인생의 목표라고 생각하던 로사 왕자는 우리 교단에 관해서 조금도 흥미가 없었다. 부처님께서 직접 그들이 사는 곳인 꾸시나(Kusina) 도시에 가신 적이 없었으므로 나 역시 수행자 비구로서 그곳에 간 적이 아직 없었다.

그가 가끔씩 보내오는 편지를 보면 세간의 일들만 중요하게 여겼기 때문에 가고 싶은 생각이 별로 없었다. 제따와나 정사에서 한동안 쉴 때 그가 편지 한 장을 보내왔다.

만나지 못한 지 오래 되어서 보고 싶을 뿐 아니라 중요한 일 하나를 친구끼리 모여 머리를 맞대고 의논하고 싶다고 간곡하게 쓰여 있었다. 이전에 왔던 편지들은 별로 주의할 것이 없었지만 이번 편지는 그렇지 않았다.

 매우 중요한 일을 친구끼리 의논하고 싶다는 말에 마음이 움직였다. 한평생 서로의 목표가 다르지만 친구는 친구였다. 친구로서 춥고 더운 것을 함께 했던 우정이 지금까지 살아 있는 것이다.

 삶이 서로 다르고 사는 곳이 멀리 떨어져 있지만 두 사람을 한 덩어리로 묶어줄 수 있는 힘은 바로 서로에 대한 짙은 우정에서 나오는 것이 아니겠는가?

 그러한 충동으로 나는 부처님께 가서 친구의 일로 꾸시나에 가고 싶다고 말씀드렸다. 부처님께서 잠깐 빙긋이 미소 지으시면서 가는 것을 허락하셨다.

❀

 살아오면서 그분의 웃음을 가끔씩 뵈었다. 어느 한 곳에서 미소를 지으실 때는 미소 짓는 이유에 대해 참지 못하고 여쭈었었다. 그러나 이때는 입에 풀을 바른 듯이 다물고 떠나왔다. 제따와나 정사에서 멀리 떠나왔을 때 비로소 웃으시던 원인을 알고 싶은 생각이 크게 일어났다.

 로사 왕자의 편지에 매우 중요한 일이라고 했다. 그 중요한 일에 대한 두려움과 기대감으로 기을 나선 것이다. 혹시나 이 교단에 들어와 의지하려는 것일 수도 있고 이 교단에 관해서 듣고 싶고 알고 싶은 것도 있을 것이다. 그렇다면 이 교단을 위해서 다행한 일일 것이다. 그런데 형님께서는 무엇 때문에 미소를 지으셨을까?

생각으로 대답을 얻지 못했던 이 문제가 생각이 떨어졌을 때는 저절로 드러났다. 그때는 미소 다음에 웃음이 따랐다. 그 중요한 일을 내가 내 편에서만 생각했던 것처럼 친구 로사 왕자 역시 그 쪽의 생각으로는 중요한 일이었다.

절친한 친구 두 사람, 한 사람은 물들인 노란 가사를 입고 한 사람은 희고 붉은 무늬의 옷을 입고 있었다. 한 사람은 고향의 자기 마을에 있으며, 한 사람은 발길 가는 대로 구름처럼 떠돌아다닌다.

이렇게 서로의 인생길이 다른 두 친구를 로사 왕자는 합치고 싶어했다. 어릴 때부터 원했지만 이루어지지 않은 생활이었다. 그래서 오랜 세월 원해 왔던 것을 오늘 전부 윤곽을 드러내 보였다.

"마하테라님, 제가 가진 목숨 있는 재산과 목숨 없는 재산, 그리고 보배들을 보십시오. 오늘부터 이 모든 재산을 우리 두 사람 몫으로 생각하십시오. 모든 재산을 고르게 반으로 나누어 우리 두 사람이 같이 사용하면서 삽시다.……"

친구 로사 왕자가 크고 중요하게 생각했던 일이 나에게는 미소 지을 수 있는 약 한 그릇 정도였다.

이렇게 우리 교단과는 거리가 먼 로사도 그들의 도시에 부처님께서 가셨을 때는 크게 환영 행사를 열었다. 성안의 남녀노소들 앞에 서서 거창하게 맞이했다. 내게 가장 친하였던 친구가 이렇게 크게 환영해주자 떳떳했다. 같이 지내는 대중들 가운데서 얼굴이 환해질 정도였다.

부처님과 한 번도 만나지 못했지만 내가 잘 말했기 때문에 마음이 바뀌었다고 대중들은 생각했다. 그들의 생각이나 짐작을 지나서 나 자신도 그들 생각대로 따라갈 정도였다.

그러나 부처님 앞에서 이러한 것을 말씀드렸다면 틀림없이 웃음거리가 될 것이다. 환영 잔치가 끝나고 나를 찾은 친구를 기쁘게 맞아서 서로 인사를 나눌 때였다.

"친구 로사여!

부처님을 환영하는 행사가 매우 화려하고 거대합니다."

✿

거대하게 치른 이유가 있었다. 사실 그는 부처님, 담마, 상가 등 삼보에는 별로 관심이 없었다. 친척들의 의견을 반대하지 못해서 환영한 것뿐이다. 그 종족들 모임에서 부처님을 환영하지 않으면 벌금 500냥씩을 거둔다고 약속이 되어 있었기 때문이다.

가까운 친구라고 사실대로 다 말하였지만 그 말을 들어야 하는 내 마음은 편치 않았다. 가장 친한 친구 한 사람이 큰 교단 전체를 쉽게 생각하고 대강 말할 때 얼굴을 들지 못할 만큼 참을 수 없는 마음의 고통이 전해왔다.

나의 생각과는 너무나 거리가 먼 친구 때문에 생겨나는 마음의 고통들은 우정만으로 치유되지 않았다. 그 우정의 힘으로 가장 사랑하는 친구 한 사람을 이 교단과 가까워지도록 해야 할 것이다. 이 일은 나의 힘만으로는 부족하였으므로 나보다 천배 만배 힘이 크신 부처님께 가까이 갔다.

"부처님! 제 친구 로사는 말라국에서 유명한 왕자입니다. 이 교단에 그런 사람이 귀의하면 많은 이익이 있을 것입니다. 그래서 로사가 이 교단을 믿어오도록 해 주십시오. 부처님."

"아난다여! 이 일은 나에게 그리 어려울 것이 없노라."

내가 여쭌 것을 받아 들이셨기 때문에 나는 그곳에서 나와 문을 살짝 다시 닫았다. 그리고 오래지 않아서 교단 전체를 대강대강 말하던 로사가 빠른 걸음으로 도착했다. 그리고는 있는 대로 대문들을 열고 살펴보았으며, 만나는 스님들께 한 번씩 여쭈었다.

"스님, 제가 부처님을 뵙고 싶습니다. 지금 부처님께서는 어디에 계십니까?"

로사는 마치 엄마소를 잃은 아기 송아지처럼 부처님을 찾아다녔다. 수행의 힘이 크신 부처님의 자비가 그의 전부를 덮은 것이다. 내 일생 가운데 가장 힘나고 만족스러운, 가장 존경하는 신통의 한 가지이다.

"로사 신도님, 저기 대문이 닫힌 절이 부처님이 계신 곳입니다. 저 계단으로 발자국 소리를 내지 말고 조심해서 걸어가서 대문을 조용조용 두들기십시오. 당신이 들어오도록 부처님께서 허락하실 것입니다."

근처에 있던 스님 한 분이 가르쳐 준 대로 따라서 로사가 부처님 발밑에 엎드려 예배할 수 있는 기회를 얻었다. 그때 나는 형님께서 쓰실 목욕물을 준비하며 멀리서 건너다 볼 수 있었다. 물을 가득히 채워서 건물 안에 들어갔을 때 로사가 말했다.

"부처님! 제자가 청하옵니다.

부처님께서 공양·절·가사·약, 이 네 가지 물건을 저에게서만 받으시게 하고 싶습니다. 다른 사람에게서 보시 받으시게 하고 싶지 않습니다."

그의 얼굴과 태도를 볼 때 자랑하거나 허풍의 그림자가 없었다. 그분께서 설해 주신 법에 따라서 차례로 여쭙는 것으로 보아서 성인의 지혜를 바르게 얻었다는 것을 짐작할 수 있었다.

"로사여! 수행해야 할 길의 끝에 이르지 않은 사람이, 성스러운 지혜를 얻지 못한 사람이, 다른 이의 보시를 막으려 한다. 그러므로 너에게서도 보시 받을 것이다. 다른 이에게서도 보시 받을 것이다."

높은 신심이 흔들리지 않도록 키를 잡아 방향을 정해주셨다. 그분의 말씀대로 꾸시나가라 성안의 사람들이 돌아가면서 차례대로 훌륭하고 맛좋은 음식을 만들어 공양을 올렸다.

다른 사람들이 즐거운 마음으로 정성껏 공양을 올리는 동안 늦게 신청을 한 로사는 한없이 자기 차례를 기다려야 했다. 일찍 공양 신청을 한 이들이 많았기 때문에 어느 날에나 자기 차례가 될지 짐작도 못했다.

그래서 로사는 공양 올리는 곳마다 가서 자세히 살펴보았다. 음식 공양을 올릴 차례가 돌아오지 않으면 마실 것이라도 올릴 수 있을 것이라고 생각했기 때문이다.

드디어 그가 바라던 한 가지를 생각해 냈기 때문에 로사는 나에게 가까이 왔다.

"스님, 제가 사람들이 공양 올리는 곳에 가서 자세히 살펴보았을 때 갖가지로 훌륭하게 준비한 음식들을 보았습니다. 그러나 그중에서 싱싱한 야채와 떡을 보지 못했습니다. 그 두 가지를 준비해서 올리면 부처님께서 받아 주시겠습니까?"

"로사여! 이 사실을 부처님께 여쭈어 보겠습니다."

내 권한이 아닌 일이어서 이렇게만 말하고 부처님께 가서 여쭈자 허물없는 음식이어서 허락을 하셨다. 친구로 인해서 우리 대중 스님들이 먹을 수 있게 허락된 이 두 가지 외에 또 얻은 것도 말해야겠다.

꾸사나국에 있을 때 로사는 무역 일로 여행을 가야 했기 때문에 코마(Khoma)국에서 만든 천들을 나에게 맡겨두었다. 그의 집에 두기가 불안해서가 아니라 필요하면 쉽게 사용하라고 맡겨놓은 것이다.

그때는 보통으로 생각하고 받아 두었는데 지금 이 천으로 가사를 지으려는 생각이 떠오르자 마음에 미심쩍은 생각이 들었다. 이 천을 맡긴 로사는 아주 가까운 친구이다. 재산 모두를 반으로 나누어서 주겠다고 했지만 이 천까지도 넣어서 반으로 계산했다고는 생각되지 않았다.

필요하면 사용하라고 말했지만 '드립니다. 가지십시오.'라고 말하지는 않았기 때문에 막상 사용하려고 생각하자 주저하게 되었다. 스스로 결정하지 못하고 부처님께 말씀드렸다.

"비구들이여!

만나 본 적이 있는 친구거나 함께 먹고 마셔 본 적이 있는 친구, 물건 주인이 살아 있는 가운데 내가 사용하면 주인이 기뻐할 것이라고 믿는 친구, 이 다섯 가지가 갖추어진 비구에게는 그 친구의 물건을 사용할 수 있도록 나 여래가 허락하노라."

친한 이들의 물건에 관해서 마음에 부담되는 부분을 정리해 주신 말씀이었다.

Vini mahāvagga
Bhesajjakhandhaka
Rojamallavatthu

가까운 친척 같은 의사

내 마음에 미소를 짓게 하는 공덕 가운데 야타와디 다타까리(Yathāvādi tathakārī)의 공덕도 들어있다. 거룩하신 형님의 특별한 공덕 중 한 가지이다. 행동과 말, 말하는 것과 행동으로 옮기는 것, 이 두 가지 모두가 고르다는 뜻이 있다.

비구 대중들에게 연민심을 키우도록 말씀하셨던 부처님께서 그분 스스로도 높은 연민심으로 간호하셨던 일 한 가지를 말해주겠다. 제자 대중 모두를 위해서 귀한 본보기를 보이신 것이다.

어느 곳에 도착하든 하루에 두세 번 정사를 고루 돌아보는 일이 나에게 주어진 책임 중 한 가지이다. 비구 스님들에게 적당하지 못한 일들이 있다면 빠른 시간 안에 고칠 수 있도록 부처님께 말씀드릴 수 있게 하기 위해서였다.

그날은 부처님께서 직접 앞장서서 가셨다. 정사의 한쪽 끝에 있는 작은 집 하나에 가까이 갔을 때 썩는 냄새가 났기 때문에 발걸음은 자연히 그곳으로 향했다.

썩는 냄새가 지독히 나는 그 작은 집으로 부처님께서 들어가셨기 때문에 나도 바싹 따라갔다. 그 집의 맨 흙바닥에서 병이 난 비구 한 사람이 누워 있었다. 환자의 대소변이 그의 몸에 더덕더덕 붙어 있었고 그 환자는 고통에 몸부림치고 있었으나 그를 간호하는 이는 커녕 물 한 그릇 줄 사람도 없었다.

"아난다, 가서 물을 길어 오너라. 이 비구를 씻겨 주어야겠다."

"예, 알겠습니다. 부처님!"

말씀대로 물을 길어 오고 환자 비구를 의자에 기대 앉혔다. 부처님께서 머리 위에 물을 부어주시고 나는 그의 몸에 달라붙은 것들을 씻어서 닦아냈다. 그의 몸을 깨끗이 닦은 다음 사람들이 없는 곳에 가서 빨려고 가사를 뭉쳐 놓았다.

목욕이 끝난 비구에게 새 가사를 둘러준 다음 그를 침대 위에 눕혀야 했다. 부처님께서 머리를 들어주시고 내가 발을 들어서 침대로 옮겼다.

그 다음 상가 대중의 모임에서 부처님께서 그 일을 말씀하셨다.

"비구들이여, 저쪽 끝 작은 집에 병이 난 비구를 아느냐?"

"알고 있습니다. 부처님!"

"그를 간호하는 이가 있느냐?"

"한 사람도 없습니다."

"어째서 한 사람도 없는가?"

"그가 남을 간호하거나 도와준 일이 없기 때문입니다. 부처님."

"비구들이여! 너희들이 건강하지 못하여 병이 났을 때 간호해 줄 부모 친척이 옆에 없다. 너희들 서로가 간호하고 도와주지 않으면 누가 와서 도와주겠는가?"

"비구들이여, 나 붓다를 간호하고 시봉하고 싶은 이는 환자 비구의 시중을 들어주어라."

❦

교단의 생명을 길게 연장해 주는 가르침이다. 이 교단에 머물러 있는 사람 누구에게나 부처님 시중을 들어 드릴 수 있는 기회를 얻을 수 있도록 가르쳐 주신 것이다.

병이 나서 건강하지 못한 이들에게 큰 연민심으로 간호해 주는 이들이 부처님 가르침을 잘 따르는 것이다. 그렇게 부처님의 가르침을 잘 따르는 것은 부처님께 직접 시봉해 드리는 것과 다름없는 선업을 키우는 것이다.

그렇다. 고향을 떠나 도시로 마을로 산으로 숲으로, 바람처럼 구름처럼 다니는 우리 수행자들에게 부모 형제들이 언제나 같이 있어 줄 수는 없다. 그래서 스님들끼리 서로 가족처럼 생각하고 병이 난 이들에게 적당한 약을 찾아서 치료해 주어야 한다.

❦

이렇게 서로 가족처럼 지내는 우리들에게 따까실라(Takksila,

인도북부 탁실라)에서 돌아온 의사 지와까(Jīvaka)는 상가 대중 스님이 아니면서 친척처럼 가족의 한 사람이 되었다.

그가 자기가 태어난 라자가하로 돌아왔을 때 의사 지와까의 명성은 순식간에 널리 퍼졌다. 이렇게 바로 명성을 드날리게 된 것은 치료를 잘 하는 것 한 가지 때문만이 아니라 자기를 자식처럼 잘 길러준 아바야 왕자의 은혜를 도착하자마자 갚은 일로서 잘 알려졌기 때문이다.

따까살라에서 의술을 배우고 돌아가는 지와까에게 그의 스승님은 여비로 겨우 먹을 것 정도만 마련해 주었다. 그 동안 자기가 배운 지혜를 스스로 완전하게 발휘하도록 하게 하기 위해서였다. 그 스승님의 바람대로 지와까는 충분히 능력을 폈다. 여행 도중 따께따(Sāketa) 도시에서 오랜 세월 머리가 아픈 고질병이 있는 장자의 부인을 보고 단 한 번의 치료로 고쳐 주었던 것이다.

그 장자의 부인은 매우 엄격한 사람이었다. 아무리 허술한 물건도 쓸데없이 버리거나 낭비하는 적이 없었다. 아무리 값어치 없는 작은 물건이라도 그것이 적당하게 사용되어야만 만족해 하였다. 머리가 아픈 것을 치료하기 위해 여러 가지 약을 섞어서 코 속에 집어넣던 버터를 입으로 다시 토해냈을 때에도 하인들에게 솜으로 닦아서 모아 놓았다가 하인들이 발이 아플 때 바르거나 불을 피울 때 사용하도록 지시했다.

이렇게 꼼꼼하고 낭비 없는 장자 부인도 의사 지와까에게는 치료비를 그에 걸맞게 드렸다. 장자의 부인이 황금 사천 냥을 내놓았고, 그의 아들이 사천 냥, 며느리가 사천 냥, 장자가 사천 냥을 드렸다. 지와까는 그 일만 육천 냥을 가지고 와서 자기를 길러준 아바야 왕자께 한 푼 남김없이 모두 드렸다.

❦

나이가 들어가면서 약에 관해서 매우 뛰어난 지혜를 가졌던 의사 지와까는 사실 기생의 아들이었다. 기생이라고는 하지만 몸을 파는 기생은 아니었다.

얼굴이 너무 예뻐서 유명한 이웃 나라의 왕들과 거부 장자들이 서로 다투어 결혼을 신청하는 바람에 나라의 위기를 느낀 왕이 명령으로 그 나라를 대표하는 기생으로 지정한 것이다. 그를 사는 값도 하루에 황금 백 냥으로 정해 놓았다.

그 기생 살라와디(Sālavatī)는 어느 유명한 왕과 하룻밤을 지내 지와까를 임신하고는 병을 핑계로 다른 사람들과 만나지 않았으며 아이를 낳자 한 곳에 갔다 버렸다.

그 업에 알맞게 아바야 왕자가 아침 일찍 밖에 나갔다가 까마귀들이 둘러싸고서 시끄럽게 짖는 것을 보고 궁금하게 생각해 살펴보다가 갓 태어난 어린 아기를 주워 잘 길렀다.

특별하게 까마귀 사이에서 목숨이 살아 있었기 때문에 지와까(살아 있다)라고 이름 지었다. 목숨만 살려준 것이 아니라 어른이 되도록 잘 키워준 아버지에게 이렇게 은혜를 갚은 것을 듣고 사람들마다 착하다고 '싸~두'라고 칭찬해 주었다.

의사 지와까가 왔으므로 우리들은 약에 관한 일에 대해서 이러쿵저러쿵 걱정할 필요가 없었다. 그 병과 그 약이 맞는지 아닌지 하고 더듬거릴 필요가 없어진 것이다. 부처님과 우리 상가 대중의 건강에 관한 것을 의사 지와까가 모두 책임져 주었다.

부처님을 존경하는 지극한 신심으로 우리 상가 대중 스님들까지 돌보아 주게 된 것이다. 부처님의 친척, 상가 대중의 친척이 된 지와까는 빔비사라 왕에게서도 중요한 책임 한 가지를 맡았다. 왕과 함께 왕궁 안의 모든 사람들을 치료하는 왕실의 전문의가 된 것이다.

그래서 의사 지와까는 바깥 일반사람들을 치료해줄 기회가 거의 없었다. 그때 라자가하 도시 주변에는 나병이 많이 번졌다. 고름이 생기는 종기, 흰 점이 생기는 병, 가려운 피부병, 기침과 간질병들도 널리 퍼졌다. 의사 지와까에게 치료받기가 어려운 사람들이 나중에는 무더기로 비구가 되었다.

일반인으로서는 치료하기 어려운 난치병도 비구 환자가 되면 치료를 받을 뿐만 아니라 먹는 것에서부터 입는 것까지 모든 시중을 잘 받았다.

그들이 그렇게 편해진 반면 지와까 의사의 책임은 막중해졌다. 치료만으로 끝나는 것이 아니라 환자에게 적당한 음식을 시간 맞춰 먹여야 하고 시중드는 스님들에게도 공양을 올려야 했다. 살기가 어려워서 온 비구들은 신심이 있는 것도 아니고 얻는 대로 만족할 줄도 모르며 이것저것 원하기만 했다. 그들이 원하는 것을 충분히 해주기 위해 하루는 왕궁에 연락을 해야 했다. 왕궁에 가서 치료해야 할 시간을 맞출 수 없었기 때문이다.

책임을 다하지 못했기에 왕은 화를 내기도 했다. 그러나 의사 지와까는 이 정도로 마음 상하지 않았다. 그보다 더욱 한심한 것은 의사 지와까에게 치료받은 다음 다시 환속하는 사람들이었다.

그리하여 진실로 높은 신심과 선의로 출가하는 사람들조차 의심 받게 되는 일이 생기자 지와까는 이 일을 부처님께 말씀드렸다. 다섯 가지 중병이 있는 사람은 스님을 만들어 주지 말 것을 여쭈었고 부처님께서도 그 말을 받아들였다.

그래서 스님이 되려는 이에게는 먼저 이러한 병이 있나 없나 조사하는 질문을 하게 된 것이다. 의사 지와까가 여쭌 대로 하여 우리 상가 대중들은 보기에 깨끗해졌다. 사람들이 보기 좋지 않은 것에서 벗어났다. 그밖에도 떨어지고 낡아 헤어진 누더기 가사에서 벗어날 수 있는 기회 역시 의사 지와까의 공덕이었다.

❧

이렇게 교단에게 은혜를 주기 위해서 의사 지와까는 목숨과 능력을 다해서 노력했다. 싼따 빤소다 왕의 칼날 아래서 겨우 벗어나는 위기도 있었다. 그 왕의 원래 본 이름은 빤소다 왕자였다. 심하고 거침없이 화를 내기 때문에 원래 이름 앞에 싼따(Canta)라는 별명이 붙게 된 것이다.

아완띠(Avanti) 나라를 다스리기 때문에 옥새니(Ujjeni) 성에 왕궁이 있었다. 옥새니 수도는 라자가하 수도와 서로 대사를 교환할 정도로 사이가 좋았다. 그 싼따 빤소다 왕이 대사를 통해 빔비사라 왕에게 도움을 청했기 때문에 의사 지와까는 옥새니 성으로 가야 했다.

모든 약에 관해서 지혜가 특출한 의사 지와까에게 병에 관해서 모른다는 두려움은 없었다. 그러나 이 왕의 병은 생각보다 어려운 것이었다. 빤소다 왕의 몸과 손, 얼굴을 살펴본 것만으로도 그들 스스로는 이름도 알지 못하는 병을 의사 지와까는 자세하게 알 수 있었다. 병을 안 다음에는 치료할 약도 있었다.

그러나 중요한 것은 그 약을 먹이는 것이 어려운 일이었다. 이 병을 치료하기 위해서는 버터를 써야 하는데 이 병의 환자는 절대로 버터를 안 먹을 뿐 아니라 냄새조차 맡지 못하는 것이었다. 치료는 하되 버터가 안 섞인 약을 만들라고 말하는 것이었다.

의사 지와까, 어떻게 해야 하나?

※

빔비사라 대왕이 직접 책임을 맡겨서 보냈으니 이 병을 치료하지 않고 그냥 라자가하로 돌아갈 수는 없는 일이었고, 병을 치료하자니 환자가 약을 거절한다.……

의사 지와까는 지혜롭게 처신해야만 했다. 목숨이 달려 있는 문제이니 조용히 몰래 준비하기 시작했다. 그 다음 약을 빨리 주지 않고 빤소다 왕에게 미리 허락을 받아 놓았다.

"대왕이시여, 저희 같은 의사들은 필요한 약을 만들 때 별자리의 시각을 잘 살펴서 찾습니다. 별자리가 적당한 시간을 찾기는 어렵지 않습니다만 약을 찾으러 나가는 데 적당한 수레를 사용할 수 있도록 허락해 주십시오. 성문을 들어오고 나가는 데 자유롭게 어느 시간에나 사용하도록 허락해 주십시오.

별자리가 적당한 시간을 놓치지 않도록 제가 원하는 시간에는 언제나 통행할 수 있도록 허락해 주시기 바랍니다."

"의사 지와까여! 당신이 필요한 것은 무엇이든지 허락하겠소. 다만 버터가 안 들어간 약만 준비해 주시오."

닥쳐올 위험을 벗어나기 위해서 여러 가지를 치밀하게 준비한 다음 지와까는 만들어 놓은 약을 먹게 했다. 그리고 나서 곧장 받다와디까라는 코끼리를 타고 떠났다.

빤소다 왕이 소유한 코끼리 중에 가장 빠른 코끼리를 골라 놓았던 것이다. 지독하게 화를 잘 내는 왕의 칼날에서 벗어나 달아나던 의사 지와까는 꼬삼비 도시에서 잠깐 쉬었다.

한 정자에서 준비해 온 점심을 먹고 있었을 때였다. 그 의사 앞에 왕의 무사 중에서 가장 발이 빠르다는 까까(Kaka)가 떡 버티고 섰다. 도깨비와 닮았을 정도로 크고 억세고 무시무시하게 생긴 장사였다.

"의사 지와까 선생님, 빤소다 대왕이 당신을 모시고 오도록 나를 보냈습니다."

까까가 낮은 소리로 그의 임무를 말했다. 더 이상 말이 필요 없이 크고 날카로운 칼을 꽉 잡고 있는 그의 모습은 보기만 하여도 그 다음에 무슨 일이 생길지 지와까는 짐작할 수 있었다. 이러한 일이 생길 것이라고 일찍이 대비했다.

아무리 다른 냄새가 나는 여러 가지 약을 섞어 냄새를 바꾸었지만 트림이 날 때에는 버터냄새가 그 본성을 드러낼 것이다. 이때 싼따 빤소다 왕은 그 이름에 걸맞는 화가 터져 나올 것이다. 그래서 미리 기회를 보아서 위험이 없는 곳으로 떠나온 것이다.

❀

버터에 관해서 감쪽같이 처리했던 지와까도 발 빠른 까까를 주의하지 않았다. 그 도깨비 같은 사람이 지금 한 손에 칼을 치켜들고 자기를 불러내고 있다. 가지 않겠다고 하거나 조금이라도 미심쩍어 보이면 이 자리에서 두 토막이 날 것이고 따라가자니 목숨을 보장할 길이 없었다.

"당신이 원하는 대로 따라가겠소 그런데 먹던 밥이나 마저 먹도록 조금만 기다려주시오. 여기에 밥과 반찬이 많이 있으니 당신도 배가 고프면 나와 같이 먹고 가도록 합시다."

벗어날 길을 생각하면서 일부러 까까와 같이 먹자고 청했다. 지와까가 청하는 대로 까까가 같이 먹는다면 살길은 생길 것이다. 그러나 그것도 싼따 빤소다 왕이 미리 짐작했었다.

"용서해 주십시오. 의사 선생님, 빤소다 대왕이 저에게 자세히 당부했습니다. 저는 선생이 주는 것은 무엇 하나 먹고 마실 수 없습니다."

벗어날 길 하나가 막혀버린 것이다. 그러나 의사 지와까는 표정을 흩뜨리지 않고 먹던 밥을 그대로 양껏 먹었다. 그리고 레몬 한 개를 물 한 그릇에 짜 넣고 마시다가 말했다.

"까까여, 빨리 달려오느라고 매우 피곤하겠구려. 갈증도 나겠지. 자, 이것으로 갈증을 풀도록 하시오."

먹던 레몬 물그릇을 그에게 건네주었다. 의사 선생 자기가 마시던 물그릇이니 무슨 위험이 있겠나 하고 믿은 까까는 그 물을 벌컥벌컥 들이켰다. 더운 날씨에 달려오느라 몹시 갈증이 났었던 참이었다.

까까의 위장에 들어간 순간 그 물은 위력을 발휘했다. 그 물 스스로의 능력이 아니라, 손톱 사이에 넣어 두었다가 몰래 털어 넣은 약이 능력을 보인 것이다. 주르륵 주르륵 설사하는 까까와 함께 코끼리를 남겨놓고 의사 지와까는 위험도 없고 원수도 없이 고향 라자가하로 혼자서 돌아올 수 있었다.

트림이 날 때는 화가 솟구쳐서 의사를 잡으라고 보냈던 빤소다 왕도 병이 사라지자 은혜를 알게 되었다. 그래서 시위국에서 나오는 비단 일만 필을 병을 고쳐 준 치료비로 보냈다. 사람들이 짤 수 있는 비단 중에서 가장 부드러운 천이어서 보통사람들에게는 어울리지 않는다고 의사 지와까는 생각했다.

그래서 일부는 빔비사라 대왕에게 선물로 드리고, 얼마만큼은 부처님께 보시하려고 생각했다. 그러나 한 가지 어려운 것은, 그때까지 부처님께서는 누더기 가사만 허락하신 점이다. 신남 신녀들이 보시한 좋은 가사를 허락하지 않았을 때이다.

상가 대중에게 허락하지 않은 가사를 부처님께서도 보시 받지 않을 것이기 때문에 기회를 기다리던 의사 지와까에게 어느 날 그때가 왔다.

❀

변비가 심하던 부처님을 치료해 드리면서 기회가 생긴 것이다. 변비가 사라지도록 치료하는 방법으로 의사 지와까는 먹고 마시는 약을 쓰지 않았다. 부처님을 위해서 특별히 준비한 냄새 맡는 약을 연잎에 발라서 처방문과 함께 부처님께 올렸다.

"부처님! 이 첫 번째 연잎을 냄새 맡으시면 열 번 화장실에 가실 것입니다. 두 번째 연잎과 세 번째 연잎도 이와 같습니다."

의사 지와까가 가르쳐 준 대로 첫 번째 연잎을 냄새 맡으시고 열 번 화장실에 가시고, 두 번째 연잎을 냄새 맡으시고도 정확하게 열 번을 화장실에 가셨다. 세 번째에는 한 번이 모자랐다. 그때 부처님께서 말씀하셨다.

"아난다여, 더운 목욕물을 준비해라."

그리고 나서 나머지 한 번도 마저 다녀오셨다. 서른 번을 채우고 나서 변비는 깨끗이 사라졌다.

나와 함께 이야기할 때마다 이 사실을 의사 지와까는 매우 만족하게 말한다. 약을 바른 연잎을 올릴 때 잊어버리고 마지막 차례인 더운물로 목욕하실 것을 일러드리지 못했었다.

이러한 자기의 실수를 부처님께서 스스로 아셨기 때문에 의사 지와까는 매우 기뻐했다. 존경심이 넘치는 초기에 그는 더욱 존경하게 된 것이다. 변비가 끝났을 때 부처님께 아주 훌륭한 음식을 공양 올린 다음 의사 지와까는 말씀드렸다.

❀

"부처님! 제자에게 상 한 가지를 내려 주십시오."

"지와까여, 나 부처님에게는 줄 상이 없노라."

"부처님! 도시나 마을, 보석 등의 상을 원하는 것이 아닙니다. 이 교단을 위해서 이익이 있으며 허물이 없는 상입니다."

"지와까여, 그러면 원해 보라."

"부처님께서는 지금까지 누더기 가사만 사용하십니다. 비구 대중 스님들께도 헌 천으로 만든 누더기 가사만 허락하셨습니다.

제자에게 있는 시위 나라에서 만든 비단 천들을 부처님께서 보시 받아 주십시오. 부처님께서 사용해 주십시오. 상가 대중 스님들도 신남 신녀들이 보시 올리는 좋은 가사를 사용하시도록 허락해 주십시오. 부처님!"

이 교단 전체를 위해서 이익이 많은 상 한 가지였다. 이전에 부처님께서 입으셨던 굵은 베로 만든 누더기 가사는 지금 마하 까싸빠 존자께 갔다. 마하 까싸빠 존자의 부드러운 가사는 부처님께 있다. 누더기 가사와 바꾸었기 때문이다. 그 누더기 가사도 의사 지와까는 존중했다.

부왕 숟도다나 대왕이 닙바나에 들기 전에도 이러한 일이 생겼지만 그때는 드러낼 기회가 없었다. 빛나는 큰 제자분을 한꺼번에 연달아서 드러내야 했기 때문이다. 이제 상가에 관한 일을 말씀드리는 기회가 되었기에 보인 것이다.

의사 지와까는 우리 상가의 병을 치료해 준 것만이 아니다. 공양을 올리고, 상가 대중이 보기에 엄숙하고 존경심이 나도록 여러 가지 도움을 주었다.

신도들에게는 가사를 보시할 기회를 주고 스님들께는 가사 걱정을 덜도록 할 수 있는 이익을 만들었다. 의사 지와까의 이러한 노력으로 마하 빠자빠띠 고따미 왕비도 베를 짜고 가사를 지어 보시하는 기회를 가졌다.

Vini mahāvagga
Jīvakavatthu
Cīvrakkhandhaka

어머니 고따미

마하 빠자빠띠 고따미 테리에 관해서 영 마음에 들지 않는 말이 계모란 말이다. 싯달타 왕자는 마하 마야 왕비에게서 탄생하셨다. 그런 이유로 동생 마하 빠자빠띠 고따미는 계모란 말을 들을 수도 있다.

그러나 그것 외에는 계모란 말이 전혀 어울리지 않는다. 마하 마야 왕비께서 돌아가시고 나서 고따미께서는 어머니의 일을 모두 하셨다. 친아들 난다 왕자와 같이 잘 키우셨다.

오히려 모든 면에서 난다 왕자보다 태자를 우선으로 배려했다. 사실 마하 빠자빠띠 고따미께서는 형님, 동생 두 분만의 어머니가 아니다. 교단의 사부 대중 가운데 모든 비구니 스님들의 어머니이기도 하다. 비구니 교단을 그 어머니께서 어렵게 허락 받아서 만들어 낸 과정에 나도 역시 중요한 도움을 주었다.

상가의 이익을 위해 일생 노력한 중에 그 일에 관해서 가장 만족해 한다. 가장 가슴 뿌듯한 일이기도 하다. 다른 한편에서 그 일을 원인으로 부처님께서 빠리닙바나에 드셨을 때 두려움을 일깨워 주기도 했다.

두려운 생각을 일으키게 했다고 하는 것은 여자들에 관해서 나처럼 생각지 않는 사람들에게만 해당된다. 이 일이 이루어지도록 주선해 준 일과는 전혀 관계가 없다.

이 일을 달성한 것에 대해서 일생 동안 한 번도 후회하거나 고민한 적이 없다. 그때를 돌이켜 생각할 때마다 기꺼운 마음으로 뿌듯해진다. 그러나 그렇게 마음 뿌듯한 일을 드러내기 위해서는 마음이 불편해지는 일들도 지울 수 없이 아래에 깔아야 할 것이다.

"부왕께서 생존해 계실 때는 저의 몸과 마음이 안심할 수 있었습니다. 나라의 일, 사람들의 일을 그분께서 직접 하시지 않더라도 그분의 그늘이 있는 동안은 의지가 되었습니다.

지금 그 그늘은 사라졌습니다. 이 왕궁에는 혼자 남은 여자들만 가득합니다. 벗어나신 분, 떠나가신 분들 때문에 눈물 흘리고 그리워하며 지내야 하는 사람들뿐입니다. 부처님!"

어머니께서 마음속의 서러움을 모두 여쭈었다. 이전에는 올렸던 가사조차 거절하신 부처님께서 어머니가 여쭙는 것을 측은한 마음으로 듣고 계셨다.

그분의 가르침을 펴는 일에 한쪽 편만을 생각하는 것이 아님을 누이들이 이해하겠지 하고 기대하시는 듯했다. 그러나 그 딱한 이들은 그리워하는 마음만 샅샅이 드러내고 있는 중이었다. 그들의 눈동자와 태도에서 마음의 고통을 찾아볼 수 있었다.

그 중에는 로히니 강변에서 생긴 일로 만들어진 오백 명의 과부도 들어 있었다. 꼴리야 성에 간다면 그들과 처지가 같은 과부 오백 명이 역시 눈물을 흘리면서 서러운 말을 할 것이다.

부처님과 고따미 어머니가 계시는 앞이니 그들의 자세가 조용하다. 우리들끼리만 있었다면 여기저기서 질문이 터져 나왔을 것이다. 그 질문들은 끝도 없이 계속될 것이지만 내 대답은 한 가지뿐이었다.

"그들은 다시 돌아오지 않습니다."

※

로히니 강변 사건에서 생겨난 오백 명의 비구들은 어른들의 명령에 따라 들어왔다. 자기들이 마음을 내고 자유롭게 들어온 것이 아니기 때문에 교단의 생활에 즐거워하지 못했다. 그러던 중에 남아 있던 사람들이 편지나 사람을 보내어 여러 가지 전갈을 보내왔다.

"여보, 빨리빨리 돌아오세요. 당신이 없으면 집안 일 어느 한 가지도 되지 않습니다. 도대체 무엇을 해야 하고 무엇을 잡아야 할지 몰라요. 제발 돌아오세요."

여러 가지 딱한 일과 그리움을 보내왔다. 그러나 그 그리운 사연들을 읽고 눈물을 흘려줄 그분들은 다른 생으로 떠나갔다. 형님이 주신 진리의 약을 먹고는 그리워하고 가슴 아파하는 세계에서 훌훌 넘어 다시는 아파하지 않는 곳, 돌아오지 않는 곳으로 넘어가 버렸다.

새 과부들을 위해서 즐겁고 힘이 날 일, 힘이 날 대답을 가지고 오지 않았듯이 묵은 과부들 역시 나에게서 어느 한 가지 바랠 것이 없었다. 그렇다. 이번에도 역시 동생 난다와 아들 라훌라는 없었다.

누더기 가사 입는 수행을 하는 동생 난다는 지금 숲 속 절에서만 지내는 수행도 같이 하고 있다. 그가 걸식하러 가는 곳도 큰 마을이나 큰 부자 집이 아니다. 그가 지내는 작은 절 근처의 가난한 마을이다. 그 전에 형님이 원하고 바라던 대로이다.

아들 라훌라도 그의 스승님과 같이 제따와나 정사에 남아 있다. 세상사람들이 사는 세계에 어울려 번듯하게 살 수 있는 기회가 없어진 그 가련한 여자들이 만든 음식을 우리는 조용히 먹어야 했다. 그리고 니로다 정사로 조용하게 돌아왔다.

정사에 부처님께서 혼자 남아 계시던 어느 날 나는 까뻴라 왕궁의 과부들에게 사까 종족 남자들 오백 명이 새로 수행자가 된 사실을 말해 주었다. '불이란 멀면 뜨겁지 않다. 가까워야 뜨겁다'란 속담처럼 이러한 일을 틀림없이 만날 것이라고 일찍이 전부터 짐작했었다.

※

눈물 잔치를 치르는 누이들의 모습을 그 이전부터 보았다. 지금 보는 장면 역시 그때 보았던 그대로이다. 그러나 이전에는 지금과 같지 않았다. 이 말을 하는 순간 이러한 일들을 만날 것이라고 예측했으며 그런 장면이 전개되면 마음을 어떻게 하리라고 생각하고 단단하게 결정해 놓았었다.

그렇게 다짐해 놓았던 일들을 지금 눈앞에 만나게 되자 흔들리지 않도록 결정해 놓았던 나의 마음도 다시 흔들리고 눈시울이 시큰거려 왔다. 같이 간 대중들이 없었다면 그들과 섞여서 함께 울었을지도 모른다.

정말로 같이 울었더라면 차라리 나았을지도 모른다. 그렇게 울어서 그로 인해 같이 지내는 대중들에게 멸시를 받고 존경을 받는 것이 멈추었어도 상관없다. 실컷 울어서 마음이 조금 풀어졌다면 저녁 무렵에 생겨난 일에 대해서 마음이 가벼워졌을 것이다.

편안히 걱정이나 근심이 없는 마음으로 조용히 생각했다면 그날 저녁 일은 잘 끝났을 것이다. 그러나 그런 기회를 놓쳐버렸다. 어머니 한 무리들에 대해 딱하고 가련하게 여기는 마음 때문에 그 반대로 딱하게 여기지 않고 가련하게 여기지 않는 꼴이 되어버렸다.

어머니 마하 빠자빠띠 고따미는 과부 여인들 오백 명과 함께 그날 오후 정사에 도착했다. 사까족과 꼴리야 두 나라에서 처지가 같은 여자들이 함께 온 것이다. 오전에는 인생의 모든 희망이 사라진 슬픈 모습으로 눈물잔치를 치르던 누이들이 지금 오후에는 비 맞은 꽃들처럼 싱싱하니 즐거워하는 모습이다.

각자 미소를 머금고 방긋 웃는 얼굴에 희망이 하나 어려 있는 것을 읽을 수 있었다. 그들의 가슴에 뜨거워하는 슬픔을 같이 나누던 나도 오후에는 그들과 같이 미소를 지었다. 오랫동안 내가 바라던 그 특별한 날이 바로 오늘이 아니겠는가?

　불교 교단에는 오늘까지 비구와 사미만 있었고 비구니와 사미니는 아직 없었다. 여자들은 오늘까지 이 교단의 바깥쪽에만 있었다. 이 지상에 있는 사람들의 반을 차지하는 여자들이 아직 오지 않았고 도착하지 않은 것은 우리 교단의 영역이 충분히 넓혀지지 않은 것이다.

　오늘 그 비어 있는 한 쪽을 채울 이들이 온 것이다. 세상에 관해서 어느 한 가지 의지할 것 없는 이들이지만 의기양양하고 당당해진 모습은 이 교단에 희망을 걸고 있는 것이다.

　비구니 교단에 제일 먼저 기념비를 세울 여자 영웅들을 부처님 앞에 기쁜 마음으로 안내했다. 사까족 여자들이 다른 이들보다 먼저 온 것에 대해서 부처님께서 칭찬하시는 소리를 들을 것이라는 기대감을 지니고.

　　　　　　　※

　"부처님! 알고 보고 수행하는 것과 함께 부처님께서 설하여 주신 가르침을 여자들이 들어와서 수행하도록 허락해 주십시오. 부처님!"

　"고따미여, 이 교단 안에 여자들이 들어오는 것을 청하지 말라."

　부드럽고 아름다운 목소리이긴 했다. 다른 때에 이러한 목소리를 들었다면 한 발자국도 떨어지지 않은 곳에서 밤을 새워 지낼 수도 있었다. 그러나 이 말씀만은 받아낼 수 없었다. 도저히 참을 수 없었다.

귓속에서는 아름답고 부드러운 소리이지만 간과 심장을 흔들어 놓는 말씀이었다. 옆에서 듣는 나도 이 정도로 심하게 동요하는데 정작 그 본인들은 어떻게 감당하겠는가?

어떤 이는 울고, 어떤 이들은 탄식하고 더러는 혹시 뭘 잘못 들었나 하고 이쪽저쪽을 두리번거리며 살피고 있었다. 그들의 마지막 의지처이신 그분이 이런 모습으로 단호하게 거절하리라고 어느 누구도 감히 생각지 못했다.

전혀 짐작하지도 못한 말을 세 번 거듭 들었을 때는 이것인가 저것인가 의심할 수도 없었다. 어머니가 부단한 노력으로 세 번이나 여쭈었지만, 그 아들 부처님께서는 세 번 모두 거절하신 것이다.

첫 번째 거절했을 때 더러의 여자들이 울었다. 두 번째 거절했을 때 나머지 여자들, 세 번째 거절했을 때는 어머니 한 분만의 것이었다. 전에 가사 보시를 거절당했을 때도 깊은 슬픔을 당했다. 그때의 거절에는 상가 단체를 오랜 세월 튼튼하게 머물게 하도록 하기 위해서라는 한쪽 대답이 있었다.

지금 이 일은 대답할 것이 전혀 없다. 남은 일생에 그들의 마지막 희망은 이 한 가지뿐이었으니, 다시 살길은 없는가?

많은 사람들의 이익과 번영을 위해서, 많은 사람들의 행복과 편안함을 크게 하려고 출현했다고 하는 우리 부처님 교단이 많은 사람들 중에 여자만은 받아들이지 않는다. 버림을 받고 거절을 당한 여자들의 마지막 의지는 줄줄 흐르는 눈물뿐이었다.

어머니의 소원을 분명하고 확실하게 거절하신 다음 부처님께서는 왜살리로 떠나셨다. 어머니를 생각하는 딱하고 가련한 마음 때문에 완전히 막혀버린 나는 그때 도대체 생각조차 제대로 움직이지 않았다.

그들이 이 교단에 들어와 의지하도록 그들을 위해서 어떤 한 가지 길도 찾아내지 못했다. 나의 일생 가운데 심장이 무너질 것 같은 슬픔을 첫 번째로 경험하는 내 인생의 한 고비였다.

형님께 지나치게 집착하는 마음 때문에 체험해야 했던 고비도 있었다. 알아차림을 확실하게 잡고 있지 않았을 때 만나야 했던 빈틈을 알아차림을 단단하게 잡았을 때는 완벽하게 채울 것이다. 채울 기회도 머지않아 드러날 것이다.

까삘라에서 50유자나 떨어진 왜살리에 빠르지도 느리지도 않게 차례로 와서 도착한 지 오래지 않아 이 교단의 어머니께서도 따라오셨다. 그분 뒤에 그 전에 같이 따라왔던 여자 오백 명도 함께 왔다. 어머니의 얼굴을 뵐 때마다 반가움에 기뻐했던 나는 이번에는 먼저 슬픈 마음이 크게 번져 왔다.

어머님의 지금 모습은 보기에 너무나 딱해서 가슴이 미어지는 것 같았다. 왕궁에서 태어나 왕궁에서만 계셨던 그분, 길을 걸어보지 아니하셨던 그분이 길고 긴 여행, 험난한 길을 오백 명의 여자들을 데리고 걸어오시는 동안 머리 끝에서 발 끝까지 모두가 먼지뭉치같이 되었다.

왕궁에서만 지냈던 그분들의 발은 멀고 험한 길 때문에 부어터지고 피 범벅이 되어 걸을 때마다 신음소리가 흘러 나왔다. 움직일 때마다 먼지뭉치가 불쑥불쑥 움직이는 것 같은, 피곤하고 힘든 그들의 모습은 왕궁에서 나온 이라고 누구도 믿을 수 없을 정도였다. 그보다 더 놀란 것은 그들 스스로 길고 고운 머리털을 모두 깎고 거친 베로 물들인 옷을 입고 온 것이다.

부처님께서 세 번이나 거절하고 닫아버린 문 한 쪽을 그들 스스로 생각하고 결정하여 다시 한 번 더 밀어보는 것이다. 단단한 결심, 확고한 결정으로 희망을 포기하지 않고 노력을 기울여서 온 그들이지만 지금 꾸따가라 절 대문 근처에서는 더 이상 계속해서 걷지 못하였다. 발이 터져서만이 아니다. 마음의 결정대로 행동한 이 큰 일에 관해서 걱정이 너무 크기 때문일 것이다.

그들 한 무리는 나라 전체에 이름이 널리 알려진 분들이다. 그분들의 남편, 그분들의 아들들이 떠나갔던 대로, 그들의 공덕에 관한 소문이 널리 퍼져 있었다. 그래서 그들 한 무리가 지금처럼 억지로 한 일에 대해서 시끄러울 것은 틀림없는 일, 이러한 사실들이 입으로 전해져서 온 나라가 다 알 것이다.

그들이 한쪽 생각만으로 결정해서 비구니의 모습으로 바꾼 것을 부처님께서 하락하시면 천만다행이지만 까뻴라에서처럼 계속 거절 당하신다면 창피뿐만 아니라 아무런 이익도 없게 될 것이다. 그래서 절 안으로 들어설 용기가 나지 않는 것이다.

"아난다 테라님! 저희들을 불쌍히 여겨서 건져 주십시오. 저희들은 이제는 앞으로도 갈 수 없고, 뒤로도 갈 수 없습니다. 숨을 들이쉬지도 내쉬지도 못하는 처지가 되었습니다. ……"

겨우 목소리를 달래서 말씀하시는 어머니께서는 흐느낌 반 울먹임 반이었다. 부처님의 교단에 비구, 비구니, 우바새, 우바이 이렇게 사부 대중이 있어야 제대로 갖추어지는데 지금 비구니 쪽이 비어 있다. 어느 날 어느 시간에 그 빈자리를 채울 기회가 생길 것이다.

그럴 때 적당한 기회를 잡아서 부처님께 말씀드릴 것이며, 허락을 얻기만 하면 그 순간 어머니께 재빨리 이 소식을 보내드려야지 하고 생각했었다.

까뻴라에서 왜살리로 오는 길을 걸으며 이러한 생각을 하며 왔었다. 그러나 지금 어머니는 소식을 보낼 시간조차 기다리지 못하시고 한쪽 언덕에 마음 놓고 도착하기도 전에 뗏목을 부수어 버린 것이다.

그러나 어머니와 누이들을 나무랄 수는 없었다. 소원이 너무 지나치다고 할 수도 없었다. 세상에 같은 사람으로 태어나 교단에 들어오는 기회를 얻지 못하는 딱한 처지를 연민심으로 대할 뿐이다.

부처님, 그분을 존경하고 믿고 의지하는 그들이다. 담마 역시 믿고 존중한다. 비구 상가들도 그들의 조카이거나 아들이고, 남편이며 그들의 동생들이다. 몸이나 마음이나 그들에게 허물 잡을 것은 없었다. 그들의 행실을 보더라도 모범이 될 여자 분들이다. 지혜나 복덕이나 공덕 역시 왕들보다 낮지 않다.

　그러나 그 딱한 이들이 교단에 들어오는 기회를 얻지 못할 큰 허물 한 가지가 있다. 그 허물은 바로 여자란 것이다. 여자라는 그 무더기 안에서 어머니란 무량한 은혜를 주시는 분 가운데서도 가장 높으신 분이다. 어머니 없이 이 세상에 태어난 사람은 어디에도 없다.

　다시 나쁜 일은 막고 좋은 일은 가르치고 훈계해 주는 어머니, 이모, 고모, 누나, 누이들 ……, 어려서부터 어른이 될 때까지 모든 일을 다 해주시는 그 어머니들, 아니면 자기들이 돌보아 주었던 어린 누이들, 아니면 자기가 먹여서 키웠던 어린 딸들도 있었다.

　깜마 오욕락의 대상이 아닌 가족들간의 애정으로 연결되었던 여자들이 이 세상 마을에 분명하게 있다. 그러나 그 세상 마을은 매우 어렵다. 여자라는 소리를 듣는 순간 깨끗한 사랑의 주인을 넘어서 욕망의 대상으로만 보려고 한다. 더러의 사람들은 여자라는 말만으로도 더럽다고 생각해서 멀리하고 삼가기도 한다.

　서서 지내고, 시키는 대로 따라야 했던 딱한 여자들에게 특별한 기회를 가진 왕들이 멸시하고 업신여기는 것은 그만두고라도, 모든 사람들에게 이어져 내려오면서 전하여진 전통 풍습 한 가지를 지금 금방 밀어내어서 빼어버릴 수는 없었다.

　우리들 마음속에 더 부끄러운 것은 그 딱한 여자들이 그 딱한 여자들 위에 서서 직접 멸시하고 업신여기는 일이었다.

　이렇게 그 딱한 여자들을 이 세상사람들 전부가 낮은 계급이라고 생각하는 것은 이 교단의 가르침과는 멀리 떨어진 생각이다. 이렇게 가까이 하지 못할 긴 여행을 줄여줄 분은 이 세상에 부처님 한 분뿐이다.

그 한 분뿐인 부처님께서 조용한 곳, 편안한 곳으로 의지하러 오는 사람들을 거절해 버렸다. 이렇게 거절한 것은 여자들이 높지 못하다는 예로부터 전통으로 내려오는 생각 때문이 아니다.

그런 생각으로 멸시의 말을 하는 세상사람들과 반대가 되고 싶지 않아서일 것이다. 잘 번창해 오는 이 교단을 딱한 여자들 때문에 방해받게 하고 싶지 않았기 때문이었다.

그 높으신 분의 마음과 반대되고 싶지는 않지만 지금 기회가 닥쳤다. 앞으로도 뒤로도 갈 수 없는 어머니와 누이들을 위해서 힘이 있는 대로 여쭈어야 하리라.

※

"너무 기운 없이 눈물만 흘리지 마십시오. 제가 부처님께 가서 여쭙겠습니다. 이곳에서 잠깐 기다리십시오. 어머니."

그렇게 일단 안심시키는 말씀을 드렸지만 급박할 때는 좋은 생각이 나지 않는 법이다. 그래서 일단 있는 그대로만 말씀드렸다.

"부처님! 어머니 마하 빠자빠띠 고따미께서 사까와 꼴리야 두 나라 여자들 오백 명과 함께 지금 대문 밖에 와 있습니다. 오십 유자나 험한 길을 걸어왔기 때문에 발들이 부어 터졌습니다. 피가 나서 땅에 흘러내리고 전신이 풀풀 먼지로 덮혔습니다.

그분들에게 비구니가 되도록 허락하지 않으셨기 때문에 몸과 마음이 크게 고통스러워서 눈물만 흘리고 있습니다. 부처님, 제자가 간청하옵니다. 그 딱한 이들에게 교단에 들어와 수행자가 되도록 허락해 주십시오. 부처님!"

"아난다여! 이 교단에 여자들이 들어와서 수행자의 짐을 지는 것을 청하지 말라."

그전처럼 네 번째 청원도 부드러운 말씀으로 거절하셨다. 그러나 포기할 수 없었다. 다섯 번째, 여섯 번째 계속해서 다시 여쭈었다. 그러나 어렵고 어려웠다.

젖을 먹여 길러 주신 어머니 마음을 편안히 하는 것보다 교단의 번영을 중요히 여기시는 분인가? 몸과 마음의 큰 고통을 감당해야 하는 어머니보다 완벽하고 튼튼하게 가르침을 펴려는 그분의 의도를 짐작하고 나는 매우 만족하게 여겼다.

그러면 그 강철 같은 마음의 주인에게는 예전처럼 청원하는 방법은 특별한 효과가 없으리라. 모든 집착과 애착을 끊어버린 그 높은 분께 집착의 줄이 끊어지지 아니한 말로 불쌍히 여기실 것이라는 기대는 할 수 없는 일, 시간상 피할 수 없는, 다시 비켜설 수 없는 말로 여쭈어야 하리라.

"부처님! 여자 한 사람이 부처님 교단에 들어와서 비구니가 되어서 소따빠띠 팔라(수다원 과)와 사가다가미 팔라(사다함 과)와 아나가미 팔라(아나함 과)와 아라하따 팔라(아라한 과)를 현재에 대상(체험)으로 할 수 있겠습니까? 부처님."

"아난다여! 할 수 있노라."

여자들에게 여섯 번이나 거절하셨던 부처님께서 담마에 관한 이야기는 곧장 바로 인정해 주셨다. 여기에 비구니 교단이 만들어질 수 있는 희망의 자락이 조금 비치기에 그 시작을 확실하고도 분명하게 잡아 당겼다.

"부처님! 여자 한 사람이 교단에 들어와 비구니가 되어서 도와 과를 현재에 행할 수 있다면 어머니 마하 빠자빠띠 고따미를 생각해 주십시오.

마하 빠자빠띠 고따미께서는 어머니 마하 마야 왕비께서 돌아가시자 태자께 직접 젖을 먹여 기르셨습니다. 수없이 많은 그분의 은혜를 생각하셔서 제자 간청하옵니다.

부처님! 부처님의 교단에 여자가 비구니가 되는 기회를 주십시오. 부처님!"

"아난다여! 마하 빠자빠띠 고따미가 공경하는 법 8가지를 받아들이면 그것으로서 비구니가 되는 일이 이루어지리라."

※

황금의 대문이 열렸다. 있는 대로 지혜를 짜내어 맨손으로 호랑이를 잡으려는 심정으로 노력해서 얻었던 그 상을 어머니께 재빨리 가져가야 했다. 그리고 어머니에게 그분의 말씀을 조용조용 다시 읊어 내었다. 그 말씀을 듣는 순간 그들 모두의 얼굴에 웃음꽃이 피어났다. 눈물에 얼룩졌던 절망한 얼굴에 송이송이 피어나는 웃음꽃이었다.

"오! 아난다 테라님!

머리를 빗고 아름답게 단장하는 젊은이들이 연꽃이나 자스민이나 말라꽃이나 어느 한 가지 꽃을 얻었을 때 두 손으로 잘 받들어 머리에 꽂듯이, 일평생을 범하지 말라고 하신 이 공경하는 법(Galudhamma) 8가지를 제자가 잘 받들겠습니다."

시원한 물을 붓는 것처럼 마음 편히 여쭈는 말씀이었다. 마하빠자빠띠 고따미를 위해서 부처님께서 정하신 공경하는 법 8가지는 바로 이런 것이었다.

첫째, 비구니가 법랍 백년이더라도 하루된 비구에게 예배해야 한다. 맞이해서 합장하고 공경해야 한다.

둘째, 반 유자나 안에 비구 한 사람 없는 곳에서는 결제하지 말아야 한다.

셋째, 비구 상가에 초하루와 보름마다 포살을 하러 가야 한다.

넷째, 안거가 끝난 비구니는 두 상가(비구, 비구니)에게 직접 보거나 전해들은 의심 있는 허물들을 드러내서 말해야 된다.

다섯째, 큰 허물을 지은 비구니는 두 상가 대중에게 만족하도록 참회해야 한다.

여섯째, 위깔라보자나(오후 불식)까지 여섯 가지 금계를 2년까지 수행한 식차마나는 비구·비구니 두 상가에게 비구니가 될 수 있도록 허락 받아야 한다.

일곱째, 어떠한 이유가 있든지 비구니는 비구에게 욕설하지 말아야 한다.

여덟째, 이 날부터 시작하여 비구니가 비구들에게 허물을 말할 기회가 허락되지 않는다. 그러나 '예전에 존자들께서는 가사에 관해서 이렇게, 이렇게 하셨습니다.' 하고 말할 수는 있다.

어머니께 공경하는 법 가루담마를 자세히 말씀드린 다음 나는 부처님께 돌아와서 여쭈었다.

❧

"부처님, 마하 빠자빠띠 고따미께서 공경법(가루담마) 여덟 가지를 받아들였습니다."

피할 수 없이 허락하신 일에 대해서 부처님께서 저에게 세 가지 비유를 들어 보이시면서 허물을 말씀하셨다. 이러한 꾸지람으로 인해서 나의 마음속에 불선업의 마음들이 일어날 이유는 없었다.

그 높으신 분께서 완전히 원하지는 않으셨지만 저의 여쭘을 받아들여 주신 것에 대해서, 전보다 더욱 존경하는 마음일 뿐이었다. 딱한 여자들 위에, 딱하고 가련한 마음으로 보아야 하는 곳에, 부처님께서 직접 내 앞에서 굳건히 서 주셨기 때문에 더욱 기쁘고 뿌듯한 마음이다.

존경함과 기쁨의 마음이 번갈아 생겨나는 가운데 계율에 관한 고치고 바꾸어야 할 일들에 대해서 생각해 보았다. 그 전에 금계 하나를 정하실 때는 어느 한 가지가 범해진 다음에 만드셨다.

그러나 지금 정하신 가루담마 여덟 가지는 어떠한 범계도 없이 미리 정하여서 발표하신 것이다. 그래서 이 일에 관해서 길게 생각할 필요는 없었다.

"아난다여!

저수지의 물이 둑을 넘쳐 나가지 않도록 미리 수문을 만들어 놓듯이, 비구니들이 일평생 범하지 않도록 잘 보호하여 지키도록 가루담마 여덟 가지를 미리 정해 놓은 것이다."

특별한 태도에 관해서 그 높으신 분께서 직접 대답하여 주셨다.

Sutta mahā vagga

Gotamī sutta

Mahā samaya sutta aṭṭhakatā

딸, 고따미

어머니 고따미께서 팔경법을 존중하여 받아들였기 때문에 수행자가 되는 일이 모두 이루어졌다. 그러나 그분의 뒤에 따라온 사까족 여자들의 일은 남아 있었다. 이러한 사실을 어머니께서 저에게 이야기하셨다. 그것 역시 나의 권한 밖의 일인지라 부처님께로 데려갔다.

   여자들이 수행자가 되는 허락이 있었으므로 그들 오백 명도 함께 갔다. 이 교단 전체에 한 분뿐인 비구니가 여쭙는 말씀이다.

   부처님께서 그분이 여쭌 것을 받아들여서 같이 따라온 사까 종족 공주들을 전통 풍습대로 수행자가 되도록 계를 정해 주셨다. 비구니 상가의 처음을 이룬 다음 비구 상가에 가서 다시 수행자가 되는 절차를 거쳐서 어머니 고따미에게 돌아갔다. 그들은 비구 상가의 도움으로 비구니의 생애가 되었으므로 매우 기뻐했다.

계단 안에서 비구와 비구니가 되는 의식으로 비구니가 된 것을 기쁘게 말하는 중에 어머니 고따미가 포함되지 않았다는 의심이 생겼다.

"저희들은 비구 스님들에게서 계를 받았습니다. 그분은 계를 받지 아니하시는가?"

더러 이렇게 말하기도 했다. 부처님의 말씀을 나에게서 자세히 들으셨지만 어머니 고따미께서도 그들의 말 때문에 의심이 들기 시작했다. 이 문제 역시 나에게 전해왔으므로 나 역시 이것을 부처님께 말씀드렸다.

"아난다! 팔경법을 머리 위에 공손히 받아들임으로써 그 시간부터 마하 빠자빠띠 고따미는 수행자가 된 것이다."

일찍이 말씀하셨던 것을 다시 의심이 없도록 말씀해 주셨다.

"고따미여! 이 법들이 탐심과 함께 하거나, 윤회하도록 하거나 윤회라는 것을 도와주거나, 갈망을 키우거나, 만족함이 없이 다른 이보다 지나치게 하거나, 무리 가운데 있는 것을 좋아하게 하거나, 노력 없이 게으르게 하거나, 받들어 모시기 어렵다고 자기 스스로 알면, 그것은 부처님께서 설한 법이 아니며, 부처님께서 정하신 계도 아니며, 부처님이 주신 교훈도 아니라고 틀림없이 기억해야 한다."

"고따미여!

이 법들이 '탐심을 없애며, 윤회를 무너뜨리며, 갈망을 없애게 하며, 다른 이보다 쉽게 만족하게 하며, 여럿이 어울리지 아니하고 혼자서 지내게 하며, 물러나지 않는 언제나 새로운 노력을 가지게 하며, 받들어 모시기 쉽게 하는 것이 된다.'라고 스스로 알면 '그 법은 부처님께서 설하신 법이다. 부처님께서 정하신 계율이 되며 부처님께서 가르쳐 주신 것이다'고 틀림없이 기억하라."

어머니 고따미에게 부처님께서 설하셨던 가르침이다.

마하 마야 왕비께서 돌아가시고 29년을 길러주셨던 어머니께 설하신 법문은 아주 짧고 간략한 것이었다. 이렇게 하신 것은 지혜가 완전히 성숙하신 어머니의 청하심 때문이었다.

인생의 모든 것을 경험하셔서 지혜가 성숙해지신 어머니 같은 분에게 어떤 법을 들어야 하고 어떤 수행을 해야 한다라고 하나하나 이름을 들어야 할 필요는 없었다.

몸과 입과 뜻의 삼업, 날마다 만나고 행하는 세 가지 업으로 인한 일 때문에 자기의 속마음을 자기 스스로가 항상 알아차림과 함께 잘 생각할 때, 번뇌가 생기거나 나쁜 불선업이 생기면 스스로 아는 것이다. 그때 스스로 나쁜 불선업이 되는 일을 삼가하게 되는 것이다.

어떤 일에 탐심 등의 번뇌가 사라져서 좋은 선업이 되더라도 역시 자기 스스로 알아서 그 선업이 계속 커지도록 노력해야 할 것이다. 나쁜 불선업, 나쁜 일들은 스스로의 지혜로 바르게 알아서 나쁜 업을 계속하여 행하지 않고 선업의 일을 계속하여 크게 하는 것이 부처님의 법이며, 계율이며, 이것만이 부처님의 가르침이다.

그 법과 계율, 그 가르침을 잠깐 동안 따라 행했던 것만으로 마하 빠자빠띠 고따미는 수행자의 일을 끝마쳤다. 삼업으로 인한 모든 일에 허물이라고는 없는 채 뒷걸음으로 나가셔서 비구니들이 포살하는 곳으로 가셨다.

깨끗하고 환한 얼굴을 보고서 특별한 법을 얻으셨음을 더러의 비구니 스님들이 짐작하였다. 그래서 아는 대로 엎드려서 공손히 절을 올리고 가장 높은 자리를 드렸다.

그러나 대중 가운데서 그들과 같지 않은 이들도 있었다. 그 비구니들은 마하 빠자빠띠 고따미가 법을 깨달았음을 인정하기보다도 자기들처럼 계단에서 비구니계를 받지 아니 하여서 전계사가 없음을 허물로 생각했다.

"마하 빠자빠띠 고따미께서는 전계사가 분명하게 가르친 적이 없다. 자기 가사를 자기 스스로 가져서 입었다."

그날 포살에도 한 구석에서 수군수군 떠들다가 말했다.

"다른 이들처럼 전계사가 없는 마하 빠자빠띠 고따미와 함께 포살할 수 없다."

그래서 함께 포살하지 않겠다는 비구니들이 계단 밖으로 나가서 부처님께 이 사실을 여쭈었다.

"마하 빠자빠띠 고따미는 나 여래가 공경법 8가지를 주었다. 그래서 나 붓다가 마하 빠자빠띠 고따미의 교수사도 되고 전계사도 된다."

어머니를 위해서 단호하게 말씀해 주셨다. 그리고 계속하여서 이런 게송 하나를 설해 주심으로써 마하 빠자빠따 고따미에게 얹혀 있던 의심의 티끌을 말끔히 씻어 주셨다.

"어떤 사람은 몸과 입과 마음으로 불선업을 짓지 않는다.
세 가지 장소의 불선업을 삼가한다.
그런 사람을 선한 이, 착한 이라고 나 여래가 설하노라."

싯달타 왕자였던 시절, 어머니 고따미께서 여러 가지로 보호해 주셨다. 그와 같이 부처님께서도 어머니를 잘못 생각하는 위험에서 건져 주셨다.

그전에는 마하 빠자빠띠 고따미께서 어머니였다. 지금 그 어머니는 보아도 보아도 싫증나지 않는 딸이 되었다. 그 싫증나지 않는 착한 딸을 위해 아버지가 모든 위험을 막아 주셨다.

어린아이에게 어머니가 젖을 먹였다. 그 엄마의 젖은 아기의 모든 허기와 갈증을 풀어준다. 지금 부처님께서 주는 진리의 달콤한 젖은 모든 갈망의 허기짐에서 벗어나도록 해주신다.

이렇게 어머니와 아들, 딸과 아버지 서로서로 은혜를 주신 분들을 다시 생각할 때마다 마음이 흐뭇해진다.

Bhikkunī khandhaka / Pathamabhāṇavāra
Mahā pajāpatī gotamī therāpadīna

사람을 존경해야 법을 본다

비구니 교단이 시작된 다음 꾸따가라 정사에서 다시 제따와나 정사로 왔다. 고따미를 선두로 이제 새로 출가한 비구니들도 우리의 뒤를 따라왔다.

나의 누이들 사까 종족 공주들이 교단에 들어온 것은 사실이다. 그러나 그 가련한 이들은 지금까지 수행자가 된 이익을 건져 내지 못했다. 교단의 그늘에 완전하게 의지해서 쉬는 기회를 얻지 못한 것은 특별하게 높은 진리의 깨달음에 아직 이르지 못했기 때문이다.

진리의 지혜가 생기지 않아서 번뇌가 가시지 아니한 누이들은 제따와나 정사에 큰 희망을 가지고 따라왔다. 그녀들의 희망은 로히니 강변에서 비구 수행자의 생애로 들어간 다음 한 번도 보지 못했던 얼굴들을 혹시나 볼 수 있을까 하는 마음이었다. 그들을 그리는 구구절절한 편지를 보낸 다음 한 번의 답장도 받지 못했던 그들은 애착을 끊지 못했기 때문이다. 사실 그 가련한 누이들의 딱한 사정을 자세히 생각하는 습관이 없었다면 나 역시 그 여자들을 경멸했을 것이다.

그들을 만나겠다는 희망의 마음을 안고서 올 때는 힘들고 피곤한 지도 모르고 왔던 그녀들이 제따와나 정사에 도착했을 때는 다리도 몸도 마음도 다 늘어져서 꼼짝도 할 수 없는 지경이 되었다. 그녀들이 그토록 바라고 그리워했던 달님들과는 말 한마디조차 나눌 수 없었기 때문에 그녀들에게는 제따와나 정사 전체가 달 없는 밤처럼 깜깜하기만 했다.

그믐날 한밤중처럼 의지할 곳 없는 그 여자들을 어머니 고따미께서 부처님 앞으로 데리고 가셨다.

"부처님, 마음이 편치 못하여 번뇌가 많은 이 비구니들에게 가르침을 내려 주십시오. 담마를 설하여 주십시오."

그와 같이 의지할 곳을 얻게 하도록 이끌어 주시는 것이다. 더러의 비구니들이 의심을 가지고 포살하는 곳에서 관계를 끊고 싶어했었지만 고따미께서는 그들에게 마음 상해 하시지 않고 자기 뒤를 따라왔던 모든 이들을 어머니 같은 마음으로 도와주고 싶으셨던 것이다.

그때는 법랍이 높으신 마하테라들께서 하루에 한 분씩 비구니 대중에 가셔서 법문을 해 주셨다. 차례대로 한 분씩 한 분씩 내려가서 날이 많이 흘렀다. 그러나 그 누이들과 딸들의 눈은 열리지 않았다. 그리워하고 사랑하던 옛 남편들의 얼굴이 그들의 눈에 어른거렸기 때문이다.

그 눈에 낀 백태를 걷어낼 수 있는 분이 한 분 계셨다. 그분의 모습은 매우 보기 아름다웠다. 그러나 그분의 설법은 더욱 아름다웠다. 전생을 아는 숙명통을 특히 중하게 여기시어 자주 선정에 들어가시고는 했다.

그 지혜의 신통으로 법문을 듣는 대중들의 습관과 취미를 알아서 그들이 좋아하는 쪽, 흥미 있어 하는 쪽으로 잘 말씀하여서 자세히 구분해서 설명하여 주실 수 있는 분이었다.

사왓띠에 부처님께서 처음으로 오셨을 때 비구가 되어서 곧 수행자의 일을 마치셨던 분으로 제따와나의 보배 한 분이었다.

※

오늘 비구니 상가에 법문하실 차례는 그분이시다. 그분의 유명한 공덕을 들어 알았으므로 비구니들은 특별하게 기다렸다. 자기들 마음속에 파고들어 있는 가시들을 그분께서 도와주셔서 오늘로서 빼어버릴 수도 있을 것이라고 의지하기도 했다.

그러나 그들에게 어려운 일이 생겼다. 그분께서는 비구니에게 법문하시기를 원치 않으셨다. 의지할 만한 한 분께서 그 의지함을 거절했기 때문에 마지막 의지처인 부처님께 갔다.

"아난다여! 비구니 상가에 오늘 법문할 이가 누구인가?"

부처님께서 어머니 고따미가 여쭌 것을 거절도 허락도 하지 않고 나에게 물으셨다.

"부처님이시여! 책임 맡은 테라들이 모두 법문 차례가 끝나고

사람을 존경해야 법을 본다 377

마지막 남은 사람이 난다까 테라입니다. 난다까 테라는 비구니들에게 법문하기를 원치 않습니다."

들은 대로 내 옆에 계시던 난다까 테라를 가리키면서 대답 올렸다. 난다까 테라께서는 법문이 매우 좋으시지만 다른 이들이 마음 편치 못할 여러 가지 말할 것을 꺼려서 조심하시는 것이었다.

"난다까여! 비구니들에게 법을 설하라. 선한 남자 난다까여! 비구니들에게 담마를 설해 주어라."

법랍이 많으신 테라 모두에게 책임을 주었으나 지금 이 한 분에게만은 부처님께서 특별히 직접 내려주셨다.

"알겠습니다. 부처님!"

높으신 부처님께서 중요하게 당부하셨으므로 난다까 테라는 거절하지 못하셨다. 은혜로우신 부처님께서 직접 내리신 책임이니 어느 누가 감히 이러쿵저러쿵 말을 할 이도 없으리라 생각하고 마음 놓고 하시는 대답이리라.

그래서 그날 오후, 난다까 테라께서는 발우와 소지품을 챙기시어 라시까란마나(Rajikarammana) 비구니 정사로 가셨다. 라시까란마나는 제따와나 정사 바로 입구에 있다. 꼬살라 대왕의 선업으로 지어져서 라시까란마나라는 이름으로 비석에 새겼다. 부처님께서 다시 돌아오셨을 때 비구니들이 따라오자 그들을 위해서 따로 지낼 곳이 준비되어 있었던 것이다.

라시까란마나 정사에서 난다까 테라께서 설하셨던 법문들이 대중들 모두에게 이익이 무량하여서 다시 전하여 드리겠다.

난다까 테라께서 오시는 모습을 본 비구니 대중들이 술렁술렁거렸다. 자리를 준비하는 이, 발 씻을 물을 준비하는 이 등 그들 모두가 기다렸던 법사로서 유명하신 분이어서 이렇게 모두들 즐거워하게 된 것이다.

❀

난다까 테라께서 발의 먼지를 털고 펴 놓은 자리에 앉으셨다. 조용한 태도로 모든 대중들을 덮으셨다. 법을 듣는 대중들의 마음과 잘 맞는 법이 그 순간에 떠올랐다. 그래서 대중에게 이렇게 시작하셨다.

"오! 누이들이여, 이번에 설할 법문은 질문하면서 하는 법문이요. 물을 때마다 아는 이들은 아는 대로 대답하시오. 모르는 이는 모르는 것을 묻고 어느 곳에 의심이 있으면 다시 물으시오."

"테라님! 이러한 말씀으로 법을 설하여 주시겠다니 저희들은 만족합니다. 매우 기쁩니다."

난다까 테라가 이렇게 서두를 열자 비구니들이 마음 놓고 대답하였다. 그 분위기에 존경함과 좋아함이 가득하므로 그분이 설하시는 법문도 저절로 쉽게 귀에 들어갈 것이다. 그 법회에서 설하셨던 것을 다시 모아서 말씀드리겠다.

❀

"누이들이여! 지금 묻는 말들을 생각대로 대답해 주십시오. 눈·귀·코·혀·몸·마음이라고 하는 여섯 가지가 영원한가, 영원치 아니한가?"

"영원치 않습니다. 마하테라님."

"영원치 않고 순간순간 바뀌고 사라지는 것이 행복한가? 고통스러운가?"

"고통스럽습니다. 마하테라님."

"영원치도 않고 고통스럽고 변해 가는 것들을 '이것이 나의 것, 이것이 나, 이것이 영원한 나'라고 생각하는 것이 적당한 일인가?"

"적당치 않습니다. 마하테라님."

"마하테라님, 이 마음이 머무는 곳 6가지들은 생겨서는 사라지기 때문에 영원치 않다는 뜻을 저희들이 일찍이 사실대로 바르게 알았습니다. 그래서 보고 듣고 생각하는 것이 좋아할 만한 것이 아니며, 적당치 아니한 것임을 말씀드린 것입니다. 마하테라님."

"착하도다. 누이들이여! 사실대로 바르게 아는 부처님 제자들의 대답도 이와 같으리라."

그리고 계속하여 모양·소리·냄새·맛·닿음·갖가지 바깥 대상, 이 6가지를 보아서 아는 것·들어서 아는 것·냄새 맡아서 아는 것·먹어서 아는 것·닿아서 아는 것·생각해서 아는 것 등 인식작용 6가지들도 묻고 대답하여서는 그 18가지들이 무상하고 고통이며 무아, 즉 자기가 조절할 수도 다스릴 수도 없는 것이 되는 것을 자세하게 분명하도록 비유를 들어 보였다.

"누이들이여! 비유를 들자면, 저기 밖에 불타는 기름접시의 기름도 영원하지 않고, 심지도 영원하지 않고, 밝은 불꽃도 영원함이 없이 변해간다. 그런데 불의 밝음이 '영원하다. 단단하다. 강하다.

변함이 없다' 이렇게 말한다면 여러 누이들은 받아들이겠는가?"

"받아들이지 않겠습니다. 마하테라님."

"누이들이여! 어째서 받아들이지 않는가?"

"마하테라님, 기초가 되는 기름도, 심지도, 불꽃도 영원하지 않고 변해 가고 바뀌어 가는데 하물며 그 다음에 생기는 밝음이야 말할 여지도 없습니다."

"누이들이여! 안으로 마음이 머무는 곳인 6가지 눈·귀·코·혀·몸·마음들이 영원하지 않고 변하고 바뀌어 간다. 그러나 그 6가지로 마음이 머무는 곳을 원인으로 해서 받는 행복·고통·즐겁지도 나쁘지도 않는 느낌들이 '영원하다. 튼튼하다. 변함이 없다'고 어느 누가 말한다면 누이들은 받아들이겠는가?"

"받아들이지 않겠습니다. 마하테라님."

"누이들이여! 어째서 받아들이지 않는가?"

"마하테라님, 안으로 마음이 머무는 곳 6가지에 포함되는 원인들을 의지해서 그 원인에 알맞게 느낌들이 나타납니다. 그 원인에 의해서 나타나는 느낌들은 그 원인이 사라지면 역시 사라집니다. 그래서 받아들이지 않습니다."

"착하도다. 누이들이여! 사실대로 바르게 아는 부처님 제자들의 대답도 이러할 것이리라."

"누이들이여! 다음 비유 하나를 더 들자면, 중심이 단단하여서 높고 곧게 서 있는 큰 나무가 뿌리와 기둥도 영원치 않고, 가지와 나뭇잎도 영원치 않고 변하고 바뀌어 간다.

누이들이여! 그 큰 나무의 뿌리도 항상하지 않고, 기둥도 항상하지 않고, 가지와 잎도 항상하지 않고 변하고 바뀌어 간다. 그런데 그 나무의 그늘만이 '영원하다. 튼튼하다. 변함이 없다' 이렇게 말한다면 누이들은 받아들이겠는가?"

"받아들일 수 없습니다. 마하테라님."

"누이들이여! 어째서 받아들이지 않는가?"

"마하테라님, 기초가 되는 뿌리·기둥·가지와 잎들조차 영원하지 않고 변하고 바뀌어 가는데 하물며 그 다음에 생기는 그늘이야 말할 여지도 없습니다. 마하테라님."

"누이들이여! 이 비유로 이러한 실제법을 비교해 보아라.

누이들이여! 바깥으로 마음이 머무는 곳 6가지들이 영원하지 않고 변하고 바뀌어 간다. 그렇게 바깥으로 마음이 머무는 곳 6가지를 원인으로 해서 생겨나는 행복한 느낌, 괴로운 느낌, 괴롭지도 즐겁지도 아니한 느낌들이 '영원하다. 튼튼하다. 변함이 없다' 이렇게 말하면 그 말을 받아들이겠는가?"

"받아들이지 않겠습니다. 마하테라님."

"마하테라님, 바깥으로 마음이 머무는 곳 6가지(육경)를 원인으로 해서 원인에 맞게 나타나는 느낌들입니다. 원인이 사라졌기 때문에 원인이 있어야 나타나는 느낌들도 사라지는 것입니다. 그래서 받아들이지 않습니다."

"착하다. 누이들이여! 사실대로 바르게 아는 부처님 제자들의 대답도 이와 같으리라."

"누이들이여! 다음 비유 한 가지를 다시 보이리라.

자기 일에 능숙한 소 잡는 이나 그의 제자가 소를 잡아서는 날카로운 작은 칼로 안쪽 살덩이와 바깥 가죽들을 다치지 않게 잘 가른다. 안쪽을 둘러싸고 있는 살덩이와 힘줄의 엉킨 것들을 다치지 않게 날카로운 칼로 잘 가른다.

그렇게 다치지 않게 잘 갈라낸 가죽 껍질들을 그 소에게 다시 씌워서 이 소의 이 가죽이 처음 그대로 잘 붙을 것이라고 말한다면 누이들은 받아들이겠는가?"

"받아들일 수 없습니다. 마하테라님, 설사 그렇다고 말하더라도 그 소는 그 가죽과 다시 붙어질 수 없습니다."

"누이들이여! 그 비유처럼 이러한 실제법을 쉽게 알 수 있을 것이다. '안에 있는 살덩이'들은 안에서 있는 마음이 머무는 곳 6가지(눈·귀·코·혀·몸·뜻)의 이름이다. '바깥에 있는 가죽'은 바깥의 대상 6가지의 이름이다.

속을 얽히게 하는 살, 안쪽의 힘줄과 안쪽의 묶임들은 탐착하고 애착하는 탐심의 이름이다. '날카로운 칼'이란 안쪽의 번뇌, 안쪽의 집착, 안쪽의 모든 것을 얽히게 하는 것을 정확하고 완전히 끊어내는 도의 지혜 이름이다.

누이들이여! 바깥의 6가지와 안의 6가지들을 칼끝에 다치지 않도록 안에 있는 번뇌의 묶음들을 도의 지혜(Magga ñāṇa)인 날카로운 칼로 확실하고 정확하게 잘라 내는 것에 깨달음의 일곱 가지

사람을 존경해야 법을 본다

부분의 도움을 받아야 한다.

보장가(Bojjanga) 일곱 가지를 키움으로서 모든 번뇌가 다한 아라한 과위를 이 금생에, 이 몸으로 현재 행하고 체험할 수 있다.

보장가 일곱 가지란 닙바나로 향하게 하는 알아차림의 깨달음의 요인(사띠 삼보장가), 담마를 조사·확인하는 깨달음의 요인(담마위짜야 삼보장가), 노력 깨달음의 요인(위리야 삼보장가), 기쁨 깨달음의 요인(삐디 삼보장가), 고요함 깨달음의 요인(빠싸디 삼보장가), 선정 깨달음의 요인(사마디 삼보장가), 평등심 깨달음의 요인(우빼카 삼보장가) 등이다."

법문을 듣는 이들의 마음을 모두 끌어당겨서 설해 주신다는 난다까 테라의 소문을 지금 그들 스스로 직접 만난 것이다.

옛날의 인연 있던 사람들을 그리워하던 그들, 그 얼굴들을 보지 못해서 마음 편치 못해 하는 것을 이 테라께서 눈길 한 번으로 속속들이 파악하고 나서 그에 맞는 법을 설해 주신 것이다.

지금 그분의 은혜로 그들 모두 오백 명의 석가족 비구니들은 고통 속에서 벗어나는 기회를 얻은 것이다.

※

전에 부부로서 함께 지낼 때에는 서로의 얼굴을 바라보아 싫증나지 않았다. 주고받으며 서로 사랑했다. 좋은 음식과 여러 가지 보고 듣고 생각하는 대상에 같이 느꼈다. 같은 마음으로 느낌들을 즐겼었다.

그들의 몸에 물들인 거친 베옷을 입혀 놓았더라도 마음만은 그대로 깜마 오욕락에 묶어 놓았다. 이 깜마 오욕으로 즐기는 대상들을 난다까 테라께서 바깥 대상 여섯 가지(모양·소리·냄새·맛·닿음·바깥의 갖가지 대상), 안의 대상(눈·귀·코·혀·몸·마음) 여섯 가지, 여섯 가지 인식 작용으로 가르쳐서 설했다.

사랑하고 좋아하고 미워하고 그리워하는 깜마 오욕락의 대상은 그림자일 뿐이다. 적당치 못한 생각으로 좋아하고 사랑하고 그리워하고 애착하는 마음의 결과일 뿐이다.

그 마음들은 일찍이 말했던 대로 안과 밖의 대상들 때문에 생겨난 것이다. 기초가 되는 그 대상들조차 언제나 영원히 있지 않는다. 그때 그 마음의 결과로 연결된 깜마 오욕락 대상의 그림자들도 또한 사라진다.

이렇게 사라지는 것은 가운데를 서로 얽어 놓은 줄들을 날카로운 칼로 자세하고 정확하게 잘라 냈기 때문이다. 난다까 테라께서 가르쳐 주신 비유처럼 안쪽의 살덩이인 안쪽 마음의 대상 여섯 가지를 칼날에 상하지 않게 했다. 살가죽이라는 바깥 마음의 대상 여섯 가지 또한 칼날이 닿지 않게 했다.

안쪽의 살이나 바깥 가죽들에게 전혀 칼이 닿지 않게 하여서 가운데 번뇌와 집착의 줄로 묶인 것들만을 잘라낸 것은 도의 지혜라는 날카로운 칼이었다.

보장가 여섯 가지의 도움으로, 법을 조사·확인하는 담마위짜야(Dhammavicaya)라는 이름의 날카로운 칼로 가운데의 묶인 줄을 잘라 버려서 그 두 종류 대상(Āyatana)에서 다시 좋아하거나 미워하는 것이 생겨나지 않는다. 그리워하거나 집착하는 일이 생겨나지 않는다.

이에 깜마 대상들이 사라진 환영이 없는 닙바나를 소따빠띠 도의 지혜와 과의 지혜로 각자 현재 대상으로 할 수 있었다.

그 법문을 난다까 테라께서 열나흘 날 설하시고 보름날도 그 법만을 다시 설하시어 오백 명의 비구니 모두가 아리하따 팔라에 이르자 만족하여서 돌아갔다.

법사로서 유명한 분이신 난다까 테라께서 비구니 오백 명 모두에게 자기들 지혜가 생겨나도록 설하여 주셨기 때문에 비구니를 잘 가르침에 첫째가는 이라는 칭호를 받았다.

Majjina nikāya nandakovāda sutta

아름다운 것 중에 가장 높은 것

웰루와나에 빨리 가보세요.
아름다운 것 가운데 가장 높은 왕궁의 상징
신선하고 아름답고 부드러운 것을 보기 원하는 그녀
웰루와나 꽃동산에 지금 빨리 가소서.

가지가지 꽃송이 기묘한 나무들이
아름답게 잘 조화를 이룬
이 모두를 볼 수 있는 기회를 남겨 둔다면
적당한 시간이 지나면 기회를 잃으리라.

사랑하는 케마 너 혼자 남았네.
천상의 난다 동산처럼 아름다운 그곳

어서어서 웰루와나에 지금 빨리 가보세요.
그곳에 이르면 마치 천녀처럼 즐거워지리라.

천상의 꽃동산에서 꽃을 따며 즐기던
아리따운 천녀들이 나들이 가는 그곳
인간 세상의 아름다운 웰루와나에서
기쁨에 취하여 돌아갈 줄 모르네.

꽃에 취하여 천상을 잊어버리고
향기에 취하여 생각도 잊어버렸네,
아름다운 동산 웰루와나에서
꽃놀이에 싫증낼 줄 모르네.

※

우리 교단의 역사 가운데 중요한 위치에 속하는 노래들이 여기에서 드러난 것이다. 부처님과 함께 우리 대중들은 그곳에 머무는 시간이 많았다. 왜살리, 사왓띠 등 큰 도시와 작은 마을, 이곳저곳을 다니다가 라자가하에 다시 돌아오면 이곳 웰루와나(죽림정사)에서 지냈다.

절 창건주 빔비사라 대왕의 보시와 우리 대중들이 맡은 절 관리 책임이 완전하게 잘 이루어져서 이 동산은 매우 아름다웠다.

그런데 이 노래가 생겨나기 전에는 이 동산의 아름다움과 크고 번창한 모습이 이 정도인가 생각하지 않았다. 항상 지내 오던 비구 대중 스님들과 자주 오던 신자님들의 마음이 편안해지는 장소 중 한 군데로만 생각했다.

그러나 지금은 이 노래가 그 능력을 잘 보여주고 있었다. 이 나라 사람들은 길을 오가며 치고 부는 악대와 노래 부르기를 매우 좋아하는데, 라자가하의 많은 사람들 입에서 그 노래가 끊임없이 들려온다. 그 노래에 이끌려서 한 번도 와 보지 못한 시골 사람들도 밥을 싸 가지고 소풍을 왔다.

더러는 정말 노래처럼 그렇게 아름다운가 하고 의심이 생겨서 살그머니 오기도 한다. 보는 곳마다 볼 때마다 더 아름다워지는 웰루와나가 그들의 의심들을 말끔히 씻어 준다.

원래 있는 갖가지 꽃들이 만발하게 우거져 있는 사이사이를 라자가하 마을 사람 남녀노소의 잘 단장한 모습들이 섞여서 우리들의 죽림정사 동산은 몇 배나 더 아름다웠다.

※

들어오고 나가는 사람들이 많아짐과 동시에 상가 대중들의 공양 역시 끊임없이 이어졌다. 그들이 보시하는 덕분에 우리들은 걸식하러 나갈 걱정 없이 앉아서 먹을 수 있게 되었으며 보시하는 이들의 신심에 '싸~두'를 불러준다.

자비의 마음으로 보시하러 오는 이들에게 자비의 마음을 주고받는다. 그러나 그런 모습으로 날이 점점 길어지자 상가 대중의 수행에 방해가 되기 시작했다. 그렇게 사람들이 오는 시간이 정해진 것이 아니었다. 오고 가기 좋은 아침나절과 저녁 시원한 때만이 아니라

아름다운 것 중에 가장 높은 것 389

시도때도 없이 오고는 했다.

한 사람 한 사람 이야기하여 서너 사람씩 마음이 맞으면 오고는 하여서 그들이야 자기 한 무리, 다음 한 무리가 각각 따로여서 별다르지 아니하지만 끊임없이 모든 사람들마다 만나야 하는 상가 쪽에서는 날마다 더 책임이 커져 갔다.

오는 이들마다 '몸과 마음이 행복하세요. 건강하세요. 만족함이 있어지이다.'라고 인사 축원을 해줄 때 진리에 대해 조금이라도 흥미 있어 하는 사람들이 있으면 그래도 다행이다.

그들에게 법문 한두 마디 해주면 그래도 마음이 조금 풀어지기도 하지만 그렇지 못한 이들이 오는 날에는 힘들고 허리 아픈 일만 잔뜩 남는다.

언제나 다른 때에는 사람들의 소리가 들리지 않는 조용한 곳을 즐기셨던 부처님께서 이 웰루와나 정사에서는 그냥 그대로 계셨다. 오는 이들을 막지도 않고 손님 대접에 분주한 비구들에게도 허물을 말씀하시지 않는 그분의 특별한 태도는 한 가지 이유가 있었다.

이러한 특별한 일을 기다리면서 우리 대중 역시 많은 사람들을 만나야 하는 벌을 마음속으로 눌러서 참아야 했다. 시끄러움을 참고 견디어야 하는 원인은 정말 특이했다. 그것은 중요한 큰 일 한 가지 때문이었다.

우리 비구 대중 가운데 지혜가 뛰어나신 분으로 마하 사리불 존자께서 계시지만 비구니 대중에는 그 같은 분이 아직 없었다.

어머니 고따미를 선두로 한 비구니 대중의 필요한 자리를 이제 곧 채워줄 것이다. 그러면 비구니 대중 가운데 그러한 특별한 칭호를 받을 후보자가 누구이겠는가? 그가 지금 어디에서 무엇을 하고 있는가?

그 사람은 바로 정사 창건주 빔비사라 대왕의 왕비로, 지금까지 우리 웰루와나 정사에 한 번도 들르지 않았다. 부처님과 함께 우리 상가 대중들께서 공양을 위해 왕궁에 갔을 때도 그녀는 얼굴조차 비치지 않았다. 빔비사라 대왕의 큰 왕비인 위대히(Vedahi)만이 공양을 올리면서 시중을 들었다.

그러나 이처럼 그 스스로 그림자를 감추고 지냈지만 소문만은 잘 다스릴 수 없어 사람들 입에서 입으로 전해졌다. 그들은 우리 부처님께서 아름다운 것을 더럽고 메스꺼워 하고, 아름다운 것을 혐오하여 허물이 티끌만큼도 없는 몸에서 더러운 종기와 피고름덩이를 찾아서 보여준다고 생각한 것이다.

세상에서 누구와 견줄 수 없이 아름다운 야소다라를 완전하게 던져버리고 갔다는 생각을 항상 가지고 있었다. 그래서 그만큼 심장의 피가 싸늘하게 식어 있는 분의 앞에 나서면 자기가 가장 좋아하고 자랑으로 여기는 아름다움을 나쁘고 가치 없이 말할까봐 두려워서 전전긍긍 감히 나타날 수 없어 하는 것이었다.

그렇기도 하리라. 세상의 눈으로 보면 허물 잡기를 좋아하는 이들도 허물이라고 말할 수 없도록 뛰어나게 아름다운 여자들이 많이 태어나는 곳 마드라스의 수도 사갈라, 그 속에서도 빼어난 아름다운 여자 보배 중 한 사람인 것을 알면 그 일을 이해도 하리라. 이렇게 빼어나게 아름다운 그 여자는 태어날 때부터 특별한 복을 가지고 있었다. 그녀를 입태할 때 그들 나라는 굶주림이 크게 번져 있었다. 그러나 그녀가 태어날 때는 그 굶주림의 위험들이 사라졌다. 위험이 멀리 사라졌다는 뜻으로 그 여자의 이름은 '케마'로 불리었다.

빼어나게 아름다운 왕비 케마(Khema)는 아름다운 만큼 교만심 역시 지나치게 컸다. 그 높은 자존심을 사갈라 수도에 있을 때는 그의 아버지인 마드라스 국왕이 북돋아 주었다. 지금 빔비사라 왕의 궁전에서도 보배 중의 보배로 대접받았다.

빔비사라 대왕과 나이가 비슷한 위대히 왕비는 유명한 아자따사뚜 왕자의 어머니였으며 다른 왕비들도 있었다. 그러나 하늘 아래 첫째가는 어느 왕이라도 자기의 복덕을 존중해서 바쳐 오는 각종 보배를 거절해 버리는 전통은 없다.

왕비 케마라고 부르는 이 보배는 생명 없는 물건 보배보다 천만 배 더 귀했다. 그렇게 귀한 보배였으니 대왕의 지극한 사랑을 받는 것은 당연한 일이다. 그렇게 아름다운 보배를 거두어 가지게 된 것이 빔비사라 대왕에게는 큰 행운이라고 할 만했다.

그렇게 지극히 아끼는 보배에게도 단 한 가지 마음에 안 드는 것이 있었다. 대왕 그 스스로는 어떤 방해에도 흔들림 없이 목숨을 다해 믿고 받드는 삼보에 정성을 다하며, 정사를 지어서 보시한 창건주이자 부처님의 은혜로 지극히 고요하고 편안한 법을 스스로 깨달은 사람이었다.

그러나 아름다운 대상을 소유한 것과 동시에 그는 어려움을 만나게 되었다. 그는 삼보를 존경하기 때문에 자주 절에 가고 싶었다. 그가 사랑하는 왕비 케마도 그와 같이 가서 부처님과 상가대중께 예배 올리고, 법문도 듣고 그렇게 하고 싶었다.

넓고 큰 마가다 나라를 마음대로 다스리는 이 대왕은 자기가 원하는 것 두 가지 중에서 한 가지만 채울 수 있었다. 두 가지 소원을 마음대로 채우려면 왕의 힘을 써야 하리라.

대왕의 엄한 위엄으로 명령을 내릴 수도 있었지만 이 사랑하는 왕비가 자기의 마음과 반대되는 명령을 받아 햇빛에 시든 꽃처럼 되는 것을 차마 보고 싶지 않았다.

그래서 그의 소원도 이루어지고 아름다운 꽃도 시들지 않고 싱싱함을 유지하도록 왕은 전략을 쓰기로 했다. 대왕의 생각으로 전략을 세운 것도, 그 목적이 이루어진 것도 사실이다. 그러나 그녀의 바라밀을 도와서 채워주는 우리들에게는 쉽지 않았다.

처음에 보여드렸던 노래는 대왕 스스로 남모르게 준비한 것이며, 그 결과 웰루와나 정사에 오고가는 사람들이 끊이지 않았다.

마가다국 그 큰 나라의 크고 작은 마을 사람들은 물론 왕궁에서도 부르는 노래는 모두 웰루와나 동산을 아름답게 그린 노래뿐이었다. 천상의 공원보다 아름다워서 천녀들이 내려오면 천상으로 돌아가는 것을 잊어버린다고 노래했다.

그녀의 바라밀을 도와서 채워주려는 우리들에게도 도와준 이익을 건졌다고 해야 하리라.

※

몸의 아름다움에만 의지하는 젊은 왕비 한 사람을 끌어내는데 아름다운 그 노래가 힘을 발휘했다. 모든 사람들이 입만 열면 부르는 그 아름다운 노래, 귀에 들려오는 웰루와나 동산을 칭찬하는 노래를 듣고 케마 왕비가 어느 날 웰루와나에 가고 싶다고 했다. 빔비사라 왕은 웰루와나에 가면 반드시 부처님을 뵙고 인사 올리도록 지시했다.

케마도 머리를 썼다. 아침나절에 가면 부처님께서 탁발을 나가시고 안 계시는 시간이다. 왕궁에 돌아와서는 부처님이 안 계셔서 뵙지 못했다고 하면 될 것 아닌가?

꽃나무, 과일나무, 연못과 우물, 모두가 잘 조화된 아름다움, 노래의 아름다움을 따라 그녀가 살그머니 왔지만 동산에 머무시는 부처님을 만나려는 마음은 없었다.

그때 우리 상가 대중은 모두 라자가하로 걸식하러 갔다. 다른 때 같으면 상가 대중의 선두에 우아하신 모습으로 부처님께서 계신다. 그러나 그날은 상가 대중들만 갔다. 어떤 특별한 이유가 있으면 이렇게 하던 전통이 있었으므로 우리는 별 생각 없이 그대로 갔다.

돌아올 때가 되어서 모든 것을 알게 되었다. 다른 날처럼 탁발을 가셨을 것이라고 안심한 케마 왕비가 부처님이 계시는 정사로 가까이 갔다.

미리 열어 놓은 절 대문 안으로 들어섰을 때 뜻밖의 장면을 피할 수 없이 보게 되었다. 아름다움을 싫어하고 혐오스러워 하는 분, 아름다움을 부서뜨리는 분, 몸 전체를 종기와 피고름 주머니라고 생각하는 분, 그러한 그분의 발밑에 숨조차 쉴 수 없을 만큼 놀랍게 아름다운 한 사람이 앉아 있는 것이 아닌가?

이 세상에서 자기가 가장 아름답다라는 한 생각만으로 지내던 케마 왕비가 지금 자기보다 더 아름다운 사람을 바라보고 있는 것이다. 아름답고도 높은 왕족이라는 교만심의 깃발을 휘날리던 마드라스 왕의 공주가 지금 자기보다 더 교만스러운 사람을 만난 것이다.

스스로도 자기보다 더 아름답다고 느끼고 놀란 눈으로 넋이 나간 채 바라보고 있었다. 그러나 그 여자는 마가다국의 왕비를 옆눈으로조차 돌아보지 아니한 채 공손한 모습으로 부처님께 부채질을 해 드리고 있었다.

자기의 일평생에 한 번도 만나보지 못했던 그 아름다운 여자는 케마 왕비가 보고 있는 동안에 점점 바뀌어져 갔다. 고운 비단결 같은 살결에 금이 가기 시작하더니 거칠어지고, 별빛같이 맑게 초롱초롱하던 눈동자가 점점 안으로 들어가더니 멍한 눈빛으로 변했다.

여자들의 아름다움을 가장 잘 드러내는 피부색의 색깔이 바뀌어지고 주름이 생기기 시작하더니 축 늘어지며 곱고 윤기 나는 머리카락은 거칠어졌다. 아름답던 여자가 늙은 할머니가 되어서 머리는 희어지고 이는 빠지고 몸을 가누지 못한 채 허리가 굽어져 흔들거리며 겨우 몸을 지탱하기에 이르렀다.

원하지 않던 뜻밖의 모습에 케마 왕비는 가슴이 철렁해졌다. 조금 전까지도 아름다운 것만이 재산이고 자랑거리며 의지하던 힘의 전부였다. 그 높은 산봉우리가 순식간에 무너져 내렸다.

케마 왕비여, 무엇을 의지해야 하나……

두려운 마음에 떨고 있는 케마에게 부처님께서 말씀을 건네셨다.

"오! 케마여, 자세히 보아라.
케마여, 자세히 들어라.
지혜의 눈이 먼 어리석은 장님들이 칭찬하던
이 몸은 늙고 병들어 고통스러워하면서 무너져간다.
날마다 쉬임없이 아래위의 구멍으로
흘러나오는 고약한 냄새로 가득하다.

마땅히 혐오스러운 몸에
아름다운 것 뿐, 무너지는 것이 없다고
아무리 깊이 집착하고 위해준다고 해도
그의 본성은 아름답지 않는 것,
마음속에 생각하라.

그리고 다시 그와 나의
몸 위에 좋아서 탐착하고 갈애가 없는
높은 알아차림으로
마음이 조용한 곳, 그곳에서 쉬어라."

아름다움에 깊이 집착하고 있는 케마 왕비에게 부처님께서 주신 쓰디쓴 약이었다. 그 지독하게 쓴 약을 케마 왕비는 피할 수 없이 눈을 감고 마셔야 했다. 지독하게 쓰던 그 약은 뱃속에 들어갔을 때 행복을 가져다주는 천상의 영양분이 되었다.

사람마다 가끔 어리석을 때가 있듯이 전에는 항상 곱게 단장하는 것을 가장 좋게 여기던 이, 아름다움이 시들어 갈까봐, 빛을 잃을까봐 부처님을 피하고 멀리하였다. 피할 수 없어 이렇게 얼굴을 마주 뵙자 그의 생각대로가 아니었다.

그가 걱정했던 대로 그의 아름다움은 조금도 빛을 잃지 않았다. 부처님께서 가르쳐 주신 대로 그 순간 아름답지 못한 것을 관하는 수행 덕분에 전보다 더 아름답고 우아함이 밝게 빛났다.

아수바 바와나(Asubha bhavana)란 살았거나 죽은 두 가지 몸에서 무너져가고 늙어가는 것을 차례차례 자세히 관찰하여서 자기 마음 속에 그 아름답지 못함(아수바)의 영상이 분명하게 떠오르도록 수행하는 것이다.

이 수행은 선정 수행 40가지 중에 포함되기 때문에 위빠싸나

쪽으로 바꾸지 아니하면 출세간의 지혜에 이르지 못한다.

몸 밖의 아수바에서 자기 몸 안의 아름답지 못하고 적당치 못한 본성을 위빠싸나로 관찰해야만 도와 과의 기초가 될 수 있다. 그렇다면 케마 왕비가 위빠싸나로 관찰한 몸속의 아수바의 성품들이란 무엇인가?

아름다움뿐인 케마 왕비, 아름다움 위에 군림하던 교만심일 것이리라. '내가 아름답다. 내가 적당하다. 나보다 아름다운 이는 누구도 없다'라고 얼마만큼 교만심으로 지냈든지, 그러한 교만심들이 적당치도 아름답지도 않는 아수바 법(Asubha dhamma)일 뿐이다.

나보다 더 나을 수 없다고 휘날리던 교만심을 우리들 상가 스님들께서는 연에다가 비유했다. 꼬리를 흔들며 올라가는 연은 그의 힘만으로는 올라갈 수 없다. 불어 주는 바람이 치켜 줌으로써 올라갈 수 있다. 바람이 불어 주지 않으면 그 연은 땅 위에 드러눕거나 뒤집혀서 떨어질 것이다.

변해 가는 성품(Samkhata)에 속하는 교만의 마음도 그와 같다. 아름다운 보배라고 스스로 생각하여 보았던 모습과 마음속의 그림자들을 자기 스스로가 정말이고 사실이라고 생각하기도 한다.

그 그림자를 좋은 것이라고 생각해서 아름답다는 교만심이 높이 올라가서 휘날리게 된 것이다. 그 원인들이 치켜 올려 주지 아니하면 그 능력 한 가지만으로는 올라가지 못한다. 올라가는 교만의 마음들이 원인을 모아서 준비해 준 것이다. 조용한 성품은 아무 원인도 필요 없다. 조용한 성품을 섬기게 하는 선정의 원인은 거의 없다.

자기 스스로의 지혜로 가까이 이르러야 하는 조건만 있다. 아름다움에 집착하는 케마 왕비를 이러한 인(因)으로 닙바나에 이르게 하시려고 부처님께서 말없는 수행을 설하여 주셨다.

"오! 케마여, 벗어나는 길을 찾아라.
지혜로 잘 수행하라.
아름답다는 성품,
보기 좋은 것은 어디에도 없다. 원래 없다.
탐심이 없고, 성냄이 없고,
무지가 없음을 함께해서 자세히 보라.

'나와 너'를 비교할 것으로 항상 있는 것으로,
교만심을 일으키도록 생각하지 말라.
조용한 수행으로 교만을 버리고 예의스러워라.
공손하고 부드러운 높은 자세로
마음속의 교만을 없애라.
그러면 조용한 도와 과(Maggaphala)의 길에
곧바로 정확하게 도착할 것이다."

이러한 감로수를 부어주는 끝에 케마 왕비는 부처님의 파두마 연꽃 같은 두 발에 거듭거듭 예배를 올렸다. 그림자를 원수로 생각하여 숨어 지내던 허물을 깊이 참회하였다.

이러한 태도를 보신 부처님께서는 참회하기 전에 이미 만족해하셨다. 그보다 더욱 만족스러운 것을 내가 직접 보게 되었다.

※

네 가지 도(Magga)와 네 가지 과(Phala)의 가장 높은 지혜를 얻은 케마 왕비는 온갖 보배 장식을 완전히 갖춘 모습으로 상가 대중 안에 포함되었다. 이렇게 가장 높은 지혜에 이른 사람들은 속마음의 지혜에 어울리게 가사를 입어야만 세상에 살면서 이익을 줄 수 있다.

가사를 입지 아니하면 그가 가진 그 특별한 진리의 힘으로, 담마의 높은 힘으로 일주일 이상 이 세상에 머물 수 없다. 그래서 케마 왕비는 절 창건주에게 허락을 받기 위해 왕궁으로 돌아갔다. 전과는 다른 특별한 태도를 보고 절 창건주는 자기의 왕좌에서 내려왔다.

케마 왕비를 맞이하는 그는 웃을 수도 울 수도 없는 표정이 되었다. 그 전에 아름다움을 좋아하는 케마 왕비는 이 왕궁 안에서 그녀 마음대로 치장하고 단장하고 아름답게 꾸미면서 살았다. 그러나 지금은 이 왕궁을 찾은 손님처럼 한 걸음 한 걸음 천천히 걸어왔다.

"대왕이시여!

세간의 풍습대로 주인이셨던 대왕께서 허락하시면 제가 부처님 교단에 들어가서 수행자가 되고 싶습니다."

아름다움에 힘입어서 어린애처럼 졸라왔던 남편에게조차 서먹하게 모르는 사람 부르듯이 불렀다. 결혼한 여자들은 남자들처럼 부모 두 분 허락만으로 충분치 못하여서 남편의 허락을 받아야만 수행자가 되도록 허락하였다. 빔비사라 대왕이 얻었던 그 몸을 교단에 쓰도록 허락을 원하고 있는 것이다.

땅이 기름지고 물이 넉넉한 곳에서 부모님 두 분의 지극한 보살핌으로 자란 케마 왕비는 원래 아름답고 예뻤다. 아름다움을 좋아해서 잘 단장할 수 있었기 때문에 그녀의 소문은 더욱 널리 퍼졌다. 그러나 이전의 아름다움은 몸의 아름다움뿐이었다.

교만심을 섬겨오던 아름다움, 깨끗하고 높은 자비와 사랑으로 좋아하는 마음보다 갈망과 욕망을 먼저 부르는 아름다움이 있었다. 지금의 아름다움은 공손하고 예의바르다. 부처님께서 가르쳐 주신 아름답지 않은 것을 관하는 수행 덕분으로 케마 왕비의 아름다움은 갈애를 동반하지 않는 자비심을 받아들이고 있었다.

그 나라의 대왕이신 절 창건주는 넓고 큰 마가다국 모든 백성들의 죽고 사는 일들을 날마다 결정해 왔다. 마음이 흔들릴 만큼의 큰일도 단단한 심장으로 반듯하고 분명하게 행하여 왔다. 그러나 그 일은 나라의 일, 나라를 다스리는 왕들마다 비킬 수 없이 해야 하는 책임일 뿐이었다.

지금 케마 왕비가 여쭙는 이 일은 나라의 일이 아니라 자기의 일이다. 자기 개인의 일이기는 하지만 보통 일이 아니다. 마음속, 가슴속, 심장의 일이다.

※

교단의 가르침의 지혜, 가르침의 안목을 얻었던 제자 한 사람에 맞게 그는 교단을 시봉하기를 원했다. 그가 해야 하는 일을 가장 사랑하는 왕비 케마도 따라 하기를 원했다.

그러한 소원으로 사람들 몰래 준비하여서 부처님을 꺼리던 케마 왕비가 그분 앞에 갔다. 그렇게 그분 앞에 가서는 그 전의 태도를 바꾸어서 가르침을 펴는 교단 안의 한 사람이 되기를 희망했다.

그의 소원대로 케마 왕비는 가르침을 펴는 여자가 되었다. 그러나 그와 함께 손잡고 가르침을 펴려는 것이 아니라 사랑했던 남편의 손조차 떨쳐 버리고 그 혼자서 가르침을 펴겠다고 한다.

대왕은 애착의 줄 사이에서 교단의 이익을 위하고 싶었다. 케마 왕비는 애착의 줄을 하나도 붙이지 않고 훌훌 떨치고 나서 가르침을 펴고 싶어한다.

한 순간의 침묵이 지나고 역시 큰 나라의 대왕답게 결정을 내렸다. 나라의 왕관을 손에 잡은 대왕이 교단의 영웅, 이 여자에게 두 손 모아 합장을 올렸다.

"오! 케마여! 제가 만족하게 허락하겠습니다.

케마의 수행자가 되는 일을 구족하게 준비하겠습니다."

주인의 입장에서 바뀌어 네 가지 물건을 후원하는 신도의 처지에서 공손하게 여쭈었던 것이다. 나라의 크고 작은 모든 일을 완전하고 올바르게 결정해 왔던 빔비사라 대왕이 자기 자신의 마음속의 일도 바르게 결정하였다.

이 결정으로 가장 사랑하고 아끼던 왕비 케마를 황금으로 만든 가마에 태워서 장안의 큰길을 돌면서 축하를 한 다음 비구니가 머무는 절로 보내드렸다. 비구니 대중의 계단에 들어가서 계를 받고 다시 비구 상가에 가서 계를 허락 받았다.

비구니가 되는 의식은 이렇게 두 번 치루어야 한다. 영웅 같은 마음으로 교단에 들어왔던 케마 비구니를 칭찬함과 동시에 자기 개인의 일보다 부처님 얼굴에 더 비중을 두는 빔비사라 대왕에게 우리 모두가 '선재라. 착하도다.'라고 칭찬해 주었다.

조용한 곳에 머무시는 것을 즐겨하심은 부처님의 전통이다. 그러나 웰루와나 동산에서는 좋아하시던 풍습을 잠시 버리셨다. 이전에는 이렇게 버리신 적이 없었다.

부처님께서 기다리셨던 비구니 중에 지혜 제일 제자가 오늘 교단에 들어오자 사람들이 많이 드나드는 그 동산에서 여행을 떠나시었다. 이렇게 시끄러운 웰루와나를 떠나신 것은 다른 계획이 있으시기 때문일 것이다.

부처님께서 앞에 가시면 우리 상가 대중 역시 차례로 따라간다. 그때는 우리 교단의 누이들도 계속 따라왔다. 버리기 어려운 것을 힘들게 버렸던 빔비사라 대왕은 지내기가 홀가분해졌을 것이다.

보기만 하고 얻지 못하는 업의 고통에서 벗어날 기회를 얻었을 것이다. 보지 못하면 더욱 그리워지는 것도 당연하다. 사랑이 있으면 그리움도 있는 것이 아니겠는가?

어찌 되었든지 모든 중생들의 이익을 위해서 부처님께서 여행을 떠나신 것이다. 가는 곳마다 법의 감로수를 내리시면서 제따와나 정사에 도착했다. 제따와나에서는 웰루와나 같은 것을 만나지 않았기 때문에 오래 지낼 수 있었다. 케마 비구니도 라자가하에서 떠나올 때 우리들과 함께였다.

그러나 제따와나까지 따라 오지 않았다. 사왓띠와 사깨따 도시 사이에 있는 또라나와투(Toraṇavattha) 마을에서 비구니들과 같이 안거하였다. 숲 속 시골 마을에 안거하여 지내더라도 비구니 케마의 공덕에 대한 소문이 제따와나까지 들려왔다.

향기로운 그녀의 소문은 케마 비구니의 아름다운 몸에 관해서가 아니라 터럭 끝을 갈라내는 날카로운 칼날처럼 예리한 지혜에 관한 것이었다.

❦

나라를 둘러보던 꼬살라 대왕이 사깨따 도시와 사왓띠 수도를 떠났을 때 또라나와투 마을에서 하루 저녁을 머물게 되었다. 그날 저녁, 케마 비구니를 만나고 법에 관한 것을 의논한 다음 부처님께 왔다. 조심스럽게 머리 숙여 절한 다음 꼬살라 대왕은 이렇게 여쭈었다.

"부처님! 중생들이 죽은 다음 무엇 한 가지가 됩니까?"
"대왕이시여, 이 문제를 나 붓다가 대답하기를 원치 않습니다."
여쭈어 온 문제를 부처님께서 즉각 거절하셨다. 그러자 거절한 문제를 다시 다른 쪽에서 여쭈었다.

"그러면 중생이 죽은 다음 무엇 한 가지가 되지 않습니까?"
"대왕이시여! 나 붓다가 대답하기를 원치 않습니다."
그래도 거절하셨다. 그러나 빠세나디 꼬살라 대왕은 포기하지 않은 채 끝까지 다시 물었다.

"부처님! 중생들이 죽은 다음 생기는 것도 아니고 안 생기는 것도 아니라고 할 수 있습니까?"

"대왕이시여, 이 문제를 나 여래가 대답하기를 원치 않습니다."

⚜

마가다, 꼬살라, 왓시싸또, 나라마다 부처님의 가르침이 잘 전해져 있는 것도 사실이다. 그러나 다른 사상을 가지고 있는 이들도 나라마다 도시마다 퍼져 있다. 그 다른 사상을 가진 자기 무리끼리는 스스로를 부처님이라고 하고 있다. 그들 지역에서는 이 문제들을 중요하게 생각하였다.

견해가 같은 이들끼리, 사상이 다른 이들끼리 이 문제를 묻고 대답하고 의논했다. 그러나 완전한 대답을 얻지 못해서 질문만이 돌고 돌았다.

사상가들 사이에서 일상적인 것이 되어 버린 이 문제가 지금 여기까지 오게 된 것이다. 이 질문의 밑바닥은 중생들이 생애를 건너가는 것이다.

부처님, 높으신 그분의 가르침 안에는 중생이라는 것이 없다. 원인이 합쳐져서 생겨나는 결과의 연결만이 있다. 다른 쪽으로 말하자면 사람, 중생, 나, 너란 것은 없을 뿐이고 법, 성품 자체만이 있다.

이렇게 너도 나도 아닌 무아(Anatta) 성품만을 설하셨던 부처님께서 나(Atta)에 기본을 둔 문제를 어떻게 대답해야 하겠는가? 대답해서 될 수 없는 문제는 대답하지 않는 것만이 가장 좋은 대답이다. 성인들의 지혜로 조용히 대답하신 것을 성인의 지혜가 성숙되지 않은 꼬살라 대왕은 만족하지 못하여 다시 여쭙는 것이었다.

"부처님! 이 문제에 대답하기를 원치 않으신다고 무엇 때문에 말씀하셨습니까?"

"좋습니다. 대왕이시여, 이 대답을 받아들이지 않는다면 비유를 들어서 대왕에게 다시 물어야겠습니다. 이 질문을 대왕 당신이 느끼는 대로 대답하시오. 꼬살라 대왕께선 갠지스 강에 있는 모래를 이 정도, 이 만큼이라고 숫자로 셀 수 있겠습니까?"

"셀 수 없습니다. 부처님!"

"그러면 큰 바다에 있는 물을 됫박으로 어느 정도, 어느 만큼이라고 잴 수 있습니까?"

"없습니다. 부처님!"

"대왕이시여, 어째서 잴 수 없습니까?"

"부처님! 큰 바다는 재어서 비유할 수 없을 만큼 넓고도 넓습니다. 어떤 중생들이라도 그들의 지혜로 의지하고 기댈 수 없습니다. 그래서 잴 수 없습니다."

"대왕이시여, 나 붓다도 이 비유와 같습니다. 중생이라고 부를 뿐인 이 오온을 나의 것이라고 하는 집착(Samutaya tanha)을 나 여래가 모두 빼어버렸습니다. 뿌리를 잘라버렸습니다. 그루터기조차 남기지 않고 뽑아버린 것처럼, 없는 것 같이 말끔하게 하였습니다. 다음에 다시 생기지 않도록 하였습니다.

대왕이시여! 이 오온에 중생이라고 부르는 것에서 벗어난 나 여래의 지혜는 큰 바다처럼 깊고 깊습니다. 큰 바다처럼 넓고 넓습니다. 보통 지혜로는 생각하여 미칠 수 없습니다.

그 지혜의 주인인 나 붓다가 중생이 죽은 다음 아무것도 안 된다고 해도 적당치 않고, 되는 것도 아니고 안 되는 것도 아니라고 말하는 것도 적당치 않습니다."

❀

유아(Atta)에 근거해서 생겨나는 문제들을 무아(Anatta)의 성품으로 설하는 것으로 대답하여 주셨다.

빠세나디 꼬살라 대왕은 자기의 지혜로 견해가 깨끗하여 청정한 수준까지는 가지 못했으나 다른 사상의 주인들이 말끔하게 대답하여 주지 못한 문제를 자세하게 대답해 주신 모습에 매우 만족해했다.

그것보다 더욱 흐뭇한 것은 부처님께서 대답하신 모습이 또라나와투 마을에서 안거하는 케마 비구니가 대답하신 것과 받침 하나 틀림없이 똑같은 것이었다.

부처님 뒤를 따라 갈 수 있는 지혜를 지닌 이 큰 비구니에게 부처님께서 비구니 가운데 지혜제일이라는 특별한 칭호를 내리시면서 칭찬하신 것은 아주 적당한 일이었다.

Kema therī apadāna
Elādagga vagga

시들지 않는 붉은 연꽃

처음에 닫아두었던 비구니 상가의 대문을 내가 억지로 열어주었다. 여자들이 얻을 수 있는 법의 길을 바탕으로 한 특별한 기회를 만들어서 간청해 준 것이었다. 이렇게 억지로 청원하였기 때문에 부처님의 나무람을 듣기도 했다.

그러나 그 일로 마음 상하거나 속상해 할 일은 전혀 없었다. 큰 달님 곁에 큰 오라버니, 작은 오라버니들과 같이 밝게 빛나는 기회를 얻은 비구니 누이들의 밝은 별들이 있지 않은가!

처음에는 어머니 마하 빠자빠띠 고따미 다음에 사까 종족 공주 오백 명, 그 다음 케마 왕비 같은 유명하신 분들이 모두 내가 열어준 대문으로 차례차례 들어왔다. 들어온 다음에는 위험이 없도록 교단의 책임을 이끌어 가는 기회를 가지게 되었다. 그렇게 위험 없는 일생을 살게 된 기회를 가진 마하테리들을 위해서 기뻐했던 내가 우빨라완나(Uppalavaṇa) 비구니에게는 기쁨과 슬픔이 엇갈려야 했다.

※

우빨라완나 비구니는 깨끗한 처녀로 교단에 들어온 사람이다. 우빨라완나가 처녀로 지냈던 것은 결혼상대가 없어서가 아니었다. 그와 같은 처녀에게 결혼은 걱정할 일이 없었다.

그의 가문은 사왓띠 수도에서 유명한 거부 장자였고 하나뿐인 무남독녀였다. 살결은 붉은 연꽃처럼 아름다웠다. 여자가 지닐 수 있는 아름다움을 완벽하게 잘 갖추었다.

이 붉은 연꽃의 소문이 널리 퍼지자 크고 작은 나라의 왕들과 그 형제들, 왕자들, 특수한 칭호를 가진 거부 장자들이 서로 중매를 넣어왔다. 처음에 그의 부모님들은 어린 딸이 자랑스러웠다.

"딸이 아직 어립니다. 결혼을 생각하기에는 이릅니다."

이렇게 대답하는 것만으로 모든 것이 잘 처리되었다. 그러나 점점 나이가 많아지자 그 부모님의 가슴이 조여 왔다. 차마 거절하지 못하는 상대가 수도 없이 많은데 딸은 단 하나뿐, 어느 한 사람과 결혼시키면 다른 많은 이들이 원한을 가질 것이다.

그렇게 불평하는 사람들이 부자들뿐이라면 별문제가 없을 것이다. 재산의 힘으로 눌러 오면 재산의 힘으로 막을 수 있다. 친척들로 밀어붙이면 이쪽도 친척들로 막아낼 수 있다.

그러나 그들 중에 왕이나 왕자들이 들어 있는 것은 두 부모에게 마음 편치 못한 일이었다. 그들은 거부 장자의 아들처럼 재산이나 친척들의 힘만을 의지하고 사는 이들이 아니었다. 빠세나디 꼬살라 대왕의 권력을 한 부분씩 가지고 있는 사람들인 것이다.

더러는 날카로운 칼이라고 소문이 나 있다. 친척들의 힘이나 재산의 힘이야 겨루기로 한다면 못할 것도 없지만 무기에는 등이 서늘해진다.

"오! 어린 딸 우빨라완나야, 이렇게 번거로운 세상에 사는 것보다 교단에 들어가면 어떻겠느냐?"

생각만으로 해결되지 않자 아버지는 딸의 마음을 떠보았다. 부모에게도 위험이 없고 어린 딸 역시 몸과 마음을 편안히 할 수 있는 길은 이것뿐이 아닌가?

"예. 저는 교단에 들어가고 싶습니다. 아버님."

༺༻

일찍부터 생각이 있었던 우빨라완나가 아버지의 생각을 기쁘게 받아들였다. 그래서 사왓띠 수도에서 우빨라완나의 비구니가 되는 의식이 크고 성대하게 치루어졌다.

우빨라완나는 수행자가 되어서 오래지 않아 계단을 담당하는 책임이 주어졌다. 그날 포살을 위해서 깨끗이 비질을 했다. 마실 물도 준비해 놓고, 앉을 자리도 펴 놓았다. 해가 지자 기름불도 많이 준비했다. 포살할 비구니 대중이 미처 도착하기 전 우빨라완나 테리께서는 기름접시의 불꽃을 자세히 주시하며 불을 관하는 수행을 키워갔다.

전생의 수행과 복이 갖추어져서 불 수행 대상(Tejo kasina) 화광삼

매로 세간 선정을 순간에 얻게 되었다. 그때 세간 선정에서 다시 위빠싸나로 바꾸어 갔다. 대중들이 몰려왔을 때 우빨라완나 테리의 수행자의 일은 모두 완전하게 끝마쳐졌다.

❦

안다와나 숲 속의 작은 절에서 살며 수행을 할 때 듣고 싶지 않은 나쁜 소문을 듣게 되었다. 안다와나 숲은 사왓띠 수도 근처 제따와나 정사의 뒤쪽에 있다. 제따와나 정사와 멀지도 가깝지도 않고 사람 소리가 들리지 않는 조용한 곳으로 마음 편히 수행하기를 원하는 이들이 의지하는 곳이다.

예전에 이곳은 사람들이 가지 않는 깊은 숲 속이었다. 도둑이나 강도들이 많다고 소문난 곳이다. 옛날 어느 때 이 숲 속에 야소라따(Yasolata)라는 이름의 거사 한 사람이 들어갔다. 까싸빠 부처님의 제자 한 사람으로 아니가미(아나함) 도를 얻은 사람이었다. 경전, 아비담마, 이렇게 삼장을 입으로 외워 지니는 사람이기도 하다.

닙바나에 드신 까싸빠 부처님의 탑을 세우기 위해서 인도 전역을 다니면서 보시품을 거두어 이곳까지 오게 된 것이다. 그때 강도 오백 명이 나타났다. 탑을 세우기 위해서 보시 받은 금, 은, 루비 등이 있을 것이라고 생각했기 때문이었다. 보시 받은 물건들은 이미 모두 탑 세우는 곳으로 실어 보낸 것을 그들이 몰랐던 것이다.

그 사람의 몸에는 걸친 한 벌의 옷 외에는 아무것도 없었다. 그러면 조용히 놓아주자고 한 쪽에서 말했으나 그보다 더 많은 이들이 후환이 생길 것을 두려워했다.

"이 사람은 왕들과도 친분이 있어서 우리가 혹시 도시에 갔을 때 만나기라도 하면 곤란하게 될 것이다. 우리 모두 잡혀서 죽음을 당할 것이다."

이렇게 말하는 사람들이 많았기 때문에 부처님 교단의 이익을 위해서 많은 일을 한 그 남자는 죽임을 당했다. 그리고 그 도둑들은 그 자리에서 모두 장님이 되었다. 그래서 그 숲은 장님의 숲(안다와나)이라고 부르게 된 것이다.

어리석고 거친 사람들의 소행으로 까싸빠 부처님의 큰 제자 한 사람이 그 숲에서 목숨을 잃었다. 그 숲 속에서 고따마 부처님 제자 비구니 한 분도 애착에 눈이 먼 어리석은 남자에게 나쁜 일을 당했다.

※

난다라는 젊은이는 우빨라완나를 출가 전부터 혼자서 짝사랑해 오던 사람이었다. 친척 중 한 사람이기도 하였으며, 출가 전에 좋아할 기회를 얻지 못했으나 비구니가 되었을 때는 기회가 올 것이라고 기다리고 있었다. 그러던 어느 날 그가 기다리던 기회가 왔다.

수행자 우빨라완나가 동료들과 같이 여행을 다니다가 부모님이 계시는 사왓띠에 다시 돌아왔다. 그때는 비구니들에게도 숲 속 절에서 지내는 수행이 허락되어 있었기 때문에 그분께서는 도시 근처 절에서 지내지 아니하고 안다와나 숲 속에서 지냈다. 숲 속에서 검소한 생활을 하는 곳이니 자그만 초막 정도이다.

그날 사왓띠에 가서 걸식하고 돌아와서 그 작은 암자에 들어갔다. 암자 문을 열고 가지고 온 발우를 침대 머리맡에 가만히 올려놓았다. 밝은 햇빛 아래서 길을 많이 걸어왔기 때문에, 그분의 눈에 방안 풍경이 금방 익지 못해서 약간 희끄무레하였다.

그때 난다가 침대 아래서 순간적으로 튀어나왔다. 심한 몸부림이 지나간 초막 안은 그분의 점심공양이 흩어져 있었다. 절 밖을 벗어난 순간 난다는 땅이 갈라지면서 산채로 지옥으로 빠져들어 갔다.

※

그 소식을 전해 들었을 때 나는 내가 했던 일에 의심이 생기기 시작했다. 남자들과는 다른 여자들을 교단에 들어오도록 한 것이 혹시라도 잘못된 일은 아닐까?

그러나 다시 생각할 때, 이 길고 긴 윤회가 그냥 멈추어 주지는 않는다. 힘 좋은 젊은 비구들 역시 잘못될 때도 있다. 업이 나쁘면 비구니뿐만 아니라 비구들도 부러져 가는 것이다.

불법적으로 억지로 무너져 가는 것을 피할 수 없이 만나야 하는 이들에게 한 가지 의지할 것은 자기 마음뿐이다. 부수고 싶어하는 이들은 몸의 힘만으로 억지로 할 수 있다. 그러나 돌비석 기둥처럼 굳건한 마음만은 무너뜨릴 수 없다. 그래서 우빨리완나의 일을 전해 들은 부처님께서 결정을 내려 주셨다.

"비구들이여! 그 일에 마음으로 즐거움을 느끼지 아니한 비구니에게 허물을 지우지 말라."

강제로 당한 제자 한 사람의 일에 대해 부처님께서 이렇게 단호하게 말씀해 주시자 수행과 계율이 갖추어진 붉은 연꽃은 그대로 싱싱하였다. 우리들 교단을 이끌어 가는 일과 그분의 계율에 관해서 한 점의 의심도 없었다.

그러나 신도들 사이에서는 그 일에 관해서 말들이 오고갔다. 성인의 지혜를 바르게 얻은 이는 어느 한 가지를 좋아하거나 집착하는 일이 없다고 하는 말을 만족하게 받아들일 수 있다. 그러나 범부들은 이 말을 받아들이기가 쉽지 않다. 자기들 수준으로 보면 그럴 수가 없는 것이었다.

그들 눈으로 보면 그분 우빨라완나는 나무토막도 아니고 흙덩이도 아니며 그들과 똑같은 피와 살을 가지고 있다. 나이 역시 젊고 싱싱하고 아름답다. 이러한 이가 깊은 숲 속에서 두 몸이 만났을 때 좋아하지 않을 수 있느냐고 자기들의 몸과 마음처럼 짐작했다.

※

우리 제따와나 정사에는 법회가 매일 있다. 법회에 오는 사람들에게 책임 맡은 비구 한 분이 법문을 하여서 가르쳤다. 특별한 일이 있을 때는 부처님께서 직접 오셔서 법을 설해 주셨다.

오늘도 역시 특별한 일이 있었다. 법문을 들으러 온 대중들은 우빨라완나에 관해 두 편으로 나누어 서로의 의견을 주고받느라 시끄러웠다. 상가 대중에게 생겨나는 의심을 일찍이 빼어버리셨던 부처님께서 신도들이 가진 의심의 때 역시 씻어주실 것이다.

그래서 오늘은 법사 대신 부처님께서 법문을 하셨다.

오! 선남 선녀들이여,
높은 성인의 깨끗한 마음은 연잎과 같다.
날카롭고 야무진 가시와도 같다.
연잎에 떨어진 물이 연잎에 붙지 않듯이
날카로운 가시에 겨자씨가 머물 수 없듯이
잠깐도 붙지 못하고 떨어져 간다.

선한 성인들은 세간의 나쁜 일을 만나더라도
그의 깨끗한 마음에
세간의 깜마 오욕락에 묻거나 더러워짐이 없다.
그래서 깨끗한 마음 가진 이를 높고 선한 이라고
나 여래가 설하노라.

이 법문 끝에 거친 바람을 맞던 붉은 연꽃은 더욱 싱싱하고 아름다워졌다.

Dhammapada aṭṭhakathā

Mulapaṇṇāsa

Vammika sutta

법공양을 나누어주는 이

남자 쪽에서 두 사람과 여자 쪽에서 두 사람, 그들 두 사람의 형편도 거의 비슷하다. 남자들이 먼저 삼보에 귀의하여 친밀해졌다. 교단의 깨달음과 지혜로 성인(아리야)에 포함되었다.

그들 두 사람이 특별한 지혜를 얻었을 때 집에 있는 부인들은 그저 보통 사람들이었다. 특별한 지혜를 얻기란 힘겹고 멀었다. 부처님이 계시는 정사에 가본 적도 없었다.

그러나 그 두 여자분이 재에 덮여 있던 숯불처럼 재를 털어 냈을 때 밝게 빛을 발했다. 남편들의 위치를 넘어서 가장 높은 정상에 도달하였다.

한 분은 케마 비구니이며 다른 한 분은 담마대이나비구니이다.
제일가는 사람이라는 칭호를 받은 법사로서 유명하신 분들, 왕궁이나 집에 그대로 남아 있는 이가 빔비사라(Bhimbisara) 대왕과 위사카(Visakha) 장자이다. 그들은 사람으로써 행복과 이익을 갖춘 것도 비슷하였고 또한 매우 가까운 사이였다. 교단의 지혜로 성인에 포함된 것도 거의 같은 시기였다.

아노마 강변에서 수행자가 된 싯달타 태자는 라자가하에 걸식을 하기 위해 성안으로 들어갔다. 그때 막 왕위를 물려받은 빔비사라 대왕과 만났으며 그가 보시하려는 세간의 호사를 거절하고 한 가지 청만 받아들였다. '목적한 결과에 도착하시면 이 나라, 이 도시에 제일 먼저 오셔 주십시오.'라는 청이었다.

그 약속대로 부처님께서 먼저 라자가하에 가셨다. 당신을 피가 섞인 형제처럼 좋아하고 존경하는 마가다국의 빔비사라 대왕에게 진리의 지혜를 보여서 닙바나에 이르는 법으로 자비의 선물을 주셨다. 그날 부처님께서 건네주신 손을 잡은 이 가운데 그들 친구 두 사람도 포함되었다.

그들은 뜨거운 모든 번뇌의 위협에서 벗어난 가장 높은 행복을 주셨던 은혜로운 분을 더욱 존경했다. 들어도 더욱 더욱 듣고 싶은 법문에 지루한 줄 모르고, 뵈어도 뵈어도 더욱 가까이 모시고 싶은 마음으로 그들 두 사람은 부처님이 머무시는 곳을 자주 찾았다. 그러나 그들 뒤에 있던 사랑하는 사람들은 따르지 않았었다.

❀

위사카 장자의 부인인 담마대이나(Dhammadinna)는 그의 거실에서 아름답게 단장하고 지내느라 즐거워하고 있었다. 케마 왕비처럼 그녀도 부처님께서 계시는 정사에 따라다니는 이가 아니었다.

그러나 위사카는 아내의 허물을 말하지 않았고 그저 두고 보기만 했다. 세간의 눈으로 보면 그저 사랑스러울 뿐이라고 말해야 할 것이다.

위사카가 절에 갔다가 올 때면 미리 열어 놓은 창문에서 미소로 맞아주는 얼굴, 그렇게 아름답게 웃던 얼굴은 곧 사라져 계단 앞에 나타난다. 아름다운 미소와 달콤한 목소리로 인사하고 향수로 잘 단장한 몸, 오른손을 내밀어 반겨준다.

날마다 위사카 장자는 그 두 손을 꼭 잡고 흔들면서 계단 위로 올랐다. 아름다운 인사말을 주고받으며 서로 웃음 지었다. 절에 가고 없을 때는 집이 텅 빈 것 같다며 돌아오는 얼굴을 보아야 즐거워졌다는 등 위사카가 절에서 돌아오면 선물처럼 주는 말이었다.

위사카는 진리에 관한 이야기는 귀에 들어가지 않는 그녀에게 알맞는 적당한 이야기로 주고받고 했다. 그런데 그날은 위사카의 입에서 이런 말조차 나오지 않고 내민 손을 잡아주지도 않았다.

반갑게 맞이하는 부인에게 웃음조차 주고받지 않았다. 조용한 얼굴, 묵직한 태도로 그 혼자서 집으로 올라갔다. 그런 모습을 본 적이 없는 그녀는 너무 놀라서 가슴이 막혀왔다. 더할 수 없이 슬픈 표정으로 그의 얼굴을 바라보았다.

담마데이나의 눈에 위사카의 모습이 분명하게 보인다. 살과 피로 만들어진 그 몸은 무엇 하나 변한 것이 없다. 어느 것 하나 줄어들거나 늘어난 것도 없다.

오늘 아침까지만 해도 그녀와 함께 다정하게 이야기하던 모습일 뿐이다. 사실 남편 위사카 장자에게 부인 담마대이나가 보지 못하는 것, 줄어든 것이 있다. 그리고 그 줄어들고 바뀌어진 것은 몸과는 관계없는 일이고 마음에 관한 것이었다.

오늘 아침 부처님께서 설하신 법문을 듣고 그의 마음이 새롭게 바뀐 것이다. 나갈 때와 같이 평상시의 차림 그대로 돌아왔지만 마음은 깜마 오욕락 대상을 즐거워하지 않았으며 보통 범부들이 가지는 집착하는 마음이 없어진 것이다.

그런 그의 마음 변화를 모르는 담마대이나는 식사시간에도 마음 불편한 것을 한 번 더 겪었다. 전같으면 위사카는 아내와 얼굴을 마주하고 같이 먹었다. 그러나 오늘은 조용한 태도로 혼자 먹었다. 아내에게 같이 먹자는 말 한 마디도 없었다. 밥상에서 눈치만 살피던 담마대이나는 저녁 잠자리에 들 시간을 기다렸다.

기다리기는 했지만 역시 아무 결과도 없었다. 잠자리에 들 때도 역시 위사카는 침실에 들어오지 않았으며 다른 방 하나를 치운 다음 침대에 누웠다.

아내는 더 이상 참고 견디지 못했다. 식사하는 것, 조용한 곳에 혼자 지내는 것은 위사카가 원하는 대로 떨어져 지낼 수 있지만 이 일은 참을 수 없었다. 그가 좋아하든지 싫어하든지 그가 자는 곳으로 갔다.

"오! 담마대이나, 밤이 늦은 시간에 무엇 때문에 들어왔는가?"

담마대이나가 들어가자 위사카는 침대에서 일어나며 물었다.

마음을 따라 몸이 왔던 담마대이나는 그에게 공손하게 절을 하고 나서 물었다.

"그렇습니다. 좋아하지 않는 줄 알지만 들어왔습니다. 당신이 어제와는 다르기 때문입니다. 그래서 자세히 알고 싶습니다. 당신께서는 다른 사람에게 마음이 기울고 있습니까?"

"담마대이나여! 누구에게도 마음이 기울지 않소."

"그러면 누구에게서 저를 이간질하는 모함을 들었습니까?"

"이간질하는 소리는 듣지도 않았소. 담마대이나."

"그러면 저에게 무슨 허물이라도 있습니까?"

"허물이라고는 먼지만큼도 없소. 담마대이나."

"허물이 먼지만큼도 없으면 무엇 때문에 저에게 말씀조차 하지 않습니까?"

"오! 어렵구나. 정말로 어렵구나!"

사실을 말하기가 쉽지 않아서 위사카가 신음소리를 냈다. 이 담마대이나라는 여자는 아름답고 좋은 것을 즐길 뿐 진리와는 멀고도 멀었다.

※

진리에 관해서 이해하지 못하는 그에게 오늘 얻었던 특별한 법을 어떻게 이해하도록 말해 줘야 하나? 그러나 여기에서 말하지 않을 수 없다. 자기가 얻은 특별한 법을 할 수 있는 만큼 이해하도록 말해 주어야 저 딱한 여자가 살아갈 수 있을 것이다.

"담마대이나, 잘 들으시오.

오늘 내가 얻은 법은 세간 사람들이 좋아하는 부귀나 재산, 보배들보다 높고 높은 법이요. 깜마 오욕락이 포함되지 않는 행복이요. 이 행복을 스스로 즐김으로써 세간의 즐거운 대상, 깜마 오욕락을 탐하는 마음이 없어졌소.

그러니 이 집에 있는 모든 재산을 누이 담마대이나 혼자 모두 가지시오. 나의 어머니, 나의 누이처럼 이 집에 살아요. 나는 누이가 주는 것만 먹고서 만족하며 지내리다."

진리에 관해서 이해하지 못하리라고 생각한 위사카는 이 말만 간단하게 해 주었다. 그러나 그 말을 듣자 덮여 있던 먼지가 날아가고 담다대이나의 숯불이 밝게 타오르기 시작했다. 거기에 교만심도 붙어서 …….

"그러면 서방님, 이러한 행복을 남자들만 얻을 수 있습니까? 여자들도 얻을 수 있습니까?"

"무슨 말을 그렇게 하는가? 담마대이나!

지혜를 앞세워 수행하는 모든 이들이 이 진리를 물려받을 수 있다네. 기초 바탕이 되는 지혜로 몸과 마음을 구분하는 지혜가 갖추어진 이는 누구나 얻을 수 있는 법이라오."

"그러면 저도 수행자가 되겠습니다."

"좋습니다. 누이여. 나도 그 길을 알려주고 싶었소. 누이의 생각을 알지 못하여서 가만히 있었던 것이오."

❁

이렇게 해서 우리 교단에 초롱초롱 밝게 빛나는 별님이 하나 태어나게 된 것이다. 수행자가 되는 잔치는 라자가하 도시가 떠들썩하도록 유명하게 치러졌다.

위사카 장자는 빔비사라 대왕의 황금 가마를 빌려왔다. 전단향나무 물로 목욕을 시키고 잘 단장한 다음 라자가하 수도를 한 바퀴 돌아서 비구니 상가들이 지내는 절에 도착했다.

행사가 끝나도 담마데이나 비구니를 찾아오는 사람들이 멈추지 않았다. 그녀가 지녔던 부귀와 재산에 걸맞게 많은 친척들과 친구들로 요란하게 북적거렸다.

들어오는 이와 나가는 이, 보시하는 이, 무리무리 들어오고 나가고 했다. 세상사람들의 생애에서 힘들게 빠져 나온 담마데이나 비구니는 그 보시품들에 집착할 수 없었다.

자기 재산 황금 사백만 냥, 남편 재산 황금 사백만 냥을 모두 버리고 온 그녀가 아닌가? 그보다 더 어마어마하게 큰 특별한 상을 얻을 목적으로 온 것이 아닌가?

그래서 오고가는 사람들, 보시하러 오는 이들이 없는 숲 속에 있는 작은 마을로 몰래 떠났다. 전생 바라밀이 두터운 그녀는 며칠 만에 그녀가 목적했던 대로 특별한 상을 두 손에 단단히 거머잡고 다시 돌아왔다.

자기가 사람들을 위할 수 있는 길을 생각했던 것이다. 그녀가 다시 돌아오고 얼마 지나지 않아서 그녀에게 네 가지 물건을 보시하는 신자 위사카 장자가 그 소문을 들었다.

담마데이나 비구니가 교단에 들어왔던 전후 사정을 위사카의 입을 통해 자세히 알고 있는 우리들은 이제 다시 두 사람의 법담에 관해서도 자세히 들었다. 모든 이야기들을 부처님께 와서 여쭐 때 옆에서 들었기 때문이다.

　　　　　　🙏

위사카 장자가 비구니 절을 급히 찾아간 것은 담마데이나 비구니에게 집착이 있어서가 아니었다. 담마데이나는 비구니가 된 다음 이 도시를 떠나 숲 속의 작은 마을로 갔었다. 그런데 불과 며칠 만에 이 도시로 다시 돌아온 것에 대해 '교단의 생활을 즐거워하지 않는가' 하는 의심이 들었기 때문이다.

그 의심을 없애는 가장 좋은 방법은 그녀를 직접 만나서 깊은 뜻을 가진 법에 관한 것을 심도 있게 물어보는 방법뿐이리라. 정말로 자기가 지혜를 깨달았으면 이 질문에 서슴없이 대답할 것이다. 이렇게 대답할 수 있고 교단의 생활을 즐거워한다면 기꺼이 '선재(싸두)'라고 칭찬해야 할 것이고, 머물 곳 없는 마음으로 돌아왔다면 부처님께 말씀드려 도움을 청해야 할 것이다.

이렇게 생각한 위사카 장자는 담마데이나 비구니와 만났다. 그렇게 만난 다음 곧장 부처님께 가서 모든 것을 여쭈었다. 그래서 담마데이나 비구니가 교단에서 어떻게 지내는지 자세히 알았던 것이다.

담마데이나 비구니께 질문했던 것은 진리에 대해 자세하고 확실히 아는 사람을 제하고는, 아는 척하는 것으로 대답할 수 없는 것이었다. 담마데이다 비구니를 찾은 위사카 장자는 공손하게 삼배를 올렸다. 집에 있을 때는 자기가 절을 받는 위치였지만 지금은 아니었다.

"마하테리님, 어떤 법이 행복한 느낌과 같습니까?"

"위사카 거사님, 행복한 느낌과 같은 법은 고통스러운 느낌입니다."

"마하테리님, 어느 법이 고통스러운 느낌과 같습니까?"

"위사카 거사님, 고통스러운 느낌과 같은 법은 행복한 느낌입니다."

행복은 고통의 반대이다. 이와 같이 고통도 행복의 반대이다. 반대되는 모습이 같아서 한편으로는 알기 쉽고 보기 쉬운 모습으로 같은 대답을 한 것이다.

"마하테리님, 어떤 법들이 즐겁지도 고통스럽지도 않는 느낌과 같습니까?"

"위사카 거사님, 즐겁지도 고통스럽지도 않는 느낌과 같은 법은 무지입니다."

분명함이 없이는 알기 어렵고 보기 어려운 대답을 한 것이다.

"마하테리님, 무슨 법이 무지와 같습니까?

"위사카 거사님, 무지와 같은 법은 지혜입니다. 무지가 어둠을 내려놓는 것과 지혜가 그 어둠을 없앨 수 있기 때문에 같이 놓은 것입니다."

"마하테리님, 어떤 법이 지혜와 같습니까?"

"위사카 거사님, 지혜와 같은 법은 네 가지 과(Phala)와 같습니다."

여기에서 지혜는 도(Magga)의 부분 팔정도 중에서 바른 견해(Sammaditthi)이다. 그래서 출세간법으로 같은 모습을 대답한 것이다.

"마하테리님, 어떤 법이 벗어남(Vimutti)과 같습니까?"

"위사카 거사님, (번뇌에서) 벗어남과 같은 법은 닙바나의 법입니다. 모든 번뇌와 상관되지 않는 출세간의 법, 행복도 아니고 고통도 아닌 법일 뿐으로, 이 세 가지는 같은 법입니다."

묻는 것마다 담마대이나 테리는 조금도 주저함이 없이 분명하게 대답해 주었다. 질문자인 거사 위사카 장자도 즐겁고 만족하게 듣고 나서 마지막 가장 중요한 질문을 여쭈었다.

"마하테리님, 어떤 법이 닙바나와 같습니까?"

"위사카 거사님, 거사님의 질문이 한계를 지나갔습니다. 같음이 없는 닙바나의 법과 같은 것을 찾아서 대답하려면 끝이 나지 않습니다.

위사카 거사님, 부처님의 가르침 전체가 닙바나에 속합니다. 닙바나만이 갈 곳이며, 닙바나만이 길의 끝입니다. 그래서 닙바나와 같은 법은 대답할 수 없습니다.

이 정도의 대답으로도 만족하지 못하시거든 부처님께 가십시오. 부처님께서 대답하시는 대로 생각하십시오."

네 가지 도 가운데 세 번째 아나함 도과를 얻은 위사카 장자의 질문에 아라한이 된 담마대이나 비구니의 완벽하고 훌륭한 담마의 토론인 것이다. 대답으로 같은 것을 찾지 못하는 끝에 가서 담마대이나는 부처님께 넘겨주었던 것이다.

※

위사카 장자는 담마대이나 비구니가 넘겨주었던 문제를 부처님께 여쭈었고, 부처님께서는 담마대이나 비구니에게 다시 넘겨주셨다.

법공양을 나누어주는 이 425

"위사카 장자여! 담마대이나 비구니는 지혜가 크구나!

이 문제를 나 여래에게 물었더라도 그 비구니가 대답했던 대로 말했으리라. 이 문제는 그가 대답했던 대로 마음 놓고 믿으라."

한 제자의 지혜로운 대답을 부처님께서 당신의 의견과 같다고 인정하신 것이다.

※

한때 담마대이나는 교만심을 높여서 물었다.

"이러한 출세간의 법을 남자들만 얻을 수 있습니까?"

그 교만심으로 그날 밤도 지내지 아니하고 수행자가 되었다. 그러한 특별한 지혜와 견해를 얻지 않으면 안 되도록 찾았다. 열심히 찾은 대로 오래지 않아서 얻었다.

그 특별한 지혜 덕분에 묻는 것마다 자세하고 정확하고 단호하게 대답할 수 있었던 것이다. 사실 교만심은 불선업의 마음이다. 마음을 뜨겁게 하기 때문에 불이라고도 한다. 그것을 잘 다스려서 바른 길에 썼을 때 부처님께서 칭찬하신 것이다.

이렇게 부처님께서 칭찬하시고 당신의 대답과 같다고 하시니 담마대이나 비구니의 대답은 제자가 설한 법이 아니라 부처님께서 설하신 법에 들어가게 되었다.

서기관이 기록한 문서라도 옥새가 찍혔을 때는 나라 안은 물론 나라 밖에서까지 통용되는 왕의 서신이 되듯이……

Dhammapada aṭṭhakathā / Mūlapaṇṇāsa / Vammika sutta

영원히 죽지 않는 약

케마 비구니, 우빨라완나 비구니, 담마대이나 비구니, 이 세 분은 참으로 복이 많은 분들이었다. 흰 모래를 뿌리며 왕의 행차 때처럼 성안 큰 길마다 깃발과 당번을 날리고 꽃을 뿌리며 많은 이들의 축복을 받으면서 황금가마를 타고 절로 들어왔다.

그러나 우리 교단은 이렇게 큰 잔치를 벌이면서 들어오는 사람만 환영하는 것은 아니다. 화려하고 거대한 축하를 받는 것은 고사하고 어느 한 사람 인사조차 건네주는 이 없이 혼자뿐인 외롭고 딱한 여자들도 쉬고 의지할 수 있다.

웃으면서 기쁘게 들어오는 이들처럼, 눈물을 흘리면서 들어오는 사람들도 높은 연민심으로 환영하고 받아들인다.

사람 사는 세상인 큰 고해의 너른 바다에서 세상살이의 파도가 한 차례씩 휩쓸어 무너뜨리고 다시 넘어뜨리고 할퀴어서 이어지는 시달림으로 손발이 늘어지고 기진맥진하여 어느 한 곳 의지할 데 없이 가쁜 숨을 몰아쉬는 이들, 그들이 만나는 세상의 무서운 시련은 그들이 지탱할 수 있는 모든 힘을 전부 삼켜 버린다.

그리고 거기에 조금이라도 시련이 더 닥치면 천천히 가라앉아 버린다. 그러한 파도의 시련, 바람의 시련을 만난 사람들은 우리들이 있는 편안한 섬으로 피해 오기도 하였다.

❧

이 아름다운 섬은 그 딱한 사람들이 의지할 곳을 준다. 피곤함을 풀어주고 더위를 식히며 모든 허기와 갈증을 풀어준다. 법의 자양분을 스스로 직접 먹게 된 이들은 편안한 섬에서 자기가 허우적거렸던 바다를 건너다본다.

그들의 눈 아래서 큰 바다는 물이 가득한 채 생긴 대로 출렁이고 있음을 보게 된다. 전에는 저 깊은 물에 빠져서 허우적거리며 의지할 곳 없이 떠밀려 다녔다. 구해달라고 살려달라고 소리칠 수도 없고 숨도 쉴 수 없는 지경이었다.

그때의 어려움, 그 고통을 다시 돌이켜보면 지금 이렇게 편안하도록 건져주신 분의 고마운 은혜를 다할 길이 없다. 그 한량없는 은혜를 주신 분, 그분을 낮이나 밤이나 어찌 잊고 지낼 수 있겠는가? 그들의 입에서는 칭송의 소리가 항상 울려나온다.

머리를 숙여서 절하여도 다할 수 없다. 그런 정도의 존경을 드린다고 만족해지겠는가? 그들에게 내려주신 그 높으신 분의 은덕은 히말라야 산보다 더 크다. 그 큰 은혜를 그들이 아는 것만큼,

할 수 있는 만큼 다시 갚고 싶어한다.

자기가 받았던 은혜를 알아서 다시 갚으려는 마음(Kataññuta mangalā)이다. 그러나 그들은 여자이기 때문에 그분 곁에서 시중들어 드릴 수 없다. 더운물, 찬물을 제때에 올릴 수도 없고 네 가지 물건으로 받들어 모실 수도 없다.

그들 자신도 발우 하나로 다른 이에게 받아서 먹고 살기 때문이다. 험한 길을 어렵게 살아온 이들일수록 보시물이 적다. 그래서 그들 처지로서는 높으신 부처님의 은혜를 갚는 것은 부처님의 가르침을 펴는 것만이 유일한 길이다.

교단의 이익을 위해서 그들이 할 수 있는 길 가운데 가르침을 펴는 것이야말로 정말로 필요한 일이다. 우리들 진리의 법회에서 보여준 그들의 인생길은 두려움을 느끼기에 충분하다. 가슴속에서 환희심이 흘러나오는 가운데 그들의 인생 여정을 전해드리겠다.

오! 선한 이들이여!

거룩하신 분이 허락하시니 제 자신의 이야기를, 제 거친 여행길의 이야기를 들려드리겠습니다. 저의 부모님은 사왓띠 수도에 사는 장자였습니다. 그러나 기실 이름만 장자이지 선대로부터 내려오던 재산은 모두 사라져 없었습니다.

재산은 없었지만 저의 나이가 차자 어느 장자의 아들에게 시집을 보냈습니다. 상투 다음에 비녀가 따라가는 전통대로 남편의 집으로 갔습니다.

장자의 아들, 저의 남편은 저의 지나치게 날씬한 몸에 대해서 조금도 허물하지 않았습니다. 그러나 가녀린 제 몸보다 더 가늘은 인생은 저를 더욱 힘들게 하였습니다. 남편 스스로가 그 가족에서 벗어날 수 없으니 제가 어떻게 할 수 있겠습니까?

 시어머니와 시누이들은 저에게 같은 여자로도 생각지 않고 같은 언니 동생으로도 생각지 않았으며 갖가지로 허물하고 트집을 잡아냈습니다. 제가 할 수 있는 것은 그때마다 머리 수그리고 모두 받아들이는 수밖에 없었습니다.

 그러나 어느 날 저에게 목숨을 살려줄 만한 사람이 생겨났습니다. 그 귀한 이는 하늘에서 내려온 제석천왕도 아니고 신선도 도사도 아니고, 힘과 권력이 어마어마한 어느 왕도 아니었습니다. 핏덩이 같은 아기였습니다.

 그 옥동자 금동자 진주보다 더 귀한 아이를 낳자 집안에 있는 모든 이들의 마음이 변한 것입니다.

 언제나 찡그린 이마를 불쑥 내밀고 흠만 잡던 얼굴들에 활짝 웃음꽃이 피었습니다. 저의 험담만 찾아내던 입들이 벙긋벙긋 웃으며 말했습니다.

 할머니와 고모들이 심장을 울렁거릴 만큼 사랑하여서 얼러대도 어린 아기는 응석조차 없이 그가 하고 싶은 대로 조용히 지냈습니다. 점점 살이 올라 토실토실해지자 아기의 몸은 막 피려는 연꽃 봉오리처럼 예뻤습니다.

 방긋방긋 웃는 아기의 얼굴은 저의 생명이었습니다. 그 어린 아기는 저를 의지하여 점점 자랐습니다. 그와 같이 저의 인생이 순조롭게 곧게 펴진 것도 이 아이로 인해서였습니다. 그래서 저는 이 아들을 지극하게 사랑했습니다.

※

그러던 어느 날, 그 금덩이가 천천히 무너져 내렸습니다. 부족함 없이 돌보아 오던 저도 속수무책이었지요. 아기들이 잘 걸리는 병 한 가지로 죽어 갔습니다. 그러나 죽음이란 어떤 것입니까?

나 자신조차도 조금의 오차 없이 연이어 죽음으로 향해 가고 있지만 그때의 저는 죽음이란 것을 이해하지 못했습니다. 저의 인생에서 처음으로 내가 낳은 아기를 가슴에 꽉 끌어안았습니다. 이 지상, 이 세상에 수많은 사람들이 살고 있는데 하필이면 이 어린 것, 왜 내 아기를 데려갔는가 하고 죽음의 왕에게 도리질을 했습니다.

그 사람들이 내 아기가 죽었다고 합니다. 늦기 전에 빨리 공동묘지에 보내야 한답니다. 이 아기에게 목숨처럼, 심장처럼 좋아한다고 했던 말이 사실이던가?

오! 그들은 피도 눈물도 없는 사람들인가?

어머니에게 아이는 생명이며, 아이는 어머니의 심장입니다. 난생 처음으로 얻었던 보배였습니다. 그 보배, 그 목숨, 그 심장을 사람들과 가깝지 아니한 공동묘지에 누가 보낼 수 있겠는가?

아이를 안고 서럽게 울고 있을 때 그들은 아이가 잠자던 바구니를 풀어 버렸습니다. 친척들이 몰려와서는 내 아기를 빼앗아서 묘지로 보낸답니다. 그때 제 눈에서 불이 일어났습니다.

그 다음은 어떤 일이 일어나고 사라졌는지 잘 모르겠습니다. 죽기 살기로 용을 써서 아기를 뺏기지 않으려는 생각뿐이었습니다. 정신을 차리자 사왓띠 수도의 큰 대로를 발길 가는 대로 걸어가고 있었습니다. 뺏기지 않으려고 아기를 꽉 끌어안고는…….

제가 가는 곳마다 아기는 전처럼 함께 있었습니다. 몹쓸 사람들, 내 아기를 죽었다고 하다니, 죽었으면 살려야지 이렇게 많고 많은 사람들 가운데 내 아기 하나 살려줄 이 없겠는가?

움직이지 않는다고, 울지 않는다고 땅 속에 묻어야 하다니, 내 아기를 …….

그들 말대로 죽었다고 하자. 그렇더라도 내 아기를 어떻게 공동묘지에 금방 보내버릴 수 있다는 말인가? 죽은 아기를 다시 살릴 수는 없단 말인가?

될 것이다. 꼭 살릴 수 있을 것이다. 죽는 길이 있으면 살리는 길도 있어야 할 것이다. 이 넓은 사왓띠 수도에 신통스러운 어느 한 사람이 이 아기를 살아나도록 치료해 줄 것이다. 그렇게 구해 줄 사람을 만나야 한다.

"아주머니, 내 아기를 다시 살도록 치료해 주세요."

길에서 마주친 한 사람에게 아기를 내밀었습니다. 아기를 다시 살리기 위해서 그 사람 손에 내밀어 주었습니다. 아기와 잠깐 동안 떨어지는 것만으로도 가슴이 허전하고 아파왔습니다.

"오! 둑카, 둑카로다. 자기 마음을 다스리지 못하는 여자인가?"

그 아주머니는 아이를 안아주지 않고 저와 아이 얼굴을 번갈아 보다가 쯧쯧 혀를 치며 내뱉듯이 중얼거리셨습니다. 그렇습니다. 그분의 말씀대로 그때 저는 제 자신을 추스를 수 없었습니다. 더 직선적으로 말한다면 미쳐 버린 것입니다.

그때 스스로 미친 줄 알았다면 그 아주머니에서 끝이 났을 것입니다. 그러나 미친병이란 누구도 자기 자신을 미친 줄 모르게 합니다. 그래서 저는 그 아주머니에게서 떠났습니다. 사왓띠 그 큰 성안을 발길 가는 대로 다녔지만 내 아기를 구해 주는 이를 만나지 못했습니다. 만나는 사람마다 더러는 측은하게 여겨서 머리를 흔들지만 더러는 조금도 친절한 마음 없이 거칠게 밀어냈습니다.

밀든지 쫓아내든지 욕을 하든지 내 아기를 위해서 약 한 사발 얻는다면 무엇인들 못하겠습니까?

그 약을 얻기 위해서 쉴 수가 없었습니다. 어느 곳인가에 있을 약을, 내 아기를 살려줄 약을 찾아내야 했습니다.

이렇게 아이를 살리려고 돌아다니는 중에 아기의 선업 덕분에 한 사람을 만나게 되었습니다. 그분은 다른 이들처럼 머리를 흔들지 않았습니다.

"오! 고통스러워하는 딸이구나. 네가 원하는 약이 나에게는 없다. 그러나 실망하지 마라. 약을 줄 수 있는 사람을 가르쳐 주리라. 이 큰길을 곧장 따라가다 서쪽에 있는 큰길로 곧바로 가라. 그 큰길 끝에 제따와나 정사를 만날 것이다.

그 절 법상에 고따마 부처님이라는 의사께서 모든 고통의 근본 덩어리를 치료할 수 있는 죽지 않는 약을 나누어주신다. 그 스승님께 빨리 빨리 가라. 가여운 딸이여."

  그분께서 자세히 가르쳐 주신 길대로 스승님, 그 은혜로운 의사를 만나야 했습니다. 그 의사 스승님께는 아기를 위해서 죽지 않는 약이 있다고 하였습니다.

  겨우 겨우 찾아온 그 의사도 당신의 손에는 약이 없다고 하셨습니다. 그러나 약을 얻을 수 있는 곳을 일러 주셨으니 그것이 무슨 문제이겠습니까. 사왓띠에 가면 얻을 수 있다고 했습니다.

  사왓띠로 돌아와서 제일 처음 만난 집에 들어가서 겨자씨를 빌었습니다. 필요한 겨자씨는 한 줌뿐인데 마음씨 좋은 집주인 아주머니는 듬뿍 듬뿍 두 번이나 집어 주었습니다. 좋은 마음으로 이렇게 주셔서 감사했습니다.

  그러나 의사 선생님이 가르쳐 주신 대로 약이 되는지 아닌지 알기 위해서 여쭈어 보았습니다.

  "한 가지 여쭈어 보겠습니다. 주인 아주머니, 이 집에서 어느 한 사람이라도 죽은 적이 있습니까?"

  저의 물음에 그 집주인의 입이 벌어졌습니다. 그 다음 저와 저의 아기를 불쌍한 마음으로 자세히 보다가 대답했습니다.

  "오! 이 사람아, 집집마다 사람 죽지 아니한 집이 있을 수 있겠는가? 이 집에서 죽어간 사람은 하나둘도 아니며 말하기조차 어려울 만큼 많았다오."

"그러면 저는 다른 집에 가 보겠습니다."

죽은 사람을 다 세지도 못하는 그 집주인에게 마음이 상해서 급히 떠나왔습니다. 그러나 다음 집도 그 집과 다르지 않았습니다. 사왓띠 그 큰 도시의 큰길을 처음부터 끝까지 걸어 다니며 부지런히 물었지만 사람이 죽지 않은 집을 전혀 만날 수 없었습니다. 어느 집은 부모님이 돌아가셨고 어느 집은 갓 태어난 쌍둥이가 죽었습니다. 어떤 집은 아들과 딸이 죽었다고 했습니다. 가는 집마다 사람이 죽었다고 했을 때 아이에게 약이 되는 겨자씨를 구할 수 없어서 걱정이 태산이었습니다.

꽃

그러나 차례차례 사람이 죽은 적이 있는 집을 방문하고 그 죽어야 했던 사연을 차츰 들었을 때 한편으로는 걱정하는 마음이 줄어갔습니다. 의사 스승님의 방법이 이해가 되었습니다.

저는 내 아기 하나만 죽은 것이라고 생각하며 아픈 마음을 키워갔습니다. 이런 고통을 만난 이는 이 세상에 나 하나뿐이라고 생각했습니다. 그래서 더 억울했고 더 아팠습니다. 지금 의사 스승님 덕분에 그렇게 갈갈이 찢기도록 아픈 마음이 차츰 사라져 갔습니다.

"무상의 성품대로 옮겨가고 변하는 일이
한 집안의 일도 아니고
한 마을, 한 도시, 한 나라의 일도 아니다.
목숨 있는 중생들이면 누구 할 것 없이

모두 만나야 하는 일이 아닌가?"

이러한 고통을 만나는 이가 너 한 사람뿐이 아니다. 사람마다 만나는 일이라고 부처님께서 금구를 열어서 말씀하지는 않으셨습니다. 그러나 말씀해 주신 것보다 더 절실히 알게 되었습니다.

좋아하는 이와 헤어지는 고통도 무상 때문입니다. 그 무상이 자기 한 사람에게만 해당되는 것이 아니라 모든 사람들에게 해당되는 무상이었습니다.

이렇게 고통, 무상, 무아의 세 가지를 이해한 저는 아이의 죽은 몸을 사람들이 없는 곳에 묻었습니다. 정말로 은혜로운 분께서 그분의 신통으로 아기를 다시 살아나도록 치료해 주었다고 한다면, 그때 그 약은 그 아기 하나에게만 이익이 있었을 것입니다. 나머지 모든 사람들을 위해서는 아무 이익도 없습니다.

이 세 가지 법의 성품을 빨리 보게 되면 그 큰 약을 먹은 사람들마다 죽지 않는 약 한 사발이 됩니다. 목숨 있는 모든 중생마다 없지 아니한 무상·고통·무아를 성품 그대로 보아 그 자체에 죽지 않으려고, 떨어지지 않으려고 하는 욕심의 번뇌가 사라져서 원래 그대로 편안한 마음으로 지내면서 죽음이라는 공포에서 벗어날 것입니다.

☙

새 사람, 새 마음으로 바꾼 새로운 생애가 시작되었습니다. 이제는 지나온 길로 다시 돌아가지 않습니다. 죽지 않은 약을 주셨던 은혜로운 분께 돌아왔습니다.

남편에게 허락을 얻고 제따와나 정사로 돌아왔습니다. 어머니 마하 빠자빠띠 고따미 마하테리를 전계사 스승님으로 모시고 교단에 들어왔습니다.

　이 교단의 은혜 덕분에 모든 애착이 다했으므로 완전한 마음의 행복을 누리고 있음을 여러분들께 공손하게 말씀드리겠습니다."

　기싸 고따미의 말씀 끝에 칭찬하는 소리가 널리 퍼져갔다.

　"싸~두, 싸~두, 싸~두……."

Kissāgotami therī apadāna

불행한 여자가 가는 곳

세간의 거친 파도에서 행복의 섬으로 올라왔던 기싸 고따미 비구니는 누더기 가사를 입는 것에 있어 첫째가는 사람이라는 특별한 칭호를 얻었다.

그분처럼 험한 파도를 지나온 다음 계율을 잘 간직하는 것에 있어 첫째가는 사람의 칭호를 받은 분이 계시다. 나와 몸과 마음을 같이하여 교단에 들어왔던 우빨리 존자님처럼 이분께서도 계율에 관해서 아주 능숙하게 잘 아시는 분이다.

부처님께서 계율에 관해 자세하고도 능숙하게 잘 아는 이 비구니를 특별한 칭호로써 칭찬해 주셨다. 이렇게 부처님께서 금구로 칭찬해 주심을 받았기 때문에 그 비구니의 이름은 널리 알려지게 되었다. 교단과 함께 사방으로 이름이 퍼지게 된 것이다.

그러나 그 칭호를 줄 때 큰 축하잔치를 벌이고 이름을 준 것은 아니다. 자기 스스로 마음 내키는 대로 골라서 부르게 된 이름도 역시 아니다. 사왓띠 수도의 남자들이 우스개로 놀리느라고 지어준 이름이며, 성안의 여자들이 얼굴을 돌리고 코를 찡그리며 불러왔던 이름이다.

그러나 그때의 상황으로서는 그 이름이 딱 들어맞는 형편이었다. 그 이름으로 유명해져서 아는 사람들이 많았던 불행한 여자가 어느 날 정사로 왔다. 그녀가 왔을 때는 법회가 진행되는 중이어서 상가 대중과 재가 대중, 많은 이들이 같이 모여 있을 때였다. 그러한 때에 보기에 적당치 못한 모습으로 나타난 불행한 여자를 대중들이 막았다. 욕하고 야단치며 돌아가라고 했다.

그렇게 하여도 듣지 않자 모두들 고개를 돌리고 말았다. 얼굴을 찡그리는 이들도 많았다. 의지할 곳 없던 그녀가, 그때 법문 듣는 대중들을 당황하게 하였던 그녀가 지금은 교단 안의 반짝이는 큰 별로 빛나고 있다.

그래서 그분이 법문 하실 차례가 되었을 때 법회장 가득 대중들이 모여들고 있었다. 지금이 그분의 법문 시간이다.

※

"잘 오신 여러분들, 이 교단의 공덕과 은혜를 드러내는 곳에 저의 인생 여정 이야기를 들려드리겠습니다. 조용하고 평화로워서 일체의 위험이 없는 이곳의 공덕을 나타내려면 뜨겁고 번뇌가 많고 위험이 많은 곳과 비교하면서 보여드려야 할 것입니다.

지금은 사왓띠 수도에 친척들이 없습니다. 그러나 저는 이 도시

큰 장자의 집에서 태어났습니다. 저는 남동생과 단 두 남매였습니다. 부모님은 저희들이 원하는 것을 모두 갖추어 주었습니다. 입는 옷, 치장하는 보석들 등 필요한 것들은 모두 말 한 마디로 가질 수 있었습니다.

처음에는 평화롭고 마냥 행복했던 인생의 여정이 중간 부분에 이르자 뜨겁고 심한 고통들과 만나게 되었습니다. 그 고통의 원인은 갈망과 탐착, 좋아하는 집착 때문이었습니다.

부모님께서 정해 놓은 남편은 저의 집안과 같은 수준의 장자의 아들이었습니다. 그러나 저에게는 아무도 몰래 비밀리에 좋아하는 이가 있었습니다. 그것이 바로 공교롭게도 우리 집안의 거친 일을 모두 해 주는 하인이었습니다.

부모님들은 저를 너무 아껴서 사람들과 못 만나게 높은 누각 위에서만 지내게 했습니다. 혹시 나쁜 사람들이 딸의 아름다운 모습을 보고 엉뚱한 생각을 낼까봐 금지옥엽처럼 키웠습니다.

제가 만나는 남자라고는 심부름하는 하인뿐이었습니다. 오직 한 사람과 한 사람, 젊은 남녀가 가까이 지내면서 불이 붙었던 것입니다. 그러나 그러한 사실을 부모님들이 알까봐 언제나 가슴을 조려야만 했습니다. 말씀드리든지 말씀드리지 않든지 결국은 부모님께서 아실 것입니다. 저는 앞날을 두려워하지 않았지만 제가 좋아하는 그이는 그렇지 못했습니다. 목숨이 경각에 달린 살얼음판을 딛고 서 있는 것이나 마찬가지였습니다. 집에서 부리는 하인은 자기 물건처럼 할 수 있는 주인들이 그들의 권한을 모두 쓸 것은 틀림없을 것이기 때문입니다.

 그 사실을 조금만 살펴보면 문제가 어디서 시작되었는지 쉽게 알게 되고 그러면 헤어져야 할 것이 분명할 터였으나, 탐착하는 갈망의 마음은 그렇게 하고 싶지 않은 쪽으로 일을 만들어 갔습니다.

 좋아하는 사람과 같이 있고 싶은 마음이 들기 전에는 걸릴 것도 없고 뜨겁게 번뇌할 필요도 없었습니다. 뜨거울 것도 걸릴 것도 없는 혼자의 몸으로 자유롭게 사는 것이 편안하다는 사실을 몰랐던 것입니다.

 자기가 좋아하는 사람과 함께 하는 것만이 행복한 것이라고 집착했습니다. 사랑하는 이와 함께 하고 싶은 것이 바로 고통의 원인이었습니다. 오직 함께하겠다는 갈망 하나만을 재산으로 안고서, 그러한 고통의 원인을 기본으로 깔고서 저희 두 사람은 떠나갔습니다.

※

 부모님들의 힘이 미치지 않는 곳, 조그만 숲 속에 작은 움막 하나를 짓고서 살았습니다. 자기가 좋아하는 길을 선택해서 스스로 갔기 때문에 세간의 모든 힘든 법칙들을 만날 때도 참아야 했습니다. 가난한 고통이 무엇인지 모르던 제가 오직 한 사람의 얼굴만을 바라보고 그 많은 고통을 참아냈습니다. 실은 고통이 아니고 행복이라고 우기면서 말입니다.

 앞에 말씀드렸던 대로 고통의 원인을 기초로 하여 만들어졌던 그 사실은 고통 그대로일 뿐이었습니다. 원인을 만들었으므로 그 결과를 어떠한 길로도 비켜 갈 수 없었습니다. 그 잠깐의 탐닉으로 고통의 순간을 잊었던 것입니다. 옆눈으로 보아서 잠깐은 행복을 얻은 것이라고 생각했습니다.

그러나 진실한 법칙은 어떤 길로도 거부할 수 없었습니다. 고의 원인이 되는 것의 결과, 즉 고통을 절절히 받아야 했습니다. 전에는 사랑하는 이와 헤어지고 싶지 않아서 난생 처음으로 부모님 곁에서 떠나왔습니다. 지금은 사랑하는 이와 합한 결과로 부모님 계신 곳으로 돌아가고 싶었습니다.

먹는 것, 입는 것, 불편한 집 등, 모든 고통은 그런대로 참을 수 있었지만, 저는 여자들의 천성 한 가지를 그냥 참고 넘어갈 수 없었습니다. 그것은 부모님 곁에서 첫 아이를 낳고 싶은 것이었습니다.

결과를 모르는 어리석은 딸이라고 부모님께서 얼굴을 돌리실 것도 사실입니다. 그러나 당신들이 젖을 먹여 기른 이 딸이 엄청나게 큰 고통을 당하는 것을 그들이 그대로 보고만 있지 아니할 것이라는 생각에 매달렸습니다.

다음 한 가지는 제가 직접 뱃속에 아이를 갖게 되자 부모님을 뵙고 싶은 생각이 너무나 간절했습니다. 뱃속의 아이가 점점 자라서 낳을 때가 가까워지자 그 사실을 남편에게 이야기했습니다. 부모님 계신 곳으로 데려다 달라고 졸랐습니다.

저를 위해서 좋아하는 것은 무엇이든 해 주던 그였지만 그 일 한 가지는 금방 들어주지 않았습니다. 달이 가고 날이 가고 시간이 흘러갔습니다. 속수무책으로 그렇게 날이 흘러가도 그에게 허물을 말할 수는 없었습니다. 종이라는 낙인이 그의 등에 분명하게 찍혀 있기 때문입니다.

나의 부모님들이 딸이라는 애착으로 저에게는 용서를 해줄지 모르지만 그를 만난다면 그 자리가 바로 그의 무덤이 될 것이기 때문입니다. 해결할 방법을 찾지 못하던 저는 마음의 고통을 스스로 키우면서 해산할 날이 가까워졌습니다.

머지않아 아기 낳을 날이 가까워지자 저는 남편에게 알리지 않고 몰래 집을 떠났습니다. 오직 어머니 곁에서 해산하려고 길을 나선 것입니다. 가는 도중 길에서 출산을 하였습니다. 남편이 곧바로 따라와 발견했기 때문에 일을 추스를 수 있었습니다.

일생에 처음으로 만난 큰 일, 그 어려운 일 하나를 넘겼으므로 다시 집으로 돌아왔습니다. 그 사실을 부모님께서 아셨다면 얼마나 가슴을 칠 일이었겠습니까?

세간에서 하는 말대로 아들 하나를 낳았던 것입니다. 법의 눈으로 보면 고통 위에 고통의 덩어리가 더 겹쳐진 것뿐이었습니다. 고통을 고통이라고 모르는 저에게 그때의 아기는 모든 시름을 잊게 하는 웃음과 행복 덩어리로 생각했습니다.

아이의 장래를 생각해 봐도 나쁜 일이라고는 전혀 없으리라고 생각했습니다. 좋은 일만 있을 것이라고 희망했습니다. 아들이라는 애정 때문에 좋은 것만 바라는 저 자신에게 허물을 말하고 싶지는 않습니다.

그러나 허물 가운데 어리석음은 가장 큰 허물이 됩니다. 허물을 허물인 줄 보지 못하고 생각하지 못하여 집착이나 애착만 가지고 살았습니다. 허물을 보지 못하고 애착에만 빠져 있던 저는 다시 둘째 아이를 가지게 되었습니다.

그때에는 저 혼자 부모님께 돌아가는 것이 아니라 걷지 못하는 큰아들을 데리고 함께 떠나갔던 것입니다.

❦

뱃속에 아이 하나, 배 밖에 아이를 하나 안고 남편 몰래 길을 떠났습니다. 해산일이 너무 촉박했을 때 길을 나선지라 그때 역시 먼저처럼 숲 속에서 아이를 낳았습니다. 아들의 아버지 역시 그때처럼 따라왔습니다.

그러나 이번에는 큰비가 몹시 심하게 내렸습니다. 갓 태어난 아기와 해산한 어미에게는 비를 피할 곳이 필요했습니다. 사람들이 없는 컴컴하고 깊은 숲 속에서 이 일을 어찌해야 합니까?

남편은 필요한 장소를 구해야 했고 아내와 아이도 그냥 둘 수 없는 형편이 되었습니다. 나중에는 겨우겨우 힘을 내어 비를 막을 것을 구하러 나갔습니다.

저녁 어스름에 나간 남편은 한밤중이 되어도 나타나지 않았습니다. 큰아이와 갓 낳은 아이를 가슴에 끌어안고 산모가 비를 맞으며 한밤을 지새웠습니다. 날이 밝자 비가 걷혔습니다. 한밤 내내 줄기차게 퍼붓던 큰비와 바람이 함께 조용해졌습니다.

한 손으로는 큰아이의 손을 잡고 갓 낳은 작은아이를 가슴에 안고 더듬더듬 살펴가던 중에 아이 아버지를 보았습니다. 전신이 검게 부풀은 것이 뱀에 물려 죽은 것입니다.

※

 담마의 눈으로 생각하면 이 일은 무상 그대로일 뿐입니다. 생겨났다가 사라지는 한 과정일 뿐인 그 일에 누구를 불쌍히 여기고 누구를 통곡케 하려는 목적은 전혀 없습니다. 그러나 깊은 숲 속에서 이런 일을 당한 저는 심하게 통곡하였습니다.

 죽는 성품 위에 안 죽게 하려는 번뇌 때문이었습니다. 나의 남편이라는 집착으로 아무리 통곡한들 이미 죽어버린 이가 다시 움직여 줄 리는 없었습니다. 원래 성품의 법칙은 번뇌가 원하는 대로 터럭 끝만치도 따라 주지 않습니다.

 울고 싶을 만큼 울 수도 없었습니다. 어린 생명 둘이 저만 바라보고 있었습니다. 이미 전혀 도움을 줄 수 없는 죽은 아이의 아버지를 나뭇잎을 긁어모아 덮어주고 사왓띠 쪽을 짐작만 하고 떠나갔습니다.

 불행에 짓눌린 세 사람은 느릿느릿 걸음을 옮기다가 어느 작은 강을 만나게 되었습니다.

 지난밤에 왔던 큰비로 물이 세차게 소리를 내며 흘러갔습니다. 건너가야 할 다리는 어느 곳에도 없고 나룻배도 보이지 않았습니다. 할 수 없이 저는 큰아이를 강둑에 잘 앉혀 놓았습니다. 그리고 작은아이를 안고 강을 건너야 했습니다.

 작은아이를 한쪽 강둑에 옷으로 덮어놓고 이번에는 큰아이가 있는 반대쪽으로 건너가야 했습니다. 큰아이에게 가려고 강의 가운데쯤 갔을 때입니다.

큰 독수리 한 마리가 날아와서 갓난아이를 두 발로 움켜잡고 날아갔습니다. 어찌할 수 없는 저는 강 가운데서 펄쩍펄쩍 뛰며 소리소리 질렀습니다. 손을 휘저어 가면서 …….

그런다고 독수리가 잡은 먹이를 놓아 줄 리는 없었습니다. 그런데 이번에는 건너 강가에 앉혀 놓은 큰아이가 어머니가 부르는 줄 알고 물속으로 들어오다가 떠내려갔습니다.

독수리를 위협한다고 손을 휘저으며 손뼉을 두들긴 것이 엄마가 자기를 부르는 것이라고 생각한 것입니다.

꽃

이 세상을 사는 사람들도 그와 같습니다. 큰아이는 어머니의 목소리인 줄 알고 무슨 이유인지도 모르고 깊은 물속에 들어가서 떠내려 간 것입니다. 이 세상사람들도 지혜가 없어서 이 아이처럼 위험인지 아닌지도 모르고 떠내려가는 것입니다.

더러 극소수의 사람들이 지혜로운 분을 만나서 멈추어 서기도 합니다. 그러나 대개의 사람들은 모두 떠내려가는 그대로 흘러갈 뿐입니다. 죽음의 왕이 불러대는 줄 모르고 그냥 따라가는 모든 사람들을 향한 깊은 연민심을 그때는 몰랐습니다.

한 여자에게 그러한 일들은 두세 겹으로 둘러싸고 눌러대는 심한 절망이었습니다. 어느 누구에게 이러한 고통이 또 있겠습니까? 전생의 업력을 자세히 보지 못하였으므로 당해야 하는 이 법칙이 억울하다고 통곡하며 가슴을 두들겼습니다. 발악이라도 하면 참아줄까 하고요.

❀

한 순간에 이 세상을 모두 막아주던 사랑하는 남편과 내 뱃속으로 낳은 두 아이를 뻔히 두 눈을 뜨고 잃어버린 기막힌 여자가 그래도 어찌 어찌 사왔띠 수도 근처까지 왔습니다.

그때 강 건너 멀리 한쪽을 바라보자 검은 연기가 솟아올랐습니다. 그때 사왔띠 쪽에서 오는 한 사람을 만났습니다. 부모님의 이름을 대면서 아느냐고 물어보았습니다.

"여보세요. 저 검은 연기 좀 보세요. 어제 저녁 내린 비로 집이 무너지고 부모와 자식이 모두 죽어서 저렇게 화장하고 있는 중입니다. 나도 그곳에 참석했다가 지금 돌아가는 길입니다."

그 소리를 듣는 순간 저의 정신은 모두 떠나갔습니다. 남편과 두 아이를 하루 만에 다 잃고 겨우 지탱하던 저에게, 부모님과 동생이 사고를 당했다는 말을 들었을 때 완전히 미치게 된 것입니다. 미쳤다는 말은 지금 정신이 돌아왔을 때 하는 말이고 그때는 자기 자신을 미쳤다고 할 줄 모릅니다. 미친 이를 고쳐 주는 가장 중요한 일은 자기가 미쳤다는 사실을 스스로 알게 하는 일입니다. 자기가 미쳤다는 사실을 아는 순간 미쳤던 마음은 사라질 것입니다.

❀

제가 제 자신이 미쳤다고 안 것은 부처님을 뵈었을 때입니다. 많은 사부 대중이 모여서 그분의 법문을 듣고 있는 때였습니다. 무슨 소리인지 중얼거리면서 울고 웃으며 사방팔방을 헤매고 다녔습니다.

몸에서 옷이 벗겨진 것도 모르고……. 많은 사람들이 가는 길에 휩쓸려서 따라가다가 이른 곳이 제따와나 정사의 그분 앞이었습니다.

"오! 고통스러워하는 여자, 빠따싸라(Paṭācārā)여!

무엇 때문에 이익이 없는 고통 속에 빠져 있느냐.

오! 빠따싸라여,

너는 너 자신을 찾아보도록 하여라."

그분의 금구에서 흘러나오는, 저를 딱하게 여기는 말씀이 귀에 들리자 깊은 슬픔의 바윗덩이가 비켜져 나갔습니다. 그분의 말씀대로 저 자신을 돌아보았을 때는 도저히 눈뜨고 볼 수 없는 상황이었습니다.

머리는 산발하여 흐트러지고 흘러내린 눈물 자국은 때가 되어 말라붙었으며 열에 터져 말라버린 입술은 나무껍질처럼 바삭바삭 타버렸습니다. 거기에 몸에는 실오라기 하나 걸쳐 있지 아니했습니다. 정신이 들자 쪼그리고 앉아서 눈을 감아 버렸습니다.

어리석음의 병에 끌려 천방지축 헤메일 때는 탐심의 뒤를 따라다니기도 하고 성냄에 맞추어 허물도 지었습니다. 그렇게 허물 짓고 따라다닐 때는 그것이 옳다고 생각하지만 미친 것이 사라지자 크게 부끄러워졌던 것입니다.

그때 법문을 듣던 대중 가운데서 큰 수건 하나를 던져 주었습니다. 그것으로 몸을 가리고 법문을 들었습니다. 부처님께서 큰 연민심을 바탕으로 이렇게 설하셨습니다.

오! 고통스러워하는 여자 빠따싸라여,
너는 남편을 의지했다. 아이들을 사랑했다.
부모와 동생을 의지하려고 먼 길을 걸어왔다.
네가 의지하려던 사람들이
너의 의지함을 받아주지 않았구나!

오! 고통스러워하는 여자 빠따싸라여,
너는 의지하기 위해서
이 세상에 태어난 것이 아니다.
죽음의 왕에게 세금을 바치려고 온 것도 아니다.
너는 너 자신을 찾아야 한다.

'불행한 이가 가는 곳이 비가 오는 마을…'이라는 말이 빠타싸라 비구니의 인생 여정이었습니다. 비바람 속에 갖가지 고통을 만난 다음, 한 가지 비를 만나게 되었습니다. 그 비는 모든 고통의 뜨거운 번뇌를 시원하게 식혀 주는 감로법의 비입니다.

부처님께서 설하실 때 크게 울려 퍼지던 '싸~두'를 부르는 소리가 빠타싸라 비구니께서 법을 설하신 다음에도 크게 메아리 쳤습니다.

Paṭacāra therī apadāna

그리움의 무대가 끝나고 밝음이 오는 때

여자들이 교단에 들어와 수행자가 될 수 있도록 노력하는 과정에서 나는 중요한 역할을 담당했다. 내가 노력한 대로 특수한 칭호를 받은 비구니들께서 많이 나오셨기 때문에 즐거움이 넘친다. 그러나 완전하게 즐거운 것이라고는 할 수 없다. 이 교단에 모여 오는 이들을 볼 때는 매우 기쁘지만 오지 않은 이들 때문에 마음 한 구석이 허전하다.

비구니 교단이 생긴 다음 받다까삘라니(Bhaddakāpilāni, 까싸빠 존자의 옛부인)도 도착했다. 부부의 길에서 갈라져 떠난 다음 마하 까싸빠께서는 부처님과 만났다.

받다까삘라니는 당시 비구니가 될 기회가 없었으므로 이 교단 밖의 다른 사상을 가진 종파에 머물러 있었다. 그리고 비구니 교단이 생기자 그곳을 떠나왔으며 오래지 않아 마하 까싸빠 존자와 다시 만나게 되었다.

마하 까싸빠 존자께서 얻으신 닙바나의 법을 받다까삘라니 역시 얻게 되었다. 마하 까싸빠 존자께서 얻으신 아라하따 팔라를 그분께서도 얻었다. 이 큰 교단의 시원한 그늘에서 깨끗한 마음으로 다시 만나게 된 것이다.

받다까삘라니 비구니의 인생 여정을 칭찬할 때마다 나는 그들(아직 교단에 오지 않은 이들)을 특별하게 더 기다렸다. 사실 이 비구니 교단이 열리자마자 제일 먼저 그들이 왔어야 하는 것이었다.

어머니 마하 빠자빠띠미 고따미와 함께 오지 않았던 것은 그만두어도 그들 다음에는 그 언니와 동생들의 차례여야 할 것이다. 그들의 이야기를 기억하시는 분들은 저와 같이 기다릴 것이다. 그러나 그들은 애착이나 미련 없이 버리고 떠나간 사람들의 소식에만 귀를 기울이고 있었다. 들은 소문대로 버리고 간 사람들의 행동만 따라서 하면서 … .

싯달타 태자가 거친 베옷으로 갈아입었다는 소식을 듣고서는 그녀 역시 거친 베옷으로 갈아입었고, 태자께서 저녁을 드시지 않고 하루 한 끼니만 드신다는 소식을 듣고는 그녀 역시 진수성찬 차려놓은 저녁상에서 얼굴을 돌리고 지냈었다.

태자께서 침대 없이 맨바닥에 주무신다는 소식을 듣고 그녀 역시 마룻바닥에서 잠을 잤다. 태자께서 향수를 사용하지 않으시기 때문에 그녀 역시 여자들이 즐겨 하는 단장을 모두 거두어 버렸다.

다른 이들은 이 교단이 승리의 깃발을 높이 날릴 때 기쁘게 환영하며 합류했다. 그녀는 그분이 숲 속에서, 산 속에서, 힘들게 법을 찾을 때부터 교단의 차림으로 지냈다. 그래서 교단의 전통이나 풍습들과는 친밀해져 있었다.

그러나 먼저 들어오는 무리 가운데 그녀만이 포함되지 않았다. 그녀 쪽에서 지극하게 존중해왔던 대로 부처님께서도 그녀의 마음과 사랑을 기억하셨다. 그녀의 궁전에 일부러 찾아가셔서 예배를 받음으로써 그녀에게 자비가 있음을 보여주었다.

그 정도로 부처님에게 중요한 대우를 받았던 여자는 그녀 한 사람뿐이었다. 주고받고 서로 존중하던 두 분이 지금 다른 구역에서 지내고 있다.

부처님께서는 여행을 다니시다가 지금 제따와나 정사에서 쉬고 계셨다. 다른 한 분은 지금도 까뻴라에 그대로 계신다. 이쪽에 계시는 한 분께서는 삼마 삼붓다라는 이름으로 이 세계 전체에 법의 큰북을 울리고 계시고, 저쪽에 계시는 분은 까뻴라 왕궁에서 동생과 함께 지낸다.

언니 되는 이는 아들 하나를 낳고 나서 헤어졌다. 그녀를 버리고 떠난 이는 자기 생각과 뜻으로 떠나갔다. 그 동생은 그 화려한 결혼식장에서 헤어졌다. 그녀를 버리고 간 사람은 그의 뜻이 아니라 형님의 뜻을 거역하지 못해서였다. 형님께서는 아무도 몰래 한밤중에 당당히 떠났지만 동생은 밝은 대낮에 모든 사람들이 보는 앞에서 고개를 숙이고 따라갔다.

버리고 간 사람들은 서로 다른 점이 있었지만, 버림당한 쪽은 똑같은 모습이었다. 미련없이 떠나간 이들 때문에 눈물을 흘리며 끝없이 그리움의 무대를 되풀이 열고 있었다.

그리움에 젖은 두 여자는 그리운 이들과 멀리 떨어져 지내고 싶어서, 일부러 숨어 지내는 것은 아니었다. 버림당한 사실에 깊은 슬픔에 젖어 있는 것도 사실이지만 형님과 동생 그 두 분께 그들의 그리움과 사랑이 아직 다하지 않았기 때문이다.

❁

나는 가까이 지내보았기 때문에 누이들의 마음을 잘 알고 있었다. 지금까지 그들이 나타나지 않은 것은 단 한 가지 이유뿐이다. 할 수 없어서 그냥 떨어져 있는 것이다.

부처님께서는 집착 없는 자비 그대로 야소다라의 궁전에 가셨었다. 슬픔이나 번뇌가 없는 대 연민심으로 그녀의 예배를 받으셨다. 그 동생은 처음에는 교단의 생활을 즐거워하지 않았지만 법의 안목이 깨끗해진 다음에는 완전히 다른 삶을 이루었다. 자나빠다깔랴야니(Janapadakalayāṇī)라는 한 여자를 생각할 수도 떠올릴 수도 있다. 그러나 거기에 좋아하거나 사랑하거나 그리워하는 생각은 따르지 않는다. 보통 다른 한 여자와 같이 볼 것이다.

버리고 간 사람들 쪽에서는 완전하게 애착을 끊었지만 누이들은 집착의 줄이 남아 있었다. 가사로 바꾸어 입은 그분이 남편이라고 생각하고 지내는 것이다. 태자를 따라서 베옷을 입고 같이 행동했지만 야소다라의 행동은 버림의 마음은 아니었다. 그녀의 그리움을 스스로 치료하려는 한 방법이었을 것이다.

훌훌 버리고 떠나간 이들과 어느 한 가지라도 연결되어 있는 것처럼 스스로를 속이고 만족하기 위한 것이었다. 그러나 지금은 그렇게 만족하게 지낼 수 없었다.

버리고 간 사람들이 그들의 남편만이 아니라 모든 사람들, 이 세상 모든 사람들의 스승님이며 은혜를 주시는 분들이다. 아들 라훌라 역시 그분들 뒤를 따라갔다. 아내의 애착심이 끊어진 이에게 아들의 애착심이 남아 있을 수 없다.

현재 그분들에게 애착이란 결코 없다. 다음의 어느 미래에도 있을 수 없다. 그러나 저 누이들은 현재를 거부하고 미래에조차 등을 돌리고 있었다. 그들의 얼굴이 향하는 곳은 과거의 그림자일 뿐이다. 법으로 본다면 과거란 없다는 뜻이다. 원인에 따라 생겨날 때 생겨나고 지금 현재는 없다.

과거의 일들은 자기가 아무리 원한다 하더라도 지나간 일이지 다시 재연될 수는 없다. 과거를 원할 때에는 마음만 생겨날 뿐, 원함 때문에 그리워하는 느낌에서 비켜날 수 없다. 그 그리움의 근원은 그들에게 멀어져서 서먹해진 남편들을 향한 느낌뿐이다.

그러나 그 딱한 이들의 마음속에서 남편이라는 애착을 끊을 수는 없었다. 그 애착을 끊을 수 없어서 부처님을 멀리하는 것이다. 대중 가운데서 자세가 흐트러질까 걱정하기 때문일 것이다. 구리와 황금을 연결할 수 없어서 떨어져 있는 것을 허물할 수는 없다.

그러나 한번 까뻴라에 있는 그들에게 물어볼 것이 있다. 남매지간이니 있는 대로 다 자세히 물어야 하리라.

"나의 누이 야소다라여! 나의 누이 자나빠다 깔랴니여!

누이들이 펴놓은 그리움의 무대가 너무 길어서 피곤하다. 무대를 펼 때는 어둠이 짙은 깊은 밤에 보아야 좋다. 지금 이렇게 날이 밝았는데도 그 그리움의 무대는 거두어지지 않았구나.

나의 누이들이여, 자세히 잘 들으시오.

이 그리움의 무대는 누이들 마음속의 남편들이 아닌가? 그 전에 서로 주고받고 사랑했던 것은 그림자일 뿐, 그 그림자 뒤를 따라간다고 이 그리움의 무대가 끝난다고 누이들은 생각하는가?

무대를 거둔다는 것은 보기 싫은 이야기보따리를 다시 계속하여 펴지 않는 것뿐이다. 과거·미래 이야기들과 연결을 끊어버리고, 현재 그대로만 서 있는 것이다.

현재 그대로 서 있는 것은 그리워할 것도 당길 것도 없다. 이러한 처지에 이른다면 어두운 곳에 숨어서 웅크리고 있는 것만으로는 안 된다. 과거 그림자를 따라 잡고 있는 것만으로 누이들은 그리움의 긴 무대에 빠져버린다.

그 무대에 빠진 곳에서 건져줄 사람은 누이들의 남편 외에 다른 사람은 없다. 그러나 그분들은 누이들 마음속 그림자 남편이 아니다. 지금 제따와나 정사에 계시는 그 높고 높으신 분이시다. 그분들의 가사자락 아래 허물없는 누이로서 그곳에 가지 않으려나?"

"………."

내가 까삘라를 떠나는 것은 한참이 지나서였다. 오래 걸렸던 만큼 말해야 할 것도 무척이나 많았었기 때문에 이보다 길면 더 길 것이다. 그러나 이러한 질문보다 더 할 것은 없었다. 준비했던 질문들조차도 다 하지 않았다.

그때 각자 서러움에 각자 삼가고 지내던 누이들이 지금 제따와나 정사에 따라왔다. 그들이 가장 사랑하고 중히 여기던 분들 앞에 언니와 동생이 손잡고 온 것이다.

무대를 거두어야 할 시간을 알아서 바른 길로 따라왔던 누이들을 나와 라훌라가 절 입구에서 맞이하였다.

Aṅguttara aṭṭhakathā

Ekanipatta

Bhaddkaccā rātheri vatthu

친견하는 자리에서 극중 인물 모두 알다

예전에 부처님께서 야소다라의 궁전에 가신 일이 있다. 다른 이들보다 특별한 자비를 가진 이가, 다른 이보다 더 특별하게 뵙고 싶어하므로 대 연민심을 가진 분께서 원하는 대로 따라 주셨던 것이다.

모든 법을 깨달아 출세간의 지혜를 지니셨지만 속세의 일들을 모른 체하지는 않으셨다. 속세를 속세로 알아서 그에 맞게 행하셨던 것이다. 이렇게 세간 일에 함께 따라 해 주시고 출세간의 길을 펴 주셨다.

✽

야소다라와 자나빠다 깔랴니가 제따와나 정사에 도착했을 때, 나는 이 무대 위의 일을 다시 이어서 생각해 보았다. 극중 전체를 잘 모를 때는 놀라운 것이 많았지만 극중 장면이 이어져 전체의 윤곽이 드러나자 가슴이 흐뭇해져 갔다.

야소다라는 그때(부처님께서 까삘라를 처음 방문하셨을 때) 다른 이들과 같이 부처님을 뵙는 곳에 오지 않았다. 사까 종족의 특별한 명성을 드날리는 분으로서 모두 다 같이 예배드리는 곳에 그녀 혼자만이 빠졌다.

   사랑과 마음의 가치에 의지하여 믿고 그녀의 궁전에서 나오지 않고 기다리고 있었다. 이렇게 형님께서 오시기를 기다리던 그녀가 지금은 그분이 계신 곳으로 스스로 찾아왔다. 그때는 눈물을 줄줄 흘리면서 뵈었지만 지금은 깨끗하고 위험 없는 자비의 마음으로 예배 올릴 수 있다.

   아노마 강둑으로 떠나가신 다음 야소다라는 그분의 태도를 흉내 내었다. 거친 베옷을 입고, 저녁을 금하고, 맨 마룻바닥에서 자며, 일체의 단장을 모두 끊었다.

   그러나 그런 행동으로도 뜨거움이 사라지지는 않았다. 그러한 행동은 버리고 간 그이를 끌어당겨 보려는 마음의 그림자여서 원하는 것을 거두기 전에는 뜨거움 역시 그치지 않는 것이 진리이다. 부처님의 그늘 밑에 이른지 오래지 않아서 야소다라는 이러한 진리를 분명하게 알았다.

   그전에 합치고 싶어서 하던 모든 행동마다 헤어져야 하는 것뿐이었다. 합치고 싶고, 만나고 싶어하던 고통의 원인 때문에 합칠 수도 만날 수도 없었던 것이다. 만나지 못하고 그리워해야 하는 마음의 고통만을 받아야 했다. 지금 그러한 진리를 남김없이 야소다라가 깨달은 것이다.

고통의 원인이 제공해 주는 만큼 고통에서 비켜나는 다른 길은 없다. 그래서 더럽고 치사하고 메스꺼운 모든 고통에서 벗어나는 것도 이 고통의 원인을 버리는 것이다. 다른 길은 없다.

고통의 기본이 되는 그 고통의 원인도 역시 그 원인 없이 생길 수는 없다. 어떤 원인을 지으면 어떤 결과가 생긴다고 알지 못하기 때문에 고의 원인을 키웠던 것이다. 고의 원인을 키웠기 때문에 큰 고통을 받아야 했다.

바른 원인을 틀림없이 안 지금은 고통의 원인을 키우지 않았다. 만나려는 마음조차 생기지 않았다. 만나고 싶어하는 고통의 원인을 빼어버림과 동시에 나의 누이는 그녀가 가장 존중하는 부처님과 만나게 된 것이다.

그리워하거나 바라거나 뜨겁게 통곡함이 없는 행복의 둥지 안에서 의지함을 얻는 것도 헤어짐 없는 만남일 것이다. 자기가 사랑하는 이, 그리워하는 이들과 언제나 떨어지고 싶지 않은 사람은 바로 이분들을 산 본보기로 삼아야 할 것이다.

존경할 만한 그분과 사랑할 만한 그분들에 관해서 앞에서 자주 보여드렸다. 더러 윤회를 키우는 쪽에 비중을 둔다고 생각할 수도 있다.

그러나 내가 보여드리고 싶은 뜻은 그러한 것이 아니다. 행복의 둥지 안에 합해지는 이 장면을 더욱 드러내고 싶어서 그 원인들을 보인 것이다.

내 '일생의 기록' 가운데에서 중요하게 보여드리고 싶은 것이 바로 이곳이다. 극중 인물을 모두 드러내 보이며 깨끗하고 시원하며 위험이 없는 사랑 이야기의 시작도 된다.

어릴 때부터 입에 익은 이름으로 야소다라라고 불러왔지만 나와 같이 지내는 대중들은 나의 누이 비구니를 그 이름으로 감히 부르지 않는다.

어머니에게서 비구니가 된 다음부터 받다 낀사나(Bhadda kañcanā) 비구니라고 존칭하여 부른다. 교단에서 높은 소문이 무성하다.

그러나 가장 중요한 것은 네 가지 도와 네 가지 과를 힘들이지 않고 쉽게 얻었을 뿐만 아니라 비구니 가운데서 신통이 큰 것으로 제일가는 사람이라는 칭호를 얻은 것이다. 다이아몬드가 반짝이는 것처럼 내 누이의 얼굴 역시 빛나는 것을 자랑하고 싶다.

Anguttara aṭṭhakathā

Ekanipātta

Bhaddakaccā natherī vatthu

라훌라 모자

우리들이 가는 곳마다 법의 성품에 대해 잘 알지 못하는 사람들을 자주 만나게 된다. 거의가 아라한에 대해서 잘못 생각하고 있다. 우리와 같이 지내는 대중 가운데서 더러는 아라한에 이르셨으니 그것도 보통 아라한이 아니라 신통을 모두 갖추신 분이기도 하다.

 신통을 얻으신 분들의 능력을 뵌 적이 있는 이들은 모든 일을 그 신통으로 해결할 것이라고 생각한다. 더러는 모든 고통이 사라진 닙바나의 법을 얻었으면서도 아픔의 고통을 만나는가 하고 의심을 하기도 한다. 진리에 대해 무관심한 사람들에게는 대답하기가 쉽지 않다.

 사실 닙바나의 법에는 고통이 먼지만큼도 없다. 고통의 그림자도 없다. 그러나 그러한 닙바나를 현재 대상으로 하는 이들이 모든 고통을 그치게 하지는 못한다. 피와 살로 된 이 몸 때문에 아프고 저리는 통증은 피할 수 없이 받아야 한다. 배고픔이 괴롭혀 오기 때문에 아침마다 걸식하러 가야 한다.

그분들이 얻은 도의 법은 뜨거운 마음과 거친 마음이라는 번뇌들을 빼어버릴 수 있다. 그러나 몸이 뜨겁고 거칠어져서 생겨나는 고통스러운 느낌은 도의 법으로 빼어버리지 못한다.

선정 신통으로 가끔씩 막아낼 수는 있지만 모든 시간을 다 막을 수는 없다. 예전에 생겼던 번뇌를 약으로 고치거나 바꿀 수 없듯이 알아차림의 지혜와 함께 하여 참아내야 할 것이다.

❁

이러한 것을 잘 생각하면 받다 낀사나 야소다라 비구니의 일을 이해할 것이다. 신통을 빨리 얻은 지혜로 첫째가는 사람이라는 칭호를 얻으신 분이지만 그분도 몸의 고통을 떠날 수는 없었다.

출가 전에 얻었던 배앓이 병이 신통을 얻은 다음까지도 따라다녔다. 출가 전에는 병에 따른 약도 있었다. 그 병이 일어났을 때 그에 맞는 약도 쉽게 준비할 수 있다. 병에 맞는 약을 먹으면 고통을 오래 받지 않아도 된다.

그러나 지금 빌어서 먹는 것만 가지고는 자기 스스로 약을 준비할 수 없다. 부자나 가난한 이를 가리지 않고 집집마다 얻고, 그 얻는 대로 만족해야 한다. 자신과 맞거나 맞지 않거나 신자님들이 보시하는 것만 가지고 써야 한다.

신심으로 보시한 신도님들의 공양을 나와 맞지 않다고 거절할 수는 없다. 나에게 무엇이 좋다고 입을 열어서 요구할 수도 없다.

친척도 가까이 없다. 네 가지 물건이 필요하면 언제든지 청하라고 한 신도도 없었다.

오직 혼자서 병을 앓고 있었다. 원래 태생이 왕궁에서 금지옥엽으로 태어나 부드러움만 사용하시던 분이니 맞지 않는 음식 때문에 다른 이보다 더 심하게 고통을 받으신 것이다.

☸

내가 그러한 사실을 진작 알았더라면 이렇게 악화되도록 두지는 않았을 것이다. 출가 전부터 가까이 지내던 처지이니 그 병에 적당한 음식을 나도 알고 있었다.

그러나 그분께서는 나에게 알리지도 않으셨고 나도 비구니 절에 설법하러 가는 차례가 아니어서 그들이 지내는 절에 갈 일도 없었다. 그들이 지내는 절에서 근심 어린 표정으로 온 라훌라 때문에 알게 되었다.

아버지 명령으로 사미가 되었지만 라훌라에게 어머니에 관한 애정이 다 끊어질 수는 없었다. 지금 아들과 어머니 생애가 같아졌으므로 헤어져 있었던 긴 세월을 보상이라도 하듯이 날마다 만나게 된 것이다.

라훌라는 어머니에게 한참씩 있다가 돌아오고는 했다. 라훌라가 어머니로서 좋아하고 있었더라도 어머니는 그의 어머니만이 아니었다. 그와 나이가 같은 젊은이 모두를 높은 자비심으로 똑같이 사랑해 주셨다. 라훌라 한 사람의 어머니가 아니라 모든 젊은이들의 어머니라고 해야 할 것이다.

이렇게 크나큰 어머니께서 자기의 고통스러움을 알아차림으로 참고 지내더라도 라훌라까지 모른 척할 수는 없었다. 지금 열 살이 넘은 나이에 키도 제법 커졌지만 아직 어린 티가 다 없어지지 않았다.

그래서 어머니 몸의 고통이 그의 마음에 옮겨진 것이다. 라훌라 모자의 두 가지 고통의 느낌을 아는 순간 나는 깨끗이 씻어놓은 발우를 바라보았다.

수행자들이 의지하는 것이 이 발우가 아닌가? 이 발우로 배라는 큰 바다의 창자에다 날마다 먹이를 주어야 하는 것이다. 이 발우로 라훌라 모자를 도와주어야 하리라.

※

가사를 고쳐 입고 발우를 메고 절에서 나서자 나보다 먼저 나가시는 한 분을 만났다. 그분은 바로 마하 사리불 존자였다.

"라훌라! 저분께 그 사실을 모두 말씀드렸는가?"

"말씀드렸습니다. 마하테라님."

"잘했구나. 라훌라, 잘했다."

중요한 일을 만났을 때 제일 먼저 전계사 스승님께 가까이 간 조카에게 착하다고 칭찬하였다.

"피가 같은 친척보다 스승과 제자의 관계를 더욱 귀히 여길 줄 아는 라훌라구나!"

공양이 끝났는데도 다시 발우를 들고 걸식하러 나가신 그분께서는 여느 때처럼 오래 걸리지 않고 곧장 돌아오셨다. 발우에는 설탕을 넣은 망고즙이 가득했다.

    왕궁의 야소다라였을 때는 늘 먹던 것들이었다. 마하 사리불 존자께서 발우를 라홀라에게 넘겨줄 때 왕궁에서 보낸 심부름꾼 한 사람이 따라왔다. 그는 마하 사리불 존자님의 특이한 행동을 알아보려고 왕이 보낸 사람이었다.

    그 병에 적당한 것을 얻기 위해서 마하 사리불 존자께서는 정오 직전 급한 시간에 꼬살라 왕궁에 가셨다. 마침 왕궁에서는 알맞게 잘 익은 망고즙을 드시라고 자리를 펴드렸다.

    그러나 그분에게 필요한 것이 아니었기 때문에 발우를 안고 돌아오신 것이다. 그분의 태도를 이해 못한 꼬살라 왕이 심부름꾼을 딸려 보내었고, 그 사실을 알았을 때 빠세나디 대왕은 받다 낀사나 비구니에게 일평생 망고를 보시하는 신도가 되었다.

Tikanipatta

사람들이 하는 일을 정하시다

이 교단 아버지의 아들과 딸에 관한 것을 대강 말씀드렸다. 속인으로서 교단의 이익을 이끌어 가는 이들도 더러 소개해 드렸다. 다음 적당한 곳에서 비구니 스님들의 이야기를 말씀드리겠다. 새로 오는 비구, 비구니 스님들과 함께 교단의 이익에 관한 것도 만나게 될 것이다. 앞에 보여드렸던 비구 스님들의 모습을 보면 모두 일곱 종류가 되는 것을 아실 것이다.

① 다섯 수행자와 야사 비구의 친구들부터 시작하여 초기의 큰 제자분들은 '애히 비구(Ehi bhikku)'라는 말씀으로 비구가 되었다.
② 비구 스님들에게 비구를 만들어 주도록 힘을 넘겨주신 대로 빠알리로 삼귀의를 따라 함으로서 비구가 되었다.
③ 그 다음 '까싸빠여! 너는 높은 가문에 태어나서 자존심이 큰 사람이다. 그래서 나이가 많은 이거나 적은 이거나 중간인 이거나, 같이

지내는 대중에 크게 부끄러워할 것이 있는 것처럼 수행해야 한다.'
이러한 말씀만으로 비구가 되신 분은 마하 까싸빠 한 분뿐이었다.

④소빠까(Sopaka) 사미는 '부풀은 시체를 생각하는 것과 몸이라는 생각, 이 두 가지가 문법과 뜻이 틀리느냐? 그렇지 않으면 뜻은 같고 문법만 틀리느냐?' 이러한 질문들에 자세하게 대답 올렸기 때문에 일곱 살짜리 소빠까 사미에게 부처님께서 비구가 되는 것을 허락하셨다.

⑤팔경법(Galudhamma) 8가지를 받아들임으로서 비구니가 된 분이 어머니 마하 빠자빠띠 고따미이시다.

⑥다른 비구니들은 비구 상가에 네 번, 비구니 상가에 네 번 등 합해서 여덟 번의 수계 받는 의식을 읽음으로서 수행자가 되었다.

⑦대개의 비구들은 냐띠(Ñati, 상가의 공고문) 한 번과 깜마와싸(Kammavācā, 정해진 사실을 공표함) 세 번 읽어줌을 받아서 상가에 들어온다. 의지할 데 없었던 브라만 노인 라다(Rāda)가 비구가 되면서부터 차례대로 내려오는 것이 지금까지 이 교단 전체에 전해 내려오는 모습이다.

  이에 수행자가 되는 모습 일곱 종류 가운데 더러는 부처님께 비구가 되었고, 더러는 먼저 비구가 된 스님들에게서 되기도 하고, 더러는 비구·비구니 2부 상가에게서 되었다.

  마지막으로 수행자가 되는 모습 중 한 가지 특별한 경우는 위험에 직면해서 오지 못하는 아타까띠(Aṭṭhakāsī)로, 그녀의 형편상 몸이 오지 못했지만 멀리에서 만난 사람에게 명하여서 비구니를 만들어 주셨던 것이다.

아타까띠 기녀는 까시 나라에 있는 마을에서 하루에 금화 500냥씩 받는 사람이었다. 그러나 자기의 생애를 싫어하여 비구니가 되었다. 계율에 따르면 비구니 상가에 한 번 계를 받고 다시 비구 상가에서 한 번 더 받아야 한다.

아타까띠는 부처님 앞에서 받고 싶은 마음이 지극하게 간절했다. 그러나 부처님이 계시는 곳으로 가는 것이 쉽지 않았다. 많은 남자들에게 인기가 좋았던 그녀가 가사를 입었지만 그에게 자주 오던 남자들은 놓아주질 않았다.

비구니 절에 갔을 때는 그들이 미처 생각지 못하고 잡지 못했지만 부처님께서 계신 곳으로 가는 길 도중에서는 그들 마음대로 할 수 있었을 것이다. 지나치게 집착하는 그들은 억지로 힘을 발휘하려고 그녀가 지나가는 길 중간에서 기다리고 있었다.

부처님께 오고 싶지만 오기가 어렵게 된 그의 사정을 아시고 부처님께서 하실 수 있는 한 가지 방법으로 비구니가 되는 허락을 내려 주신 것이다.

그것은 사람을 보내서 계를 받게 해 준 것이다. 이 허락을 위해서 우리들은 제따와나 계단에 모여서 아타까띠를 위해 계 받는 의식인 깜마와싸를 읽어 주어야 했다.

그 다음 그 사실을 비구니 한 사람을 보내서 그녀에게 알려 주었다. 우리들이 깜마와싸를 읽는 시간이 아타까띠가 비구니가 된 시간이라고 기억하게 했다.

🙏

일 많은 여자 제자들을 보호하여야 하는 부처님께서는 딸 많은 아버지와 같았다. 어느 때는 마을에 들어간 젊은 비구니 한 분이 많은 사람들 앞에서 윗가사가 바람에 날리는 바람에 창피를 당하게 되었다. 그래서 부처님께서 말씀하셨다.

"비구니들이 마을에 들어갈 때는 가슴을 싸는 윗저고리를 입고 가야 한다."

어느 때는 비구니들이 안전하지 못한 곳에 동반자 없이 길을 가다가 나쁜 사람들에게 몹쓸 일을 당했다. 그때 그들의 아버지는 새로 정하셨다.

"비구니들이 자기 고장이나 다른 곳에 갈 때 동반자 없이 혼자 여행하지 말아야 한다."

사람들의 신심이 무너지지 않게 임신한 이와 젖 먹는 어린아이가 있는 이에게는 계를 주지 말도록 정하셨다. 그렇게 정하기 전 임신한 한 여자가 비구니가 된지 오래지 않아서 아들을 낳았다. 태어난 아이를 어떻게 해야 할지 몰라 하는 비구니들에게 소식을 듣고서 다시 내가 부처님께 여쭈어야 했다.

대 연민심을 가지신 분이어서 사람들의 일을 그냥 지나치시지 않으시고 태어난 아이를 알 만한 나이가 될 때까지 키우도록 허락하셨다. 일이 여기에서 끝나지 않았다.

어린아이를 가진 비구니가 아이 돌보는 일을 혼자서 다 감당할 수 없게 되자 그들의 아버지가 그를 위해 도와줄 한 사람을 주선해 주도록 하셨다. 도움을 주어야 하는 곳에 일이 잘 진행되도록 정하신 것이다.

이 비구니는 금계를 정하기 전에 임신한 것을 분명하게 알았기 때문에 문제가 없었다. 그 금계를 정하고 난 다음 들어온 비구니 한 사람은 속퇴를 당해야 할 만큼 문제가 커졌다.

❧

여러 가지 비유로 특별하게 법을 잘 설하는 꾸마라 까싸빠(Kumara kassapa)의 어머니라고 나중에 유명해진 그 비구니는 라자가하의 한 장자의 딸이었다.

어릴 때부터 비구니가 되고 싶었지만 기회를 얻지 못했다. 더없이 사랑하는 딸을 부모들이 보내고 싶지 않아서 막았던 것이다. 그래서 부모 집에서 남편 집으로 옮겨가서 남편이 만족하도록 잘 설득하여서 허락을 얻고 난 다음 교단에 들어왔다.

자기가 좋아하던 생애로 오게 된 그녀는 동료 비구니들과 즐겁게 잘 지내던 어느 날 몹시 두려운 일을 만나게 되었다. 그 일이 어느 때부터 생겨났는지 그녀 역시 기억할 수 없었다. 그녀를 비구니로 만들어준 이들도 주의하지 않았던 일이다.

지금 이렇게 드러나자 덮을 수도 감출 수도 없이 되어서 모두 놀라서 두려움에 떨었다. 그 본인은 자기의 계율이 완전함을 알고 있었다. 가사 입는 일을 싫어해서가 아니고 속세에 사는 것이 싫어서였다. 그러나 속인 때 따라왔던 짐덩어리인 것을 그 스스로는 알지만 옆에서 보는 이들은 매우 어렵게 되었다.

　그 사람의 행실을 보면 속세에서 묻어온 것임을 짐작할 수 있었다. 그러나 한편 자기가 했으면서도 자기 무릎조차 믿기 어려웠다. 자기들과 같이 지내면서 생겨난 일이라면 자기들 역시 허물을 면할 수 없을 것이다. 비구니계 여섯 번째 큰 계(Pārājika Sikkhāpada)와 반대되는 것이다.

　그래서 비구니 상가 스님들이 뱉지도 삼키지도 못하는 큰 일을 대와다따(Devadata) 테라에게 가지고 갔다. 웰루와나 정사에 부처님과 큰 제자분들이 안 계셨기 때문에 그가 선두가 되어 있었던 것이다. 같이 지내는 비구니들도 라자가하에 언제나 지내시는 대와다따 테라의 그늘 밑에서 의지하는 이들이었다.

　"테라님, 이 비구니는 남편에게 억지로 청해서 수행자가 되었습니다. 지금 임신한 것이 수행자가 되어서 얻은 것입니까? 아니면 속인 때에 따라왔던 것입니까? 저희들은 구별할 수 없습니다. 마하 테라님께서 판단해 주십시오."

　비구니들이 여쭙는 것을 자세히 생각지도 않고 단숨에 결정을 내렸다.

　"누이들이여! 나의 근처에 아름답지 못한 일이 있으면 나에게도 번질 것이다. 그러니 그 사람에게서 빨리 가사를 벗겨라."

　그녀의 태도에 허물이 있는지 없는지 하는 것보다 자신의 명예가 상하지 않는 것을 우선으로 생각하였던 것이다.

　대와다따 테라의 말씀대로 그의 곁에 있던 사람들이 그대로 행하려고 준비하였을 때, 본인은 부처님 앞에 가서 부처님 말씀대로 하기를 원한다고 공손스럽게 청했다.

비구니의 자격을 잃지 않고 싶어서였다. 가사를 벗기려는 쪽에서 어찌할 수 없게 되었다.

❦

그래서 그녀는 대와다따 테라에게서 다시 부처님이 계시는 곳으로 갔다. 전후 사정과 함께 대와다따 테라의 결정을 말씀드렸다. 부처님께서 이 일을 계율에 가장 능숙한 우빨리 존자에게 넘겨주셨다.

다음 날 제따와나 정사에 사부 대중이 모두 모였다. 절 창건주 아나타삐인다까 장자, 다음에 동부정사 창건주가 될 위사카 절어머니, 그밖에 사왓띠 수도에서 유명한 장자들도 모두 왔다. 부처님의 말씀으로 꼬살라 대왕도 도착했다.

이 비구니의 일은 비구, 비구니 상가의 일이다. 상가 대중들께서 서로서로 의논이 일치하여 바르게 사실대로 처리하면 끝날 일이다. 그러나 이 일에 관해서 대와다따 장로의 결정이 널리 알려지고 난 뒤라 상가 대중 한편에서만 결정하면 사람들이 다른 생각을 가질까 두려웠다.

대와다따 장로가 결정은 내렸지만 부처님께서 얼굴을 봐 주었다고 말할 여지가 있을 것이다. 그래서 그 일은 사부 대중이 모두 모인 가운데서 조사하게 한 것이다.

법상에 올라간 우빨리 존자(Upāli thera)께서는 먼저 위사카를 대중 앞으로 나오게 했다. 여자의 일에 능숙하게 잘 아는 여자의 도움을 받아서 결정을 내리려는 것이었다.

우빨리 존자께서 문제의 비구니가 계를 받던 날을 위사카에게 말해주었다. 그 다음 현재의 임신이 계 받기 전에 있었던 일이었는지 뒤에 있었던 일인지를 조사하게 했다.

위사카는 자기에게 주어진 책임을 받아서 대중 가운데 장막을 치고 그 여자의 몸을 자세히 조사했다. 그렇게 자세히 조사한 다음 방긋방긋 웃는 모습으로 나왔다.

"존자님, 이 비구니의 임신은 계를 받기 전의 일임이 분명합니다."

대중이 모두 들리도록 말씀드렸다. 위사카의 이러한 보고로 법사로서 너무나 유명하신 꾸마라 까싸빠(Kumāra kssāpa) 장로가 될 아이가 절에서 태어났다.

Pārā jīkaṇṇa aṭṭhakathā

Bhakkhunī khandhakapāli와 aṭṭhakathā

Vinicūḷa vagga

위사카의 여덟 가지 발원

위사카가 사왓띠 수도에 온 것이 이렇게 난처한 문제들을 풀어주려고 왔는가 하고 우리 대중들은 자주 입에 올렸다. 위사카는 그녀의 할아버지와 함께 밧디야(Bhaddhiya) 도시에 살 때부터 나와 가까운 사이였다.

그녀는 일곱 살 어린 나이에 법을 깨달은 특별한 이다. 그녀의 아버지 다닌사야 장자와 같이 사깨따 도시에 따라갔다가 다시 남편 뿐나와타나(Puṇṇavathaṇa)가 있는 사왓띠로 오게 된 것이다.

위사카가 사왓띠에 들어올 때 그 크고 화려한 행차는 지금까지도 사람들의 입에서 그칠 줄 모른다. 다 쓸 수 없을 만큼 엄청난 부자의 딸이었으므로 그녀의 결혼 행사가 크고 화려했던 것은 그렇다고 하여도, 한 가지 특별한 것은 위사카의 집은 우리 상가 스님들이 걸식하러 가서 얻지 못하는 집이 된 것이다.

위사카의 시아버지인 미가라(Migara) 장자는 우리 교단을 의지하는 이가 아니었다. 교단 밖의 사람들을 존경하는 이였다. 한 집안의 어른이 한쪽에 기울어져 있으므로 온 집 전체가 그가 하는 대로 따라야 했다. 공양과 축원을 멈추지 않던 위사카도 이 집에 시집오고부터는 보시하는 일을 끊게 되었다.

하루는 우리 대중 가운데 한 분께서 그 집에 걸식하러 들어갔다. 위사카가 이곳에 도착해서 혹시 태도가 바뀌어졌나 알아보려는 뜻에서였다.

마침 미가라 장자가 우유로 만든 밥을 맛있게 들고 있었고 그때 영리한 며느리 위사카는 옆에서 부채질을 하고 있었다. 오늘 처음 특별하게 찾아온 스님 때문에 몹시 기뻤지만 자기의 권한이 없는 집이어서 어떻게 할 수가 없었다. 시아버지에게 말하여서 될 일이 아니었다.

그때 위사카가 금방 지혜를 써서 앉아 있던 자리에서 비켜났다. 위사카가 비켜나자 미가라 장자와 스님 사이에는 아무 막힌 것이 없게 되었다. 자기 집에서 믿고 모시지 않더라도 걸식하러 오신 스님의 모습을 보지 않을 수 없게 되었지만 미가라 장자는 옆눈으로조차 거들떠보지 않고 그대로 먹는 일만 계속하였다.

"용서하십시오, 마하테라님. 저의 시아버지 장자께서는 묵은 것만 잡수십니다."

탁발하러 오신 스님께 미안해서 위사카가 용서를 빌어야 했다.

위사카의 여덟 가지 발원

용서를 비는 것과 동시에 가슴속에 참았던 말들이 터져 나온 것이다. 장자가 맛있게 들던 우유로 만든 밥그릇에서 금방 얼굴을 돌렸다. 화가 끓어올라서 더 이상 밥이 넘어가지 않았던 것이다.

맛있게 만들어 놓은 우유로 만든 밥맛이 금방 달아났다. 그도 그럴 것이 묵은 것이란 배설물이라는 뜻이 들어 있었던 것이다. 그의 가슴 전체에 소리 없이 터져 나오는 말은 '시부모에게 이 따위로 저속한 하지 못할 말을 하다니……'라는 것이었다. 화가 부글부글 끓어올라서 어쩔 줄 몰라 하던 장자는 하인들을 불러 이 몹쓸 여자를 당장 쫓아내라고 호령하였다.

그러나 위사카를 바라보고 따라온 하인들은 못 들은 척하였다. 그 정도로 위사카가 떠날 수는 없었다. 위사카를 시집으로 보내면서 그의 부모님이 그 많은 재산만 딸려 보낸 것이 아니었다.

※

그녀의 부모는 사왓띠에서 유명한 지혜로운 브라만 여덟 사람에게 집과 재산을 사주고 후견인으로서 자기의 귀중한 딸이 혹시라도 부당한 대우를 받지 않도록 잘 보호해 주도록 딸려 보냈다. 만약에 적당치 못한 일이라도 생기면 잘 가르쳐 주라고 맡겼던 것이다.

그 사실을 위사카가 말하자 시아버지는 금방 사람을 보내서 그 여덟 분의 지혜로운 이들에게 연락했다. 재판장 자리에 이를 만한 어른들이 모이자 미가라 장자는 며느리의 허물을 설명했다. 그리고 이러한 여자를 자기 집에서 데리고 나가 주기를 원했다. 그러나 행동의 주인인 위사카도 시아버지의 모함을 그대로 머리 숙이고 받아들일 수는 없었다.

"여러 어르신님들께 저의 사정을 말씀드리겠습니다. 제가 시아버님 앞에서 그런 말을 한 것은 사실입니다. 그러나 시아버지께서는 전생에 지었던 복덕의 유산만을 잡수고 계십니다. 그리고 당신 집 앞에 걸식하러 오신 스님을 보고서는 얼굴을 돌리고 있었습니다. 이러한 뜻을 말한 것뿐입니다.

'전에 지은 복만을 잡수고 계시지 새로운 복은 짓지 아니한다'라는 뜻으로 묵은 것만 드신다고 했습니다."

지혜로운 브라만 여덟 사람은 위사카의 말이 옳다고 판단해 주었다. 그 다음의 여러 가지 모함도 모두 연잎에 물방울처럼 되어 갔다. 일부러 며느리의 허물을 찾는 것이라고 어른들이 미가라 장자에게 도리어 허물을 말했다.

그때 위사카가 여덟 분의 지혜로운 어른들 앞에 머리 숙여 절하면서 말했다.

"오! 고마우신 아버님들,

시아버지가 저를 쫓아낼 때 저에게 허물이 있는 것 같이 여길까 생각되어 아버님들께 여쭈어서 사실을 가리게 하였습니다. 지금은 저에게 허물이 없다는 것을 알게 되었으니 제 스스로 이 집에서 나가겠습니다."

그렇게 여덟 분의 어른들께 인사를 하고 사깨따 아버지 집에서 따라온 모든 이들에게 돌아갈 수레를 준비시켰다. 당황한 미가라 장자가 엎드려서 잘못을 빌었다.

웃어야 할 일인지 혐오스러워 할 일인지 모르겠다.

※

　며느리가 허물이 있어서 쫓겨갈 때는 빈 몸으로 가는 것이 그때 인도의 풍습이었다. 다만 허물이 없는 며느리를 쫓아낼 때는 며느리가 가지고 온 재산의 갑절을 주어야 하는 것도 그때의 법이었다. 위사카가 시집올 때 가지고 온 재산은 남편 집 재산의 두 배도 넘었다. 아무리 배짱이 두둑한 미가라 장자라도 알거지가 되고 싶은 생각은 전혀 없었던 것이다. 그러자 위사카가 당당히 요구했다.

　"저는 부처님과 상가 대중을 뵙지 아니하고는 하루도 지낼 수 없습니다. 제가 원할 때는 언제든지 부처님과 상가 대중을 모시고 공양을 올리고 법문을 듣도록 허락해 주십시오. 그렇지 않으면 부모님 집으로 돌아가겠습니다."

　그래서 다음 날 위사카의 집에서 부처님과 상가 대중을 모시고 공양을 올리게 되었지만 그 자리에 미가라 장자는 나타나지 않았다. 얼굴을 마주칠까봐 숨어서 지냈다.

　공양이 끝나고 축원 법문이 시작되자 궁금해서 법문을 들으러 나왔다. 그러나 다른 이들처럼 앞에 나오는 것이 아니라 한쪽에 장막을 치고 그 안에서 듣기 시작했다.

　그러나 한 번 들으면 더 듣지 않고는 못 견딜 만큼 끌어당기는 신통이 있다는 것을 그 딱한 이는 몰랐던 것이다. 쳐 놓은 장막이 사성제의 진리를 막을 수 없었기 때문에 그 자리에서 미가라 장자는 진리의 지혜로 닙바나에 들어갈 수 있었다.

그러자 며느리를 어머니처럼 대우하여 온 집안의 살림을 모두 맡겼다. 그렇게 온 집안이 위사카의 손에 맡겨지자 우리들에게는 큰 대문을 열어 놓은 것이 되었다.

친척들처럼 친근하게 같이 지내는 스님들께 다시 친척 집 하나가 더 늘어난 것 같이 되었다. 사왓띠에 머무는 비구, 비구니, 사미, 사미니들이라면 누구나 그 위사카의 집에 오는 분들마다 보시를 올렸다.

이렇게 오랜 세월이 지난 어느 날 부처님과 우리 상가 대중은 그녀의 집에 공양하러 갔다. 자주 초청하여 공양을 올렸기 때문에 특별하다고 할 수는 없었다. 집안 일이 적을 때 신심으로 올리는 것이었다.

그러나 이때에 공양 올리는 것은 신심 한 가지뿐만 아니라 다른 목적이 있었다. 공양하는 일이 끝나자 위사카가 그의 목적을 이렇게 여쭈었다.

"부처님께 제자가 마하테라 상을 청하고 싶습니다."

"위사카여, 부처님에게는 상이라는 것을 줄 것이 없노라."

"부처님! 금은과 보석 같은 종류의 상(賞)이 아닙니다. 이 교단에 적합하며 허물없는 상입니다."

"그러면 원하는 상을 말해 보라."

"부처님! 제자가 상가 대중 스님들께 비옷(우기에 입는 가사, 목욕 가사)을 올리고 싶습니다. 금방 도착한 스님들께 공양 올리기를 원합니다. 여행을 떠나는 스님들께 공양 올리기를 원합니다. 병든 스님들께 공양 올리기를 원합니다. 환자를 간호하는 스님들께 공양 올리기를 원합니다. 병든 스님들께 약을 올리기를 청합니다. 이른 아침에는 언제나 죽 공양 올리기를 원합니다. 비구니 스님들께 목욕 가사 공양 올리기를 원합니다. 이러한 상 여덟 가지입니다. 부처님!"

"위사카여! 어떤 이익을 보아서 이러한 상을 원하는가?"
①"거룩하신 부처님! 오늘 아침 공양이 준비되었을 때 상가 대중 스님을 초대하려고 여자 하인 한 사람을 보냈습니다. 그 하인은 상가 스님들과 함께 오지 않았습니다.

그리고 '절에 스님들이 한 분도 안 계십니다. 맨 몸뚱이의 나체 외도들만이 비 오는 곳에서 목욕하고 있었습니다.'라고 하였습니다. 하인이 나체 외도라고 했어도 제자는 사실을 알았습니다.

스님들이 발가벗은 맨몸으로 목욕하시는 것을 사람들이 모르게 하고 싶습니다. 비옷 가사를 보시하는 기회를 얻으면 그런 일을 만나지 아니할 것입니다."
②"거룩하신 부처님! 이 도시에 금방 도착한 스님들께서는 길이 익숙하지 않습니다. 걸식하는 집을 잘 기억하지 못하여서 밥을 얻는 것이 힘이 들면 수행에 도움이 되지 않습니다. 제자의 집에서 공양하는 기회를 얻으시면 오래지 않아서 걸식하는 집을 잘 기억하셔서 편히 걸식하실 수 있으실 것입니다. 부처님."
③"거룩하신 부처님! 여행을 떠날 스님들께서 걸식하러 가셔야

하기 때문에 일정한 시간에 떠나는 수레를 놓쳐버리기도 합니다. 예정한 시간에 맞지 않게 도착할 수도 있습니다.

그러면 여행 전부가 피곤하고 힘들게 될 것입니다. 제자의 집에서 공양하는 기회를 얻으시면 여행 전부가 순조롭게 될 것입니다. 부처님."

④ "거룩하신 부처님! 병이 든 스님들께서 적당한 음식을 드시지 못하면 병이 더욱 커지게 될 것입니다. 환자 스님들은 잡수시는 듯 마는 듯 하기 때문에 기운이 없습니다. 제자의 집에서 공양하는 기회를 얻으시면 병이 쉽게 사라질 것입니다. 부처님."

⑤ "거룩하신 부처님! 환자를 간호하는 스님들께서 걸식하러 가시기 때문에 아픈 환자 스님들을 지켜 드릴 수 없습니다. 환자를 간호하시는 스님들께서 저의 집에서 공양하는 기회를 얻게 되시면 환자 스님들께서도 힘이 나실 것입니다. 부처님."

⑥ "거룩하신 부처님! 스님들께서 병이 났을 때는 걸식하는 일이나 수행하는 일에 방해가 됩니다. 그래서 병이 난 스님들께 약을 공양 올리면 병이 사라지고 편안한 마음으로 수행에 전념할 수 있을 것입니다. 부처님."

⑦ "거룩하신 부처님! 부처님께서 안다까웨인다(Andhakavinda) 도시에서 열 가지 이익을 보시고 죽을 얻도록 허락하셨습니다. 저의 죽을 드시는 스님들께서도 열 가지 이익을 얻으실 것입니다. 부처님."

⑧ "거룩하신 부처님! 비구니 스님들께서 아시라와디(Acīravatī)

강에서 기녀들과 같이 벌거벗은 몸으로 목욕을 하고 있었습니다. 그때 기녀들이 우스개 소리로 놀리고는 합니다. '젊은 나이에 수행자가 되는 것이 무슨 이익이 있는가? 젊고 좋은 나이에 오욕락을 즐기고 늙어서 즐기지 못할 때 수행자가 되면 양쪽 모두 이익이 있지 않겠는가?'라고 수행을 무너뜨릴 만한 말로서 유인하고는 합니다.

높으신 부처님! 비구니 스님들이 벌거벗은 몸으로 목욕하는 것을 사람들이 보지 못하게 하고 싶습니다. 제가 목욕 가사를 보시할 기회를 얻으면 이런 일을 만나지 아니할 것입니다. 부처님."

높은 안목으로, 깊은 신심으로 위하는 여덟 가지 상을 부처님께서 칭찬하시면서 그러한 물건들을 보시 받도록 모든 상가 대중 스님들에게 허락하셨다.

※

위사카가 여쭌 대로 죽의 열 가지의 이익은 「배싯사 칸다까(Bhesajja khandhaka)」경전에 허락하신 것이다. 부처님과 우리들이 바라나시에서 안다까웨인다 도시로 여행갈 때 뒤에는 식량 수레들이 따라왔다.

쌀이나 기름, 고추, 마늘 등 먹을 것을 가득 싣고서 도착하는 곳마다 공양을 지어서 올렸다. 크고 작은 시골마을에서 수레의 행진이 이어졌으므로 모두들 보시할 기회를 얻으려고 준비했다.

이렇게 두 달이 지났을 때 브라만 신도 한 사람이 나에게 가까이 와서 말했다.

"스님, 저의 차례가 오기를 기다린 지가 두 달이 넘었습니다만 지금까지 차례가 되지 않았습니다. 저는 집에서 혼자 살고 있습니다. 사람이 없는 만큼 할 일이 너무 많습니다. 차례를 기다리느라고 해야 할 일이 지체됩니다.

그래서 제자가 공양하시는 것을 오랫동안 자세히 살펴보니 죽과 꿀로 만든 과자를 볼 수 없었습니다. 스님, 제가 죽과 꿀로 만든 과자를 준비하여 올리면 부처님께서 드실 것 같습니까? 스님."

"좋습니다. 신자님, 제가 부처님께 가서 여쭈어 보겠습니다."

나의 권한이 아닌 일이었으므로 그 브라만에게 이렇게 말했다. 다음 날 아침 죽을 올리자 자세한 허락이 드러나지 않은 음식이어서 스님들께서 받지 않았다. 부처님께서 보시를 받을 수 있는 것이라고 말씀하시자 모든 스님들께서 받아 드셨다.

이 공양 때 부처님께서 죽에 대한 열 가지 이익을 말씀하셨다.

죽을 보시하는 이의 이익
① 목숨을 보시하는 것과 같다.
② 아름다움을 보시하는 것과 같다.
③ 행복함과 편안함을 보시하는 것과 같다.
④ 힘을 보시하는 것과 같다.
⑤ 지혜를 보시하는 것과 같다.

죽을 보시 받는 이의 이익

⑥ 죽을 마시면 허기가 가신다.

⑦ 죽을 마시면 갈증이 가신다.

⑧ 뱃속이 편안하다.

⑨ 묵은 음식이 잘 내려가 창자 속이 깨끗해진다.

⑩ 소화가 잘된다.

하루 점심 공양 한 끼만 드시는 스님들에게 아침의 죽 공양은 여러 가지로 이익이 많음을 말씀하셨으며, 이러한 것을 들은 적이 있는 위사카가 부처님께 청을 드린 것이다.

교단의 이익을 이끌어 나가는 신남 신녀들이 계율에 관해서 잘 이해하면 더욱 이익이 되도록 할 수 있는 좋은 본보기이다.

Dhammapada aṭṭhakathā

Visākavatthu

Vini mahāvagga

상가의 이익을 위하다

나의 동생 아누루다(Anuruddha) 비구에 관한 것을 앞에서 조금 말한 적이 있다. 들어본 적이 없을 만큼 복덕이 많았던 동생도 가사에 관해서는 나와 비슷할 정도였다.

사실 그가 받아들이기만 했다면 값비싼 까시국의 좋은 비단 가사를 한두 벌이 아니라 쌓아두고 입을 수도 있었을 것이다. 그에게는 보시하려는 이, 존경하는 이, 좋아하는 이들이 너무나 많았다. 그러나 동생 아누루다는 그런 것을 받아들이지 않고 마하 까싸빠 존자처럼 누더기 가사만 입었다. 욕심이 적고 겸손하려는 뜻으로 이렇게 누더기 가사를 입는 것이었다.

그러나 그 가사를 얻기란 쉽지 않다. 공동묘지 근처나 길가 쓰레기 더미에서 사람들이 필요치 않아서 버린 천 조각들을 하나씩 모아서 기워 만든 것이다.

스님들이 숫자가 많지 않을 때는 가사 지을 천조각을 쉽게 얻을 수 있었지만 점점 숫자가 불어나자 누더기 가사 얻기가 더욱 어렵게 되었다. 더러는 누더기 가사를 만들려고 공동묘지에 갔다가 아름답지 못한 일도 만나게 되었다.

누더기 가사 얻기가 그렇게 어려울 때 자기의 가사가 몹시 낡아버린 아누루다가 오늘은 가사 지을 천을 얻어왔다. 얻기는 얻었지만 매우 비싼 천으로 길이가 13자에 넓이가 1자나 되었다.

그의 말에 의하면 처음에는 이렇게 길고 비싼 천인지도 몰랐었다고 했다. 사람들이 없는 한적한 어느 곳의 쓰레기 옆에 갔을 때 조그만 귀퉁이만 보인 것을 누더기로 생각하고 주워온 것이라 했다.

자기를 존경하는 어느 숨은 보시자가 스님의 어려움을 잘 알아서 그렇게 해 준 것이다. 그 가사 천을 몰래 보시한 이가 누구이겠는가를 선정 신통에 능숙한 아누루다는 알 것이다.

나는 가사가 몹시 낡은 동생이 그것을 해결한 것에 매우 기뻐했다. 그보다 더 흐뭇했던 것은 그 누더기 가사를 지을 때였다. 마하 까싸빠 존자께서 가사의 시작되는 부분을 잡아주시고 중간 부분은 마하 사리불 테라, 끝 부분은 나의 책임이었다.

마하 목갈라나 존자께서는 필요한 실과 바늘로 한 올 한 올 꿰매 주셨고 다른 존자들께서는 뽑아낸 올을 하나하나 꼬아 주셨다. 그렇게 꼬아 놓은 한 줄 한 줄을 볼 때마다 바늘귀에 꿰어주신 분은 삼계에서 가장 높으신 부처님이셨다.

일찍이 들어보지 못했던 가사 짓는 잔치였다.

※

상가의 이익을 위해서 부처님께서 이렇게 직접 산 모범을 보이셨음을 기쁘게 말씀드린다. 앞에서 말씀드렸던 대로 한 뼘이나 한 자나 생긴 대로 주워 모아서 기웠으므로 어떤 형식이 없이 모두가 각기 다른 모습이었다.

욕심 없는 마음, 교만심을 낮추려는 생각으로 이 누더기 가사를 입는 높은 분들께 나는 깊은 존경을 드린다. 그러나 가사만은 도저히 흐뭇할 만큼 존경스럽지 못했다. 나 스스로 수행자가 되었지만 이 가사만은 좋아할 수 없음을 정직하게 말씀드린다. 나는 나의 선업으로 이렇게 모양새 없는 가사를 오랫동안 입고 지내지는 않았다. 그렇게 모양새도 볼품도 없는 가사를 입고 있던 어느 날, 부처님께서 우리 대중들을 뒤따르게 하고 여행을 하셨다.

라자가하의 어느 마을에서였다. 지나왔던 길 전부에 마가다국 농부들의 논이 눈 가득 펼쳐져 있다. 체계 있게 잘 정리해 놓은 논둑들이 가지런하여 보기에 아름다웠다.

네 구석이 반듯한 논에 논둑을 다시 막아 놓았다. 더러는 높이뿐만 아니라 길이를 따라서 둑을 막아 놓기도 했다. 논둑이 마주친 곳은 열십자 모양이 되었다.

부모 시대의 한 사람이 만든 솜씨의 논을 자식들이 유산으로 나누어 받은 것 같은 모습이었다.

"아난다여! 농부들의 논을 보느냐?"

그 논들을 한참 바라보시던 부처님께서 물으셨다.

"예, 보고 있습니다. 부처님!"

마음껏 논을 바라보고 있는 중이어서 더욱 기쁜 마음으로 대답을 올렸다.

"이렇게 가지런히 잘 정리되어 있는 논바닥처럼 상가 대중들의 가사를 만들어 줄 수 있겠는가?"

"그렇습니다. 부처님, 제가 만들어 올릴 수 있습니다."

나는 대뜸 기쁜 얼굴로 말씀드렸다. 그렇지 않아도 볼품없는 가사를 고쳐서 만들었으면 하고 생각하던 중에 보람을 거둔 것이 아니겠는가?

여행 끝에 라자가하에 도착하자마자 나는 계획하던 일에 들어갔다. 마가다국의 잘 정리된 논바닥처럼 상가 대중들의 가사를 모양이 반듯하게 잘 만들었다. 논바닥 주변에 둑이 있듯이 가사 역시 가로 세로 끝 부분을 대었다. 논과 논 사이에 물도랑이 있듯이 가사에도 중간 중간에 넣었다.

둑과 둑 사이에 큰 논과 작은 논이 있듯이 가사에도 큰 칸과 작은 칸을 만들어서 넣었다. 큰 조각과 작은 조각을 연결하는 곳에, 중간과 머리 쪽도 넣게 했다. 그밖에 목이 닿는 곳이나 다리에 잘 스치는 부분은 가사가 오래지 않아 낡거나 닳아 떨어지기 때문에 남는 천으로 거듭 꿰매 주었다.

이렇게 계획적이고 질서 있게 만들었기 때문에 가사를 펼쳐 놓으면 보기에 좋고 입을 때도 더욱 튼튼하도록 만들어졌다. 이러한 원형이 생겨났으므로 다음에 기워 넣는 조각들도 큰 천을 조각조각 잘라서 원형 모습대로 기웠다. 이렇게 모습을 바꾸었기 때문에 속인들의 옷과는 다르며 수행하는 스님들께 적당했다.

좋은 천이라도 조각조각 잘라서 만들었으므로 도적들이나 강도들이 좋아할 일이 없었다. 가사를 하나씩 만드느라고 피곤한 나에게 부처님의 칭찬은 시원한 감로수를 뿌려주는 것이 되었다.

상가 대중들의 이익을 위해서 이렇게 몸과 마음을 다하여 열심히 하였듯이 가끔은 여행을 떠나는 척하면서 이루었던 일도 있었다.

※

왓구무다(Vaggamudā) 강가에 가뭄이 들어서 먹을 것이 귀할 때, 쉽게 얻어먹으려는 욕심 때문에 사실은 자기들에게 없는 선정과 도를 자랑하는 일이 생겼다. 그 비구들 때문에 네 번째 큰 금계를 정하게 되었다. 계율을 정한 다음에도 계속해서 그런 행동을 한다면, 그는 교단에 머물 수 없을 것이다.

그 금계를 정하셨기 때문에 나쁜 마음과 거짓으로 자신들이 선정과 도를 얻었다고 자랑하는 이들이 없어져 갔다. 그러나 그러한 것을 얻지 못하였지만 얻었다고 생각되어서 계율을 범하는 경우도 있었다. 남들에게 말할 때는 정말 자기에게 번뇌가 사라진 것처럼 생각하지만, 적당한 원인을 만났을 때는 번뇌가 다시 생겨나는 것이다.

스님들이 거짓을 말하지 않고 사람들에게 잘 알도록 하기 위해서 정했던 계율 때문에 크게 어려움을 받는 스님들을 도와주려고 내가 부처님께 말씀드렸다. 그리고 부처님께서는 이렇게 얻었다고 생각되어 잘못을 범하는 경우, 즉 정말 도를 얻었다고 하는 생각(Adhimāna, 증상만)을 믿고서 말한 이들은 금계에서 벗어나게 해준다고 보뎄다.

⚜

절 안의 건물마다 둘러보는 일이 내가 날마다 해야 하는 책임 중 한 가지이다. 가끔은 다른 스님 한 분과 같이 둘러보기도 하지만 다른 스님들의 사정이 여의치 않을 때는 혼자서 둘러보기도 한다. 점점 더 많아지는 상가 대중들의 습성과 취미가 각양각색이기 때문에 자주자주 돌아보아야만 된다.

절 건물마다 돌아다니면서 조사하고 살펴보는 가운데 가장 많은 것이 가사에 관한 것이다. 수백 명의 상가 대중이 모여 사는 곳이니 여기저기 널려 있는 가사를 보는 것은 특별한 일이 아니다. 더러는 금방 세탁한 것도 있고 더러는 땀에 젖은 것도 있으며 더러는 냄새가 날아가도록 널어놓은 것 등 사연도 가지가지이다.

그러던 어느 날, 특이한 것을 볼 수 있었다. 모든 건물에서 널어놓은 것이 모두 두 겹으로 된 대가사들뿐이었다. 또 널어놓은 대가사에는 모두 곰팡이가 나 있었다. 알아본 결과 여행을 떠난 스님들이 무겁다고 남겨놓고 간 것이었다. 어렵게 얻은 가사를 가사로 생각지 않은 그 비구들을 그냥 둘 수는 없었다.

부처님께 말씀드려서 단 세 벌의 가사만을 사용하도록 하였으며, 번뇌를 털어 내는 고행(Dutanga)을 하는 이들이 자기 가사라고 생각하는 순간부터는 몸과 떨어지지 않게 하도록 두 번째 금계 (Kathina sikkhapada)를 만들었다. 단 아픈 이에게는 해당되지 않도록 하였다.

※

우리들 상가의 세계에는 가사를 보시 받을 수 있는 기간에 보시 받는 가사인 깔라 시와라(Kāla cīvara)와 시간의 제한이 없이 보시 받는 가사인 아깔라 시와라(Akala cīvara)의 두 가지 종류가 있다.

상가 스님들의 작은 허물들을 막아주는 행사인 까티나(Kathina, 음력 9월 보름 해제한 다음 날부터 한달 동안 받을 수 있는 행사)를 행하지 않으면 깔라 시와라는 그 해 결제한 대중 가운데 가장 법랍이 높고 결제 중 바깥에 나가지 아니하신 분께 올리며, 그분은 대가사를 받아서 갈아입으시고 법문을 해 주신다. 아니면 그 대중 가운데서 가장 낡은 가사를 입은 분께 드리기도 한다.

까티나를 펴기 위해서는 여러 가지 조건이 있다.

스님들은 보시를 원하는 뜻을 보이면 안 된다. 신자들이 신심으로 모아서 올리는 것이며, 신자들이 짓는 복 가운데 으뜸이 된다고 부처님께서 칭찬하신 것이 이때의 까티나 가사보시이다. 이 까티나에 참석한 상가 대중은 부처님께서 정하신 작은 계율 가운데 몇 가지를 범해도 계율에 저촉되지 않는다.

그밖에 올리는 가사는 아깔라 씨와라이다. 가사 한 벌이 되지 않을 만큼의 천을 얻어 가사를 깁기 시작한 다음부터 천이 모자라면 한 벌의 가사를 만들 천이 모일 때까지 깁지 않아도 된다.

그래서 제따와나 정사에 있는 대중들이 그러한 가사를 선반에 묶어서 늘여 놓았으며 빨리 깁지 아니하고 한 달이 넘게 그대로 두기도 하였다.

부처님의 목적과 반대되는 일들을 그분께 말씀드려서, 가진 것을 버리는 참회 계율이 생겨났다. 그래서 상가 스님들은 시간 제한이 없는 가사를 만들 때도 한 달을 넘기지 말고 빨리빨리 깁도록 힘써야 하게 되었다.

그날은 부처님께서 직접 정사 안팎을 둘러보시는 날이었다. 그 과정에서 매우 민망스러운 것을 보게 되었다. 젊은 스님들이 주의하지 않고 잠자는 동안에 생긴 일이어서 나무라시지는 않으셨지만 침대보를 빨지 않고 그대로 널어놓았던 것이다. 그때부터 침대 덮개의 보시를 금하고 니시다나(Nicīdana)만 허락하셨다.

'니사다나'란 두 팔이 딸린 웃옷 같은 것이다. 두 팔로 허리를 싸고 밑에 늘어진 것은 당겨서 다리 사이로 허리에 묶도록 되어 있다. 그러나 지금 스님들은 사용하지 않는다. 다만 앉을 때 사용하는 깔개를 '니시다나'라고 부른다.

계율 중 가사에 대한 규정(Vini mahāvagga cīvarā khandhaka)에는 상가 대중의 관계가 튼튼하도록 여러 가지 고치고 준비하는 일들을 만나게 되듯이 걸식하러 갈 때도 만나게 된다. 그러나 그렇게 고친 것은 상가가 아니라 부처님이시다.

❋

허물 짓는 것에 속하는 음식에 대한 계율에 우리 상가 대중 스님은 먼저 초청한 공양을 거절하고 나중에 초청한 공양을 받을 수 없다는 조항이 있다. 그 조항에도 건강하지 못하고 아픈 스님과 가사를 보시하고 지을 때는 예외라는 단서가 있다.

부처님께 온몸으로 믿고 의지하는 이들은 금하고 삼가야 하는 것을 받침 하나 틀리지 않게 따라서 지킨다. 그렇게 따라 하는 것은 상가나 신도 양쪽 모두의 마음을 편안하게 해준다.

일찍이 가난한 신자 한 사람이 공양 신청을 해 놓았는데, 상가 대중들은 그 집이 좋은 음식을 잘 올릴 것이라고 생각하지 않아서 마을에서 다른 공양을 받아서 마쳤다. 어렵게 장만한 신도의 공양을 먹는 둥 마는 둥 했기 때문에 그 가난한 신도는 마음이 편하지 않았으며, 스님들은 음식은 조금 먹고 허물만 잔뜩 받았다.

그러나 이제는 앞선 공양을 거절하고 다른 공양을 받을 수 없다는 금계가 정해졌기 때문에 신도와 스님들의 마음이 편해졌다. 그러나 세상은 매우 어렵다. 문제 하나를 이렇게 저렇게 해결하고 한숨을 돌리면 다음 문제가 준비되어 있다.

음식에 관한 계율로 잘 묶어 두어서 마음 편해진 우리들에게 다음 문제 하나가 생겼다. 그날 부처님께서는 나를 데리고 왜살리 수도에 걸식하러 가셨다. 부처님 말씀을 머리에 올려놓고 모시듯이 받들고 따라가야 했다. 그러나 나는 이미 오늘 아침 공양 하나를 받아 놓았었다. 먼저 초청 받은 공양이 있으면서 지금 다른 공양을 받으면 허물이 되는 것이다.

그래서 나는 발우에 넣으려는 공양을 막아야 했다. 그때 부처님께서 나의 어려움을 풀어주기 위해서 먼저 받는 공양을 다른 스님에게 바꾸어 전해주면 다음 공양을 받아서 먹을 수 있다고 고쳐 주셨다.

먹는 것에 관해서 다시 문제가 된 계율이 있다. 그 계율은 스님들이 음식을 먹는 중 계속해 올리는 음식을 거절하고 다른 곳에서 공양을 받는 것을 금한 것이다.

이 계율을 정한 것은 한 브라만 신도의 신심을 아끼기 위해서였다. 어느 때 그 브라만 집에서 공양이 끝나고, 가까운 옆집에 가서 다시 공양을 받았기 때문에 그 브라만이 불평을 했다. 지금은 이 금계 때문에 양쪽이 모두 마음 편하게 서로 대하고 있다.

부처님의 생각을 아셨기 때문에 상가 대중 어떤 스님도 그 금계를 범할 생각을 하지 못한다. 그래서 아픈 스님 한 분이 공양을 받다가 양이 너무 많아지자 감히 거절할 생각을 못하고 좋은 음식을 정사의 담 옆에 가서 쏟아버렸다. 그래서 까마귀들이 몰려들어 그 음식을 서로 먹으려고 시끄럽게 짖어대곤 했다.

별다른 일이 없으면 조용히 지내시던 부처님께서 까마귀 소리 때문에 나를 불러 물으셨다. 나 역시 부처님께서 금하신 대로 조금도 여지없이 그대로 지키는 대중 스님들 일을 말씀드렸다. 그래서 '음식이 모두 충분합니다.'라고 말했더라도 다음에 먹어야 할 기회가 있으면 다시 발우에 담게 해도 된다고 하셨다.

☙

내가 이익을 가져다 준 상가 대중 스님들의 일 가운데 삿따라사왓기(Sattarasavaggī)라는 어린 스님들의 일은 웃음이 나올 만한 일이었다. 열일곱 명이 함께 있었기 때문에 이런 이름으로 불렀다. 그때는 지금처럼 비구가 될 수 있는 나이를 확실하게 정하지 않았기 때문에 그들이 수행자가 될 수 있었지만 사실은 부모에게 응석부리거나 이것저것 조르기에 좋은 어린아이들이었다. 편안히 먹고 살 수 있다고 생각한 그들의 부모가 절에 맡기고 스님을 만든 것이다.

그 아이들이 계를 받던 밤에는 별일이 없었다. 다른 스님들과 같이 나란히 잘 잤는데 그 다음날 아침이 밝았을 때에는 본성을 보여 주었다. 부모 품에 있을 때처럼 먹을 것을 조르는 아이, 우는 아이, 온 사방을 뛰어 다니는 아이 등 시끄러웠으며, 있는 대로 침대보를 모두 적셔 놓아 온 절 안이 코를 막아야 할 지경이 되었다.

기다리던 대로 아침이 밝자 부처님께서 부르시는 소리를 들었다. 그리고 들은 대로 본 대로 자세하게 말씀드렸다. 그때 나이가 만으로 스무 살이 지나야 스님을 만들어 주라고 정하셨다. 내가 이 일로 인해서 깊이 생각할 필요는 없었다. 말씀이 계셨을 때 있는 그대로 여쭌 것뿐이다. 그러나 상가 대중에 관해서 자연히 이롭게 된 일이었기에 말씀드리는 것이다.

※

내가 얻은 제일가는 사람이라는 특별한 칭호들 다섯 가지 중에 알아차림이 좋은 사람이라는 것도 들어있다. 그러나 알아차림이 좋다고 특별한 칭호를 받은 나도 어느 한때는 알아차림을 놓쳐서 잊어버린 적이 있었기 때문에 돌로 만든 일산처럼 존중해야 할 스승님의 제지를 받아야 했다.

자세한 것은 다음에 꼭 해당되는 곳에서 들으실 터이니, 지금은 계율을 정하신 것 한 가지와 관계되는 나의 잊어버림을 펴보이겠다.

그날 나는 무슨 이유에선지 마음이 화가 나 있었기 때문에 알아차림을 놓치고 두 겹 대가사 없이 사왓띠 시내에 들어갔다. 절에서 나갈 때는 알지 못했으나 시내에 들어갔을 때에야 생각이 났다. 그러나 다시 절까지 돌아갔다가 올 수도 없었기 때문에 그대로 신도님 집으로 들어갔다. 절에 다시 돌아올 때는 금계를 지키지 않은 것 때문에 스님들께서 나에 관한 것을 입에 올렸다. 이에 부처님께서는 상가 대중 모두의 번거로움을 덜어주기 위해서 두 겹 대가사를 내려놓을 수 있는 5가지의 경우를 정해 주셨다.

또 어느 한때의 일이다. 시내에 가벼운 가사를 입고 갔다가 심한 바람이 불어서 창피를 당한 적이 있었다. 계율을 어긴 것은 아니어서 스님들이 허물하지는 않았지만 그때의 당황스러운 모습이 사람의 입으로 입으로 전해져서 부처님께서 아시게 되었다. 그 때문에 다음에 이런 일이 없도록 겉 가사에 단추와 단추고리를 달도록 허락하셨다.

계율(Vinaya)에 관해서 내가 이익을 가져온 것을 말씀드렸다. 그러나 내가 의도적으로 했었던 것도 있다. 나와 관계되기도 했지만 다음 미래를 위해서 이익이 되는 것도 있다. 나의 이 일생의 기록 중에서 자세히 말씀드리기 위해 노력하고도 뜻을 이루지 못한 경우도 펼쳐질 것이다.

깔라난다 장자의 아들 수다나 비구가 옛 아내와 동침하였으므로 부처님께서 첫 번째 금계를 정하셔야 했다. 웨이사국의 비구들이 금계를 범해서 환속하여 갔다. 그들은 마을에서 흥청망청 즐기다가 재산이 다 없어지고 의지할 친척도 다 없어졌다. 나이가 들어 늙자 여러 가지 병이 깊어졌다.

그때 편히 지냈던 교단의 생활을 기억하여서 다시 나에게 왔다. 그리고 이 교단에 다시 들어와서 계를 받도록 여쭈어 줄 것을 간청했다. 나는 모든 사람들의 원함을 들어주곤 했었기 때문에 웨이사국의 속퇴한 이들의 소원을 부처님께 여쭈었다.

"아난다여! 웨이사국 사람들을 보아서 나 여래가 제자들에게 금한 계율을 바꾸거나 없앨 수 없다."

내가 여쭌 대로 더러의 금계는 사정을 보아서 조금씩 바꾸어 주신 것도 있다. 그러나 그렇게 고쳐 주신 것은 여쭙는 나의 얼굴을 보아서가 절대로 아니다.

상가 대중의 이익을 위해서였다. 상가 대중의 미래를 위해서이다. 이 모임이 길고 오래도록 튼튼하게 머무는 일이 아니면 내가 여쭌 것도 빼어버리시는 것이다.

Vini mahā vagga

Cīvarakkhandhanka

Patthamapārājika sikkhāpada

상가 대중들과의 관계

　이 일에 가장 책임이 많은 사람의 이름을 들으면 놀랄 이들이 없을 것이다. 가지가지 문제를 골라가면서 행하였던 그들의 태도가 금계를 정해야 하도록 반쯤은 작용을 했다고도 할 만하다. 그들 여섯 사람이 교단에 들어온 것조차 신심이 있어서가 아니었다. 논밭에서 일해야 했던 그들은 힘든 노력을 하지 않고 쉽게 먹고 살기 위해서 가사를 입었던 것이다.

　그들은 사왓띠 수도에서 태어난 이들로 꾀를 내어서 그들이 머무는 곳에서 계를 받지 않고 부처님의 두 팔과 같은 마하 사리불 테라와 마하 목갈라나 테라에게서 계를 받았다.

　어떤 문제가 생겼을 때 의지할 만한 분을 골라서 일부러 가까이 갔던 것이다. 그들 여섯은 한 무리가 되어서 오고가고 했기 때문에 삽받기(여섯 명)라고 불렀다. 그 삽받기들의 우두머리는 '아싸지'와

'뿌나바수'였다. 그 두 사람 다음이 '매띠야'와 '부마사까', 다음 두 사람이 '빤뚜까'와 '로히따까'였다. 그렇게 둘씩, 둘씩 패를 지어서 지냈다.

※

그 삽받기 가운데 앞에 네 사람은 기름 장사의 손 닦는 수건 같았다. 금계로 정하지 아니한 행동도 모두 범하였다. 왓시국 사람 비구들처럼 금하여 놓은 행동도 금계를 두려워하지 않고 범하였다. 마지막 두 사람은 그들과 섞여서 어울리기는 했지만 미처 금하지 아니한 행동만 범했으며, 금해 놓은 계율은 범하지 않았다. 그래서 부처님께서 전법 여행을 떠나실 때는 그들 두 사람도 따라갈 수 있었다.

제따와나 정사 창건주 아니타뻬인다까(급고독 장자)가 제따와나 정사와 네 가지 물건으로 올린 것을 상가 대중의 소유로 부처님께서 보시 받으셨다. 그러나 가지가지로 충분한 그 절에서만 언제나 항상 지내신 것은 아니었다. 많은 이들에게 이익이 되도록 전법 여행을 떠나라고 하셨던 것처럼 부처님께서도 그대로 행하셨다.

높은 이들은 말하는 대로 행하고, 행하는 대로 말하는 이들이라고 칭송하는 소리를 듣는 것은 말과 행동이 일치하는 것 이외의 다른 어떤 특별한 것이 아니다.

말과 행동이 일치하는 것처럼 여행가는 것에 관해서 계율 한 가지를 드러내 보여주셨다. 나의 우빠사야(전계사) 스승님은 숲 속 절에만 계시는 '배라타시사 마하테라'이시다.

우빠사야 스승은 계 받는 날 하루만이 아니라 계를 받은 다음 안거 십 년까지 함께 지내야 한다. 우빠사야 스승님이 가르치는 대로 크고 작은 모든 허물을 삼가하고 삼보의 일원으로서 존경스럽고 신심이 나도록, 신심이 나는 모습으로 잘 지낼 수 있도록, 법을 잘 말할 수 있도록 하기 위해서이다. 새로 된 비구가 어떤 일로 우빠사야 스승과 떨어져서 지내야 되면 니사야(의지하고 가르쳐 주는 스승) 스승과 가까이 해야 한다. 니사야 스승이란 다섯 안거가 지나기 전의 비구와, 다섯 안거가 넘었더라도 계율에 능숙하지 못한 비구들이 의지해야 할 스승이다

계율에 능숙해서 열 안거를 지낸 비구는 니사야 스승으로 책임을 질 수 있다.

"큰스님, 스님께서 저의 스승님이 되어 주십시오 제자는 큰스님의 가르침을 의지하여 지내겠습니다."

새로 된 비구는 그 니사야 스승의 앞에 가서 가사로 한쪽 팔을 감고서 합장을 올리면서 이렇게 세 번, 세 차례 니사야 스승님을 모셔야 한다. 그러면 니사야 스승이 "사람들의 신심을 돋우어 주도록 지내야 한다."고 자기의 제자로 생각함을 입을 열어서 받아들인다. 이렇게 스승과 제자로서 승낙한 다음에는 하루 저녁이라도 서로 다른 건물에서 지내는 것은 안 된다.

낮에는 각기 자기 일에 맞게 지내더라도 밤에는 스승과 제자가 한 건물 안에서 함께 지내야 한다. 밤에 다른 건물에서 따로 지내게 되면 니사야 스승을 선택한 것이 무너지게 된다. 니사야가 무너진

것에 맞게 참회하여서 치료한 다음 새로 니사야 스승을 모셔야 한다.

🪷

부처님께서 위니(계율) 금계를 정하신 것은 상가 단체의 큰북이 오래오래 튼튼하게 머물게 하기 위해서이다. 숫자가 많은 것보다 능력이나 태도, 품위에 더 중점을 두어서 모범스러운 사람이 되어서 이 세상사람들에게 교단의 그늘 아래로 모여들게 하기 위해서이다. 이렇게 가장 기본적인 것들의 이익을 말씀하신 것이니,

① 적당하며 높은 상가 대중 단체가 되도록 하기 위해서
② 상가 대중 스스로 편안하게 지내도록 하기 위해서
③ 계율을 범하는 이들을 다스리기 위해서
④ 계율을 잘 지니는 비구들을 편안히 지내게 하기 위해서
⑤ 현재 만나야 하는 고통들에서 벗어나게 하기 위해서
⑥ 다음 미래에 생겨날 고통들을 미리 막기 위해서
⑦ 이 교단을 존경하지 않고 믿지 않는 이들을 믿도록 하기 위해서
⑧ 존경하는 이들은 더욱 존경심이 나도록 하게 하기 위해서
⑨ 이 교단이 길고 오래 튼튼하게 머물도록 하기 위해서
⑩ 위니 계율 규칙을 높이 생각하도록 하기 위해서
이렇게 몇 가지이다.

🪷

이러한 목적으로 발표하신 위의 금계들은 우리 비구 대중들이 하나도 남김없이 따라서 행하여야 한다. 싸마리라는 짐승은 자기

꼬리를 매우 아껴서 생명을 아끼지 않고 꼬리를 보호한다. 사냥꾼들이나 다른 거친 짐승들이 와서 해치려고 하면 죽음을 무릅쓰고 자기가 매우 아끼는 꼬리털이 잘라지지 않도록 보호하는 것처럼, 우리 비구들도 자기 목숨이 위험에 빠지더라도 스승님 그 은혜로운 분께서 정해 놓으신 금계를 무너뜨리지 말아야 한다.

이렇게 식카빠다(금계)를 존중함은 스승님의 은혜를 자기 목숨보다 중요하게 생각하기 때문이다. 금계를 발표하셨던 부처님께 이렇게 존경함이나 존중함이 없으면 정해 놓은 금계들이 튼튼하게 머물지 못한다. 부처님과 우리 상가 대중들의 관계는 '사람을 존중하여야 법을 볼 수 있다'라고 할 수 있다.

모든 금계를 보면 부처님께서 목적하신 대로 이익이 있도록 한 것뿐이다. 금계를 하나씩 나누어서 보면 목적한 곳에 차례대로 이르게 되어 있지만 더러는 아닌 것도 있다. 목적한 곳에 처음에는 맞았지만 나중에는 목적에서 길이 바꾸어진 것은 무엇 때문인가. 이것은 부처님의 실수 때문이 아니다.

세월과 관습들이 바뀌어졌기 때문이다. 그 시절, 그 때, 그 지역에서 이러이러한 일 때문에 정하셨던 금계 하나가 그 때, 그 지역, 그 일에 관해서는 가장 좋았던 대답(해결)이었다. 그러나 시절이란 언제나 바뀌어 간다.

지역적으로도 여러 가지이고 형편도 같지 않다. 그래서 정해 놓았던 금계들이 이가 잘 맞지 않게 된 것이다. 현재 형편으로 비교한 어떤 금계들은 모자라거나 넘치기도 하고 더러는 빡빡하기도 하다.

중도의 길에서 한쪽으로 쏠린 금계 중에 모자라거나 넘치는 것을 적당하게 하고 빡빡한 것을 가볍도록 해야 한다. 바뀌어진 형편에 적당하게 균형을 맞추어서 고쳐주어야 하듯이 니사야 스승님을 선택하는 일도 그렇다.

※

말씀했던 대로 부처님께서 안거가 끝나면 전처럼 여행을 떠나시려고 나에게 상가 대중에게 가서 알리도록 하셨다. 부처님 말씀대로 내가 정사 안의 건물마다 다니면서 전했을 때 부처님과 같이 따라갈 이들이 거의 없을 정도가 되었다.

"아난다 테라님. 부처님께서 열 번 안거할 때까지 스승에게서 니사야를 취하여 지낼 것, 그리고 열 번째 안거가 끝나는 이들은 의지 스승(니사야)이 되도록 정하셨습니다. 우리들이 여행을 떠나면 니사야를 취한 스승님과 떨어지게 되어서 다음에 다시 니사야 스승을 찾아야 됩니다.

이 니사야 취하는 일에 묶였기 때문에 우리들은 여행을 따라 나설 수가 없습니다. 다시 돌아왔을 때에도 원래 스승님께 니사야를 다시 받아야 할 것입니다. 그래서 우리들의 우빠사야(전계사) 스승님이 따라가시면 우리들도 따라갈 것입니다. 우빠사야 스승님께서 따라가시지 않고 저희만 따라가면 저희들의 마음이 해이해질 것입니다."

부처님을 존경하고 좋아하지만 지금과 같은 일들과 만났을 때 부처님 뒤를 따라가는 것보다 정해 놓은 금계를 더욱 중하게 여기는 사람들이었다. 이러한 대중들과 한 안거를 같이 지냈기 때문에 나의 마음은 매우 흐뭇하고 편안했다. 그래서 그때 나와 가까운 다른 몇 분이서만 떨어지지 않고 따라갔다.

※

여행을 다니시면서 부처님께서는 이러한 일에 대해서 어떠한 구분도 말씀하지 않으셨다. 그러나 마음속에서는 정해 놓으신 금계와 현재 상태를 비교해서 분석하셨을 것이다. 그렇다. 내가 짐작했던 대로 라자가하에 다시 도착했을 때 대답이 나왔다. 금계 때문에 따라나서기 어려웠던 대중을 모으게 하셨다.

"비구들이여!

계율과 규칙을 잘 이해하는 비구들은 다섯 안거까지만 니사야 스승을 취하라. 이해하지 못하고 규칙을 지키지 아니하는 이들은 평생 니사야 스승을 모셔야 한다."

현재 처지와 형편에 맞게 고쳐주신 말씀이었다. 니사야 스승을 꼭 취해야 하는 기간이 달라지기는 했지만 상가 대중들을 편안하게 하려는 기본 목적은 변하지 않았다.

※

빡빡한 데서 느슨하게 해 준 금계 때문에 그 다음 여행을 떠나실 때는 뒤따르는 비구들의 줄이 길에 늘어졌다. 삽받기 비구 가운데 마지막 두 사람인 빤뚜까와 로히따까가 이때 같이 따라간 것이다.

부처님을 존경하기 때문에 뒤따라갔던 것은 사실이었다. 그러나 그들 두 비구는 앉기 전에 발부터 내리는 사람들이었다. 그들 스스로가 위니(계율)와 숟다(경전)를 완전하게 충분하도록 배우지 아니했으면서도 그들 뒤에 따르는 제자들이 줄줄이 있었다. 그런 이들을 스승으로 모시는 그 어린 비구들이 앉고서는 것이 서툰 것은 따로 말할 필요가 없다.

좋은 스승의 제자가 아니었기 때문에 모범이 되기를 바라지 아니했어도 그 어리석은 제자들 때문에 마하 사리불 테라 그분께서 하룻밤을 어렵게 지내야 했다.

그 여행의 끝이 제따와나 정사였다. 여행의 긴 여정을 어렵게 지내왔던 것과 달리 여러 모로 다 잘 갖추어진 큰 정사에 도착하자 몸과 마음이 편안해져서 각자 배당된 방에서 충분하게 쉴 수가 있었다.

그러나 아침이 밝아서 그분의 형편을 들었을 때 하룻밤의 편안하던 기분은 모두 사라졌다. '처음부터 짐작했었다.'라고 하면 대중들이 웃을지 모르겠다. 그러나 내가 이미 이러한 것을 말했었다.

제따와나 정사 근처에 이르렀을 때 그 어린 비구들은 법랍 안거 순서가 높은 스승님을 가리지 아니하고 모든 상가 대중 스님을 밀치고 부딪치며 먼저 도착하려고 힘을 다해 노력했다. 심지어는 부처님의 앞에서조차 제멋대로 달려갔다.

그 어린 비구들의 출랑대는 모습이 무엇인가 일을 만들 것이라고 생각되었다. 그러나 그 생각이 나의 마음속에 오래 차지하지는 않았다. 다른 이의 나쁜 것을 보는 것을 허락지 아니하는 나의 습관대로 모른 척, 모르는 듯이 있었다. 모르는 척 지나갔던 그 일이 오늘 아침 온 절 안에 퍼져서 모두 알게 된 것이다.

일이 커지지 않을 수 있겠는가? 그것 때문에 하룻밤 내내 나무 아래 앉아 계셨던 분은 바로 마하 사리불 테라 그분이 아닌가? 여행을 다닐 때마다 마하 사리불 테라 그분께서는 늘 마지막에 서시고는 하였다.

그분의 지계 공덕, 사마디 공덕, 지혜의 공덕 때문에 상가 대중이 존경을 드리지만, 부처님 곁에서 따르지 아니하시고 나이가 많은 늙은 비구들을 도와드리고 병이 든 비구들을 돌보며 맨 뒤에서 따르고는 하셨다. 사실 그분이라면 어느 곳이라도 당당히 사용하실 형편이지, 나무 아래 앉아 계실 일은 아니었다.

흔들림 없는 신심으로 세워 놓은 이 큰 절은 마지막 도착한 분까지 주무실 곳이 충분했다. 그러나 빤뚜까의 제자들은 고르게 나누어 쓰려는 마음이 없었다.

상가 대중 스님, 심지어 부처님보다 먼저 달려가서 있는 대로 장소를 모두 차지했다. 좋은 절, 좋은 잠자리는 모두 그들 스승 두 사람을 위해서 준비하고 남는 것은 그들이 차지했고 나머지 자리에는 다른 상가 대중들이 좁게 좁게 끼어서 잤다.

그래서 마지막으로 도착하신 그분에게는 등 하나 펼 곳조차 없었던 것이다. 나무 아래 혼자 앉아서 지냈던 그분의 상태를, 일찍이 일어나서 경행하시던 부처님께서 먼저 보시게 되자 모든 사실이 드러나게 된 것이다. 그래서 부처님께서 그 비구들에게 여러 가지로 야단치고 나무라셨다.

"비구들이여! 잠자리, 먹는 물, 마시는 물, 목욕하는 물, 공양하는 일에 어느 비구가 먼저 사용해야 적당한가?"

그들에게서 바른 대답이 나올 리 없는 줄 아시지만 그러나 그렇게 말씀을 시작하셨다.

"캇디야(왕족) 태생의 비구가 먼저 사용해야 적당합니다."
"브라흐만 태생의 비구가 먼저 사용해야 적당합니다."
"거부 장자 태생이 먼저 사용해야 적당합니다."

질문 끝에 대답하는 소리가 각기 나왔다.

부처님께서 직접 결정해 주실 일이어서 나는 어떤 말씀도 드리지 않았다. 법문의 뜻을 이해하신 분들께서는 대답한 이들 모르게 웃으시면서 보고 계셨다. 설하셨던 가르침 한 구절과 비교해 보면 이렇게 대답한 이들이 실로 웃을 만한 일이다.

갠지스, 야무나, 따라부 등 큰 강 다섯 개와 작은 강 다섯 개들이 큰 바다에 들어가기 전에는 모두 각각의 이름으로 따로 있다. 그러나 큰 바다에 들어간 순간부터는 자기들 각각의 이름을 버리고 큰 바다라고 불리우게 된다.

그와 같이 각각의 태생이나 종족 지위에서 비구가 된 사람들도 교단 안에 들기 전에는 자기 종족이나 태생 이름으로 불리지만, 그러나 교단에 들어온 다음부터는 캇디야(왕족)도 브라만 종족도 없다. 모두가 한 교단 안의 부처님 제자일 뿐이다.

이렇게 설하셨지만 지금처럼 종족에 집착한 소리들이 나오기도 하고, 그 정도로 끝난 것이 아니라 종족 이름 다음에 사람에 집착한 것도 따라 나오고, 더러는 숟다(경전) 외우는 이를 들고 나왔다.

더러는 담마까띠까(법사)를 들기도 하고 더러는 자나(선정)를 높게 평가하고, 그보다 높게 보려는 이들은 아리야 성인을 다른 이보다 먼저 들고 나오기도 했다. 그 다음 아라한을 들고 나오고, 그 다음에는 보통 아라한보다 웨이사(지혜) 3가지를 갖춘 아라한에서 사타빈냐 아라한(여섯 가지 신통을 갖춘 아라한)을 들고 나오기도 했다.

"비구들이여!"

부처님 말씀으로 인해서 마음 가는 대로 생각해서 여쭙던 소리들이 조용해졌다. 위니를 정하실 때마다 이렇게 조용하고 분명하며 아름다운 목소리를 내가 듣고는 했었다.

"예배하고 여행을 마중하며, 합장 올리고, 존경을 드리는 일, 잠자리, 마실 물, 목욕물, 공양하는 일에 제일 먼저 사용할 수 있는 이는 안거 순서대로 법랍에 따르도록 나 붓다가 허락하노라.

그러나 상기까(상가 대중 물건)인 잠자리, 마시고 씻는 물, 공양은 법랍이 많은 비구가 법랍이 어린 비구를 막지 말도록, 막는 이는 둑까따(작은 허물)를 지운다."

잠자리 일에 관해서 상가 대중 서로서로에게 항상 관계되는 일 한 가지를 정하셨다.

❦

　우리들이 이 교단의 생애로 들어온 것은 닙바나를 체험하기 위해서이다. 닙바나를 체험하는 것에도 아라한이라고 불릴 수 있을 만큼 수행의 힘이 커야 한다.

　닙바나를 보지 못한 이보다 닙바나를 체험한 이를 더욱 칭찬할 만하다. 닙바나를 체험한 이보다도 아라한이 된 이를 더욱 존경하는 것이 적당하다. 교단에 있는 모든 이가 모범을 삼을 만한 분도 좋다. 그러나 상가 모임 단체 전부를 놓고 보면 이렇게 법을 본 수행에만 우선을 둘 수는 없다. 법을 보고 수행한 것은 사실 상가 모임 전체와 관계되는 것이 아니다. 각자 한 사람씩 수행해서 얻는 일이다.

　법을 보는 일, 수행하는 일은 담마 대이타나(법에 관한 일)이고, 상가 모임 단체가 오래 머물고 튼튼하게 함은 뽁갈라 대이타나(사람에 대한 일)이다.

　그래서 선정 얻은 이, 법을 본 이를 넘어서 비구 식카(비구 나이), 안거 횟수가 많은 이에게 부처님께서 우선을 주도록 하셨다. 왕족(캇디야)들은 넣어서 생각할 필요조차 없다.

❦

　이러한 일로 상가의 순서를 정하셨지만 사실 상가 대중 단체 안에서 특별한 기회를 받는 이는 없다. 서로서로 어울려 의지해서 머물러야만 한다.

　나의 우빠사야(전계사) 스승님을 보여 드리는 곳에서 우빠사야에 관해서 말씀드렸었다. 지금 여기서는 니사야 스승님에 관한 것이다. 우빠사야, 니사야(길을 가르쳐 주는) 스승님께 제자 비구들이 모시고 실행해야 하는 책임들이 있다.

 제자는 아침 일찍 일어나서 신발을 벗고 가사를 한 팔에 감아 단정히 입고 스승님께 가서 문안 올리고 양치하실 것과 세수하실 것을 준비해 드려야 하며 잠자리를 정리해 드려야 한다.

 죽이 있으면 깨끗한 사발에 담아서 올리고 끝나면 마실 물을 드리며 그릇을 깨끗이 씻되 부딪치는 소리가 나지 않도록 주의해야 한다. 그리고 스승님이 일어나신 자리를 접어서 거두어야 하며 스승님이 계시는 곳 주변 청소를 해야 한다.

 스승님이 마을에 걸식하러 가시려 하면 바꾸어 입을 새 가사를 드려야 한다. 발우를 깨끗이 씻어서 물과 함께 드린다. 스승님이 뒤따르기를 원하면 가사를 단정히 감고 스승님 뒤에 걸식하러 따라가야 한다. 여기까지가 걸식하러 가기 전까지의 책임이다.

 마을에 걸식하러 들어갔을 때에도 스승과 너무 가깝지도 멀지도 않게 따라가야 한다. 스승이 어느 한 사람과 이야기하면 제자가 끼어들어서 같이 말하지 말아야 한다. 그러나 스승이 허물을 짓기 직전에는 적당하게 막아주어야 한다.

 스승과 제자의 공양이 적당히 채워지면 제자는 자리를 펴드리고 발 씻을 물, 앉을 자리, 발 씻을 돌 조각 등도 미리 준비해 드려야 한다. 스승의 가사와 발우를 받아드리고 갈아입을 가사를 드리며 가사가 땀에 젖었으면 햇빛에 널거나 빨아드려야 한다.

햇빛에 오래 두면 색깔이 바래게 되니, 말랐으면 걷어서 개켜두어야 한다. 갤 때 매일 같은 자리를 접으면 모서리가 빨리 닳아지므로 한 번은 이쪽 편으로, 한 번은 저쪽 편으로 접어야 한다. 걸식하러 갈 때, 걸식하고 돌아올 때, 공양할 때, 목욕할 때 등도 자세히 가르쳐 놓았다.

　스승에게 제자가 이러한 의무를 해야 하듯이 스승도 제자에게 해야 할 것이 있다. 스승과 제자의 관계에서 위치가 다른 만큼 틀린 것도 있다. 스승은 제자에게 계율과 경전, 여러 가지 예의범절, 수행하는 것 등을 인내심을 가지고 자세하게 가르쳐 주어야 한다. 제자가 스승의 가사를 빨아드리는 것 등 시중을 하도록 해야 한다. 자기가 할 수 없을 때는 할 수 있는 이를 찾아서 해주어야 한다. 먹고 입는 일 외에도 마음 씀씀이도 주고받고 서로 도와주어야 한다.

　속퇴하고 싶은 마음이 생기면 서로서로 달래 주어야 하고, 비켜날 수 없는 허물을 지어서 참회하는 곳에 상가 대중의 도움을 받도록 해 주어야 하며, 어떠한 허물로 상가 대중에게 참회를 해야 할 때 무거운 허물에서 가벼운 허물이 되도록 애써 주어야 한다. 이렇게 상가 스님끼리 서로의 관계에서 한쪽 편만 유리하도록 된 것은 아니다. 큰 이와 작은 이, 윗사람과 아랫사람 서로서로 도움을 주는 가족 같은 마음이 바닥에 깔려야 한다.

Eanghādisisa

상가 스님들과 신자들

신남 신녀 모든 신도들이 해야 할 의무 5가지
① 자비심을 갖춘 태도로 대함
② 자비심을 갖춘 말로 대함
③ 자비심을 갖춘 마음으로 대함
④ 필요한 것을 보시 받으시라고 초청함
⑤ 필요한 것을 보시함

상가 스님들의 의무 6가지
① 나쁜 업을 못하도록 알려줌
② 선업을 짓도록 알려줌
③ 자비심으로 항상 대해줌
④ 듣지 아니했던 특별한 법을 설해줌

⑤ 들었던 법문의 뜻을 완전히 이해하도록 설해줌
⑥ 좋은 선업을 지어서 악처에 떨어지지 아니하고 천상에 태어나는 법을 설해주어야 한다.

상가 스님들과 신남 신녀들의 관계에 대해 새인갈라 장자의 아들에게 설하셨던 의무와 책임이다. 부모와 자식, 스승과 제자, 남편과 아내, 주인과 고용인들의 책임과 의무도 이 장자의 아들로 인해서 설하셨다.

나의 기본 목적은 일생 동안 이 몸으로 이 교단 안에 포함되어서 수행하는 것이다. 이 몸이 죽은 다음 천상에 태어나는 것이 목적이 아니다. 그러나 더러 신도님들은 법(담마) 쪽에는 지혜가 열리지 아니하고 천상에 이를 수 있는 선업만을 좋아한다.

이러한 책임과 의무는 신도님들이 할 수 있는 만큼 물질로 후원하여서 상가 스님들께서 법을 설하여 가르쳐 줄 수 있게 해야 한다.

이런 책임과 의무를 살펴보면 다음의 의문이 생긴다. 양편의 관계에서 스님들이 더 위에 위치하는가? 상가 스님들이 불선업을 금하라고 가르치는 것보다 더한 다른 어떤 힘을 쓸 수 있는가? 또는 신도들은 자기들이 보시하여서 살아가는 상가에 대해서 한 가지도 말할 기회가 없는가?

계율을 정하게 된 원인을 들었으면 이 마지막 문제는 쉽게 풀릴 것이다. 스님들이 적당치 못한 일을 했을 때 신남 신녀들이 시끌시끌 경멸하는 소리가 우리에게까지 전해진다. 그러한 일을 막기 위해서 계율이 늘어났다. 그렇게 신도들도 이 교단을 보호할 수 있다.

나쁜 업을 짓는 상가들에게 경멸하고 가서 따지는 것도 교단을 보호하는 것이 된다. 단지 그렇게 말할 때 일의 뜻 그대로만 말하는가, 아니면 화가 나서 자기 화풀이를 하는가의 차이이다.

일의 성질대로 가려서 일이 커지기 전에 막는 것, 화가 나서 말해 보는 이, 이것들을 율장에 어긋나지 않도록 분명하게 가려야 한다. 그래서 허물이 있는 쪽이 그에 상당한 책임을 져야 한다. 그러나 가끔 허물을 말해오는 이들 때문에 사실이 아닌 책임을 떠 안아야 할 어려움을 당할 때도 있다.

릭차위 사람 와와는 이러한 허물을 당한 신도 중 한 사람이다. 교단 전체를 존경하는 신도였지만 특히 매띠야 비구와 부마사까 비구(육군 비구들)와 가까이 지냈다.

어느 날 그 신도 와와가 그 비구들이 머무는 절에 갔을 때 한 가지 이상한 것을 만나게 되었다고 한다. 전처럼 두 비구에게 인사를 드렸지만 그 두 비구는 눈길조차 주지 않았다. 무엇인가 마땅치 않았던가 보다.

"스님, 제가 인사 올리겠습니다."

입과 몸으로 함께 인사드려도 역시 그대로였다.

"스님, 제가 무슨 허물이라도 지었습니까? 무엇 때문에 말씀조차 없으십니까?"

그렇게 물었을 때

"와와 거사여! 말라국 사람 답바까 비구가 우리들을 괴롭히는 것을 알면서도 그대로 보고만 있는 것은 허물이 아닌가?"

"오! 그 일 말씀입니까?"

그제서야 눈치를 채게 되었다.

❦

그렇다. 그 두 비구 쪽에서 보면 이 일이 거사 와와에게 허물이 있다고 할 수도 있다. 그 답바까 스님과 관계되어서 이 두 비구가 창피를 당하였는데도 너는 나를 받드는 제자로서 그대로 입을 다물고 지내는 것은 허물이 아닌가라고 따지는 것이다.

그러나 매띠야들이 미워하는 답바까 테라께서는 사실은 교단의 큰 인물 중의 한 분이었다. 일곱 살에 스님이 되어서 아라하따 팔라에 이른 분이다. 그때는 비구가 되는 나이를 만 스무 살이라고 정하기 전이었다.

알아야 할 닙바나의 큰 법을 가장 높은 지혜로 깨달으셨으므로 자기 몸을 위해서 아끼거나 집착할 것은 없었다. 수행의 끝까지 도착하였으니 일이 끝난 것이다. 그래서 답바까 테라께서는 상가 대중 스님의 일을 하고 있었다. 대중 스님들의 잠자리를 돌보아 주고 초청해 오는 공양청에도 안거 순서대로 돌아가도록 주선해 주었다. 이런 책임은 답바까 테라께서 여쭌 대로 부처님께서 주신 것이다.

스님들은 모두 계단에 올라가서 계 받은 날짜와 시간을 잘 기억해야 한다.

이 스님의 주선으로 상가 대중 스님들께서는 마음 편히 주무실 수 있게 되었으며, 이 스님의 주선대로 차례로 돌아가면서 공양청에 따라갈 수 있었다. 이름 목록을 차례차례 도표로 자세하게 만들어 정확하게 이행하였기 때문에 대중 스님들께서 칭찬을 하셨다.

모든 대중 스님들께서 칭찬하는 그 일이 매띠야 등 육군비구들에게는 영 마음에 들지 않았다. 그 여섯 비구 스님들은 법랍도 가장 낮은 편이다. 무엇하나 말할 만큼의 능력도 없었다. 그래서 안거 순서대로 정하여질 때마다 가장 낮은 잠자리와 가장 낮은 음식만이 그들 몫이 되었다. 좋은 음식과 좋은 잠자리 등을 차지하지 못하는 그 매띠야 등이 어느 날인가는 그들 차례에도 좋은 날이 있을 거라고 기다리고 있었다.

어느 날 그들이 기다리던 대로 좋은 음식과 공양 대접 잘하기로 소문난 집에 그들 차례가 되었다. 이전까지 답바까 테라에게 못마땅했던 매띠야들이 그날만은 크게 만족하고 고마워했다.

내일 받을 좋은 음식들이 미리 눈앞에 보이는 듯했다. 그런 저런 생각에 들떠서 잠을 설친 채 하룻밤을 지냈다. 오늘 한 번은 잘 먹을 것이라고 일찌감치 공양 제자의 집으로 간 그 두 비구를 그 집 하녀가 대문에서 맞이했다. 대문 옆 작은 의자 위에 자리를 펴고 "스님들 앉으시지요." 하고 말하였다.

매띠야 등이 불편하게 대문 근처에 앉았다. 다른 날 같으면 스님들께서 오시면 집주인이 직접 가족들을 거느리고 대문 밖에서 맞이하고는 했다. 그러나 지금 이 두 비구가 왔을 때는 바깥주인도 안주인도, 아들 딸도 집주인이라고는 한 사람도 보이지 않았다.

"틀림없이 밥이 덜 익어서일 거야……"

맷띠야 등이 잘 얻어먹으려는 간절한 마음으로 기다렸다. 그러나 달라진 것은 아무것도 없었다.

"주인께서 지시한 대로 드립니다."라고 하녀가 말하였다. 삽받기(육군비구)들이 공양하러 오는 줄 미리 알았기 때문에 공양 제자가 이렇게 올리도록 당부해 놓았던 것이다.

"어제 이 공양 제자에게 답바까 테라가 방해했을 것이다."

찌꺼기 쌀로 지은 밥에 쌀뜨물 국만으로 간단하게 공양을 먹고 나서 좋지 아니한 생각들만 하게 되었다. 그렇게 어리석은 생각을 모으자 한 가지 생각이 떠올랐다.

"부처님! 이것은 적당치 아니합니다. 이것은 있을 수 없는 일입니다. 이전에 위험이 없던 곳에 지금 위험이 생겼습니다. 그전에 괴롭히는 고통이 없던 곳에 지금 괴롭히는 일이 생겼습니다. 그전에 바람 불지 않던 곳에 지금 불길이 활활 타오릅니다. 말라국 사람 답바까가 저를 범했습니다. 부처님."

부처님 앞에서 맫띠야라는 비구니가 여쭌 것이다. 풀 수 없는 원한으로 펴 놓은 연극임을 부처님께서 아셨을 것이다. 그러나 고발하는 이가 있을 때 그 관계되는 이를 불러서 조사해야 했다.

"답바까여, 이 비구니가 말한 대로 그를 범했느냐?"

상가 대중 앞에서 답바까 테라에게 물으셨다.

"부처님께서 제자를 아시는 그대로 입니다."

'모함대로가 아닌 것을 부처님께서 아십니다.'라고 하신 것이다.

그러나 이러한 종류의 일은 이러한 말로서 끝이 나지 않는다. 상가 대중 가운데서 그러면 그렇고 아니면 아닌 것을 분명하게 말해야 한다. 그래서 부처님께서 말씀하셨다.

"답바까여! 지혜 있는 이는 이렇게 어정쩡하니 대답하지 않는다. 이 비구니 말대로 했으면 했다고, 아니면 아니라고 말하라."

"부처님, 분명하게 말씀드립니다. 깜마 오욕락, 음행 같은 일은 제가 꿈속에서조차 하는 일이 없습니다. 하물며 깨어 있을 때는 더 말할 필요도 없습니다. 저는 음행하지 않았습니다. 부처님."

깨끗이 밝혀졌다. 그럴 터이지 하고 펴 놓았던 연극이 드러나자 그렇게 하도록 시킨 이도 드러났다. 그래서 "다른 스님에게 원한을 삼아서 하지 아니한 빠라지까(큰계)를 범했다고 모함하지 말아야 한다."라고 하는 계율을 정하셨다.

༺༻

매띠야 등은 자기들 때문에 생겨난 이 계율을 공손하게 따랐다. 그러나 그들 습관대로 미처 금하지 아니한 것은 거듭 범하는 이들이었다. 답바까 테라를 모함해서 성공하지 못하자 다른 것을 생각해냈다. 이전에는 맫띠야 비구니에게 시켰다. 그러나 만족한 결과를 거두지 못하자 부처님 앞에 그가 직접 와서 맫띠야와 답바까의 범계를 실제 보았노라고 했다.

자세히 조사해 보니 염소들끼리 하는 것을 보고 답바까 테라가 한 것처럼 생각하도록 떠들어댄 것이었다. 이때에도 상가디시사 금계 하나로 막으셨다.

두 언니와 노력하여 창피를 당했던 매띠야 비구니들은 그 정도로 후회를 하지 않았다. 그래서 그들 신도에게 말꼬리를 던진 것이다. 던져 준 그 말꼬리를 신도 와와가 꽉 잡았다.

"스님, 그 일을 위해서 제자가 무엇을 해야 합니까?"

"우리들을 마음 편하게 해주려면 오늘로써 부처님께서 답바까 테라를 쫓아내게 하라."

신도 쪽에서 따라오자 스승이 그의 원하는 것을 드러내 보였다. 매띠야의 지시대로 와와는 답바까 테라가 자기 부인과 못할 일을 했다고 떠들어대었다.

그러나 앞서 두 번처럼 세 번째 역시 답바까 테라에게 어떤 위험도 주지 못했다. 죄가 없는 이야 마음 편히 지냈지만 스승을 잘못 선택했던 와와는 마음이 뜨거워서 도저히 그냥 있을 수 없었다.

"비구들이여! 그러한 일을 한 릭차위 사람 와와에게 발우를 엎는 깜마를 취하라. 상가 대중들은 그와 일체 관계를 끊도록 하라."

그리고 계속하여서

① 상가대중 스님들이 공양을 얻지 못하도록 노력함

② 상가대중 스님들에게 이익이 없도록 노력함

③ 상가대중 스님들이 지낼 곳이 없도록 노력함

④ 상가대중 스님들에게 욕설하고 저주하는 것

⑤ 상가대중 스님들끼리 싸우도록 하는 것

⑥ 부처님께 욕설하고 경멸하는 것

⑦ 담마를 욕설하고 경멸하는 것

　⑧ 상가를 욕설하고 경멸하는 것

　이 여덟 가지를 하는 이에게는 발우를 엎는 깜마(상가 대중과 일체 관계를 끊어야 하는 업)를 하도록 말씀하셨다.

　릭차위 사람 와와는 답바 테라를 자기 부인과 함께 모함하였으므로 이에 해당되고도 남았다. 그래서 상가 대중들의 어느 누구도 그와 가까이할 수 없게 되었다. 상가 대중이 뜻을 같이 하여 이런 결정을 내리는 곳에 나도 역시 포함되었다. 그런 다음 와와에게 알려주는 책임도 받았다.

　걸식하러 가는 길에 그에게 말해주었을 때 와와는 정신을 잃고 쓰러졌다. 가까운 스님을 따라갔다가 교단 전체와 관계가 끊어짐을 당한 그 딱한 이는 매우 슬펐을 것이다.

　그날 저녁 와와는 젖은 머리털, 젖은 옷으로 절에 왔다. 자식들과 친구들도 같이 왔다. 부처님 두 발에 머리를 조아리고 엎드려서 참회하였다. 정말로 잘못되었음을 깨닫고 참회하는 것을 아셨기 때문에 부처님께서 발우를 엎는 깜마를 다시 거두도록 해 주셨다.

✿

　이 이야기에서처럼 상가 스님과 신남 신녀들의 관계에서 불평등한 일을 막아주셨다. 자기 원하는 대로 해 주지 않는다고, 자기와 생각이 다른 것만 가지고 부처님 힘을 사용할 기회는 없다.

　상가 대중 스님을 다치도록 하는 신도들에게 상가 스님들께서 이러한 일을 주듯이, 신도들 쪽에서도 스님들에게 그 일(깜마)을 할 수 있다.

"비구들이여! 여덟 가지가 있는 상가에게 신도들이 원하는 대로 존경치 아니함을 분명하게 보여줄 수 있다."

① 사람들에게 재산을 얻지 못하게 노력함
② 사람들에게 이익이 없도록 노력함
③ 사람들에게 욕설하고 위협하는 것
④ 사람들끼리 이간질시키는 것
⑤ 부처님을 경멸하고 업신여기는 것
⑥ 담마를 경멸하고 업신여기는 것
⑦ 상가를 경멸하고 업신여기는 것
⑧ 친하지 말아야 할 여섯 군데에 친하여서 드나드는 것

이 여덟 가지가 있는 비구에게 신도들이 원하는 대로 존경치 아니함을 분명하게 보여준 것이다.

상가 대중의 위험을 막아주듯이 부처님께서는 신도들에게도 똑같이 기회를 주셨다. 그 여덟 가지 중 마지막 부분, 스님들이 친하게 드나들지 말아야 하는 여섯 군데가 ① 기녀집 ② 과부집 ③ 노처녀집 ④ 중성인의 집 ⑤ 비구니 절 ⑥ 술집이다.

이런 곳은 비구들이 절대로 가지 말아서 그 사람들과 절대로 관계하지 말라고 하는 것이 아니다. 다른 집처럼 걸식하러 가듯이 이런 곳에도 걸식하러 갈 수 있다. 그 사람들과도 다른 사람들처럼 지낼 수 있다.

그러나 필요한 것 이상으로 지나치게 들락거리면 설사 아니했더

라도 적당치 못한 모함을 받을 여지가 있기 때문이다. 다른 이들로 하여금 구업을 짓게 만들 수도 있다. 그래서 친밀하게 지내지 말아야 할 곳이라고 부처님께서 설하신 것이다.

위의 여덟 가지 외에 다른 혐오스러운 일을 하는 비구에게도 신도들이 아빠다나 왜다니야 깜마(그 상가를 존경하지 않아도 되는 일)를 실행할 수도 있다. 이런 일을 신도들이 할 때 비구들처럼 계단에서 결정된 공고문(냐띠 깜마와짜)을 읽을 필요는 없다. 그런 일을 할 만한 이에게 자리에서 일어나지도 않고 예배도 하지 않는 것이 그 일에 해당된다.

발우를 엎는 깜마 때에는 허물 지은 신도가 엎드려 참회하는 것으로 스님들이 발우를 제쳐 주었다. 그러면 이제 스님들이 지은 업은 누가 어떻게 없애 주는가?

이에 관한 것은 수담마 테라와 쎄이따 장자의 일을 보기로 들 수 있다. 원인 결과가 연결되는 것에 수담마 테라에게 쎄이따 장자 편에서는 어느 한 가지도 노력하지 않았다. 쎄이따 장자는 수담마 테라가 지내는 절 창건주이며 네 가지 시주물을 제공해 주는 신도였다.

쎄이따 장자의 밋시까산따라는 큰 마을은 마가다국 안에 있다. 쎄이따 장자는 그 마을에서 대대로 살아왔던 거부 장자의 집안으로 부모님의 유산을 모두 물려받았다. 재물만 물려받은 것이 아니라 마가다국의 빔비사라 왕이 중요하게 여기던 아버지의 대신 자리까지 이어받았다.

다섯 수행자 가운데 마하나마 테라께서 한번은 밋시까산따 마을에 가셨다. 쌔이따 장자는 마하나마 테라께서 육근 6가지를 기초로 하여서 설하시는 법문을 듣고 아나가미 팔라(아나함 과위)에 이르렀다. 속인으로서는 가장 높은 위치에 오른 것이다. 이것이 쌔이따 장자의 장한 점이다.

쌔이따 장자는 여러 종류의 사람들과 법의 성품을 깊이 의논하여 설명할 수 있는 능력이 있었다.

※

어느 날 나를 포함한 상가 열한 명이 밋시까산따 고을에 도착했다. 마하 사리불 테라께서 제일 앞서시고 마하 목갈라나 테라, 아누루다 마하테라, 라훌라 등 모두 유명하신 분들뿐이었다.

다음날 아침 절 창건주의 초청으로 우리 일행은 공양 제자의 집으로 갔다. 절 책임자 수담마 테라께서는 따라오지 않았다. 전 같으면 객스님을 초청하려면 쌔이따 장자가 그에게 먼저 말씀드리고 나서 초청하고는 했다.

그러나 지금 우리들이 도착하자 기쁜 마음이 지나쳐서 그것을 잊어버렸다. 일부러 그렇게 한 것이 아니고 너무 기쁜 마음이 지나치다보니 미처 그것에 신경을 쓰지 못했다. 어찌됐건 그 일로 수담마 테라가 몹시 못마땅해 했다. 절 창건주가 자기에게 존경하는 마음이 없어서 이렇게 된 것이라고 억지로 한쪽으로만 생각했다. 그래서 쌔이따 장자가 세 번이나 거듭해서 다시 초청했지만

상가 스님들과 신자들

끝끝내 거절했다.

자기 마음, 자기 교만심으로 공양하러 오기를 거절했던 수담마 테라가 우리들이 공양하고 있는 중에 나타났다. 그리고 공양 제자가 마련한 여러 가지 좋은 음식을 자세히 살펴보았다. 과자, 후식, 빵 종류도 자세히 살펴보았다. 마음 내키는 대로 실컷 살펴보고 나서 공양 제자에게 이렇게 말했다.

"쎄이따 장자! 당신들이 마련한 음식들이 많군요. 종류도 고루 갖추었구료. 그런데 한 가지 종류가 모자라는군요."

"무엇이 모자랍니까? 스님."

수담마 테라의 목적을 미처 생각하지 못했기 때문에 쎄이따 장자가 공손하게 여쭈었다.

"쎄이따 장자여, 모자라는 것은 바로 깨과자이구료."

그 말을 듣자 쎄이따 장자의 집에 있던 모든 이들의 얼굴이 일그러졌다. 쎄이따 장자의 윗대 선조 가운데 깨과자 장사를 했던 분이 있었다. 그 사실을 자세히 아는 수담마 테라가 사람들이 많은 가운데서 그것을 드러낸 것이다.

그에게 존경심이 없어졌나 하고 원한을 품고서 그 집 조상의 일을 들추어내어서 일부러 마음 상하도록 한 것이었다. 그러나 그러한 일에도 쎄이따 장자는 조금도 다치지 않았다. 그렇게 싸움을 시작한 이만이 도리어 창피를 당하게 되었다.

"스님, 옛말 한 가지 말씀드리겠습니다. 대키나빠타국 장사꾼들이 동쪽 나라에 무역하러 갔다가 돌아올 때 암탉을 한 마리 가져왔습니다. 그 암탉이 까마귀 한 마리와 같이 지내다가 새끼 한 마리를 낳았습니다.

그 새끼 한 마리가 아버지 쪽을 따라서 울 때는 '꼬끼오 까욱' 하고 울었습니다. 어머니 쪽을 따라서 울 때는 '까욱 꼬끼오' 하고 소리 내었습니다. 어미도 아비도 순종이 아닌 이 중생처럼 스님께서도 삼보에 관해서 해야 할 말이 많고 많을 터인데 아무것도 아닌 깨과자 한 가지 외에는 할 말이 없으십니까?"

쌔이따 장자의 조상 가운데 과자 장사를 한 사람이 있었던 것을 말할 때는 아무 일도 없었지만 지금 '꼬끼오 까욱'이라는 이야기는 수담마 테라에게는 심하게 아팠던 것이다. '나는 스님, 너는 신도'라고 한쪽 편만 우월하다는 생각으로 뱉은 한 마디 말의 실수 때문에 많은 사람들 가운데서 크게 창피를 당했다고 생각하게 된 것이다.

쌔이따 장자의 처지로서는 말할 만한 것이어서 우리들도 편안한 마음으로 지켜보았다. 수담마 테라도 자기 실수를 그 자리에서 보아 그 자리에서 고치면 다행이런만 그러나 나의 바람은 어그러져 갔다. 허물 하나를 지은 수담마 테라는 다음 허물 한 가지를 더 만들었다.

"쌔이따 장자여, 당신이 나에게 욕했다. 그리고 협박도 했다. 그래서 나는 너의 절을 너에게 다시 돌려주겠다. 너의 절에 내가 다시는 살지 않겠다. 훨훨 멀리 떠나버리겠다."

말로서 비교가 되지 않자 이길 수 있는 길을 찾아냈다고 생각한 것이다. 쌔이따 장자가 세 번이나 거듭 말리면서 전처럼 네 가지 시주물로 보시하겠다고 말씀드렸지만 그러나 업을 더 짓고 싶은 수담마 테라에게는 그 말이 귀에 들어오지 않았다. 부처님께서 아시면 쌔이따 장자에게 허물을 지으리라는 생각으로 제따와나 정사로 급히 가버렸다.

우리들은 밋시까산따 그 마을에서 제법 오랜 날을 계속하여 지내야 했다. '수담마 테라가 안 계시기 때문에 텅 비어버리지 않도록 지낼 수 있는 만큼 계셔 주십시오'라고 절 창건주가 요청했기 때문이다. 날이 제법 오래 지나고 나서 수담마 테라가 밋시까산따에 다시 돌아왔다.

부처님 명령대로 상가 대중들은 그로 하여금 쌔이따 장자에게 참회하고 용서 구하는 일(빠띠사라니야 깜마)을 하게 했다. 그 깜마에 맞게 쌔이따 장자에게 그가 용서를 구해야 했다.

빠띠사라니야 깜마를 벗어나기 위해서 수담마 테라가 밋시까산따에 돌아오기는 했지만 그러나 그 창건주 앞에는 못 갔다. 자기 허물에 자기 스스로 부끄러워서 힘이 들었던 것이다. 부처님 명령을 받고 온 일이니 나 역시 어떤 생각도 보태 줄 수가 없었다. 그래서 자기 자신을 용감하게 씻어내지 못한 수담마 테라가 사왓띠로 다시 돌아갔다.

날이 한참 지나자 수담마 테라 대신 스님 한 분이 왔다. 대신 가서 용서를 청하도록 부처님께서 허락하셨다고 했다. 용서를 청하기 전에 이미 만족했던 쌔이따 장자가 수담마 테라가 다시 돌아오시도록, 그 스님께서 초청의 말씀을 전해주시도록 거듭 부탁드렸다.

전에는 거절해 버리던 수담마 테라가 이번의 초청은 받아들였으며 교만심을 버리고 잘 지냈기 때문에 상가 대중 스님들께서 그 허물에서 벗어나도록 허락해 주었다고 한다.

허물 한 가지로 크게 두려움을 일으킨 수담마 테라는 그 밋시까산 따 절에서 수행자의 일을 모두 성공적으로 마쳤다.

※

이 일을 본보기로 삼아서 스님들이 지었던 깜마를 없애는 것도 허물을 지은 이가 용서를 구하는 것이다. 그른 길을 계속 따라가지 않고 바른 길대로 따라 행하여야 할 것이다. 상가들끼리의 관계에도 한 길만 가도록 일방통행은 없듯이, 상가와 신도와의 관계도 한쪽 편을 무시하는 것 없이 서로 주고받고 서로 다스리는 모습을 볼 수 있다.

술렁술렁 흘러내리는 강물 속에 섬이 솟아 있다. 그 섬에 만약 나무가 없으면 오래지 않아 물에 부딪쳐서 쓸려갈 것이다. 그래서 섬이 오래 머물도록 의지할 나무들을 심어야 한다. 또한 나무들의 의지처 역시 그 섬이다.

상가와 신도, 신도와 상가는 섬과 나무, 나무와 섬 같은 관계이다. 상가는 상가의 금계, 사람들은 사람들에게 맞는 계율을 잘 보호해야 한다. 우리 상가는 네 가지 물건을 위해서 직접 일을 해야 하는 것을 허락하지 않았다. 사람들은 법을 찾아서 상가를 받드는 기회가 있다.

서로 다른 형편에 따라 상가 대중은 보시 받는 이, 사람들은 보시하는 이이다. 보시하는 이와 보시 받는 이, 누가 더 위이겠는가? 교단의 큰 그늘 아래 어느 누구도 우선권은 없다. 어느 누구에게도 더 특별한 기회를 주지 않았다.

"재가제자들의 그릇된 행이거나 상가의 그릇된 행이거나 나 여래가 칭찬하지 않는다. 세상사람들이거나 상가 대중이거나 그릇된 행을 함은 출세간 선업을 모을 수 없다."

"재가제자들의 바른 행이거나 출가제자들의 바른 수행을 나 여래가 칭찬한다. 재가인이거나 출가인이거나 바른 행을 함으로써 출세간 선업을 모을 수 있다."

수따 젊은이에게 설하셨던 가르침으로 재가인이나 출가인 누구나 수행을 잘하면 이 교단의 열매와 아름다운 꽃을 얻는 데 똑같은 기회를 얻을 수 있음을 가르쳐 보이신 것이다.

스님의 생애까지 오르지 못하는 그들도 바른 길 바른 수행으로 노력하면 스님들과 같이 출세간 선업의 결과를 얻을 수 있는 기회를 가질 수 있다. 잘 수행하면 스님들과 똑같이 부처님의 금구로 칭찬해 주심을 받을 수 있다. 그래서 제따와나 정사 창건주 아나타삔다까 장자에게 부처님께서 이렇게 설하셨다.

"장자여! 그대들은 상가 대중에게 가사, 공양, 절, 약 등으로 도움을 드려서 잘 보호한다. 그러나 이렇게 시봉하는 것만으로 그대들은 만족치 말아야 하느니, 이 교단의 가르침을 만났을 때 시간이 날 때마다 깜마 오욕락을 버릴 수 있는 수행을 익혀야 한다."

신남 신녀들이 스님들을 시봉하는 것만으로 일생을 마감하지 말고 교단의 가르침의 열매를 스님들과 같이 얻어서 즐길 수 있도록 길을 가르쳐 주신 것이다.

꼬삼비 사건

사실 그때에 위력이 크나큰 마하 사리불 테라, 마하 목갈라나 테라들께서 부처님과 같이 계셨더라면, 아니면 마하 까싸빠 테라처럼 깊이 존경할 만한 분이 계셨거나 그도 아니면 그날 아침 내가 꼬삼비에 시간 맞게 도착했더라면 이런 장면은 기록할 일이 없었을 것이다.

이미 결정된 일에는 중간에 들어갈 틈이 없지만 결정이 내려지기 전에는 내가 들어서 달래어 바르게 할 수도 있다. 위력이 크신 마하테라들께서 계셨더라면 그 비구들이 그 정도로 무엄하게는 행하지는 못했을 것이다. 일이 잘 맞아 들어가지 않았다고밖에 할 수 없다.

꼬삼비에 부처님께서 가실 때 앞에 들었던 마하테라 중 어느 한 분도 함께 하지 않았다. 나 자신도 전처럼 함께 하지 못했다.

나의 우빠사야 스승님 '밸라타시'께서 건강이 안 좋으시다는 소식을 들고 부처님 뒤에서 떨어져, 숲 속에 있는 그분의 작은 초막에 갔다. 한 달 정도 시봉하여 드리고 스승님의 건강이 회복되었을 때에야 나는 꼬삼비에 갈 수 있었다. 꼬시따란마나 절 근처에 이르자마자 듣고 싶지 아니한 소식을 듣게 되었다.

"아난다 테라님! 테라님이 뵈려는 부처님께서는 지금 안 계십니다. 잠자리와 소지품을 직접 거두시고 발우와 가사도 모두 직접 가지고 떠나가셨습니다. 시자에게도 알리지 않고 상가 대중에도 알리지 아니 하신 채 혼자서만 가셨습니다. 저희들은 어떻게 해야 합니까?"

잘 아는 비구 한 사람이 맞이하면서 지혜를 구했다. 이 사실을 들은 나는 특별히 생각하거나 다른 판단을 할 수 없었다. 부처님과 오래 함께 있어본 결과 그분의 마음을 짐작할 수 있었다.

"이 일에 우리들이 해야 할 일은 아무것도 없습니다. 이렇게 떠나가신 것은 부처님께서 혼자서 계시고 싶은 것입니다. 누구도 따라가서 방해하지 마십시오."

지혜를 구하는 그들에게 가장 좋은 지혜를 준 것이었다.

※

부처님께서 원하시는 것을 알았으니 그냥 이 절에서 지내야 했다. 할 수만 있다면 이 비구들과 한 시간도 마주하고 싶지 않았다. 그들은 이제 갓 수행자가 된 어린 비구들도 아니다. 지혜가 없는 것도 아니고 그들의 우두머리 한 사람은 위니(계율)를, 또한 사람은 순다(경전)를 가르치는 스승들이다.

그들은 불선업을 부끄러워하는 수행이 필요한 이들이어서 부처님께서 떠나가시기까지 행동을 멈추지 않았다. 자기들끼리 서로에게 고개 숙이지 않으려는 교만심이 일을 이렇게까지 커지도록 만든 것이다. 이 중요한 사건을 만들었던 우두머리 두 분도 처음에는 정직하고 착해졌다.

경전을 가르치는 테라가 화장실에 갔다가 쓰고 남은 물을 다 쏟지 아니하고 그냥 남겨 두게 되었다. 그 뒤에 들어간 계율을 가르치는 테라가 화장실에서 나온 다음

"스님, 바가지 물을 그냥 남겨 두었습니까?"

"그렇습니다. 제가 남겨 두었군요."

경전을 가르치는 테라가 잊고서 남겨 두었던 것을 금방 인정했다.

"그러면 그 일이 허물이 되는 것을 아십니까?"

"오! 저런 제가 미처 몰랐습니다."

"그렇습니까? 그러면 참회하여 다스리겠습니다."

계율을 가르치는 테라가 말하는 대로 경전을 가르치던 비구가 쉽게 인정하자 계율을 가르치는 비구가 좀 안되었다는 심정으로

"스님 일부러 한 것이 아니라 잠깐 잊고서 한 것은 허물이 되지 않습니다."

"그렇습니까? 그러면 제가 참회할 필요는 없겠습니다. 스님."

허물이 된다고 하는 것도 인정하고 받아들였는데 고쳐 말해 주는 것에 어려울 것이 있을 리 없었다. 생각 없이 한 것은 허물이

아니라고 말했던 계율 가르치는 이가 계율을 자세히 조사해보자 자기가 고쳐 말해준 것이 잘못되었음을 알게 되었다.

안됐다는 마음으로 인정을 베푼 것이 그릇되었던 것이다. 그것이 그릇된 것임을 두 분이 만나서 풀었으면 금방 해결될 일이었다. 그러나 계율을 가르치는 이가 그렇게 하지 않고, 두 우두머리끼리 해결하는 대신 그의 제자에게 말했다. 그릇된 가운데 더욱 그릇되게 된 것이다.

"스님들, 스님들의 우빠사야 스승님은 자기가 지은 허물조차 모릅니까?"

그들 스승 뒤를 제자들이 따라간 것이다. 이것이 저쪽 제자를 통하여 경전을 가르치는 스승에게 전해졌다.

"계율 가르치는 이가 먼저는 허물이 안 된다고 하고서는 지금 다시 허물이 된다고 하니 말이 일정치 않아 믿을 수 없는 일이구나."

일찍이 부드러웠던 목소리가 딱딱해진 것이다. 저쪽에서 하지 말아야 할 것을 했으므로 이쪽에서도 화가 난 목소리가 터져 나온 것이다.

"오! 스님들, 스님들의 스승은 이말 저말 하는 믿을 수 없는 이가 아닙니까?"

성냄의 불길이 커져 갈수록 그 불길을 끄려는 이는 없고 점점 바람만 보태 주는 이들 뿐이었다. 바람을 보태 주는 이들의 부추김으로 계율을 가르치는 이의 말을 경전을 가르치는 이가 인정하지 않았으므로 상가의 자격을 박탈하는 허물을 씌워서 쫓아냈다.

사실 이런 일을 당한 이들에게는 어떤 스님들도 서로 관계하지 말아야 한다. 쫓아낸 것을 없애고 다시 받아들이는 것을 하기 전에는 혼자서만 지내야 한다. 그러나 경전 가르치는 이는 혼자가 되지 않았다. 다른 쪽에서 내린 결정이 바른 법이 아니며 위니와 맞지 않다고 말하면서 계단에 들어갔으며 그에게도 그를 따르는 상가 대중이 많이 있었다.

쫓김을 당한 이를 후원하는 이들은 쫓아낸 일을 바르지 못하다, 위니와 맞지 않다고 말했다. 쫓아낸 일을 한 이들은 적당하다, 계율에 합당하다고 하면서 쫓김을 당한 이와 함께 지내지 말라고 막기 시작했다. 그렇게 서로서로 거칠어지고 나중에는 들을 수 없을 만큼 심한 말들이 오고가게 되었다. 그것이 부처님께 전해지자,

"비구 상가들이 갈라지는구나!

비구 상가들이 갈라지는구나!"

법에 대한 두려움이 크게 생각되어서 이렇게 두 번이나 탄식하셨다고 한다. 부처님께서 성도하시고 9년이 되었을 때 터져 나온 신음소리였다. 사실 상가가 갈라지는 것은 한 계단 안에서 상가 대중이 두 무더기로 갈라져서 포살을 하는 것이다.

지금처럼 이렇게 되면 결국은 그렇게 될 것을 부처님께서 미리 내다보시고 한탄하신 것이다. 그때에 내가 옆에 있었다면 마음을 크게 다쳤을 것이다. 지금처럼 전해 듣고서도 마음이 크게 아플 정도이니 그 다음에 생긴 일들은 그보다 더욱 크게 울려 왔다.

부처님께서 먼저 쫓아낸 일을 결정한 이들에게 가서 "비구들이여! '내가 할 수 있다, 내가 안다.'라고 하는 어리석은 생각으로 비구 한 사람은 쫓아낼 수 있다고 일방적으로 생각하지 말라. 비구 한 사람을 쫓아낸 다음 그 비구와 전혀 관계하지 아니함으로써 비구 상가 안에 싸움이 일어날 것이다.

몸을 부딪치며 싸우는 일이 생길 것이다. 상가끼리 갈라지는 일이 생길 것이다. 그렇게 중대한 일을 막으려면 허물을 인정하지 않는다는 작은 일로 쫓아내는 일은 하지 말아야 한다."

그렇게 말씀하신 다음 쫓겨난 이를 후원하는 이들에게 가셔서 "비구들이여! 허물을 지었으면서 허물이 아니라고 하며 참회하지 않고 지내는 것이 적당한 일이라고 생각하지 말라. 비구들이 다른 비구들과 서로 절대로 관계하지 않고 지내는 것은 상가 대중 안에 싸움이 일어날 것이다.

이렇게 상가 대중이 갈라질 중요한 일을 깊이 삼가려는 이는 자기 자신이 허물이 없다고 믿더라도 허물이 있다고 믿는 다른 이들의 원함을 따라서 참회하여야 한다."

양쪽에 똑같이 말씀해 주신 것이다.

처음에는 부처님께서 적당한 것만 가르쳐서 주의를 주셨다. 그른 길을 가는 비구들에게 힘을 써서 막지 않으셨고, 쫓아낸 비구들에게 '충분한 이유 없이 너희들이 쫓아냈다'라는 것과 쫓겨난 비구에게 '너희들에게 허물이 있다'라는 등 자세하게 말씀하시지 않으셨다.

한쪽에 말씀하시면 다른 쪽도 이해하리라고 생각하셔서 양쪽 다 잘못 생각하는 점을 삼가도록 하신 것이었다. 이 그릇된 무리의 비구들에게 말씀하셨던 가르침이 나의 마음속 깊이 평생토록 남아 있었다. 깊이 명심하였기 때문에 나와 관계된, 상가끼리 갈라져야 될 큰일을 넘어갈 수 있게 되었다. 그 사실은 이 일생의 기록이 끝나갈 때 자세히 들을 것이다.

나에게 이익을 가져오게 했던 이 가르침이 꼬삼비 비구들에게는 제대로 전해지지 않았다. 양쪽 모두에 고르게 말씀해 주신 것을 양쪽 모두가 따르지 않았다. 게다가 입으로 갈라지는 것은 고사하고 몸으로까지 부딪치면서 싸움을 범하는 데까지 갔다.

비구들에게 적당치 못한 말까지도 사용하였다. 절 안에서 뿐만 아니라 마을에서도 미처 생각하지 못할 일이 벌어지고는 했다. 양쪽이 얼굴을 마주하게 되면 장소를 가리지 않고 싸움잔치가 벌어지기 일쑤였다.

이 싸움을 거두게 하려고 부처님께서 그들을 끼리끼리 갈라서 지내게 하셨다. 공양할 때도 서로 갈라서 앉도록 했다. 그러나 그 꼬삼비 비구들은 서로 욕하고 경멸하면서 부처님의 말씀을 따르는 것보다 자기 무리가 우선권을 얻는 것을 더 중요하게 생각하였다.

커지는 싸움을 막는 이가 없었으므로 비구 한 사람이 부처님께 가서 여쭈었다. 전 같으면 부처님이 가시면 심하던 싸움이 잠깐 멈추기도 했었지만 그날은 부처님 앞에서도 차마 들을 수 없는 욕설과 주먹을 퍼부으면서 서로 치고 때리고 싸웠다.

"비구들이여, 그만 하라. 심하게 화를 내지 말라. 참아라. 싸우지 말라."

스승의 말은 들을까 싶어서 말렸지만 시끌시끌한 싸움 속에서 아무도 멈추려 들지 않았다.

"부처님, 기다리십시오. 부처님께서는 현재 편안함만 즐기시며 걱정 마십시오. 저 제자들이 자기들 태도가 어떠한 것인지 어느 날 대답이 나올 것입니다."

거칠고 어리석은 제자들 때문에 피곤해 하심을 볼 수 없어서 한 비구가 이렇게 여쭈었지만 부처님께서는 그냥 지낼 수 없으셨다. 그래서 원한을 풀어야만 원수가 사라지는 디가오 왕자의 이야기를 비유를 들어주셨다. 그러나 무엇을 보여 주거나 말해 주어도 화냄과 교만심의 백태가 덮여 있는 그 꼬삼비 비구들에게는 보이지도 들리지도 않았다.

※

지금 너희들이 무엇을 할 수 있는가? 부처님 앞에서조차 거친 짓을 했으니 지금 신도들의 벌을 받아야 하리라.

"당신들이 괴롭혔기 때문에 부처님께서 떠나가셨다"라고 하면서 어느 누구에게도 절하지 아니하고 합장도 올리지 아니하고 집집마다 가서 서 있어도 누구하나 공양을 올리지 않았다. 부처님조차 어렵게 하던 이들이 합당하게 벌을 주는 신도들에게 무엇을 할 수 있단 말인가?

그들이 할 수 있는 것은 한 가지뿐이었다.

"아난다 테라님, 저희들이 간청합니다.

부처님 계시는 곳에 저희들이 가서 엎드려 참회하겠습니다. 부처님을 다시 모시고 오겠습니다."

부딪쳐 넘어져야 어머니를 찾는 이들, 신도들이 형벌 주는 것이 엄청이나 컸나 보다.

"스님들, 이 도시, 이 절에 부처님께서는 좀처럼 발길을 돌리지 않으실거요."

내가 지나간 일을 미루어서 말해주자,

"제따와나 정사에라도 모셔 가십시오. 저희들이 제따와나 정사에 따라가서 엎드려 참회하겠습니다."

"좋습니다."

꼬삼비 비구들의 말을 받아들였을 때 숲 속이나 시골지방에서 안거를 지낸 비구 스님들도 꼬시따란마나 정사로 왔다.

"아난다 테라님! 이 정사에 부처님이 계실 때 저희들은 자주자주 법문을 들을 기회를 얻었습니다. 지금 저희들은 법문을 듣지 못한지가 오래 되었으며 부처님을 뵙지 못한지도 오래 되었습니다. 저희들이 부처님을 뵙고 법문을 들을 수 있도록 해주십시오."

숲 속에서 온 비구들뿐만 아니라 사왓띠 도시의 신남 신녀들도 가지가지 당부의 말을 보내왔다. 이렇게 많은 이들의 간청대로 나는 비구들과 같이 빨리래야 숲으로 갔다.

말라까오까나까 마을에 이르렀을 때 바구 테라와 만났다. 바구 테라께서는 나와 같이 비구가 된 분이다. 이 마을에 혼자 오셔서 편안히 지내다가 홀로 오신 부처님께 크고 작은 시중을 해드렸다. 그 다음날 그 마을에서 스승님과 제자가 걸식하셔서 드시고 난 다음 부처님께서는 계속해서 여행을 하셨음을 바구 테라께서 말씀 해 주셨다.

우리들도 바구 테라와 함께 걸식하여 공양을 마치고 나서 부처님 이 계시는 숲을 향해서 걸어갔다. 빠시나원따 숲에서 숲을 지키는 이 한 사람을 만났다. 부처님께서 들어오실 때 그 사실을 모르고 막으려고 했던 그는 우리들은 막지 않았다. 막지 말라고 일러 놓은 그들 스승에게로 안내해 주었다.

아누루다 테라, 난디야 테라, 끼밀라 테라, 그렇게 세 분이 자기 스승이라고 했다. 몸은 세 사람이었지만 마음을 쓰는 것에서 보면 그 세 분은 한 사람이었다. 어머니에게서 흘러나오는 젖을 어느 것이 물이고 어느 것이 젖이라고 나눌 수 없듯이, 그 세 분들의 마음도 한 덩어리처럼 잘 뭉쳐져 있었다.

어느 분의 마음이 어떻다고 나누어 구별할 수 없을 만큼 항상 자비심이 넘치는 마음으로 자기의 편리한 것은 옆에 두고 다른 이의 편리한 대로 지내기를 좋아하셨다. 꼬삼비 비구들 사이에서 떠나셨던 부처님께서 그들 세 분이 지내는 것을 보시고 싸두를 부르시며 칭찬해 주셨다고 한다.

그 세 분이 날마다 지내는 모습을 보면 부처님처럼 다른 모든 이들도 싸두를 부를 것이다. 먼저 걸식에서 돌아온 분이 공양방을 쓸고 자리를 편다. 발 씻을 물과 앉을 것 등을 미리 준비한다. 공양이 많으면 먼저 밥 담을 그릇을 깨끗이 씻어서 여분의 밥을 덜어 놓고, 마실 물, 그릇 씻을 물도 준비한 다음 혼자서 편안히 들고 공양간에서 나간다.

다음에 온 사람도 자기 발우의 밥이 적으면 먼저 담아 놓은 밥을 덜어서 먹고 남으면 물이나 나무가 없는 곳에 버린다. 자리를 거두고 발 씻는 자리 등도 제자리에 갖다 둔다. 빗자루질도 깨끗이 하고 마실 물, 씻을 물, 변소 물도 없으면 채워둔다. 혼자서 못하는 일은 시끄럽게 소리를 내어 알리지 아니하고 손짓으로 도움을 청한다. 닷새에 하루씩은 밤새워서 담마에 관해서 의논한다.

나는 꼬삼비 비구들이 그분들처럼 지냈으면 얼마나 좋으려나 하고 마음속으로 빌었다.

Dhamanapada

빨리래야까의 큰 코끼리

　보기 흐뭇한 정경의 그 세 분에게 인사를 드리고 빨리래야까 숲 속으로 계속 걸어갔다. 빠시나원따 숲과 그리 멀지 않았기 때문에 오래지 않아서 그곳에 이르렀다.
　부처님의 원하심을 미처 알지 못했기 때문에 같이 따라간 비구들은 숲 입구에 기다리게 하고 나 혼자 들어갔다. 짙은 그늘, 여러 가지 꽃나무 넝쿨로 수행자가 머무르기 아름다운 그곳에서 불쑥 큰 위험과 마주하게 되었다.
　멀리에서 보았다면 비킬 수도 있었을 것이다. 그의 발걸음에서 벗어나 달아나는 것은 그만두고 큰 나무 위에라도 올라갔으면 벗어날 수도 있으련만, 지금 나는 들어가고 그는 지키고 있는 그 자리에서 생각지도 못한 순간에 코를 맞대었으니 피할 수도 비킬 수도 없었다.

내 목숨이 이 큰 코끼리 발밑이거나 큰 상아 어금니에 끝장이 날 순간이었다. 그렇지 않더라도 그가 들고 온 큰 나무막대기에 내 몸이 조각조각이 나도록 두들겨 맞아서 죽임을 당할 것이다.

"빨리래야까여, 돌아와라 돌아와라. 그 비구를 막지 말라.

나 붓다의 시자인 비구를 맞이해 오너라."

목숨이 경각에 달린 그 순간 너무나 듣고 싶던 목소리를 접하게 되자 위험에서 벗어난 것뿐만 아니라 기쁜 마음에 눈물이 주르르 흘렀다.

편안한 숲이어서 빨리래야까라고 불리는 그곳에서 큰 코끼리는 부처님 명령으로 치켜들었던 막대기를 놓아버리고 나의 발우와 가사를 건너 받으려고 했다. 그러나 나는 그에게 건네주지 않고 스스로 들고 갔다.

더운물 찬물을 올리는 이도 없이 부처님께서 홀로 계시는데 이 코끼리가 곁에 있어 주었구나 하고 이해하게 되었다. 부처님 앞에 이르러 내가 가지고 있던 발우와 가사를 내려놓을 곳을 찾을 때 부처님께서 앉아 계시는 큰 바위 외에는 모두 맨땅임을 알게 되었다. 맨땅 위에 아무것도 받치지 아니하면 물에 젖게 되고, 그렇지 아니하면 부처님이 계시는 바위뿐이었다.

그러나 나는 그곳에 앉을 수는 없었다. 배워 왔던 예의대로 발우와 가사를 땅 위에 내려놓고 부처님의 두 발에 머리를 대고 예배를 올렸다. 그때서야 그 큰 코끼리가 만족한 표정으로 나를 위해 마실 물을 올렸다.

"아난다! 너 혼자서 왔느냐?"

그 큰 코끼리가 건네준 물을 마음껏 마시고 났을 때에 부처님께서 물으셨기 때문에 "같이 온 비구들이 있습니다. 부처님, 부처님의 원하심을 미처 몰랐기 때문에 숲 입구에서 기다리게 했습니다."

"아난다여! 비구들을 데리고 오너라."

부처님께서 맑은 음성으로 허락해 주셨다. 그리고는 앞에 이른 비구들에게

"비구들이여! 성숙한 지혜, 튼튼한 사마디와 잘 수행하는 도반을 만나지 못하면 혼자서 지내는 것이 적당하다. 옛날의 좋은 왕들은 나라 전부를 버리고 숲으로 들어가서 수행하듯이, 힘센 큰 코끼리가 그의 무리를 떠나 숲 속에서 혼자서 편안히 지내는 것처럼 누구의 방해도 받지 않고 편안히 지낼 수 있다."

"비구들이여!
동반자 없이 혼자 지내는 행이 높다.
어리석은 이들이 아무리 많더라도
같이 지낼 만한 한 사람이 없으면
조용한 숲 속에서
한 쌍의 어금니를 지닌 큰 코끼리가 홀로 거닐듯이,
몸도 마음도 편안하게
동반자 없이 혼자서 지내라.
불선업이 자기 마음을 이끌어 유인해 가지 않도록

잘 다스려야 한다."

　조용한 것을 즐기는 비구들은 이 게송을 듣고 수행자의 일을 끝마쳤다. 지혜가 없는 동안에는 마쳐질 수 없는 그 많은 일들이 지혜를 얻음과 동시에 모두 마쳐진 것이다.
　같이 간 비구들은 필요한 일들이 마쳐졌지만 나는 아직 끝이 나지 않았다. 꼬삼비 비구들과 사왓띠 수도에서 신남 신녀들을 위해서 해야 할 일들이 머리를 차지하고 있었다. 그래서
　"부처님! 사왓띠 수도의 크고 작은 제자들과 절 창건주 아나타 장자와 절 어머니 위사카들이 부처님을 뵙고 싶다는 소식을 전해 왔습니다. 모든 제자들의 선업을 키우도록 사왓띠 수도로 부처님께서 오시기를 원하옵니다."
　"좋다. 아난다, 발우와 가사를 들어라."
　내가 여쭌 말씀을 받아들이시자 우리 모두 여행을 떠날 준비를 하였다. 그런데 갑자기 코끼리가 일어나서 슬픈 눈으로 우리 일행을 바라보면서 그 큰 몸으로 길을 가로막았고 우리들은 크게 당황했다.
　"빨리래야 큰 코끼리가 너희들 모두에게 과일 공양을 올리고 싶은 것이다. 안거 석 달 내내 이 큰 코끼리가 나에게 크고 작은 일을 시중하였다. 더운물 찬물을 올리고 크고 작은 과일을 올렸다. 걸식하러 가면 마을 입구까지 발우와 가사를 가져다주고 나 붓다가 돌아올 때까지 기다렸다. 이 큰 코끼리의 신심과 존경하는 마음을 칭찬해 주어야겠다. 잠시 기다려라."

우리들이 멈추자 큰 코끼리는 코를 높이 쳐들고 기쁜 환호성을 지르며 숲으로 달려갔다.

"부처님, 큰 코끼리가 사람처럼 크고 작은 일을 시중들 수 있는 것은 사실입니다. 마실 물 씻을 물을 항아리로 길어 오는 것도 이해합니다. 그러나 부처님, 부처님께서 사용하시는 목욕하실 더운물은 어떻게 만들었습니까?"

자리에 다시 돌아와서 앉았을 때 마음속에 의심이 가는 것을 여쭌 것이다.

"아난다! 나무 가지와 가지를 비벼서 불을 만들 수 있는 코끼리에게 더운물을 얻기는 어렵지 않다. 나무 무더기 안에 먼저 큰 돌멩이를 넣어놓고 만들어낸 불씨에서 불을 키우고는 돌멩이가 뜨거워지면 나무작대기로 큰 돌을 굴려서 가까운 연못에 넣는다. 뜨거워졌는지 아닌지 그의 코를 넣어서 조사해보고 준비가 다 되었으면 나 붓다에게 와서 알려준다."

그 큰 제자의 능력을 부처님께서 자세히 알려주셨다.

"오! 여느 사람보다 지혜가 큰 코끼리입니다."

우리들 모두가 한결같이 그를 칭찬을 해주었다. 보통 사람보다 지혜로웠기 때문에 부처님께서 편안히 지내시도록 도와 준 그에게 우리 모두 싸두를 불렀다. 깨끗한 신심으로 올리는 과일 공양 역시 맛이 뛰어났다. 그렇게 같이 간 우리 500명의 비구들이 먹고도 남을 만큼 많은 과일들을 모아왔다.

우리 모두 맛있게 먹는 모습을 보고 그는 기뻐서 어쩔 줄 모를 만큼 좋아하는 표정이었다. 그러나 여느 사람보다 지혜가 뛰어난 그가 여느 사람보다 애착이 큰 것도 사실이었다.

큰 나뭇잎 하나로 부처님께 부채질을 해드리고 있던 그가 부처님과 우리 모두가 자리에서 일어나자 눈동자가 슬프게 젖어갔다. 눈물을 흘리면서 코끼리가 우리들을 따라왔다. 숲 입구에 나서자 부처님 앞을 막아섰다.

"빨리래야까여. 이 숲을 나오지 말아라.
사람들이 너를 해칠 것이다.
그 몸으로는 진리의 도를 닦을 수 없다.
빨리래야까 돌아가라. 이 숲에서 나오지 말라."

"빨리래야까여!
나 붓다는 사람들의 행복을 크게 하기 위해서
여행을 가야 한다.
빨리래야까여! 막지 말아라.
막지 말아라. 빨리래야까여……."

연민심이 가득한 목소리를 큰 귀를 기울여서 듣던 코끼리가 부처님 말씀이 끝나자 땅 위에 무릎을 꿇고 엎드렸다. 눈물을 쉬임없이 떨구면서 그의 긴 코로 부처님 두 발을 쓰다듬으면서 마지막 예배를 올렸다.

"빨리래야까여! 편안히 지내라."

머리를 손으로 쓰다듬어 주시고 부처님께서 떠나시자 우리 모두들도 각기 코끼리에게 인사를 건넸다. 우리들이 그 숲을 벗어나자 큰 소리로 길게 우는 코끼리 소리를 들었다. 가슴이 터져서 죽을 때 내는 소리였다.

Vinaya mahāvagga

꼬삼비의 일이 끝나다

앞으로 다시 만날 일이 없는 코끼리에게 등을 돌리고 떠나온 우리들은 제따와나 정사에 도착했다. 뵙지 못한 기간이 오래였던 부처님을 다시 뵙게 되자 모두의 얼굴이 활짝 펴졌다.

우리들이 도착한 지 오래지 않아서 꼬삼비 비구들이 소식을 듣고 따라왔다. 그들의 나쁜 소문이 곳곳마다 퍼져 있는지라 그들의 소식을 듣자 제따와나 정사 전체가 술렁술렁해졌다.

그 꼬삼비 비구들이 절에 도착하기 전 마하 사리불 테라께서 간다꾸띠(응향각)에 들어가셨다. 마하 목갈라나 테라, 마하 까싸빠 테라 등 큰 제자분들도 차례차례 들어가셨다. 그 뒤에는 나와 라훌라 차례였다.

"부처님, 싸움을 하던 꼬삼비 비구들이 따라왔습니다. 그 비구들에게 저희들이 어떻게 대해야 합니까. 부처님?"

모두가 한결같이 여쭈자 부처님께서 말씀하셨다.

"비구들이여, 담마와디(법의 견해)에 서서 보아라."

당신 말을 듣지 아니한 서운했던 것은 그만두고 오직 법의 견해에 서만 처리하기를 원하셨다. 부처님께서 정하신 계율대로 받아들여 서 쫓아낸 이들이 바르게 법대로 한 것이다. 그러나 허물이 없다고 믿은 이들도 절대로 관계를 안 할 만큼의 나쁜 비구들은 아니다. 꼬삼비 비구 모두가 싸움한 것 외에 다른 큰 허물이 없으며 자기들이 지은 허물을 부끄러워하는 이들이었다.

"부처님, 싸움을 크게 하던 꼬삼비 비구들이 왔습니다. 저희들이 그 비구들에게 어떻게 대해야 합니까. 부처님?"

우리들 뒤의 어머니 고따미께서 여쭈었다.

"고따미여, 양쪽 모두 이야기를 듣고 나서 담마와디(법대로)에 가르쳐 놓은 대로 받아들이시오."

교단의 모두에게 말씀하신 다음 계속 이어서

"장자여, 양쪽 모두에 보시하시오. 양쪽 모두의 이야기를 들으시 오. 양쪽 모두의 이야기를 듣고 난 다음 법의 견해에서 가르치는 것을 받아들이시오."

아나타 장자와 위사카의 여쭘에도 똑같이 대답하셨다. 그래서 도착하기 전에 이미 유명해진 꼬삼비 비구들이 도착했다. 꼬삼비에 서는 부처님조차도 어렵게 하던 그 영웅들은 제따와나 정사에서는 얼굴조차 들지 못했다.

경멸하는 이, 멸시하는 이, 욕하는 이들 틈에서 잔뜩 기가 죽어 있었다. 다른 많은 이들이 경멸하고 욕하는 동안 마하 사리불 테라께서는 그들을 위해 자리를 정해 주려고 생각하셨다. 그러나 이름을 드날린 그들에게 어떤 건물에서도 받아주지 않으려 했기 때문에 부처님께 갔다.

"부처님, 싸움하던 꼬삼비 비구들이 도착했습니다. 그 비구들에게 어느 장소를 주어야 하겠습니까. 부처님?"

"사리불이여, 비어 있는 건물을 주어라."

"부처님, 비어 있는 건물이 없으면 어떻게 해야 합니까?"

"사리불이여, 비우도록 해서 주어야 할 것이다. 어떠한 건물이든지 법랍이 높은 비구에게 잠자리를 막지 말아야 한다. 막는 비구에게 작은 허물을 지운다."

"부처님, 네 가지 시주물을 어떻게 나누어야 합니까?"

"사리불이여, 모든 비구에게 고르게 나누라."

영리하지 못해서 한번 어리석었던 제자들에게 대연민심을 더하여서 말씀해 주시는 것이었다. 연민심의 그늘 아래로 의지하러 온 무리들 가운데 경전을 가르치던 비구가 자기에게 허물이 있는 것을 생각하여서 엎드려 참회하자 그 유명하던 사건이 일단락지어졌다.

Vinaya

약을 잘못 먹은 이

의사가 제조해 주는 약은 세간 사람들의 건강을 도와준다. 커지던 병을 치료해 준다. 그러나 약을 먹는 이가 의사의 처방대로 따라서 먹어야 할 분량과 시간을 잘 맞추어야 한다.

의사의 목적과 양을 모르고 먹게 되면 그 약으로 인한 해독이 생기게 된다. 의사 선생님이 지정해 준 약을 그릇되게 먹는 것처럼 부처님의 계율이라는 약을 그릇 사용하는 비구들을 보여주었다.

왓시국 왜살리 수도 근처 꾸따가라 정사에서 계실 때 15일 동안이나 부처님 혼자서 조용히 계신 적이 있었다. 날마다 공양을 올리는 책임을 맡은 비구 한 사람 외에는 누구도 가까이 가는 것을 허락하지 않으셨다.

그 보름 동안에 많은 숫자의 비구들의 목숨이 사라져 갔다. 그들의 죽음은 그들의 정명(수명) 때문도 아니고 물과 먹을 것이 없어서 굶주려 죽은 것도 아니었다.

날카로운 칼로 잔인하게 목을 쳐서 죽은 것이다. 나쁜 업을 찾던 비구들이 서로 죽여 주기도 하고 다른 이들이 해주지 아니하면 스스로 죽기도 했다. 서로 죽여 줄 이도 없고 자기 스스로도 죽지 못하는 이는 미가란띠까에게 도움을 청했다. 미가란띠까는 가사를 입고 스님들과 같이 절에 사는 사람이다. 그러나 그는 스님도 속인도 아니었으며 부처님이 오시지 않는 기회를 이용해서 붙어사는 이였다. 스님들이 드시고 남은 공양을 먹고 스님들이 버린 가사를 입고 지내는 이였다.

미가란띠까는 스님들을 매일 매일 죽여 주기도 했다. 아주 많을 때는 60명을 죽이기도 했다. 많이 죽이는 날일수록 미가란띠까는 싱글벙글하였다. 그의 칼날 아래 죽어 간 비구들이 그들이 가지고 있던 가사, 발우 등의 소지품을 모두 그에게 주었다. 나중에는 이렇게 죽여 주는 것이 윤회에서 건너갈 수 없는 비구들에게 잘 건너가게 이익을 준다고 생각하게 되었다.

그의 생각대로 스님들을 죽여주는 것을 만족하게 해내는 그가 피 묻은 칼을 번쩍번쩍 휘두르며 절 건물마다 찾아다녔다. 이 건물이 끝나면 저 건물로 건너갔다.

"윤회에서 건너가지 못하는 이가 누구인가? 누구를 건네줄까?"

피 묻은 칼을 쳐들고 묻고 찾고, 찾고 묻고 다니면서 많은 목숨을 죽이는 일을 즐겨하고 다녔다. 그 피 묻은 칼을 볼 때마다 나의 가슴은 두근두근했다. 그의 목소리는 저주스러운 새 울음소리 같았다. 그렇더라도 내가 그를 막을 수 없었다.

부처님께서 주신 부정관을 하던 이들이 한쪽으로 치우쳐 있는 것을 불쌍히 여기는 일 외에는 달리 할 길이 없었다. 갈망과 탐심의 괴로움을 받던 그들에게 부처님께서 시간이 날 때마다 여러 번 부정관을 설해 주셨다. 자기와 남의 몸에 좋아하고 집착하는 이들에게도 부처님께서는 부정관 수행을 설해 주셨다.

잘 수행하면 그 수행이 크게 이로움을 주게 된다. 자기와 남의 몸에 집착하고 좋아하는 애착과 욕심의 위험이 멀리 사라지게 된다. 그러나 그 비구들은 위험이 없는 곳을 벗어난 것이 아니라 죽음의 잔치에만 참석하게 된 것이다.

깨끗이 목욕하고 잘 단장한 젊은이들이 뱀이 죽은 것, 개가 죽어서 썩은 것을 보고 혐오하듯이, 그들은 그들의 몸을 혐오하고 더러워했던 것이다. 그래서 그릇된 길로 들어서게 되었던 것이다.

※

부처님께서 가르쳐 주신 부정관은 이 몸의 더러움을 보는 것만이 끝이 아니다. 갈망과 탐심이 덮어 썩어 집착하고 애탐하는 몸의 원래 성품을 잘 알아서, 이 몸보다도 훨씬 더 많이 혐오스럽고 경멸스러운 마음속의 혐오스러운 것(아수바)을 볼 수 있어야 한다. 그렇다. 우리 몸에 아홉 구멍이 있다. 그 다음 셀 수도 없을 만큼 많은 털구멍 땀구멍이 있다. 그 크고 작은 구멍으로 날마다 시간마다 쉬임없이 흘러나오는 것은 아름답지 못한 찌꺼기 때이다. 이것이 이 몸의 실체인 것이다.

이 몸속에서 더러운 것들이 쉬임없이 흘러나오는 것은 어느 누가 괴롭혀서가 아니다. 어느 누가 마음 불편하도록 해서도 아니다. 자기가 먹고 마신 음식물 가운데서 이 몸에 필요한 것은 받아들이고 필요하지 아니한 것, 쓰레기들을 밖으로 내 보내는 것이다.

그 스스로 제 성질대로 진행되는 몸인 줄 이해한다면 우리들이 이 몸에 탐닉할 필요도, 더러워 할 필요도 없다. 혐오스러워 한다고 해서 그것을 빼어낼 수 있는 것은 아니다. 이 몸에 관해서 부분부분 구석구석 자세히 아는 것(빠린냐 깨이싸)만이 필요한 것이다.

먼저 앞에 있는 갈망을 원인으로 해서 비킬 수 없이 얻은 이 몸은 선업(꾸살라)도 아니고 불선업(아꾸살라)도 아니다. 선불선업을 벗어난(아비아까따) 일일 뿐이다.

태어나고, 늙고, 병들고, 죽어야 하는 위험들의 무더기일 뿐이다. 전생의 갈망으로 생겨나서 지금 갖가지 고통을 만나는 것처럼 지금 다시 갈망을 키우게 되면 갖가지 고통을 원하는 것이 된다.

이러한 뜻을 잘 아는 부처님 등 아리야 선한 분들은 갖가지 고통을 모아 놓은 덩어리인 이 몸을 사실대로 바르게 보아서 다음에 다시 더 원하는 것 없이 지내신다. 그렇게 지내는 것이 현재 곧바로 고통에서 벗어나는 것이다. 높고 선한 이들이 찾는 일인 것이다.

❧

양 극단에 치우치지 아니한 바른 길 그대로만 잘 닦아 나가면 그 비구들이 지금처럼 무더기 무더기로 죽음에 들지는 아니했을 것이다. 둑카를 벗어나 위험 없는 조용하고 평화로운 수행자들의 호사를 누릴 수 있었을 것이다. 그러나 그 딱한 이들은 큰 교단의 가르침과는 멀리 비켜난 것이다.

이 몸에 좋아하고 집착하는 것은 한 가지 극단이다. 그 극단에서 벗어나기 위해 혐오스러워 하고 좋아하지 아니함만 거듭거듭 생각한다고 벗어날 수 있겠는가?

좋아하고 탐닉하는 것도 한쪽 끝이듯이, 싫어하고 혐오하는 것도 화냄의 한 가지로 다른 한쪽 끝이 된다. 좋아하고 탐닉하기 때문에 고통을 만나는 것처럼 싫어하고 혐오하는 것도, 나쁜 것이라고만 생각하는 것도 고통을 생기게 하는 나쁜 업의 한 가지이다.

우리 대중들은 첫 번째 한쪽 끝을 넘어서도록 특별히 노력을 기울였다. 그렇게 노력함에 지혜가 곁들이지 아니했기 때문에 다음 한쪽 끝을 만나게 된 것이다. 바깥 아수바(몸의 더러운 것)에서 다음 단계 안쪽 아수바(마음의 더러움)로 바꾸지 못했기 때문에 시체만이 쌓이게 되었던 것이다.

보름이 지난 다음 부처님께서 비구들의 친견을 허락하셨다. 그러나 부처님을 뵈러 간 비구들의 숫자가 조금뿐이었다. 그러자 오랜 날 삼켜 두었던 말들을 부처님께 사뢰었다.

"부처님, 무더기 무더기로 죽어간 비구들을 원인으로 해서 제자 간청하옵니다. 부정관이 아닌 다른 수행법으로 아라하따 팔라에 이르도록 해주십시오."

나의 청함을 부처님께서 받아들이셨다. 사띠 삼빠자나(지혜로 잘 아는 것)가 함께 하지 아니하면 이익이 적은 아수바 까마타나(부정관 수행)에서 수식관으로 바꾸어 주셨다.

  그 다음에는 사람들의 목숨을 죽이지 말도록, 죽이려고 생각도 말아야 할 것으로 금하셨다. 범하게 되면 교단에서 스님 자격을 박탈당하는 계(세 번째 큰 계)를 정하셨다.

Vinaya mahāvagga

라훌라와 아버지

배가 아픈 병으로 고통 받던 어머니를 위해서 망고 즙을 드시도록 주선해 준 아들 라훌라, 그러나 그가 직접 걸식하러 가지 않았던 그날은 누구도 그에게 공양 한 그릇 보내는 이가 없었다. 아침부터 저녁까지 라훌라 혼자서 방안에서 아픔을 참고 있어야 했다. 그날은 라훌라가 태어난 날이었다. 어머니에게 한 차례, 아버지에게 한 차례 찾아가서 뵙고 시봉해 드리던 라훌라가 열여덟 살이 되었다. 그 아버지에 그 어머니를 모시고 태어난 아들이니 그 역시 무척이나 잘 생겼다.

그날 아침 걸식하러 갈 때 부처님께서 라훌라 혼자만 뒤따르도록 데리고 가셨다. 이렇게 특별한 행동이 있으면 특별한 목적이 있을 것임을 아는 나는 뒤에 남아 있었다. 앞서 가시고 뒤따르는 그 두 분이 우리들 앞에서 천천히 떠나갔다. 황금빛이 찬란한 큰 배

뒤에 작은 배 하나가 큰 연못 안에서 앞서거니 뒤서거니 흘러가듯이 보였다.

내 마음속을 푹 적셔 주는 듯한 장면이었다. 우리들이 그 황금 돛단배 두 척을 마음 놓고 흐뭇하게 바라보는 동안에 작은 황금배가 그의 앞에 가시는 큰 황금배를 자세히 지켜보았다.

팔 다리 발까지도 자세히 살펴보았다. 깨끗하고 밝게 빛나는 황금 같은 피부에 훤출하게 빼어난 체격, 보아도 보아도 싫증나지 않을 만큼 아름다운 모습이다. 자기 몸만 바라보고도 흥미 있어 할 수 있는 그는 열여덟 젊은 나이가 아니겠는가.

※

"갈망을 앞세워 가는 길, 그릇된 발걸음으로 태어난 이 세상에 이것으로 만족하여 다시 태어나지 말라.……"

전에 이렇게 가르치셨다.

그 말을 라훌라가 자기 몸을 스스로 좋아하느라 잊어버린 것이다. 처음 절을 나설 때는 앞서거니 뒤서거니 따라가던 라훌라를 뒤에 나선 우리들이 길 도중에서 만났다. 앞에 가셨던 부처님께서는 사왓띠 수도에서 걸식하고 계실 것이다. 라훌라 혼자서 나무 아래 조용히 앉아 있었다.

사미가 된 초기에 이런 모습을 보았다면 그 아버지에게 삐쳐서 남아 있는 것이라고 생각할 수도 있었다. 그러나 지금 라훌라는 어린 꼬마 사미가 아니다. 머지않아서 비구가 될 사람이다. 원래 마음이 낮지 아니하여 고상하지만 나이가 찬 사미로 혼자 남아 있는 것은 어느 한 가지 두려운 생각 때문일 것이다.

부처님께서 아무 이유 없이 그대로 버려두시는 것은 아닐 것이다. 아름다운 보배로 잘 꾸며진 돛단배에 물구멍 하나가 생기자 금방 때워서 막는 것처럼 라훌라의 잘못 생각함을 금방 막아주신 것이다.

다섯 가지 덩어리의 모임일 뿐인 이 몸 오온에 '나, 나의 것'이라고 보지 말고 집착하지 말아야 한다고 설해 주셨다. 이에 라훌라가 훔친 보따리와 함께 상투를 잡힌 도둑처럼 두려운 마음이 생겼을 것이다.

그 두려움과 함께 잊고 있던, 전에 들었던 법문이 되살아나서 혼자 나무 아래 앉아서 아마도 몸과 마음을 잘 관찰하고 있을 것이다. 우리들이 걸식하고 돌아올 때 나무 아래에 라훌라는 없었다. 길 도중에서 돌아갔으니 그의 발우에는 밥 한 숟갈도 들어 있지 않을 것이다.

공양하는 곳에서 대중 스님들과 같이 공양을 하는 동안에도 나의 마음은 라훌라에게 가 있었다. 방안에서 담마에 집중하고 있는 라훌라는 그에게 오는 몫의 공양 한 숟갈조차 먹지 않았다. 그에게 공양을 보내라고 시키시려나 하고 자주자주 바라보았지만 부처님께서는 어느 한 마디 말씀도 없으셨다.

부처님 말씀이 안 계시면 어느 누구도 감히 보낼 수 없다. 라훌라가 오늘 공양을 들지 아니한 것을 부처님께서 알고 계신다. 공양하는 동안 줄곧 생각하던 그 일에 대해서 내가 더 자세히 알게 된 것은 저녁 무렵이었다. 그날 아침 라훌라는 음식이라는 영양분을 먹지 않았지만 그보다 훨씬 높은 담마의 자양분을 먹었던 것이다.

 그것을 주신 분은 그의 우빠사야 스승님 마하 사리불 테라이셨다. 오전에 공양하러 갈 때 그분께서는 그분의 습관대로 뒤에 남아 계셨다. 우리 대중들이 모두 나가는 시간에 정사를 다니시면서 둘러보신다. 쓰레기가 있으면 치우고 깨끗하지 못한 곳은 비질을 하신다. 제자리에 놓이지 아니한 물건은 잘 정리하신다.

 나무 아래 조용히 앉아서 수행하던 라훌라를 우리들 모두 조심스럽게 비켜 갔다. 그의 아버지가 직접 주신 것이니 우리들이 어느 한 가지라도 참견하는 것은 적당치 않았다.

 그러나 마하 사리불 테라께서는 그의 전계사 스승님이시다. 그래서 우리들처럼 그냥 비켜 지나치시지 아니하고 아나빠나 까마타나(수식관) 수행법을 주셨다. 자기의 내쉬는 숨과 들이쉬는 숨에 차례대로 따라서 알아차리는 수행이다.

 라훌라는 음식의 영양분 대신 이 수식관 수행의 영양으로 조용히 수행을 하고 저녁 무렵에 부처님께 왔다. 그때 나와 같이 만나서 낮에 있었던 일을 이야기한 것이다. 우빠사야 스승님의 가르침대로 라훌라는 수식관으로 하루를 보냈지만 원하는 목적에 이른 것 같지는 않았다.

 "부처님,

 수식관 수행을 이익이 크도록 어떻게 수행해야 합니까?"

 아들 되는 이가 알고 싶은 것을 여쭈었다. 그러나 아버지가 아들 라훌라의 원함을 따르지 아니하셨다. 아들이 여쭌 수행법을 대답하시지 아니한 채 그보다 더 중요한 수행을 설해 주셨다.

"라훌라여! 나 붓다의 몸과 연결해서 '나는 아름답다, 보기가 좋다'라고 생각지 말라. 네 몸을 자세히 보아라. 털, 손톱, 발톱, 창자 등 메스꺼울 만큼 혐오스러운 무더기 무더기일 뿐이다. 몸의 기초 뿌리를 조사해 보면 흙의 성분(빠타위 다뚜)과 물의 성분(아뽀 다뚜)들이 덮어씌우고 허공의 성품(아까사 다뚜)이 사이사이에 있다.

다섯 가지 무더기일 뿐인 이 몸을 '나, 나의 것'이라고 집착할 것은 어디에도 없는 것인 줄 알아야 한다."

"라훌라여! 더러운 것들과 관계될 때 흙, 물, 바람, 불, 이 네 가지 성품들에 더러운 것은 더러운 대로, 혐오스러운 것은 혐오스러운 대로 그 성품 그대로 똑같이 조용히 놓아두어서 수행해 가면, 좋아함이나 싫어함이라는 부딪침들이 너의 마음속을 덮어씌우지 아니할 것이다."

갈망과 욕심의 진흙 수렁에 눈이 홀려서 따라가던 라훌라에게 대연민심으로 바른 길로 이끌어주신 것이다.

※

바른 길로 들어선 라훌라가 나이 스무 살이 채워지자 비구가 되었다. 새 비구인 라훌라의 얼굴은 깨끗하니 맑았다. 아버지에게 가르침을 받아서 이 교단 안의 생활에 즐거워하는 좋은 증거이다. 아라하따 팔라에까지 이르게 할 수 있는 기초적인 마음이 천천히 일어나기 시작하는 모습이었다.

   활짝 활짝 피어날 날을 기다리던 라훌라 연꽃송이가 어느 날 낮에 햇빛과 딱 알맞게 만나게 되었다. 햇님 왕의 친척이신 부처님께서 공양을 드신 다음 안다와나 숲으로 가셨다. 라훌라도 깔개를 어깨에 얹고서 떨어지지 않고 바싹 따라갔다.

   그전에 걸식하러 갈 때처럼 그의 앞에 천천히 옮겨가시는 큰 황금산을 자세히 바라보면서 따라갔다. 그러나 그 황금산에서 그 팔, 그 다리, 발들은 바라보지 않았다. 큰 황금산과 이어진 작은 황금산의 아름다운 모습에 즐거워하는 모습이 아니었다.

   뒤에 따라가면서 자세히 바라보는 모습이 예전처럼 나의 아버님이라는 생각으로 보는 것이 아니라 활짝 피기 직전 뭉쳐진 지혜를 활짝 피도록 햇볕을 쬐어 줄 은혜로운 분으로서 존경하고 존중하는 모습이었다.

⚘

   나의 마음에 웃음을 떠올리게 하는 라훌라, 스승님의 말씀은 작은 것 하나도 어기지 않고 따르는 라훌라, 이 교단 전체가 그를 아끼고 귀여워해 주지만 조금도 교만심이 없이 차분한 라훌라, 그 라훌라가 앞서거니 뒤서거니 하는 지혜로 부처님 뒤를 따라간다.

   안다와나 숲에서 돌아올 때 아버지와 아들 두 사람 모두 아라하따 팔라의 똑같은 위치가 되어서 돌아왔다. 라훌라에게 아라하따 팔라에 이르도록 이끌어간 법문이 전에 말씀드린 것과 같다.

   이 몸 위에 '나, 나의 것'이라고 취할 것이나 가질 것이 없음을 설하셨다. 그 뜻을 분명하게 하려고 네 가지 성품과 아까타(허공)의 성품으로 비유를 들어 주셨다.

지금 안다와나 숲에서도 그 법의 뜻을 여섯 가지 종류와 다섯 무더기를 자세하게 구분해서 설해 주셨다. 눈(쌔쿠), 보이는 대상(루빠), 안식 작용(쌔쿠윈냐나), 닿음(파싸), 느낌(왜다나), 생각(산냐), 생각의 구성(상카라), 인식 작용(윈냐냐) 등을 한 무더기로 하여 눈에도 다섯 무더기, 코·혀·몸·마음에도 다섯 무더기씩 구분하여서 설해 주셨다.

신심, 노력, 알아차림, 선정, 지혜, 이 다섯 가지 능력(인드리야)이 성숙해 있었다. 라훌라가 묻는 것마다 자세하고 정확하게 대답해 주셨다. 그 법문으로 라훌라의 비구 수행자로서의 일도 끝이 났다고 한다.

❦

어렸을 때 라훌라는 자기 혼자만이 부처님의 아들이라고 생각했었다. 지금 수행자의 일을 끝마치고 나서 아버님 곁에는 아들들이 셀 수도 없을 만큼 많은 것을 보게 되었다.

부처님께서 '나의 피, 나의 아들'이라는 뜻으로 특별한 기회를 준 것은 아니다. 그 많고 많은 아들들과 똑같이 아버지의 담마의 유산을 주신 것이다.

지금 얻은 이 유산은 전에 그의 어머니가 달라고 시킨 유산보다 백배 천배 만배 더 높다. 그 유산을 얻었기 때문에 일평생 뜨거운 번뇌 없이 원래 그대로 마음 편안하게 지내게 된 것이다. 써도

다함이 없고 주어도 끝이 없는 보배 황금 항아리를 이번에는 간청함도 없이 얻었던 것이다. 그래서

"이마리라는 새가 자기 알을
떨어짐 없이 언제나 보호하듯이,
싸마리 짐승이 자기 꼬리털 한 올도
빠지지 않도록 보호하듯이,
지혜가 성숙하고 계율이 구족한
높으신 그분이 언제나 보호해 주셨구나."

하고 라훌라가 자주 자주 읊었다.
　아버님의 유산을 분명하게 손에 잡은 라훌라는 스승님의 교훈을 금방 받아들여서 행하였기 때문에 수행을 가장 존중하는 부분에 제일가는 사람이라는 특별한 칭호를 받았다.

Anguttara aṭṭhakathā
Rāhulathera uṭṭhu

동생 때이사

부처님의 친아들 라훌라가 교단에 들어오는 모습을 말씀드렸고 이제 우리 사까 종족 가운데 다른 한 사람을 말씀드리겠다.

사까 종족의 이름을 드날린 오다나 다섯 형제 가운데 막내 누이 아미따께서는 우리들이 가는 곳마다 등장하는 유명한 때이사의 어머니이시다. 그러나 그분의 큰아들이 가사를 입은 것은 다른 이들의 신심을 우러나게 하지 못했다.

그 때이사는 나의 동생이기는 하지만 나이가 많이 차이가 나는 것도 아니다. 나와 놀이친구이기도 하지만 한 가정에서 자랐던 부모님의 영향으로 함께 커왔다.

이렇게 세속에서 함께 지냈던 때이사는 내가 교단에 들어올 때는 연결이 끊어졌다. 동생 난다, 동생 받디야, 동생 아누루다 등 유명한 사까 종족의 젊은이들이 출가할 때도 그는 함께 오지 않았다. 그의 조카 아이 라훌라가 삭발할 때도 역시 없었으며, 그 다음 마하 빠자빠띠 고따미 한 무리가 떠나올 때도 그는 그대로였다. 그러나 언제나 있을 것으로 여기던 재산들이 그를 버리고 떠나자 설 곳이 없어졌다.

재산이나 권력이 없으면 아내와 자식조차도 귀히 여겨 주지 않는다. 불쌍히 여겨서 동정심으로 말한다면, 그가 자기들 생에 원수 갚으러 왔다고 생각하는 정도이다. 이 넓은 세상에서 그에게는 하루의 끼니조차 없었다.

신심으로 왔든지 세상에 살지 못하여서 왔든지 오는 대로 이 교단은 모두 환영한다. 들어올 때의 이유가 좋았던지 나빴던지 중요하지 않다. 중요한 순간에 이 교단에 의지하러 들어올 줄 안 것만도 다행이다.

다만 이 교단에 들어와서 잘 지낸다면 교단을 위해서나 자신을 위해서 다행한 일이다. 그러나 그렇게 썩 훌륭하게 들어온 것이 아닌 나의 동생 때이사는 행실도 그렇게 잘 지내는 것이 아니었다.

우리 교단에는 속세에 살 때의 위력으로 특별한 기회를 받는 이는 절대로 없다. 혈통, 재산, 학문, 지혜들이 이 교단에서는 조금도 자리를 차지하지 못한다. 마지막 선정 도과를 넘은 사람들조차도 상가 대중 서로서로의 관계에서 특별한 기회라는 것은 없다. 절하고 자리를 펴드리는 것, 여행 마중하는 것 등 스님들끼리 해야 하는 크고 작은 의무와 책임들을 법랍 순서대로 받는 것이다.

부처님께서 허락하신 대로 크고 작은 도리와 책임을 법랍이 많은 마하테라들께서 받는 것은, 받는 이나 해야 하는 이에게 선업이 커지는 것이다. 그러나 받을 권리가 없는 이가 분수를 모르고 받으려고 한 것이 제따나와 정사 전체를 시끌시끌하게 했다.

부처님의 동생, 나의 동생 때이사는 속세에 살 때 누구도 어려워하지 않고 쉽게 살았던 그대로 교단에 들어와서도 조금도 나아지지 않았다. 이때 때이사의 처지로서는 절에 있는 모든 스님이 예배드리고 머리 숙이고 무릎 굽혀서 예의를 갖추어야 할 분들 뿐이었다. 그러나 그는 그렇게 절도 예배도 공손하지 않았다.

'내가 부처님의 친척'이라는 교만심으로 얼굴 두텁게 지냈다. 이렇게만 지냈더라도 큰 문제가 생기지는 않았을 것이다. 대중 스님들이 그의 태도를 좋아하지 않았지만 조금도 업신여기지는 않았다. 부처님의 얼굴만 조용히 지켜보고 있었다. 어느 날인가 그의 형님 부처님께서 아신다면 고쳐 주시겠지 하고 마음에 두지 않았을 때 그 문제가 생기고 만 것이다.

내 동생 때이사는 다른 분들에게 머리 숙여 절하지 아니하면서 다른 이들이 그에게 절하는 것만 심하게 원했다. 스님네끼리 만나면 그가 법랍이 높은 것처럼 떡 가부좌를 틀고 앉아서 상대방이 절하도록 기다린다.

그러나 제따와나 정사에 머무시는 스님네들이 그의 소원을 채워 줄 리 없었다. 그가 계 받은 날짜를 알기 때문에 모두 슬며시 웃고 비켜 가곤 했다. 그러나 같이 지내는 스님들은 그렇게 비켜 가더라도 금방 도착한 객스님네들은 그 때이사 앞에 단정하게 앉는다.

장소는 제따와나 정사의 객스님을 받는 곳, 오는 대중들에게 법을 설해 주는 법당의 상석에 높게 펴놓은 자리, 그곳에 점잖은 모습으로 떡 버티고 앉아 있는 나의 동생 때이사, 다행히 객스님께서 질문이 빨라서 그에게 절하기 전이었다.

걸맞지 않게 올라 앉아 있는 때이사를 법상에서 쫓아내며 야단치는 일로 발전되었다. 객스님이 그만 하고 끝내려는데 때이사가 불만을 터뜨리자 일이 제대로 되어 갔다.

"나는 땅과 풀의 주인, 나는 왕의 혈통, 나 같은 분을 너희들 같이 길가 돌 틈에 자라난 마른 풀 같은 존재들이 야단을 치느냐? 화를 내느냐? 너희들 전부를 하나도 빠뜨리지 않고 이 교단에서 쫓아내게 하리라."

씩씩거리며 중얼중얼하던 때이사가 부처님 계신 곳으로 재빨리 갔다. '나'라는 교만심으로 다른 이를 원수로 삼는 중에 눈물이 줄줄 흘러내렸다. 다른 이를 원수로 삼으려는 목적으로 그의 화냄, 그의 교만심이 먼저 그 자신부터 원수로 만들었다.

"때이사, 무엇 때문에 눈물이 줄줄 흐르는 아름답지 못한 얼굴이 되었는가?"

모든 일을 다 아시는 부처님께서 그의 태도를 확실하게 하려고 물으신 것이다.

"부처님, 시골 벽지에서 올라온 이 비구들이 저에게 야단치고 욕하였습니다. 법당 안에서 저를 몰아냈습니다."

때이사가 꺼억 꺽 서럽게 눈물을 흘리면서 여쭈었다. 객스님들이 그의 뒤를 따라갔기 때문에 쉽게 손가락으로 가리켜 보일 수 있었다. 참을 수 없어 눈물을 줄줄거리며 부처님께 간 것을 속으로 기뻐하는 듯한 표정이었다.

속세에서는 자기 동생과 모르는 이들이 싸웠다면 잘잘못이 문제가 아니라 우선 자기 동생 편을 들어서 모르는 이에게 무조건 화를 내며 원수를 삼았을 것이다. 때이사 역시 그럴 것이라고 기다렸던 것이다.

그러나 그의 형님께서는 속세의 보통 사람이 아니셨다. 세상을 벗어난 출세간 법의 왕이시다. 친척에 대한 집착은 커녕 당신 몸에조차 집착하지 않는 마음이 깨끗하신 분이 동생 때문에 모르는 비구에게 위협을 하겠는가?

교단에 들어온 이는 모두 부처님의 친아들같지 않는가?

"때이사, 너보다 큰 객스님에게 맞이하는 인사를 하였느냐?"

객스님들에게 어떤 허물도 않으신 채 동생의 허물이 분명하도록 질문을 하신 것이다.

"하지 않았습니다. 부처님."

생각과는 달라졌으므로 때이사는 조그만 소리로 대답하였다.

"객스님의 가사와 소지품들을 받아 주었느냐?"

"받아 주지 않았습니다. 부처님."

"앉을 자리를 준비해 주었느냐?"

"자리를 펴 주지 않았습니다. 부처님."

"두 손을 합장하고 절을 했느냐?"

"하지 않았습니다. 부처님"

때이사는 상가 의무를 어느 것 하나 행하지 않았기 때문에 부처님의 말씀이 계실 때마다 머리를 숙이고 있었다.

"때이사, 이 교단에서 지내는 비구가 맞다면 이런 의무를 잊지 말아야 한다. 실행하여야 한다. 이런 행을 하지 않으면 절 안에 살지 말아야 한다. 허물 지은 너 스스로가 허물이 없는 이 비구들에게 공손하게 엎드려 절하면서 용서를 구하여라."

가고 오는 모든 행동을 자세하게 일러주었는데도 동생 때이사는 쉽게 따라 하지 못했다. 시골에서 온 비구 스님들에게 마음이 불편했기 때문에 형님 부처님의 명령조차 받아들이지 않았다.

이에 부처님께서 원수를 삼으면 원수가 더해지는 것, 원수를 갚지 아니함만이 원수가 없어진다는 이야기들과 함께 법문을 해주셔야 했다. 거기에서 그들의 일들이 조용해져 갔다.

※

법문 한 자락을 잘 듣고 나서 때이사는 비구 스님들의 해야 할 의무를 법에 맞게 잘 하게 되었다. 크고, 적고, 중간의 모든 대중들과 적당하게 지낼 수 있었다. 그러나 그의 마음과 몸은 품위 있게 잘 지내지 못했다.

교단에 처음 들어온 것부터가 신심이 반듯해서 온 것이 아니었다. 지금은 큰형님 부처님의 법문을 듣고서 신심이 조금 생겼다. 그 신심은 지혜와 함께 해야만 항상 오래 튼튼해질 것이다. 그러나 그때 지혜 없이 신심만 있었기 때문에 그 딱한 이는 목표 없이 아무 일에나 고개를 끄덕이는 격이 되었다.

"스님들, 저의 몸이 매우 무거운 것 같습니다. 사방조차 구분할 수 없습니다. 경전을 배우는 것, 외우는 것도 할 수가 없습니다. 저의 마음이 뒤로 물러나는 것 같습니다. 교단의 짐을 제대로 져서 법을 얻을 수나 있겠는가 하고 의심이 듭니다."

정확한 목적 없이 흔들거리는 때이사가 잘 쓰는 말이다.

전처럼 질서 없는 태도는 없어졌지만 이런 중얼거림을 자주자주 들어야 하는 스님들께서는 귀가 질려버렸다.

그러나 지금 동생 때이사는 부처님께서 말씀하시는 가르침에 어느 한 가지 의심이 없다. 사람을 존중하게 되었기 때문에 법도 존중하게 된 것이다. 그러나 이 법을 내가 얻기나 하겠는가 하고, 나를 연결해서 생각하여 의심이 생긴 것이다.

법을 법대로 깨끗하게 보지 못하면, 보도록 가르치는 스승님의 말씀을 자기 지혜로 받아들이지 못하면 윤회의 굴레에서 돌고 도는 것이다.

동생 때이사는 '너'도 넣지 말고 '나'도 섞지 말고 있는 성품 그대로의 담마에 나라고 집착해서 어지러이 생각하기 때문에 의심이 든 것이다.

'담마를 내가 얻기나 하려나?'라는 의심을 그냥 보통으로 생각하면 자기에게 의심이 들어온 것이라고 생각할 것이다. 그러나 자세히 살펴보면 '이 담마를 내가 얻기나 하려나?' 하고 생각하는 것과 동시에 이 가르침 전체에 의심을 하는 것이 된다. 이 교단의 영역에 가까이 들어온 것만도 '나'라는 대문을 잘 열어젖힌 것이 아니겠는가?

이 교단에 들어와 수행자가 됨은 이 생에, 이 몸으로, 이 가르침을 전적으로 따르기 위해서이다. 동생 때이사는 '나'라는 대문을 스스로 끌어당겨서 꼭 닫아 놓고 있으니 이 교단의 생활에 즐거워하지 못하는 것은 당연하지 않겠는가?

원인에 맞게 따라서 생겨나는 결과일 뿐인 것이다. 그의 앞에 닫아놓은 아집의 대문을 우리 모두가 같이 열어 주려고 노력했다. 할 수 있는 만큼 도움을 주었다. 그러나 정작 그 본인은 그의 대문에 큰 빗장을 걸어 닫아 놓았기 때문에 어떻게 할 수가 없었다.

우리들로서는 도저히 그 의심을 풀어줄 수 없었기 때문에 결국은 부처님께 말씀드렸다. 시간이 되기 전에는 그냥 지나치셨던 부처님께서 때가 되자 그 동생을 부르셨다.

"때이사, 스님들이 말하는 대로가 사실인가?"

"사실입니다. 부처님, 저는 이 교단의 생활이 즐겁지 않습니다."

동생 때이사가 숨김없이 모두 여쭈었다.

부처님 앞에 갔을 때까지 '나'의 대문은 굳게 닫혀 있었다. 그의 마음속 어디에든지 '나'가 섞여서 어지럽더라도 사실 '나'라고 집착할 일은 어느 한 가지도 있지 않았다. '법을 알다. 담마를 얻었다'고 하는 것은 법을 '너와 나'가 아는 것이 아니고 '너와 나'가 얻는 것이 아니다. 법을 법대로 아는 것뿐이었다.

달리 말하면 알았다는 것이 '너와 나'를 섞지 아니한 법일 뿐인 것처럼, 지혜라는 것 속에 '너와 나'를 섞어서 집착하지 않는 성품 그대로일 뿐이다. 담마를 담마 그대로 볼 수 없고 알지 못하여서 마음속이 뜨겁게 끓던 때이사에게 그의 형님 부처님께서 오온을 기초로 하여 견해를 깨끗이 하여 마음속이 시원해지도록 법을 보여주셨다.

"때이사여, 몸(루빠), 느낌(웨다나), 생각(산냐), 생각의 구성(상카라)과 인식작용(윈냐나), 이 오온 다섯 가지에 집착하여 그 다섯 가지가 변하고 바뀌어질 때 걱정, 근심, 통곡의 깊은 고통을 받는 것이 생기지 않느냐?"

"생깁니다. 부처님."

"그래, 잘한다. 때이사, 싸~두 … 싸~두 …"

'나'가 아닌 이 오온에 '나'라고 그릇 생각하여 '나의 고통'이라고 생각하는 것을 사실대로 대답하자 부처님께서 싸두를 불러주신 것이다.

"때이사여, 몸, 느낌, 생각, 생각의 구성, 인식작용이라는 이 다섯 가지 덩어리에 집착함이 없으면 이 다섯 가지 덩어리가 변해지고 바뀌어서 사라질 때 걱정, 근심, 통곡하는 심한 고통, 마음의 슬픔을 느끼겠느냐?"

"느끼지 않습니다. 부처님."

"싸~두 … 싸~두 … 때이사여."

'나'가 아닌 다섯 가지 덩어리를 '나'라고 집착하지 않으면 '나의 고통'에서 벗어나는 모습을 대답하자 부처님께서 칭찬해 주셨다.

다시 이어서

"때이사여, 그 다섯 가지가 모인 덩어리가 무상인 것, 과거, 미래, 현재, 안과 밖, 거칠고 부드러움, 저속한 것과 높은 것, 가까운 것과 먼 것으로, 이 11가지 방법으로 모아 놓은 것이 바로 다섯 가지 덩어리이다. 이 다섯 가지가 '나도 아니요 나의 것도 아님'을 사실대로 바르게 지혜롭게 보아야 한다."

"때이사, 이처럼 보는 나 붓다의 제자들은 이 다섯 가지 덩어리를 혐오하여서 탐닉과 집착이 없는 닙바나를 본다. 닙바나를 본 '막가 냐나(도의 지혜)'에서 벗어난 '팔라 냐나(과의 지혜)'가 생겨난다. 팔라 냐나가 생겨난 다음 자기의 팔라 냐나를 돌이켜 생각해 보는 지혜(빳짜왜칸나 냐나)가 생겨난다.

네 가지 도, 네 가지 과를 차례대로 얻어서 높고 높은 성인의 지혜를 성취하여 입태할 일이 끝이 난다. 수행해야 할 것은 모두 해 마쳤다. 모든 할 일이 끝난 것이다. 닙바나를 얻기 위해서 달리 해야 할 일은 없다라고 사실대로 바르게 안다."

이때 싸두를 부른 이는 동생 때이사였다. 형님 부처님의 질문을 대답하면서 '나, 나의 고통'에서 벗어나는 길이 처음 보이기 시작한 것인가?

"때이사여, 길에 능숙한 이, 길에 능숙치 못한 이, 이런 두 사람이 있다. 길 모르는 이가 길 아는 이에게 가서 길을 묻자 대답한다. 오! 친구여 오너라. 이 길이 네가 가려는 길이며 도착하려는 길이다. 그 길대로 따라가면 두 가지 갈래 길이 나타날 것이다. 그 두 갈래 길에서 왼쪽으로 가지 말고 오른쪽으로 따라가면 깊은 숲이 나타날 것이다.

다시 계속하여 가면 큰 늪이 나타나고 그 늪을 피해서 돌아가면 깊은 골짜기가 나타날 것이다. 그 절벽을 넘어서 내려가면 아름답고 편안한 땅을 만나게 될 것이다."

길이 보이기 시작한 때이사에게 부처님께서 길 전체를 눈앞에 선명하게 가르쳐 주셨다. 그러나 그 길은 발로 걸어서 가야 하는 길은 아니다. 알기 쉽고 보기 쉽게 비유를 들어서 보여준 것이다. 그래서

"때이사여, 이 비유는 담마를 확실하게 알게 하려고 나 여래가 보여 놓은 것이다. 비유와 실제, 두 가지를 잘 들어서 알게 하려는 것이다.

길 모르는 이는 범부이며 길을 잘 아는 이는 번뇌를 멀리한 나 여래이다. 길 두 갈래는 이런가 저런가 헐떡거리는 의심이다. 왼쪽 길은 팔정도의 반대되는 삿된 길이다.

오른쪽 길이란 바른 견해 등 여덟 가지 바른 길이다. 깊은 숲이란 무지, 아름답다고 생각하면 여지없이 빠져 들어가는 늪은 다섯 가지 대상 깜마 오욕락이다.

머리 아래로 간과 창자가 놀라 떨어질 만한 절벽이란 불꽃처럼 타오르는 화냄의 마음이다. 아름답고 편안한 땅이란 그 화냄, 그 깜마락, 그 의심을 벗어난 닙바나이다."

"때이사여, 이 교단 안에서 기꺼운 마음으로 지내라. 닙바나에

이르는 길을 자세히 가르쳐 준 나 붓다의 가르침, 나 붓다의 도움으로 교단의 책임을 즐겁게 져 나가라."

"그렇습니다. 부처님, 제자 즐거운 마음으로 실행하겠습니다."

이 교단의 생활에 즐거워하지 않는 동생 때이사에게 형님 부처님께서 게으르지 말라고도 아니하시고 신통의 힘도 쓰지 않으셨다.

'법을 내가 얻기나 하려나?' 하는 나의 집착, 나의 고통에서 벗어나는 길을 가르쳐 주는 것으로 동생 때이사가 부처님 뒤를 따라가도록 이끌어 가시는 것이었다.

가르쳐 준 길을 따라서 물러나지 않는 노력과 즐거운 마음으로 걸어가서 형님 부처님 앞에 출세간 지혜로 가까이 오는 동생 하나를 만들어 낸 것이다.

Dhammapada aṭṭhakathā

형님 마하나마

나의 형제들 가운데 마하나마가 가장 큰 형님이다. 까뻴라 수도에 부처님께서 처음 가셨을 때 소따빠나(수다원) 지혜를 얻은 사람이다. 지금은 다시 소따빠나에서 사가다가미(사다함)에까지 이르렀다.

그분의 친동생 아누루다가 교단에 들어온 것은 그분의 은혜라고 해야 할 것이다. 해도 해도 끝이 없는 속세의 일들을 그분에게서 듣고 두려운 마음이 생긴 아누루다가 나와 같이 따라왔던 것이다. 그러나 그를 수행자가 되도록 이익을 준 그 형님 스스로는 세간을 떠나지 못했다. 부처님과 상가 대중 스님들을 받들어 주는 신도의 한 사람으로서 지냈다.

부처님과 제자 상가들께서 까뻴라에 도착하시면 형님께서는 다른 모든 일은 일체 제쳐놓는다. 오전에는 상가 대중 스님들의 공양을 올리고 오후에는 니조다 정사에 날이면 날마다 간다. 그는 올 때마다 여쭐 말씀 한 가지씩을 가지고 온다.

"부처님, 신도가 되려면 어떠한 능력이 있어야 합니까?"

세 번 정성스럽게 절을 올리고 나서 가지고 온 의문점을 여쭌다.

"마하나마여, 삼귀의를 잘 지니는 것이 신도가 되는 일이다."

이렇게 대답해 주면 그 다음 질문이 차례로 이어진다.

"부처님, 계를 잘 지니는 신도가 되려면 어떻게 해야 합니까?"

"마하나마여, 다섯 가지 오계를 튼튼하게 잘 지키는 것이 계를 지니는 신도가 되는 일이다."

"부처님, 신심 있는 신도가 되려면 어떻게 해야 합니까?"

"마하나마여, 깨달음의 지혜를 믿는 것이 신심 있는 신도가 되는 것이다."

"부처님, 보시할 수 있는 신도가 되려면 어떻게 해야 합니까?"

"마하나마여, 가정을 이끌어 가는 속세 인생에 인색함이 없이 지내며, 보시하는 일에 즐거워하는 사람이 보시할 줄 아는 신자가 되는 것이다."

※

절에 올 때마다 질문거리를 가지고 왔던 그는 그날 오후에도 습관을 그대로 드러냈다. 의심되는 것, 모르는 것을 차례차례 말하였다. 그러나 오늘 가져온 질문은 여느 때와 달랐다. 그전처럼 알기 위해서 끄집어 드러내서 묻는 정도가 아니었다. 까필라 성안의 문젯거리 하나를 더 달고 온 것이다.

"부처님, 요즈음 저희 친척 가운데 사라나니가 죽었을 때 장례식에 모여든 사람들이 수군거리며 허물을 말했습니다.

'여러분들, 놀라운 일 아닙니까? 여태까지 들어본 적이 없는 특별한 일이지 않습니까? 요즈음에는 소따빠나에 오르지 아니한 이가 없습니다. 사라나니 같은 종류의 사람조차 부처님께서 소따빠나가 되었다. 4악처(지옥, 아귀, 수라, 죽생)의 문을 닫았다.'고 하였습니다.

사라나니는 행동도 좋지 않았고 계도 지키지 않았습니다. 먹고 마시고 먹고 마시는 것만 일삼는 주정뱅이가 아니었습니까? 부처님."

소따빠나의 바른 뜻을 자세히 이해하지 못하는 이들의 말을 건네서 여쭌 것이다. 소따빠나란 제일 처음으로 아리야(성인)에 포함되는 사람이다. 길고 긴 윤회에서 헤매이다가 알지 못하고 보지 못했던 닙바나의 높은 법을 처음으로 보았으므로 그를 소따빠나라고 부른다. 가장 높은 닙바나 법을 자기 스스로 직접 체험한 지혜를 말하며, 그런 지혜를 가진 이를 성인이라고 부른다.

이런 성인들은 셀 수 없을 만큼 많은 사람들 가운데 숫자를 셀 수 있을 만큼 아주 적은 숫자이다. 드물고 드문 부처님 당시에 생겨났기 때문에 보배라고 존중하여서 귀하게 여긴다.

"그렇게 귀하고 드물고 값이 비싼 모든 보배들이 허물이나 상처나 흉터가 하나도 없는가?"

그들이 각자가 현재 체험하는 닙바나는 둑카의 소멸인 바른 법이다. 과연 진리라고 할 만한 법이어서 어느 누구도 얼굴을 보아서 해주는 법이 없다. 의지하여 오는 이들을 편안하게 해주는 좋은 그늘이 있는 그곳으로 가면 세간의 법칙, 모든 것을 흔들림 없이 받아들이는 능력이 있다.

이렇게 사람들 각각의 수행 능력에 따라 세간 법칙을 받아들이는 차이가 있지만 닙바나를 대상으로 하고 있을 때는 나와 너의 구별함이 없다. '너와 나'를 가르지 아니하는 마음으로 각각의 성인들이 현재 체험하여서 받는 가장 높은 그 경지는 똑같이 조용한 행복 그대로이다.

그 조용한 행복의 경지는 모든 맛 중에서 가장 높은 것이다. 비교할 수 없을 만큼의 능력도 있다. 각각의 도의 지혜들이 모든 번뇌에 관계된 일을 그 능력에 의지해서 끝내 준다. 그러나 그 능력은 자기에게 가까이 오지 않는 마음을 가진 어느 누구에게도 이익을 주지 아니한다.

가지가 무성한 큰 보리수가 자기 아래로 오지 아니하는 이에게 그들이 가는 곳으로 따라가서 그늘을 만들어 주지 아니하는 것과 같다. 닙바나에 가까이 갔었던 사라나니에 관한 문제가 이러한 뜻일 뿐이다.

사라나니는 어느 한때 이 큰 보리수 그늘에 시원하게 쉬어 본 적이 있었다. 그렇게 한 번 쉬어 보았던 것을 기초로 해서 계속 와서 쉬었다면 일평생 시원했을 것이다. 그리고 지금 떠나갔을 때도 허물이 없는 깨끗한 한 사람으로 모두 다 기쁘게 예배할 것이다.

그러나 그 사라나니는 시원한 보리수나무 그늘 아래서 오랫동안 쉬지 못했다. 바르게 보았던 지혜 다음에 수행하는 일을 계속 연결하지 못했다. 그래서 그의 생애는 번뇌의 뜨거운 형벌을 자주 자주 받아야 했다. 번뇌의 기초가 되는 다른 이들의 경멸받는 일들을 만나야 했다. 그래서 그가 죽고 난 다음 문제들이 줄줄이 남아 있었던 것이다.

모든 문젯거리의 기초는 무지여서 그 무지와 함께 보는 것만 엉켜들게 된 것이다. 사실대로 바르게 몰라서 감겨오는 문제들이 더러는 매우 미세하여서 알기가 어렵다. 더러는 알기 어려울 정도뿐만이 아니라 자세히 생각하지 아니하고 잘 구분하지 않고 대강 급히 말한다면 문제가 생긴다.

지금 사라나니의 일이 법으로도 매우 미세하여 알기가 어렵다. 그에게 쉽게 대답하면 역시 문젯거리가 더 많아진다. 소따빠나를 얻은 사람은 초과의 지혜를 바르게 얻음과 동시에 세 가지를 버리게 된다. 그 세 가지는

① 5가지 덩어리가 '나'라는 아견(Sakkāya diṭṭhi)
② 4성제의 진리에 대한 의심(Vicikicchā)
③ 지혜 없이 편안치 않은 수행으로 닙바나의 행복을 받는다고 생각하는 견해(Sīla bbataparāmāsa diṭṭhi)이다.

그 소따빠나 사람에게 번뇌가 남아 있지만 4악처에서는 벗어난 것이다.

① 어머니를 죽이고 ② 아버지를 죽이고 ③ 아라한을 죽이고 ④

부처님 몸에 피가 나도록 하고 ⑤화합 상가를 이간시키는 것, 즉 오무간 업(Ānantariya kamma) 다섯 가지와 사견, 이 여섯 가지도 하지 않는다.

"그 소따빠나 사람은 몸과 입과 마음으로 나쁜 업을 짓기도 합니다. 그러나 그 소따빠나 사람은 그런 불선업을 덮어 감추지 아니합니다. 그 뜻을 닙바나를 보신 부처님께서 직접 설하였던 것입니다."

"땅에 튼튼하게 잘 박힌 성문 기둥이 사방에서 불어오는 바람에 흔들리지 않듯이, 성인의 진리 네 가지를 자기 지혜로 본 소따빠나 선한 이를 그 성문 기둥과 같다고 나 여래가 설하노라."

『보배경』에 있는 이 가르침들이 이 문제들의 자세한 대답이다. 닙바나라는 보리수 그늘에서 떠나갔기 때문에 낄레사 번뇌의 뜨거움을 받더라도 소따빠나 사람은 성인의 태생만은 버리지 않는다. 담마의 성품에 관해서 그에게 의심이 생길 일은 없다. 고쳐질 수 없는 큰 허물 여섯 가지도 하지 않는다.

이것이 한 번 행하였던 닙바나 법의 결과이다. 눈동자를 덮어씌운 백태가 없기 때문에 그에게 닙바나에 관해서 생각하기 어려운 것은 없다. 한 번 체험했던 그 행복의 맛에 마음을 기울임으로서 다시 체험할 수 있다. 소따빠나 사람이 닙바나와 관계되어 그처럼 확실하게 아는 것, 그 뜻을 부처님께서 성문 기둥의 비유로 드셨던 것이다.

마하나마가 이 문제를 전해서 여쭙는 것이 『보배경』의 가르침을 기억하지 못해서인가? 그렇지 않으면 부처님이 금구로 가르쳐 주심을 듣고 싶어서인가는 모르겠다. 어떻든 간에 그가 여쭈었기 때문에 내가 잘 보관하고 있는 담마의 큰 은행에 보배 한 가지가 불어나게 되었다.

부처님께서 그가 전해 오는 말을 받으셔서 "마하나마여, 사까 종족의 남자 사라나니는 삼보를 모시던 신심있는 한 사람이었던 것이 오래 되었다. 그는 부처님, 담마, 상가에 의지하고 귀의하였는 데 그런 사람이 어째서 4악처에 가겠느냐?"

이렇게 말씀하시면서 사라나니와 같이 4악처에 가지 않는 성인 들을 함께 보여주셨다. 그리고 이어서 말씀하셨다.

"마하나마여, 알기 쉽고 보기 쉽게 비유를 들어보겠다.

땅이 매우 척박하고 땅바닥도 고르지 않고 울퉁불퉁하고 소금기 도 섞였다. 나무 그루터기도 여기저기 널려 있다. 그런 땅에다, 뿌리는 씨앗 역시 여물지 않는 찌끄러기, 부러진 것, 썩은 것, 말라비 틀어진 것에다 바람이 거칠고 해가 뜨거우며 알맹이도 없다. 잘 간수하지도 아니했고 땅이 부드러워지도록 비도 오지 않는다. 이런 형편의 이 씨앗이 싹이 트기가 순조롭겠느냐?"

"순조롭게 싹이 트지도 커지지도 않을 것입니다. 부처님."

"마하나마여, 이 비유처럼 생각하라. 이 교단 밖의 법들은 나쁘고 척박한 땅과 같다. 그 법을 따라 수행하는 사람들은 나쁜 씨앗과 같다."

"그렇습니다. 이해합니다. 부처님."

"마하나마여, 그와 비교할 땅은 매우 비옥하고 땅바닥도 고르고 소금기도 없고 나무 그루터기도 모두 파내어서 깨끗하다. 그 좋은 땅에다 뿌리는 씨앗 역시 가장 충실한 것이다. 부러지거나 말라비틀어지거나 빈 껍질도 없고 바람과 더운 햇빛에도 다치지 아니했으며 속살이 충분하도록 잘 간수해 두었다. 땅이 부드러워지도록 비도 잘 와주었다. 그런 형편의 이 씨앗이 싹이 트고 크는 것이 순조롭겠느냐?"

"그렇습니다. 순조롭게 커 나갈 것입니다. 부처님."

"마하나마여, 이 비유대로 기억하라. 이 교단 안의 법은 좋은 땅과 같다. 그 법을 따라 수행하는 이들은 좋은 씨앗과 같다. 이렇게 기름진 땅에 좋은 씨앗이 만났으므로 사라나니의 임종에는 지계가 구족했다."

닙바나 법을 눈앞에 분명하게 보았던 사라나니가 일생을 잊고서 지냈다. 나쁜 세상 법칙의 후려침을 받지 아니하고 편안히 살아왔지만 죽음의 왕은 그를 잊고 지내지 않았다.

자기 자신이 죽으리라고 생각지 아니했으나 죽음의 잔치에 들어간 다른 많은 사람들과 같이 그의 앞에도 죽음의 왕이 기다리지도 부르지도 아니했지만 결국은 왔던 것이다.

다른 세상 법칙에서는 괜찮았던 그였지만 이 큰 세상 법칙은 그를 봐주지 아니했다. 눈물을 흘리면서 간청하여도 불쌍히 여기지 않는다. 그의 시간에 정확하게 한 순간에 그의 몸 전체를 삼켜버릴 것이다. 어디로 달아나도 피할 수 없을 때 사라나니는 의지할 곳을 찾았다.

그가 원하는 것은 무엇이나 줄 수 있는 금은보배, 그의 원하는 대로 모두 따라서 해주며 집에서 같이 지내는 사람들도 이 전쟁에 들어와서 그를 도와줄 수는 없다. 이 지상에, 이 세상에 그를 도와줄 사람은 그 자신 외에 누구도 없다. 그의 마음속에 조용한 행복을 맛보았던 그 닙바나 외에 어떠한 다른 것도 의지할 것이 없었다.

그 닙바나 법을 그 자신이 직접 체험해 보았던 것이니 이런가? 저런가? 의심할 필요가 없었다. 맞닥뜨려진 그 큰 위험과 비교할 때 위험이 없는 가장 크나큰 행복의 공덕을 그가 가장 잘 기억할 것이다. 이렇게 기억이 되살아나는 것만으로 큰비가 시원스럽게 내리는 것과 같을 것이다.

부드럽고 비옥한 땅에 뿌려 놓았던 좋은 씨앗이 비가 내리면 싹이 트듯이 사라나니의 계율도 완전하게 갖추어져 커질 것이다. 소따빠띠 팔라(수다원 과) 지혜와 함께 하기 때문에 그 계를 기본 계율(아디 실라)이라고 부른다. 형님께서 설하셨던 가르침의 보배들을 이렇게 내 스스로 짐작하여 보고 있었다.

❦

큰형님인 마하나마에 관계되는 것들을 말할 때 언제나 포함되는 그 유명한 이들도 빠트릴 수 없다. 그들은 어른들에게 적당치 못한 일, 어울리지 않는 일을 보면 입 다물고 그냥 지내지 못한다. 말할 기회가 있을 때마다 거론한다.

한편 다른 쪽 삽받기 비구들도 전부 말썽거리만 골라서 하였다.

가사 입는 모습, 가사 감는 모습, 앉고 서고 말하는 것조차도 비구 스님들의 위의에 적당치 못하였다. 다른 이의 지적을 받았을 때 자기를 고쳐 가면 얼마나 좋으랴만은 그러나 그 삽받기 비구들은 그들의 행동을 고치기는커녕 상처에 소금 뿌린 듯이 펄쩍펄쩍 뛰며 뒹굴었다.

대중 스님들에게 사사건건 트집을 잡는다고 원한을 키워 갔다. 만날 때마다 눈에 거슬리는 것만 보고 듣게 되는 신도에게 보기 좋게 원한을 갚으려고 기회를 노렸다.

이에 마하나마가 날마다 올리는 공양을 보게 되었다.

※

그 보시하는 책임은 왜린사에서 안거하게 된 것과 관계가 있었다. 왜린사 브라만의 말대로 그의 도시에서 안거를 시작한 우리들은 큰 기근과 만나게 되었다. 모든 농사 지은 곡식들이 쓰러졌기 때문에 들판 전체에 빈 그루터기만 있었다.

그 성안 사람들이 거친 음식이나마 제비뽑기를 하여서 나누어주었기 때문에 겨우 죽지 않을 만큼만 먹게 되었다.

이러한 상황에 우리들은 성안에서 걸식할 수 없었기 때문에 말 장수에게 갔다. 옥따라빠타 나라 말 장수들이 팔아야 할 말 500마리와 함께 우리들은 왜린사에서 비를 피하고 있었다. 우기 동안 살아야 하기 때문에 말먹이, 사람 먹을 것 등을 모두 갖추고 있었다. 그러나 비구 스님들과 지내본 적이 없었기 때문에 걸식하러 가서 서 있는 우리들에게 공양을 올리지 아니하고 거친 쌀만 두 손으로 한 움큼씩 집어 주었다.

하루 이틀도 아니고 우기 넉 달을 그렇게 보시했다. 그렇게 어려운 때 이 정도로 신심을 크게 하여서 보시했기 때문에 우리들은 어떤 구별도 없이 보시한 것만 받아 왔다. 받아가지고 절에 돌아와서는 여기저기서 시끄럽게 절구질을 하였다. 얻어 온 거친 쌀들을 그대로 먹을 수 없었던 것이다.

비구들이 직접 밥을 짓거나 음식을 만드는 허락이 없었으므로, 한편으로는 먹어야 하고 한편으로는 허물도 벗어나야 했기 때문에 절구통에 빻아서 가루로 만들어 먹었던 것이다.

나는 얻어온 거친 쌀을 다른 이들과 같이 가루로 만들어서 내 몫으로 조금 남겨 놓고 나머지는 부처님께 올렸다. 훌륭한 음식들을 맛있게 드실 때처럼 부처님께서는 쌀가루도 조용히 드시고는 하셨다.

※

왜린사에서 이렇게 드셨기 때문에 건강이 안 좋아진 것을 다시 회복하기 위해서 마하나마가 부처님께 허락을 받아서 상가 대중 스님들께 넉 달을 특별하게 공양을 올렸다.

버터 만들 때 위에 뜨는 기름, 꿀, 사탕수수로 만든 과자 등과 다섯 가지 약들을 원할 때마다 보시 받아서 드시도록 여쭈어 놓았다. 비구 스님들이 처음에는 적당한지 아닌지 몰라서 보시 받지 않고 지냈다. 나중에 부처님께서 직접 넉 달 동안 약으로 청한 것은 보시 받는 것을 허락한다는 말씀이 계셨기 때문에 보시 받아서 사용하였다. 허락하신 대로 각자 좋아하는 것을 받아서 먹어도 마하나마 형님의 약은 다하지 아니했다.

스님들께서 드시는 것은 조금씩이지만 새로 생기는 약이 점점 많아지자 형님은 다음 넉 달 동안 보시할 기회를 얻도록 다시 여쭈었다. 그 다음 넉 달만으로 만족치 못하여서 평생 보시할 수 있도록 다시 여쭈었다. 이 말씀을 허락하셨을 때 삽받기 비구들에게 기회가 생긴 것이다.

그들에게 허물 잡혔던 것을 이 기회에 갚으리라고 생각하여서 그들은 각기 발우를 들고 네 가지 물건을 올리는 신자에게 갔다.

"신도님, 버터 한 말이 필요합니다."

진짜로 필요하면 이렇게 한 말까지 청할 필요가 없다. 버터를 한 되 정도 잡수시는 스님조차 없다. 그러나 이처럼 분수에 맞지 않게 청하는 것은 일부러 상대를 어렵게 하려고 하는 것이다.

삽받기들이 일부러 갚으려고 하는 것인 줄 성인 제자가 짐작했을 것이다. 그러나 신심이 지극한 그는 보시 받으려는 이들을 조금도 구별하지 않았다.

"스님들, 오늘은 스님들께서 받으실 만큼 없으니 용서하십시오. 일꾼들이 버터를 가지러 목장에 가 있는 중입니다. 그들이 도착하면 보시하겠습니다. 스님."

보시하는 이가 부드럽게 말씀드린 것조차 보시 받는 이들은 받아들이지 않았다. 마하나마가 공손하게 여쭌 말씀을 기분 나쁘게 거절하고 드디어 허물을 잡기 시작하였다.

"신도님, 사실은 보시하려는 마음도 없으면서 이렇게 저렇게 초청해 놓고는 결국 보시하지 않는 것 아닙니까?"

이렇게 하면서 여러 가지로 경멸하고 서로서로 다투어 가면서 시비를 만들어 갔다. 그 사실을 부처님께서 들으셨을 때

"건강한 비구라도 다시 초청받았거나 언제나 초청받았거나 함이 없으면 넉 달 동안 약들을 보시 받을 기회를 허락한다. 그 시간보다 지나치게 보시 받으면 작은 허물이 된다."

형님 마하나마를 연유로 해서 정하여졌기 때문에 이 금계를 마하나마 금계라고 기억하게 되었다.

☸

말씀드린 대로 형님은 순도다나 부왕이 계실 때부터 부처님께 가까이 했다. 같은 친척 때문만은 아니다. 은혜를 주셨기 때문에 그 은혜를 갚으려는 것이었다. 지금 까삘라 왕궁에는 부왕이 안 계신다. 그분을 이어서 책임을 지던 받띠야도 수행자가 되었다. 그래서 남은 친척 가운데 형님만이 든든히 서 계신다.

사까 종족들의 앞에 분명하게 서 계시더라도 사까 종족들의 나쁜 업을 거부하지 못하는 형님의 이야기들을 다음 부분에서 말해 주겠다.

Mahāvagga mahānāna sutta

아난다 보리수

큰 달님을 중심으로 밝게 빛나는 별처럼 유명하신 분들을 제법 많이 보여 주었다. 그들과 똑같이 이 교단의 책임을 잘 이끌어 가는 주인들의 훌륭한 마음들도 드러냈었다. 이 교단의 이익을 위하는 신남 신녀들의 공덕도 드러냈다. 그 모든 사람들과 똑같이 내가 가장 좋아하는 일 한 가지를 지금 보일까 한다.

그것은 바로 내가 심은 보리수이다. 이 보리수를 심은 원인이 있다. 갖가지가 구족하게 갖추어져 있어도 부처님께서 제따와나 정사에서만 지내실 수는 없었다. 제도해야 할 중생들에게 법으로 도움을 주시려면 이곳저곳으로 다니셔야 했다.

부처님께서 가시면 상가 스님들도 같이 따라간다. 이때 제따와나 정사는 텅 빈 채 남아 있게 된다. 스님들께서 가득할 때는 풍성하다가 상가 대중들이 안 계시면 바싹 말라버린 것 같았다. 절에 오던 신남 신녀들은 절에 오지 않고는 배길 수 없어서 다들 오고는 했다. 그렇게 왔지만 마음이 편치 않았다. 절에 와서 꽃이나 향을 올릴 곳도 없었고 부처님 대신 의지하고 예배할 것도 없었다. 그래서 가지고 온 꽃과 향을 부처님께서 거처하시던 곳에 수북히 쌓아 놓고 갔다.

중요하게 여겨서 가져왔던 공양물을 적당하게 예배도 못 올리고 되는 대로 던져두어야 했기 때문에 마음이 편치 못했다. 모든 신도들을 대신해서 이 사실을 절 창건주 아나타 장자가 자세히 여쭈었다.

아나타 장자는 나와 매우 가까웠다. 그리고 나는 부처님과 가까웠다. 그래서 부처님께 말씀드려 주도록 나에게 부탁해 온 것이다.

중요하게 의지하여서 여쭈어온 대로 나 역시 부처님께 빨리 가서 "부처님, 중요하게 예배할 탑에는 어떤 것이 있습니까?" 하고 여쭈었다. 원하는 것을 말씀드리기 전에 그 기초에서부터 시작한 것이다.

𝆅

"아난다여,

① 다뚜 새디(Dhātu ceti, 사리탑) ② 빠리보가 새디(Paribhoga ceti, 부처님이 사용하시던 물건, 발우, 가사, 부처님이 성도하실 때 계시던 보리수) ③ 옥대사 새디(Uddisā ceti, 부처님의 모습을 닮은 등상불) 이렇게 세 가지 새디(탑)가 있다."

부처님께서 내가 알려는 것에 대하여 대답해 주셨다.

여기에 힘을 얻어서

"부처님, 부처님께서 생존해 계실 때 그런 탑 모두를 세울 수 있습니까?"

"아난다여, 모든 탑을 다 얻을 수는 없다. 다뚜 새디는 나 여래가 빠리 닙바나에 든 다음에 생길 수 있다. 옥대사 새디 역시 지금 분명한 것이 없어서 존경할 만한 것이 없다. 나 여래가 사용했던 마하 보리수는 나 여래가 있는 동안에도 예배해야 할 탑으로 합당하다. 존중 예배할 만하다."

"부처님, 부처님과 상가 대중 스님들께서 다른 곳으로 떠나 가셨을 때 이 제따와나 정사에는 의지하고 예배할 만한 대상이 없습니다. 마하 보리수 나무에서 씨를 가져다 이 제따와나 정사 대문 근처에 심고 싶습니다. 부처님."

"좋다. 아난다여, 심어 주어라. 그러면 이 제따와나 정사에 나 붓다가 언제나 머물고 있는 것처럼 풍성해질 것이다."

이렇게 허락을 내리셨기 때문에 나는 보리수 심는 일에 노력을 기울였다. 꼬살라 대왕, 아나타삐인다까 장자, 위사카 어머니와 손이 닿는 대로 신남 신녀들에게 도움을 청했다. 그들의 도움으로 제따와나 정사 대문 근처에 보리수 심을 구덩이를 파는 일이 끝났다. 마하 보리수에서 씨앗을 얻는 일은 마하 목갈라나 테라께 부탁드렸다.

마하 목갈라나 테라께서는 마하 보리수에서 저절로 떨어지는 익은 열매를 땅에 떨어지기 전에 가사로 받아서 나에게 주셨다. 씨앗을 얻은 그날 보리수 심는 행사를 하려고 꼬살라 대왕에게 알렸다.

차례차례 계획했던 대로 해가 뜨겁지 아니한 오후에 꼬살라 대왕이 도착했다. 보리수 심는 잔치를 크게 하려고 많은 대중들을 보통 때보다 더 많이 데리고 왔다. 위사카와 아나타 장자 역시 이 행사를 빛내기 위해서 온 가족 친척들이 잘 차려 입고 모두 도착했다.

대중이 모두 갖추어 모이자 나는 미리 파 놓은 구덩이에 황금으로 된 큰 항아리를 내렸다. 그 황금 항아리에 모든 향수를 부은 깨끗한 흙을 넣었다. 그러나 그 다음 보리수 열매를 심는 일은 내가 직접 하지 않았다.

신남 신녀들이 의지하고 모실 보리수를 심어야 하는 것이니 모든 신도의 대표가 되는 꼬살라 대왕에게 건네주었다. 그는 손에 보리수 씨앗을 제법 한참 들고 있었다. 그 다음 그는 자신이 심지 아니하고 아나타 장자에게 다시 건네주었다.

보리수 열매를 들고 있는 동안 대왕의 얼굴을 살펴보았다. 보리수를 심으려는 잔치였으므로 성대하게 갖추고 왔더라도 그의 속마음은 어느 한 가지 어려운 것을 생각하고 있는 듯했다.

넓고 큰 꼬살라국 전체를 다스리는 대왕이 자기를 건너서 아나타 장자에게 건네준 것은 내 마음속에 한 가지 생각을 떠오르게 했다. 장자의 호사와 대왕의 부귀를 비교하면 대왕의 부귀 호사가 비교할 수 없을 만큼 크고 화려하다.

그러나 대왕의 호사는 오래 머물기도 하지만 다른 나라들이 쳐들어 와서 침략했을 때나 자기 혈족, 자기 아들 가운데 역적이 나와서 왕위를 넘겨줄 수도 있다. 한 나라의 왕이 지위를 잃었을 때는 죽음을 당하는 확률이 많다.

반면 거부 장자의 재산은 왕의 재산만큼은 크지 않더라도 언제나 풍성하다. 아들 손자 이어가면서 이보다 더 크게 될 수도 있다. 어떤 왕들도 그 나라의 자랑거리인 장자들에게 위험을 주어 괴롭히거나 무너뜨리지 않는다. 그 재산에 걸맞는 칭호로 치켜준다. 이렇게 대왕은 자기 부귀가 아나타 장자만큼 튼튼하지 않다고 그때 생각한 듯했다.

내 생각이 틀린지 맞는지는 다음에 알 것이다. 어쨌든 아나타 장자는 꼬살라 대왕의 손에서 보리수 열매를 받아서 황금 항아리 안의 진흙을 파고 보리수 열매를 심었다. 그 순간 다섯 가지 천상의 아름다운 선율이 동시에 울려 퍼졌다.

내가 직접 주도를 하여서 심었기 때문에 그 씨앗에서 새싹이 나온 나무를 아난다 보리수라고 많은 이들이 불렀다.

부처님께서도 관정식을 하는 뜻으로 보리수에 물을 부으시고 그 아래서 하루 저녁 내내 과의 선정(팔라 사마빠따)에 드셨다. 꼬살라 대왕이 직접 선두가 되어 거행한 보리수나무 심는 잔치가 크고 화려하게 잘 치러진 것이다.

Therasakanipātta

뽁빠란마나 정사

우리들 교단에 보시한 이 가운데에는 제따와나 정사를 보시한 아나타 장자가 으뜸이다. 이 교단을 존중하고 귀하게 여기는 사람 중에 이 아나타 장자보다 더욱 부자인 사람, 신통과 권력, 힘이 뛰어난 사람들도 많이 있었다.

그러나 그들이 신심 많은 아나타 장자를 따를 수 없었다. 아나타 장자처럼 끝도 없이 보시하지 못한다. 그래서 부처님께서 보시함에 즐거워하는 이 중에 가장 첫째가는 사람(애따닷가)이라는 특별한 칭호를 내리셨다.

제따와나 정사를 보시한 아나타 장자가 보시하는 이 가운데 으뜸인 것처럼, 뽁빠란마나(동부정사)를 지어 보시한 위사카 역시 깨끗한 신심으로 언제나 보시하기를 좋아하는 청신녀 중에 첫째가기 때문에 애따닷가라는 칭호를 받았다. 뽁빠란마나 정사를 지어서 낙성식하는 잔치를 화려하고 성대하게 거행하였고 생각했던 대로 보시할 물건을 가지가지 갖추어서 보시하였기 때문이다.

제따와나 정사에서였다.

뿍빠란마나라는 큰 정사를 세움으로서 위사카는 보시 공덕이 가장 큰 여자 신도라는 칭호를 받았다. 그러나 이러한 상을 받은 시작은 제따와나 정사에서였다.

우리 상가 대중들은 매일 날이면 날마다 그들 집에 걸식하러 갔다. 그와 같이 위사카 역시 우리 정사에 날마다 오곤 했다. 부처님 앞에서 그녀가 직접 청을 드렸던 여덟 가지 상을 실천하려는 것이다. 상가 스님들을 위해서 필요한 것들을 보시하기 위해서이다. 절에 올 때마다 위사카는 빈손 그대로 오는 적이 없었다. 오전에는 갖가지 음식을 가지고 왔다. 오후에는 꽃과 향, 그리고 스님들께 맞는 마실 것, 그리고 마지막에는 어린 사미들을 위해서 허기를 채워주는 사탕 종류들을 가지고 왔다.

이렇게 보시할 것들을 가지가지로 가져오는 위사카가 그날은 보시할 물건뿐만 아니라 큰 보따리 하나를 같이 가져왔다. 가져오기는 했지만 그녀가 직접 든 것이 아니라 같이 온 하녀가 들고 왔다. 그 물건 보따리를 매우 조심스럽게 다루는 모습, 무거워서 천천히 옮기는 것으로 보아 위사카가 입던 '마하라사'라는 큰 장식 옷일 것이다.

큰 행사에 가려고 준비한 다음 그곳에 가기 전에 먼저 절에 온 것 같았다.

지나치게 크고 무겁고 화려한 그 옷을 절에 입고 오는 것이 적당치 않아서 벗어서 싸온 것이었다. 위사카는 먼저 내 앞에 와서 머리 숙여 절을 한 다음 부처님이 계시는 응향각(간다꾸띠)으로 가곤 했다.

상가 대중의 일 때문에 밖으로 나왔다가 일을 마치고 부처님께 가려고 하는데 한 곳에서 스님들이 둘러서 있어서 나도 가서 보았다. 그것은 조금 전에 보았던 위사카의 보따리였다.

값으로 치면 이천만 냥어치라는 이 물건을 주인과 간수하던 이가 잊고 간 것이다. 절에 있는 모든 비구 스님들과 사미들 중에 그녀의 집에 탁발하러 간 적이 없는 이가 없었다. 모두 위사카에게서 네 가지 물건을 받아본 적이 있는 이들이었다.

그래서 자기들 공양 제자의 물건을 잊어버리지 않게 하려고 지키려는 마음이었던 것이다. 그러나 그 보배 보따리를 어느 비구도 건드리지 않았다. 그 보배 보따리를 보는 순간 어느 날인가의 이야기 하나가 떠올랐다.

우리 대중 가운데 한 분이 아시라와디 강에 혼자서 목욕을 하러 갔다. 그리고 그에 앞서 브라만 한 사람이 먼저 목욕을 하고 갔다. 스님이 목욕을 끝내고 둑으로 올라왔을 때 돈 보따리 하나를 보았다. 그 스님은 앞서간 브라만을 잘 알았기 때문에 그의 물건이 없어지지 않도록 주위 가지고 왔다. 시간이 조금 지나자 그 물건의 주인인 브라만이 헐레벌떡 달려왔다.

"스님, 돈 보따리 하나 보았습니까?"

"보았지요. 저기 저 보따리 아니요?"

스님이 금방 그 물건을 돌려주었다. 그리고 브라만은 그 돈 보따리를 땅에 쏟아 놓고 하나씩 세기 시작했다. 그런데 금화 오백 냥을 모두 세고 나서도 그 브라만의 얼굴은 밝아지지 않았다.

"여보시오 스님, 내 돈은 오백 냥이 아니라 천 냥이었소······"

가지가지 욕설을 지껄이며 막대기와 손으로 때리려는 것처럼 하며 다가왔다.

"브라만이여, 당신이 잊어버렸던 그대로입니다. 당신의 물건 보따리를 나는 풀어보지도 않았소."

좋으려고 한 것이 도리어 화가 되어 버린 스님은 이런 말밖에 할 수 없었다. 선심으로 하려던 일이 '제일 큰 허물(빠라지까)'로 변해질 지경이니 벌벌 떨게 된 것이다.

"여보시오 스님, 보지 않은 것이라고 덮고 지나갈 줄 아오? 이 자루에 처음에는 금화 천 냥이 들어 있었소."

처음부터 자세히 다시 설명해 주어도 그 브라만은 듣지 아니하고 그의 재산 반이 없어진 것만 우겨댔다. 실제로는 그의 자루에 오백 냥뿐이었다. 잊어버렸던 오백 냥을 모두 다시 찾았으니 화낼 일이 없었다. 화낼 일은 없지만 욕심이 생긴 것이다.

그때의 풍습은 잃어버린 재산을 주워서 보관해 준 사람에게 물건 주인이 백분의 오를 주어야 했다. 지금 스님이 주워 놓은 것이 오백 냥이니 스물다섯 냥을 주어야 했다. 그러나 이 스님은 그 돈을 받아야겠다고 생각지도 않았다. 스님에게 금은을 보시 받는 허락도 없었다. 다만 잘 아는 이의 물건이므로 없어지지 않도록 주워 놓은 것뿐이다.

그러나 브라만은 욕심으로 눈이 뒤덮여서 주어야 마땅할 스물다섯 냥을 주지 않아도 되는 방법만 생각했다. 그 생각대로 스님에게 거칠게 욕설만 돌려주었다. 은혜를 배반하는 브라만은 세상사람들의 눈으로 당연히 죄가 된다.

그와 같이 선심으로 주워서 보관해 주었던 스님도 갖가지 욕설을 들었다. 스님들과 어울리지 않는 보배 물건을 주웠던 것에 대해서 부처님께서 그에게 꾸지람을 내리셨다.

"보배 종류나 보배라고 생각되는 물건을 줍거나 만지는 비구에게 작은 허물(빠쎄이띠야)을 지운다."

다음에는 이런 일을 만나지 않도록 금계를 정하신 것이다. 이 물건 주인 위사카는 그전 브라만과는 다르다는 것은 다 아는 사실이다. 절에서 잊어버리고 간 신도들의 물건은 내가 책임지고 보관하는 것을 위사카도 알고 있는 사실이다.

당시 우리들 절 안에 잊고서 두고 간 물건은 내가 책임을 맡고 있었다. 책임 있는 것은 알지만 금해 놓은 계율을 내가 감히 넘어갈 수는 없었다. 그렇다고 다른 스님들도 범할 이가 없다. 그렇다고 이대로 버려두기는 더 어려운 일이다. 은혜를 입은 이의 엄청난 값어치의 재산을 없어지게 할 수도 없었다. 위사카는 우리 모든 상가 대중 스님들에게 어머니처럼 도와주는 이가 아닌가? 앞과

뒤가 꽉 막힌 이 상황에서 벗어나려면 부처님께 가야만 될 것이다.

모든 것을 여쭈자 부처님께서 처음에 정하신 것에다 다시 보태서 정해 주셨다. 그래서 내가 절 안에다 잊어버리고 간 물건을 주워서 간수해야 했다. 이 사건과 관계되어서 객실 물건을 간수하는 책임을 다시 졌다.

❦

허락하신 대로 위사카의 물건 보따리를 내가 주워서 보관했다. 그러나 그 정도로 나의 책임이 끝나지 않았다. 물건 보따리를 물건 주인에게 돌려주어야만 책임이 끝난다. 다행히 내가 보관한지 오래지 않아 물건을 간수하던 여자가 왔다.

처음부터 그 물건 때문인 줄 알았기 때문에 그 물건 놓아 둔 곳을 가르쳐 주었다. 그러나 그 여자는 물건 보따리를 가져가지 않고 말했다.

"마하테라님, 주인 위사카 마님께서 당부하셨습니다. 절에서 잊고 온 장식 옷을 마하테라님 손으로 만지셨으면 다시 가져오지 말고 보시하라고 하셨습니다."

"어렵구나! 누이여, 정말로 어렵구나!"

위사카의 신심은 장해서 칭찬할 일이지만 나에게는 마음이 무거워지는 신음소리가 저절로 나왔던 것이다. 그녀도 자기 주인이 당부한 것 외에 어찌할 권한이 없었기 때문에 나에게 여쭈고 난 다음 돌아갔다.

그러나 다행이다. 위사카가 보낸 여자가 다시 와서 말을 전했다.

"마하테라님, 이 같은 보배 장식 옷을 테라님께서 보관하시려면 큰 책임이 될 것입니다. 그래서 이 옷을 팔아서 이 교단에 필요하고 이익이 많은 선업 한 가지를 짓도록 하겠습니다."

그제서야 내 마음이 가벼워져서 싸~두를 부를 수 있었다. 그녀는 잘 차린 수레 위에 그 옷을 싣고서 사왓띠 성안을 돌면서 팔려고 했다. 어느 여자도 그 옷을 입을 만큼의 복도 기운도 없었다. 보석이 너무나 많이 달려 있어서 코끼리 한 마리의 힘을 감당할 만큼의 힘이 아니면 그 옷을 입을 수가 없었기 때문이다. 그 값비싼 옷을 팔아서 정사를 지으려고 했는데 너무나 비싸서 아무도 살 사람이 없자 위사카는 자신이 그 옷을 다시 사고 그 돈으로 대중 스님들이 머무를 수 있는 동부정사(뽁빠란마나)를 지어서 보시했다. 그렇게 하여 뽁빠란마나 절을 세우는 일이 시작된 것이다.

사실 위사카는 아나타삔인다카 장자처럼 정사를 지어서 보시하려고 생각했었던 적이 있었다. 그러나 한편은 나이가 아직 젊었으므로 성안의 유명한 잔치와 큰 행사에 초대를 받아서 가고는 했다. 그와 같이 유명한 여자를 초청하는 곳은 많았다.

이렇게 바쁘게 살며 잊었다가 생각났다가 하는 와중에 정사 안에서 그 장식 옷을 잊어버렸던 일을 기회로 그녀의 마음속에 결정을 내린 것이다. 이렇게 상가 천여 명이 살 수 있는 큰 절을 아홉 달만에 잘 지어서 거대한 낙성식을 화려하게 거행하였다.

Dhammapada puppavagga / Visākhā vatthu

외도들

뽁바란마나 대정사 낙성식이 끝난 다음 이 정사에서 설하셨던 법문 한 가지를 말씀드리겠다. 이 뽁바란마나 정사의 가장 중심 건물은 많은 방이 딸린 2층 건물이다. 그 절의 가장 중요한 곳에 부처님께서 머무시는 응향각 건물이 있고, 그 건물의 오른쪽과 왼쪽에 마하 사리불 테라와 마하 목갈라나 테라께서 머물고 계신다.

뽁바란마나 정사 전체를 둘러싼 바깥담이 있듯이 그 건물들도 담으로 둘러싸고 사방에 대문을 달았다. 그날 오후 부처님께서 동쪽 대문의 바깥에 있는 큰 마루에 머물러 계셨다. 정사의 건물 그늘에 계실 때 빠세나디 꼬살라 대왕이 왔다. 부처님께 공손히 예배를 올리고 나서 자기 자리에 앉은 다음 대왕의 얼굴이 정사로 들어가는 동쪽 대문께로 향하였다.

그 대왕의 얼굴이 향하는 곳을 나도 따라서 보았을 때 웃음이 나오는 장면을 보게 되었다. 결혼하여 아들, 손자를 기르는 생애에서 힘들게 떠나 왔던 그 사람들은 우리들처럼 수행자에 속하는 이들이었다. 자기 소유의 재산이나 논밭을 지니지 않고 신남 신녀들이 신심으로 보시하는 것으로 살아가는 사람들이다.

집도 솥도 처자식도 없다. 날마다 동네마다 다니면서 지내는 이들이다. 윤회의 굴레에서 벗어나는 법은 아니지만 자기가 믿는 것을 수행하는 그들의 노력은 가히 장하다. 그러나 그들을 만나면 칭찬하는 것보다 우선 웃음이 먼저 나온다. 그들의 모습과 그들의 앉고 서는 모습을 보자면 참으로 다양한 갖가지 모습을 갖추어서 보기가 가히 아름답다.

머리카락은 손가락 네 개 길이, 수염은 더부룩, 입은 옷은 검을 대로 검어져서 올이 보이지 않을 정도, 그 검은 옷자락 사이로 붉게 퍼져 나오는 겨드랑이 털, 손톱 발톱은 닭 발톱처럼 길다 못해 구부러졌다. 몸에 때는 덕지덕지하여 말할 것도 없고, 몸이며 이빨에 두텁게 낀 때들이 누룽지 같이 된 그들을 진짜로 깨끗하고 선한 사람들이라고 했다.

우리에게는 단정치 않게 보이더라도 그들은 그렇게 사는 것이 공덕이 된다고 한다. 사실 그들의 처음 마음이 나쁜 것은 아니었다. 그들이 목욕하지 않고 옷을 깨끗이 빨지 않는 것은 벌레들을 불쌍히 여겨서이다. 몸 위에 집을 짓고 아들 손자 낳고 사는 벌레들을 방해하지 않으려고 그렇게 한다고 하였다.

원래 생각도 올바르지 않지만 그 생각 다음에 지혜가 따르지 않았기 때문에 더럽고 더럽게 되어 살아가는 것이다. 벌레들을 위협하지 않으려고 자기 자신을 괴롭게 하는 다른 한 면을 모르고 지내는 것이다.

더럽고 지저분한 몸으로 그 수행자 일행이 뿍바란마나 절 입구를 무리 지어서 지나갔다. 그들 뒤에 니간타(나체 외도)들, 허리에 작은 헝겊을 두른 이들, 아무것도 입지 아니한 이들, 외도들이 끊임없이 지나갔다.

한 무리 한 무리 일곱 명씩 무리가 되어서 지나갔다. 작은 의자, 부채, 사기 그릇, 작은 주머니, 물 거르는 주머니를 어깨 지게에 주렁주렁 매달고 갔다.

그들의 모습은 우리들에게는 고개를 돌리고 터져 나오는 웃음을 겨우 참아야 될 지경이었다. 그러나 빠세나디 꼬살라 대왕은 우리처럼 웃지 않았다. 그에게는 웃을 일이 아니라 지극하게 예배드릴 대상의 사람들이었다. 그래서 절 입구 대문 근처까지 가서 오른쪽 무릎을 땅에 세우고 두 손을 합장 예배 올리고

"거룩하신 수행자들이여, 저는 빠세나디 꼬살라 대왕입니다."

그렇게 세 번이나 공손하게 여쭈었다. 그뿐이 아니라 부처님 앞에 돌아와서도

"부처님, 세상에 있는 아라한들과 아라하따 막가에 이를 사람들 중에 그분들도 포함이 됩니다. 부처님."

그가 존경하는 이들을 위해서 자랑스럽게 칭찬하였다. 순간적으로 전혀 예상하지도 상상치도 못하던 태도를 보게 된지라 내심

속으로 매우 놀라게 되었다.

다른 때에도 꼬살라 대왕은 뿌라나 까싸빠 등 외도 여섯 명의 일로 이야기를 시작했었다. 그 사람들은 부처님보다 나이도, 수행 횟수도 많고 제자 대중들도 많다고 했다.

"그런 큰 스승들도 자기 자신을 부처님이라고 인정하지 아니하였는데 그들보다 나이가 훨씬 어린 당신이 부처님이라고 인정하십니까?"라고 여쭈었다.

제자들이 무척이나 많은 그 위력으로도 여러 외도 스승들이 자기를 붓다라고 인정하지 아니한 것을 아는데, 그런 위력도 없는 이가 아라한인가 하고 꼬살라 왕이 물어왔던 것이다.

나라를 다스리는 왕노릇을 하는 이들은 자기 나라에 여러 종류의 사상가 단체들을 보호해 주는 것이 그들의 관례였다. 그 사람들에게 가서 예배하는 것은 그러한 책임에서였던 것이다. 그러나 부처님 앞에서 그 사람들을 높이 칭찬하는 것은 무슨 목적에서인가?

그의 기이한 행동 때문에 머릿속이 혼란스럽던 가운데 부처님께서 꼬살라 왕이 여쭙는 말을 조용히 듣고 계시다가 차분한 목소리로 말씀하셨다.

"대왕이시여, 당신같이 가정을 이루어 아들 딸 손자들에게 얽혀 있는 사람들에게 아라한인지 아닌지 구분하여서 바르게 알기는 쉽지 않습니다."

왕의 이상한 행동 때문에 내 가슴속이 술렁거릴 때 조용하고 차분하신 음성이 계속 이어졌다.

외도들

"대왕이시여, 그에게 계행이 청정한지 아닌지는 그가 어울리는 사람들을 보면 알 수 있습니다. 계율이 깨끗한지 아닌지는 그의 앞의 말과 뒷말이 고른지를 보아서 짐작해 압니다.
 지혜의 힘이 있는지 없는지는 위험에서 벗어날 수 있는지 없는지를 보고서 알 수 있습니다. 출세간 지혜가 있는지 없는지는 의논하고 질문해 보면 알 수 있습니다."
 "대왕이시여, 이렇게 아는 것은 긴 시간을 지켜 보아야 알 수 있으며, 지금 본다고 당장 알아 볼 수 있는 것이 아니라오. 오랜 시간을 같이 지내더라도 신중하게 주의하여 보지 않으면 알 수 없습니다. 또한 신중하게 오래 주시하여 보더라도 자기에게 지혜가 충분치 아니하면 바르게 알지 못하며 지혜가 충분하여야만 사실대로 바르게 알 수 있는 것이라오."
 조용조용 말씀해 주시는 끝에 꼬살라 왕의 칭송하는 소리가 터져 나왔다. 그의 얼굴이 비 개인 뒤의 꽃처럼 밝고 싱싱하여졌다. 몸과 마음이 상쾌해진 그는 수레에 올라서도 부처님 쪽을 향하여 두 손을 모았다.
 다른 종파에 대하여 질투하는 마음이 없는 부처님의 말씀이 활짝 핀 꽃에 물을 뿌려준 것 같으리라. 다른 종파 사람들의 허물을 들지 아니한 것이 꼬살라 왕이 두 손을 모으는 의미일 것이다. 어떤 이의 일을 자세히 알지 못하면서 믿어 존경하면 그릇될 여지도 있음을 설하였기 때문에 꼬살라 왕이 만족한 마음이 되어서 돌아간 것이다.

나는 그제야 이해되었다. 마음속에 생각의 물결이 조용해진 것이다. 꼬살라 왕이 부처님 앞에서 여쭌 것은 부처님의 마음을 알아보려는 것이었구나.……

Sagathavagga kosala saṁyutta

니간타 스승과 제자

육사외도들이 꼬살라 대왕 앞에서 자기 자신을 부처님이라고 인정하지 않았다고 했다. 무슨 이유로 인정하지 않았는지 그들 스스로가 자세히 알 것이다. 그러나 그 제자들에게는 그렇게 인정하지 않는다고 해서 결코 그들 스승을 존경하는 마음이 줄어들지는 않았다. 그 일에 대해서 그 스승의 대답은 미리 준비되어 있었다.

"제자들이여! 내가 부처님이라고 인정했다면 꼬살라 대왕이 부처님과 관계되는 질문을 하였을 것이다. 그의 질문을 내가 부처님의 지혜로 대답해 주더라도 왕이 이해할 리가 없다.

그 스스로가 지혜가 못 미쳐서 이해하지 못하는 것을 나에게 마음으로 허물을 지으면 그때 대왕의 불선업은 더욱 많아질 것이다. 그렇게 대왕을 불쌍히 여기는 연민심 때문에 내가 인정하지 아니한 것이다."

처음부터 존경하고 믿어 오던 제자 대중들은 그 대답을 남김없이 받아들였다. 그들 스승의 말씀을 완전히 믿고 있었다. 그래서 제자 대중들의 숫자에는 전혀 상관이 없이 그대로였다.

자기 부처님과 자기, 자기 법과 자기를 믿고 의지하고 있었다.

※

법의 눈이 깨끗하고 깨끗하지 못함을 한 부분으로 두고 보는 그 스승들은 우리들처럼 수행자들이었다. 집도 솥도 없이, 논도 밭도 없이 최소한의 소지품만으로 이 나라 저 나라, 이곳저곳으로 떠돌아다녔다.

이르는 곳마다 그들이 자주 쓰던 법을 설하고 견해와 사상이 서로 다른 이들끼리 만났을 때는 서로 서로 평등하게 토론했다. 이 편 저 편으로 나뉘어 서로 숙이기도 하고 높이기도 하고 양보하기도 했다. 이렇게 하는 데서 종파가 하나로 합쳐지기도 했지만 그런 경우는 매우 드물고 법을 토론하는 잔치가 싸움잔치가 되는 경우가 많았다. 어느 누구도 양보하지 않을 때 생기는 일이다.

끝이 없는 사상 다툼이 아들 손자 대까지 이어지던 사람들도 우리 부처님 교단이 커지자 이쪽으로 얼굴을 돌리기 시작했다. 그들보다 나이도, 수행한 햇수도 적지만 그들의 위력을 넘어서는 부처님을 그들이 기본적으로 적대시해야 할 위험한 대상으로 생각했던 것이다.

사상으로 다투어서 이기려고 노력하기도 했다. 그러나 그들의 우두머리들이 부처님께 와서 직접 만나지는 않았다. 그들 방식대로 멀리 멀리 지내는 그들에게 부처님께서도 가시지 아니하셨다. 그러나 그들과 우리들 사이의 연결이 끊어진 것은 아니었다. 땅으로 연결되고 물로 연결된 이 넓은 인도 천지에 사상가들이 서로서로 각자의 길로 가고 있었다.

※

'부처님'이란 이름으로 유명하던 그 여섯 스승들 가운데 우리들과 연결이 가장 많은 이가 니간타 스승이다. 우리들 양쪽에 다리를 놓아주는 이는 릭차위 남자 아바야라는 이였다. 그러나 그 아바야는 우리 쪽이 아니라 니간타의 제자들 가운데 한 사람이었다.

그들 쪽에서 보면 우리 형님 부처님께서 늦게 나타난 황금 연꽃일 것이다. 높은 위력으로 나타난 황금 연꽃이 익어 가면 복과 지혜가 갖추어진 법의 스승 니간타가 사상 논쟁을 벌여서 승리를 거둘 것이라고 생각했을 것이다.

우리들 정사에 아바야가 출입하는 것은 이러한 발걸음의 한 부분이리라. 그와 함께 오는 빤띠따 왕자는 우리 교단에 속하는 이였다. 믿음은 서로 다르지만 친구끼리 우정은 계속되고 있었다. 아바야가 그와 함께 우리들이 머무는 정사에 오는 것은 먼저 길을 트려는 것이었다. 한쪽으로 기울어진 그 친구는 우리들과 만난 다음 그쪽으로 올까 기다렸는지도 모르겠다.

어떻든 아바야는 우리들 앞에 그의 친구와 같이 와서 예배하기는 하였다. 사람과의 대인관계에 영리하고 예의스러운 사람이었으므로 그가 묻고 싶은 문제들을 조리 있고도 분명하게 그리고 예의를 갖추어서 여쭈었다.

"부처님, 니간타 나따뿟따 스승께서는 스스로 남김없이 모두를 알고 보는 삽빈뉴 지혜(sabbiññū ñāṇa)를 얻은 분이라고 하셨습니다. 가고, 서고, 자고, 깨어난 모든 시간에 언제나 알아차릴 수 있으며 볼 수 있다고 합니다. 그 스승님의 사상은 이렇습니다.

'수없는 생을 따라온 깜마(업)를 깨끗해지도록 자기 몸을 힘들고 괴롭게 하는 수행을 행하여야 한다. 새로운 업을 짓지 아니하고 이렇게 업이 다하면 고통도 다한다. 고통이 다하면 느낌도 다한다. 느낌이 다하면 모든 고통이 다할 것이다. 이것만이 모든 고통에서 벗어나게 하는 옳은 수행이다.'라고 설하십니다. 이러한 수행에 관해서 부처님께서는 어떻게 설하십니까?"

❀

아바야의 여쭙는 소리를 들은 나는 모든 것을 아는 삽빈뉴 지혜를 얻었다는 니간타 스승의 전부를 머리에 떠올렸다.

남김없이 모든 것을 안다고 하는 그 스승은 사람이 없는 집에도 걸식하러 들어간 적이 있었다. 사람이 있더라도 공양을 얻지 못한 적도 있었다. 개에 물린 적도 있었다. 거치른 코끼리나 말들, 소들을 길에서 만나 부딪친 적도 있었다.

사람들의 이름도 물어야 했으며, 마을 이름과 길도 물어야만 알았다. (이렇게 된 것은) 모든 것을 아는 지혜(삽빈뉴 냐나)를 얻은 사람이 무엇 때문에 그렇게 되었느냐고 물었을 때 '이렇게 피할 수 없이 일을 만나서 그렇다.'라고 그가 대답했었다.

나간타 스승과 제자 611

그의 말과 그가 인정한 것이 일치되지 않아서 웃음이 나오지만 그의 목적만은 웃을 수 없다. 다른 것은 우리 교단과 가깝지 않더라도 불선업을 빼어버린다는 것 한 가지만은 우리 부처님의 가르침과 일치된다.

'그런데 우리 교단의 가르침과 일치되지 아니하는 것은 그르다고 하더라도, 부처님 가르침과 일치되는 이 한 가지도 어째서 그른 일에 넣어서 포함시켜야 하는가?' 이렇게 묻는 이가 있다면 내가 대답하겠다. 실행하는 모습이 그릇되면 알고 보는 견해가 깨끗하지 못하기 때문이다.

그들의 목적은 불선업을 빼어버리는 것이다. 그러나 그들은 불선업(아꾸살라)을 사실대로 법답게 정확하게 알지 못한다. '영혼이라는 것은 중생들 마음의 성품뿐이구나.'라고 이해하지 못한다. 어떤 주인이 있어서 마음대로 하는 어느 누구도 없으며, '나'라는 어떠한 개체라는 것이 먼지만큼도 없으며, 행하는 이도 없어서 오직 함(행동)뿐인 법이구나라고 받아들이지 못하기 때문이다.

이렇게 받아들이지 못하기 때문에 함(행동)뿐인 불선업에 하는 이(행위자)를 만들어낸다. 어떤 주인이 있어서 마음대로 하는 이도 없으며, '나'라는 것은 먼지만큼도 없는 무아에 '나'라는 생각으로 주인을 만든다.

중생 마음(삿따지와 마노)뿐인 그 성품에 중생과 지와(생명)들을 만들어낸다. 그렇게 '내가'라거나 '내 것'이라는 불선업을 없애려고 힘들고 고통스러운 수행으로 갖가지로 불선업을 짓는다.

지금까지 살아 있는 중생, 미래에 살아 있을 중생에게 가지가지로 형벌을 가한다. 그들이 중생에게 죽기 살기로 벌을 주지만 벌을 받는 중생이란 없다. 없는 중생 대신 벌을 받는 이는 그 업의 결과로 받은 이 몸뿐이다. 불선업이 아니며, 선업도 아닌 이 몸뿐이다.

불선업을 빼어버린다는 것은 소멸의 진리를 체험함과 동시에 무량한 모든 불선업, 묵은 빚을 빼어버리는 일이 끝나는 모습을 보여 주는 것이다. 빼어버릴 불선업들을 이리저리 생각하는 대신 버릴 수 있는 지혜가 생기도록 노력하는 것이 필요한 것이다. 지혜가 생기면 모든 불선업은 사라진다.

❦

그러나 니간타 스승은 지혜는 갖추지 아니하고 업 한 가지만 중요하게 여겨서 지낸다. '업을 빼어내는 것도 한 가지 업이 아닌가? 업 위에 다시 업을 짓는 것이 아닌가?'라는 것을 지혜가 없어서 알지 못하면 견해가 깨끗하지 못한 것이다.

그래서 이 교단과 한 부분 비슷한 것 같은 목적조차도 그릇됨이라는 곳에 포함된 것이다. 니간타 스승의 사상을 이렇게 기초부터 자세하게 이해했더라면 아바야가 이 교단의 바깥으로 갈 일이 없었으리라.

그러나 그 딱한 이는 나이가 아직 어리다. 담마에 관해서 배우기 시작할 때부터 니간타 스승과 만났던 것이다. 니간타 스승은 그와 같은 릭차위 사람이며 그와 같이 왜살리 수도에서 태어났다. 그래서 니간타 스승의 힘이 아바야에게 모든 면으로 덮혀 있었을 것이다.

어릴 적부터의 스승에게 깊이 빠져 있는 아바야에게 그 스승의 허물을 말해 주면 매우 날카롭게 아파질 것이다. 그래서 나는 삽빈뉴라는 이름을 붙인 그 스승의 제멋대로 된 모습을 그에게 사실대로 말해주지 못하였다.

그의 법이 그릇된 것임도 말하지 못했다. 윤회의 굴레에서 벗어나기 위해서 부처님께서 설하셨던 세 가지 길만 그에게 말해 주었다. 실라(계율), 사마디(선정), 빤냐(지혜), 이 세 가지 법만 널리 설해 주었다.

내가 그렇게 법을 설해 줄 때 아바야는 앞을 멀거니 바라보면서 이리저리 생각을 굴리고 있었다. 그의 스승의 법과 우리 교단의 세 가지 길을 비교하고 있는 것 같았다.

"친구 아바야, 아난다 테라께서 설하신 법에 어째서 싸두를 부르지 않고 있는가?"

친구의 얼굴을 보고 만족치 못한 빤띠따 왕자가 주의를 주자 아바야는 흠칫 놀라서

"어찌 싸두를 부르지 않고 있을 수 있단 말인가? 친구 빤띠따여, 아난다 테라께서 설하신 법에 누가 싸두를 부르지 않고 지낼 수 있겠는가? 싸두를 부르지 않고 지내면 내 머리가 땅에 떨어짐을 면치 못하리라."

친구의 말에 싸두를 부르는 아바야의 목소리는 겨우 겨우 들릴 정도였다. 나는 그가 지닌 어릴 때의 사상과 비교하는 것이라고

생각했다. 그러나 그것이 아니었다. 아바야가 멍하니 있었던 것은 이것저것 비교하느라고가 아니라 내가 그의 스승의 견해를 칭찬하지 않았기 때문에 나에게 불만족스런 마음이었던 것이다.

Salakhandavagga

Anguttara nigṇṭha sutta

즐거움이 없는 곳을 멀리하려면

릭차위 사람 아바야가 왔었던 것은 일종의 척후병 역할이었다. 그들의 사상에 대하여 우리 쪽이 어떻게 나오는가 하고 조금 두들겨 본 정도였다. 그래서 아직 사상 논쟁을 벌이는 데까지는 이르지 않았다.

이 정도로 끝난 것은 여러 가지 이유가 있었다. 먼저 왔던 아바야는 나와 겨룰 만큼 능력이 없었기 때문이기도 했고 다른 도시에서처럼 사왓띠 수도에는 그들의 뿌리가 없었기 때문이기도 했다. 날란다 도시라면 그들의 무리가 많았다. 도시뿐만 아니라 주변 마을에도 있었으며 마을의 우두머리들은 니간타 스승을 '부처님'으로 여길 정도로 대단히 존경했다.

그런데 그 도시에서 드디어 사상 논쟁이 일어났다. 그때 부처님과 우리들은 그 도시 빠와리까 장자의 망고나무 숲 속의 정사에 이르렀다. 그러나 적당하지 못한 때에 우리들이 도착한 것이 되고 말았다.

그때 그곳 날란다 주변에는 굶주림이 퍼져 있었다. 주변의 모든 벼들이 병이 들어서 추수를 못했기 때문이다. 겨우 있는 대로의 먹을 것으로 충분치 못하게 먹고 지내야 했다. 이러한 나쁜 처지조차 니간타 무리들이 기회로써 사용하였다.

❦

"수행자인 당신이 많은 가르침으로써 신남 신녀들을 연민히 여겨서 도와주었다는 것이 사실입니까?"

점잖게 시작한 전쟁의 하나였다. 이 전쟁에 앞장서서 직접 부딪쳐 온 이는 아띠반다까 뽁따라는 마을의 우두머리였다.

"그렇소. 촌장이여, 나 여래는 많은 가르침으로 신남 신녀들을 불쌍히 여겨서 그들에게 도움을 주고 힘을 내게 해줍니다."

한바탕 부딪치려고 온 줄 아시면서도 부처님께서 거절하지 아니하고 질문을 받아주셨다.

"그렇게 연민히 여기는 마음이 있으시면 굶주림이 심한 이 도시로 와서 이렇게 많은 상가 대중들과 함께 무엇 때문에 걸식을 하십니까? 이것은 신남 신녀들을 죽거나 망하게 하려는 것이 아닙니까?"

부처님의 말끝을 잡고 차례차례 순서대로 부닥쳐 오는 것이었다. 이쪽을 치면서 굶주림에 빠진 사람들을 그들 쪽으로 끌어가려는 의도였다.

"촌장이여, 집안 식구들을 위해서 지어 놓은 밥에 한 끼니 보시하는 것으로 망해 가는 사람은 없습니다. 사실 재산과 부귀, 금은보배를 구족하게 갖춘 이들은 보시의 결과를 받고 있는 이들이라오. 한 숟갈, 한 주걱부터 시작하여 신심이 될 수 있는 만큼 보시한 결과와 진리의 힘의 결과이기도 합니다. 법에 맞게 수행했던 선업의 이익이기도 하고……"

뱉을 수도 삼킬 수도 없는 뼈 하나를 만들어서 준 문제를 부처님께서 조용하게 대답해 주신 것이다.

"촌장이여! 신남 신녀들에게 재산이 망하는 원인이 여덟 가지 있습니다. 법을 지키지 않는 왕, 도둑, 강도, 불과 물, 일을 경영함에 그릇되게 하는 것, 가족 중에 허랑방탕 낭비하는 것, 마지막 하나는 무상(아닛짜)의 성품 때문입니다.

촌장이여! 신남 신녀들의 재산이 망하는 원인 여덟 가지가 분명하게 있는데, 신남 신녀들을 죽도록 한다거나 연민심 없이 괴롭힌다고 나 여래에게 당신이 말할 수 있겠는가?"

"그렇게 말할 수 없습니다. 부처님, 제자의 허물을 용서해 주십시오. 그리고 저를 부처님의 제자로 생각해 주십시오. 부처님."

겉으로만 예의스럽던 모습으로 시작했던 전쟁 하나가 진정 속으로 예의스러워지면서 끝이 났다.

✿

부처님을 의지하여 모시겠다고 여쭌 것은 삼귀의를 한 것과 같은 것이다. 그러나 그날 아띠반다까 뽁따가 여쭌 것은 '바른 견해로 의지함(Diṭṭhisaraṇa gamana)'은 아니었다. 법의 성품을 직접 알기 전에는 부처님 앞에서 귀의를 여쭙더라도 '바른 견해로 의지함'이 될 수가 없다. '보고 들은 지식 정도로 의지하는 견문(Suttasaraṇa gamana)' 정도일 뿐이다. 그는 부처님을 그저 높은 분으로서 존경하였던 것이다.

자기가 말꼬리를 잡고 부딪쳐 갔지만 부처님께서는 나무라지 않으셨을 뿐만 아니라, 적당한 원인과 적당한 결과로 자세히 설하여 대답해 주시는 것에 만족한 정도였다.

교단에 들어오기 전에 사람에게 보고들은 견문 지식 수준이 높은 것이다. 그러나 그 견문 지식에서 자기 안목에 이르지 아니하면 마음 놓을 수 없다. 모래 무더기 위의 막대기처럼 바람 한 번 불면 넘어진다. 그래서 부처님께서 다음에 그를 만났을 때 물으셨다.

"촌장이여! 니간타 뿍따가 그의 제자들에게 어떠한 법을 설하던가?"

"부처님이시여! '살생, 도적질, 싸움, 거짓말하는 이, 불선업을 짓는 사람은 악처에 떨어진다. 오래 행한 것을 따라서 떨어진다.'라고 이렇게 니간타 스승이 설했습니다."

"니간타 스승이 설한 대로 '가장 많이 익힌 것에 따라서 떨어진다'는 말이 맞다면 이 세상의 어느 한 사람도 악처에 떨어질 이가 없을 것이다."

그전에 아띠반다 뿍따는 이쪽의 말 한 마디를 꼬리 잡아서 쳐들어 왔었다. 오늘은 그가 도리어 받을 때를 만난 것이다. 오래 행한 것을 따라서 떨어진다는 한 마디가 자기 사상 전체를 부서뜨리고 있지만 정작 그 본인은 망하는지조차도 모르고 있었다.

그 말 한 마디로 꼬리를 잡힌다는 것을 생각조차 못하였던 것이다. 바라지 않던 일에 꼬리를 잡힌 그 딱한 이는 입을 하 벌리고 있었다.

"촌장이여, 나 여래가 묻는 질문을 좋을 대로 대답하라. 어느 한 사람이 살생이나 도적질, 사음 등 불선업들을 짓는다. 낮이나 밤의 시간을 비교하면 불선업을 짓는 시간과 짓지 않는 시간, 어느 시간이 더 많은가?"

"짓지 않는 시간이 많습니다. 부처님."

아띠반다까 뽁따는 자기에게 유리하지 않은 줄 알아도 피할 수 없이 공손하게 대답을 올려야 했다.

"촌장이여, 니간타나따 뽁따가 설한 대로 오래 행한 것을 따라서 떨어진다고 하면 그 모습처럼 악처에 떨어질 이가 있겠는가?"

"없습니다. 부처님."

이렇게 물으신 것은 니간타 스승이 말한 것이 있을 수 없는 일임을 알게 하려는 것이다. 불선업을 짓지 아니하는 시간이 짓는 시간보다 많다는 것만으로 악처에 들어가는 문을 닫았다고 말할 수는 없다. 악처의 문을 닫고 닫지 아니함은 시간상의 구별과는 아무 상관도 없다. 무아법을 무아법 그대로 아는 것과 모르는 것만이 상관이 있다.

※

'어느 때인가 지었던 불선업에 중생이라는 존재나 행위자도 없이 오직 업만 있다라고 이해하지 못하면, 지혜가 미치지 못하는 만큼 악처의 문은 닫히지 않는다.

"촌장이여! 살생, 도적질, 사음 등 불선업을 지은 자는 사람마다 남김없이 악처에 떨어진다고 어떤 이가 생각한다. 어떤 사람이 그 스승을 깊이 믿는다. 그 스승의 사상을 받아들여서 깊이 집착한다. 그 사람은 이렇게 생각할 것이다.

'나의 스승이 불선업을 짓는 이마다 남김없이 악처에 떨어진다고 설하였다. 나도 살생, 도적질, 사음 등 불선업을 지었다. 나는 4악처에 떨어질 것이다. 8대 지옥에 떨어질 것이다.'

촌장이여! 그 사람의 그러한 생각 때문에, 그러한 집착을 버리지 아니하면 지옥에 틀림없이 떨어질 것이다."

니간타 종파 사람들은 자기 자신을 갖가지로 학대하고 괴롭히는 것으로 악처의 문을 닫으려고 노력한다. 그렇게 노력함에 지혜를 곁들인다면 허물할 것이 없다.

사실 지혜가 있으면 악처에서 벗어나기 위해서 이 정도로 고통을 받을 필요는 없다. 악처에 떨어지고 싶지 아니하면 악처에 떨어질 불선업을 짓지 말고 선업을 많이 짓는 것만이 필요하다. 악처에서 벗어나는 길을 알고, 아는 대로 수행하고 사는 것만이 필요하다.

그러나 그 딱한 이들은 그렇게 아는 기회를 만나지 못했다. 악처에서 벗어나도록 수행하는 동안 도리어 악처에 태어나는 씨앗을 뿌리고는 하였다.

'내가 지은 불선업 때문에 내가 악처에 떨어질 것이다.'라는 '나와 '나의 것'이라는 집착이 악처에 태어나는 씨앗이 되는 것이다. 이렇게 아띠반다까 뽁따 촌장에게 악처에 떨어지게 하는 것은 나쁜 집착이라는 것을 보여주시고 나서 계속해서 악처에서 벗어나는 좋은 길을 가르쳐 보여주셨다.

"촌장이여! 나 붓다는 살생, 도적질, 사음 등 불선업을 삼가하라고 설하노라. 이에 나 붓다를 믿고 존경하는 제자들은 이렇게 생각해야 한다."

부처님께서 나쁜 업을 삼가라고 설하셨을 때 이미 지었던 불선업은 그대로 있다. 불선업이란 지을 때도 나쁘고 지은 이후에도 나쁘다. 그 업으로 인해서 마음 불편하게 지낸다고 하더라도 이미 지은 업들이 사라지는 것이 아니라 불선업 위에 다시 불선업을 얹어 가는 것이 되리라.

"촌장이여, 그 사람은 이렇게 생각하여서 불선업을 버린다. 다음 다음 미래에도 불선업을 삼간다. 이렇게 해야만이 불선업에서 벗어날 수 있다."

이미 지은 불선업으로 악처에 떨어질 것이라고 근심하는 대신 현재 벗어날 수 있는 길을 가르쳐 준 것이다. 두려워할 것이 아닌 것을 아닌 그대로 안 다음, 악처에 떨어지게 하는 불선업들을 짓지 않고 선업으로 지낼 수 있는 이들은 악처의 위험에서 벗어날 수 있는 것이다.

이렇게 벗어날 수 있는 길 위에 이른 다음 맽따(자비), 가루나(연민심), 무디따(기쁨), 우뻬카(평등심), 수행을 키워서 모든 불선업을 하나 남김 없이 빼어버리도록 말씀하셨다.

이 가르침의 끝에서 아띠반다까 뿍따는 거듭해서 사라나 가마나로 부처님께 의지하여 모시기를 원했다. 이번에는 '대이타 사라나 가마나(바른 견해로 의지함)'가 된 것 같다.

Saḷāyatana vagga gāmaṇisaṁyutta

해야 할 생각과 하지 말아야 할 생각

부처님께서 성도하시고 앞부분에 초전법륜(담마쌔까)을 굴리실 때 깜마 오욕락을 받는 것과 자기 몸을 괴롭히는 것, 이 두 가지 저속한 법을 먼저 설하셨다.

그 저속한 법 두 가지 중 깜마 오욕락을 받는 것에 '매우 저속한'이라는 특별한 말을 사용하셨지만 자기 몸을 괴롭게 하는 것에는 이 말을 쓰지 아니하셨다.

깜마 오욕락 대상을 뛰어다니며 찾아다니는 것은 도과와 닙바나와 아주 멀게 되는 것이다. 자기 몸을 고통스럽게 괴롭히는 것도 그와 같다. 그 저속한 법 두 가지 모두 다 출세간 이익을 위해서는 절대로 도움이 되지 않는다.

그러나 부처님께서는 깜마 오욕락을 즐기는 것에만 '매우 저속한'이라는 말을 쓰셨다. 자기 몸을 고통스럽게 괴롭히는 일에는 그 말을 삼가하셨다. 그렇게 사용하지 아니한 원인은 지금 보여 드릴 니간타 스승을 연민히 여기시는 마음 때문이었다.

니간타 스승의 공덕을 무너뜨리려는 마음이 없었기 때문에 부처님께서 입을 다물고 계셨던 것이다. 그 스승의 수행에 관해서 필요한 것 이상으로 허물을 잡거나 경멸하는 것은 아니할 일이라고 그냥 지내셨던 것이다.

무량한 생애, 수많은 겁으로 익혀 왔던 불선업을 빼어버리려고 부처님께서는 그들처럼 쪼그리고 앉는 행을 스스로도 행하지 않으시고, 다른 이들에게 행하라고 설하지도 않으셨다. 번뇌를 없애기 위해서 그들처럼 산채로 불에 그슬리는 행도 하지 않으셨으며 제자들에게도 행하라고 설하지 않으신다.

그러면 우리 이 교단에서는 그들처럼 아무것도 할 일이 없는가? 그들에게 일이 있듯이 우리들에게도 당연히 해야 하는 일이 있다. 그러나 우리들의 일과 그들의 일은 같지 않다. 그들처럼 자기 스스로를 괴롭히는 종류의 일은 하지 않는다. 행하기 이전에 지혜를 앞에 두고 바른 노력(삼마와야마)이라고 이름을 붙여 놓는다.

※

팔정도 가운데 하나인 이 도의 부분 앞에 바르다(삼마)라는 말을 붙여야만 뜻이 구족해진다. '와야마'라는 말은 '일'이다. 그러나 그 일은 보통 일의 종류가 아니다. 지혜 없이 힘으로만 다른 이가 시키는 대로 해야 하는 일의 종류가 아니다. 자기 마음속을 자세히 보아서 바르게 아는 지혜를 먼저 놓아서 하는 일이다.

위빠싸나를 기초로 하여 사실대로 바르게 관찰할 수 있는 지혜 앞에 닙바나의 법이 알게 하려고, 보게 하려고 기다리고 있다. 지혜 앞에 분명하게 있는 이 닙바나의 법이 이제서야 불쑥 나타나는 것은 아니다. 어디서 시작하고 어디서 끝난다고 하는 것이 아니다.

생기고 사라지는 성품 없이 모든 번뇌의 뜨거움들이 조용해졌다는 뜻이다. 언제나 머물러 있는 이 닙바나를 지혜가 없이는 알 수도 볼 수도 없다. 지혜가 있어야만 불쑥 나타난다. 바른 법에 이렇게 지혜가 생기는 것과 동시에 모든 불선업과 무량한 묵은 빚에서 벗어나게 된다.

닙바나를 현재 행하는 지혜는 막가 냐나(도의 지혜)이다. 도의 지혜의 기초가 되는 일은 닙바나를 '현재 행하는 일'이다. 그 일을 함과 동시에 다른 일 세 가지도 끝낸다. 그 일은

① 빠린냐 깨이싸(Pariññākicca) – 둑카띳싸(고의 진리)를 구분하여 아는 일

② 빠하나 깨이싸(Pahāna kicca) – 사무다야띳싸(고의 원인의 진리)와 함께 관계되는 모든 번뇌들을 빼어버리는 일

③ 바와나 깨이싸(Bhāvanā kicca) – 수행의 평화로움을 알아서 평화로운 그대로 계속 수행하는 일이다.

이렇게 바른 노력(삼마와야마)이라는 일은 지혜가 앞서야 하기 때문에 해야 할 일들을 한꺼번에 끝내도록 한다. 지혜를 앞세워서 자세히 해야 하기 때문에 끝없이 계속해서 괴롭히는 번뇌에서 벗어났음을 자기 스스로 알게 된다. 담마의 행복을 맛있게 즐길

수 있는 것이다.

※

그러나 이 교단 바깥쪽 사람들은 우리들이 즐기는 '완전한 행복의 맛(Santarasa)'을 이해하지 못한다. 번뇌에서 벗어난 조용함을 알지 못한다. 그들이 이해하는 것은 그들처럼 괴로움을 받지 않고 지낸다는 것뿐이다. 그래서 그 니간타의 제자 한 사람이 부처님 앞에 와서 말하였다.

"부처님, '수행자 고따마는 하지 않는다는 사상을 가지고 있다. 하지 않는 법을 설한다. 하지 않는 법을 제자들에게 가르친다. …'라고 이렇게 제가 전해 들었습니다. 제가 들은 대로 사실인지 아닌지 말씀해 주십시오. 저로서는 부처님을 비방하고 싶지 아니합니다."

우리들이 지내는 꾸따가라 정사에 와서 여쭙는 이는 왜살리국의 시하 총사령관이었다. 릭차위 모든 사람들의 대표로 웨이사 왕족들의 전쟁하는 일 모두를 책임진 사람이다. 이 시하 총사령관은 왜살리 수도 안에 살지만 우리들의 정사에는 한 번도 온 적이 없었다. 그래서 부처님의 많은 공덕을 소문으로만 전해 들었던 것이다.

정사로 찾아오는 준비절차도 그에게는 쉽지 않았다. 우리들이 머무는 정사에 가려고 준비하면 그의 스승 니간타가 언제나 막았던 것이다. 그가 막을 때 쓰던 말이 지금 그의 질문 속에 들어 있음을 짐작하였다. 니간타 스승에게는 그의 수행방법과 같지 아니하면 모두 원수나 적으로 생각되어서, 적의 편으로 그의 제자 한 사람이 넘어갈까봐 걱정이었던 것이다.

신심 위에 지혜가 있었던 시하 총사령관을 그의 스승이 첫 번째는 막을 수 있었다. 두 번째도 막을 수 있었다. 그러나 세 번째는 막을 수 없었다. 이번에는 그에게 알리지 않았기 때문이다. 시하 총사령관의 질문을 조용히 들으신 부처님께서

"시하 총사령관이여! 나 붓다를 '하지 않는 생각이 있는 이(Akriya vāda)'라고 원인에 맞게 부르고 싶은 이는 부를 수도 있다.

시하 총사령관이여! 나 붓다는 몸, 입, 마음, 이 세 가지로 나쁜 습성과 나쁜 불선업 모두를 하지 말아야 한다고 설한다. 그래서 나 붓다를 '하지 않는 사상을 가지고 있는 이(Akriya vādi)'로 부르고 싶으면 부를 수도 있다."

❀

가르침을 펴는 이들이라면 평생 기억할 만한 말이다. 한쪽을 무시하려고 누르고 싶어서 모함해 오는 말조차 부처님께서는 드러내어서 반대하지 않으시고 원하는 대로 따라서 답을 해주시되 중심을 잃지 않고 필요한 것을 설해 주시는 모습은 참으로 본을 삼을 만하다.

시하 총사령관의 질문을 대답해 주시는 것에 이익이 있으면서도 사실인 말을 다른 쪽에서 귀에 거슬리지 않고 부드럽게 들리게 말하도록 우리들에게 가르쳐 주시는 것이다. 가르침을 내림에 특별하신 부처님 앞에 시하 총사령관이 공손하게 예배 올리면서 부처님 제자가 되겠음을 말씀드렸다. 이에 부처님께서는 선뜻 허락하지

않으셨다.

"시하 장군이여, 다시 자세히 생각하라. 당신처럼 유명한 이, 위치가 두드러지게 드러나는 이는 잘 생각한 다음에 결정하는 것이 좋으리라."

다른 쪽에서 자기편 쪽으로 건너오는 이조차 금방 받아들이지 아니하시고 이렇게 신중할 것을 당부하셨다.

"부처님, 이렇게 말씀하시니 제자 더욱 존경하옵니다."

신심 위에 신심을 더하여서 밝게 피어나려는 빠두마 연꽃처럼 담마라는 햇빛으로 인해서 그 자리에서 활짝활짝 피어났다. 담마를 아는 신심으로 시하 총사령관은 다음날 부처님과 상가 대중을 초청하여 공양을 올렸다. 그 전날에는 니간타 스승과 그의 종파 제자들이 들고나던 그 집 대문에 오늘은 부처님께서 들어가셨다.

부처님 뒤에 안거 차례대로 상가 대중 스님들께서 들어가셨다. 훌륭한 진수성찬 음식을 조용히 들고 있을 때 왜살리 수도의 큰길에 크게 외치는 소리가 들려왔다.

"오! 왜살리 수도에 사는 모든 사람들이여!

오늘 시하 총사령관이 수행자 고따마를 위해서 살찐 소를 잡아서 공양합니다. 수행자 고따마는 자기를 위해서, 자기 때문에 죽인 고기를 먹습니다."

먹지 못하는 음식에 모래를 뿌리는 격이다. 시하 총사령관처럼 유명하고 힘과 권력이 있고 보시할 능력이 있는 제자 한 사람을 놓쳐버렸기 때문에 그 딱한 이가 더욱 딱하게 된 것이리라.

너무나 심하게 불편한 마음으로 그들 무리가 떠들어대는 소리가 들려도 우리들의 공양하는 일은 흐트러지지 아니하였다. 우리 상가 대중들께서 조용히 공양하듯이 공양 제자 역시 조금도 자세를 흐트러트리지 아니하였다.

이 공양을 올리기 위해서 그는 이미 죽어 있던 것만 모아서 음식을 만들었던 것이다. 우리들은 이 사실을 잘 알았기 때문에 아무 의심 없이 공양할 수 있었다.

Anguttara aṭṭakanipātta

Saṁyutta

그른 길에서 바른 길로

니간타 스승은 우리 부처님보다 나이가 많았으며 수행 햇수도 많았다. 우리 부처님보다 일찍이 그의 사상을 인디아 전체에 펴 놓아서 곳곳마다 그의 제자와 신자들이 많았다. 그들 가운데 유명한 이가 왜살리의 시하 총사령관, 날란다 도시의 우빨리 장자, 다음 한 사람은 우리들이 태어난 곳의 사람이다.

그 까삘라에 부처님께서 처음 오셨을 때 모든 친척 권속이 모여서 예배를 올렸다. 설하시는 법문도 들었다. 형님들과 나의 숙부 와빠도 그 대중 가운데 있었다. 그러나 그 딱한 이는 법을 알지 못했다.

담마를 알고 담마를 수행하는 일에 마음이 없이 그저 부처님 친척으로만 다른 이들과 섞여 있었던 것뿐이었다. 부처님께서 오시자 우리의 교단은 까삘라 수도에서부터 크게 번성하게 되었다.

그러나 니간타 스승의 사상이 그보다 먼저 이르러 있었다. 와빠

같은 유명한 사까 종족 남자조차 니간타의 제자로 쉽게 그의 뜻을 받아들였다. 부처님 앞에서 첫 번째 법을 들을 때 담마를 이해하지 못했던 것은 다른 쪽에 마음이 기울어 있었기 때문일 것이다. 그때는 많은 대중에게 법을 설하셔야 했기 때문에 부처님께서 그 숙부를 제도해 줄 기회를 만나지 못했다.

숙부의 마음이 성숙되지 않아서 그냥 놓아둔 것인지도 모르겠다. 그때 부처님께 예배하면서도 그의 스승에게서 벗어나지 아니했던 숙부는 시간이 지나자 벗어나게 되었다. 그 숙부와 먼저 담마에 관해서 의논했던 분은 마하 목갈리나 테라이다. 마하 목갈리나 테라께서 가르쳐 드린 법의 성품을 숙부는 그의 스승에게서 얻었던 방법으로 대답했다.

그 두 분의 이야기가 이쯤 되었을 때 부처님께서 가셨다. 그전에 숙부 와빠는 니간타 스승을 존경했다. 오랜 생에 지었던 불선업을 잊어버리기 위해서는 자기 몸을 고통스럽게 학대하는 수행으로 심하게 수행하여야만 된다고 한쪽으로만 생각했었다. 스승과 제자들이 매우매우 힘들게 노력하지 않으면 다른 길은 없다고 판단했다. 지금 부처님과 얼굴을 마주하게 되자 그의 판단을 수정해야 했다.

모든 불선업과 묵은 빚에서 벗어나기 위해서는 업의 결과로 받는 이 몸을 괴롭히는 것이 아니라 원인이 되는 번뇌에서 벗어나야 한다는 것을 바르게 알고, 그렇게 아는 대로 행하는 것만이 필요한 줄 이해하게 되었다. 그 스승에게서처럼 더듬더듬 짐작으로 가는 것이 아니라 자기 스스로의 지혜로 체험하고 깨달은 지혜 소따빠나

지위에 도착했다.

❀

왜살리 수도의 시하 총사령관과 나의 숙부 와빠는 니간타 스승의 신자였던 사람들이다. 그와 같이 날란다 도시 우빨리 장자의 집도 니간타의 대중들이 마셔도 다하지 아니하는 단 샘이었다. 사실 니간타 스승은 그의 큰제자 디가따빠시의 말만 받아들였더라도 퍼 낼 때마다 얻는 단 샘물을 놓치지 아니하였을 것이다. 그와 함께 그의 제자들이 평생 마실 수도 있었다.

자기 스스로 부처라고 생각하는 니간타 스승은 그의 일생에 한 번도 부처님과 얼굴을 마주해 본 적이 없다. 아름답고 우아한 부처님의 그 루빠까야(몸)를 뵙지 못했다. 번뇌를 벗어나는 곳에 능숙하게 보내 줄 수 있는 가르침들을 들어보지 못했다.

그의 제자 디가따빠시는 그와 같지 않았다. 우리들이 있는 곳으로 자주자주 왔으며, 부처님과 함께 이야기도 하였다. 마지막 왔을 때 부처님과 그는 삼업에 관한 대화를 나누었다. 이것에 대한 우리들 교단의 견해는 삼등분하는 것이다. 그러나 니간타 종파 디가따빠시는 우리들처럼 삼등분하지 않았다.

"고따마 수행자시여, 니간타 스승은 업(깜마)이라고 설하신 적이 없습니다. 형벌만 설하였습니다."

라고 여쭈었다. 부처님께서 디가따빠시의 말을 따라서

"따빠시여, 니간타 스승이 불선업이 생긴 것에 대해서 얼마만큼의 형벌을 생각하느냐?"

"몸의 형벌, 입의 형벌, 마음의 형벌, 이 세 가지를 가르쳤습니다."
"그 세 가지가 함께이냐? 따로이냐?"
"따로입니다."
"따로따로인 그 형벌 세 가지에 어느 형벌을 가장 허물이 크다고 니간타 스승이 생각하더냐?"
"몸의 형벌을 가장 죄가 크다고 생각합니다."
"따빠시여, 몸의 형벌이라고 했더냐?"
"그렇습니다. 부처님, 몸의 형벌이라고 했습니다."
중요한 부분에 이르자 부처님께서 세 번이나 거듭 물으셨다. 디가따빠시가 역시 세 번 대답하고 나서 다시 부처님께 여쭈었다.
"고따마 대수행자님께서는 불선업이 생겨남에 대해서 어떠한 벌을 생각하십니까?"
"따빠시여, 나 여래는 형벌이라고 설한 적이 없노라. 깜마(업)라고만 설하노라."
"그러면 고따마 수행자께서는 나쁜 불선업이 생겨남에 어떠한 깜마를 생각하십니까?"
"몸의 업, 입의 업, 마음의 업, 이 세 가지를 업으로 생각한다."
"그 업 세 가지가 같이입니까. 따로입니까?"
"각각 따로이다."
"따로따로인 그 업에 어느 업을 가장 죄가 크다고 생각하십니까?"
"마음의 업을 가장 허물이 크다고 생각하노라."
"마음의 업이라고 하셨습니까?"

"따빠시여, 마음의 업이라고 했노라."

디가따빠시 역시 부처님처럼 이 말을 세 번이나 질문하여서 결정적인 것임을 확인했다. 그 다음 그는 그 말을 계속하여 토론하지 않고 돌아갔다. 그의 스승에게 전해 주려는 것이리라.

서로 주장하는 것은 다르지만 디가따빠시는 부처님의 위력을 잘 짐작하였다. 부처님의 가르침은 받아들이지 않더라도 그 아름다운 모습은 다시 뵙지 않고 그냥 지낼 수 없었던 것이다. 한번 뵌 뒤로 거듭 다시 오는 것이 그 좋은 증거이다.

그래서 목적하는 곳에 반드시 이르게 해주는 가르침의 힘도 짐작했다. 그러나 그 딱한 이는 옛 스승과 옛 주변들에 대한 집착을 끊지 못했다. 그래서 결론을 내리지 아니하고 돌아갔던 것이다. 이렇게 스스로 직접 와서 뵈었던 그를 막아보았지만 니간타 스승은 우빨리 신자를 놓아 보내야 했다.

이전에는 아시반다까 뿍따도 역시 잃었다. 이러한 것을 생각하지 않았는지 그렇지 않으면 촌장보다 도시의 장자가 말을 더 잘 한다고 생각했는지 어떠한 생각으로 보냈든지 우빨리가 우리들 절에 온 것은 잘한 일이었다.

어떻게 왔든지 우빨리는 부처님 앞에 이르고서는 부처님께 예배드리지 않고 그냥 있을 수 없었다. 머리를 땅에 대고 절을 아니하고는 못 견딜 일이었다. 부처님의 모습만 보고서도 저절로 고개가 숙여져서 절을 하게 되었다. 수그러진 목소리로 디가따빠시와 의논하였던 문제들을 여쭙기 시작했다. 부처님께서도 먼저 의논하였던 것들을 다시 말씀하셨다.

※

"부처님이시여!

따빠시가 말씀드린 것이 매우 좋습니다. 좋은 스승의 좋은 제자입니다. 크나큰 몸의 벌과 비교해 볼 때 자그만 마음의 벌이 어디에 비교가 될 수 있겠습니까? 사실 불선업이 생겨나는 것에는 몸의 벌이 가장 허물이 큽니다."

그의 스승의 가르침을 완전히 믿어서 자신 있게 여쭈었다. 부처님께서

"장자여! 진실한 말을 바르게 하려는 생각이 있다면 이 문제에 관해서 너와 내가 의논할 수도 있다."

"부처님, 저는 진실한 말을 바르게 할 수 있습니다."

이렇게 약속해 놓았지만 우빨리는 두 번이나 사실을 아니라고 바꾸어 말했다. 피하거나 거둘 수 없는 처지에 이르러서도 인정하지 않고 그냥 있었다.

"제가 이렇게 가만히 있는 것은 부처님을 존경하지 아니해서가 아닙니다. 설하신 법을 받아들이지 않는 것도 아닙니다. 분명하고 딱 들어맞게 가르쳐 주시는 비유를 다시 더 듣고 싶어서입니다."

이렇게 우빨리가 사뢰었다. 그가 즐거이 들었던 비유들 가운데 하나를 들어서 부처님께서 말씀하셨다.

"장자여! 니간타 스승은 다른 이의 생명을 죽이는 것, 다른 이의 재산을 훔치는 것, 거짓말하는 것, 깜마 오욕락을 받는 것, 이 네

가지를 삼가는 수행을 한다. 갖은 방법으로 불선업을 막는다. 그런데 그 스승이 주의하지 않고 걸어가면 작은 생명들을 밟게 된다. 죽이게 된다. 이 일에 대해서 니간타 스승은 어떠한 결과를 생각하더냐?"

"부처님, 니간타 스승님은 마음이 포함되지 아니하고 생각 없이 생긴 일은 허물이 크다고 생각지 아니합니다."

"장자여, 마음이 포함된다면?"

"부처님, 마음이 포함된 것이 사실이라면 허물이 큽니다."

"이 마음을 니간타 스승은 어떠한 벌에 해당된다고 생각하느냐?"

"마음의 벌에 해당된다고 생각합니다.……"

이렇게 우빨리의 교만심의 깃발이 떨어져야 했다. 교만심 없이 깨끗한 마음으로 부처님의 법문을 계속 들었기 때문에 우빨리라는 이름으로 아리야(성인) 한 사람 늘어나게 되었다.

Anguttara
Majjimapaṇṇāsa upāli sutta

여섯 가지로 나누는 곳에

　불선업을 빼어버린다는 것이 목표인 니간타 스승의 사상은 우리 교단의 가르침과 일부분은 비슷하기도 하다. 그래서 니간타 종파들도 우리들과 관계가 많았다.
　그 니간타들과 관계된 이야기 하나를 말하겠다. 다른 종파에는 우리들과 비슷한 점이 없다. 그래도 그들은 우리들과 같이 이 땅위에 머물고 물도 같이 쓰면서 자기들이 믿는 가르침들을 심어가면서 지냈다.
　그래서 서로 생각들이 달랐지만 그들과 우리들은 가끔 만나기도 하였다. 사람들끼리 만난 다음 각자의 법으로서 주고받고 의논하는 일도 따랐다. 나는 그렇게 서로 의논하던 가운데 들어보았었던 사상 한 가지를 부처님께 여쭈었다.
　"거룩하신 부처님, 뿌라나 까싸빠 스승은 검은 종류, 갈색 종류,

붉은 종류, 노란 종류, 흰 종류, 특별히 흰 종류, 이렇게 종류 여섯 가지로 나누어서 생각합니다.

그 여섯 가지 가운데 사냥꾼, 어부, 도둑, 강도, 감옥의 간수들로 시작하여 거칠고 천한 일을 하는 이들을 검은 종류라고 생각합니다. 먹고살기 힘들고 어려운 수행자들과 선업, 불선업을 말하는 이들을 갈색 종류라고 합니다. 부끄러운 부분만 가리도록 헝겊조각을 허리 앞부분으로 늘어뜨려 놓은 니간타(나체 외도)들을 붉은 종류라고 생각합니다.

전혀 옷을 입지 아니하는 나체 외도의 제자들인 마을 사람들을 노란 종류라고 생각합니다. 완전 나체인 그들 남자 여자들을 흰색 종류라고 생각합니다. 가장 높은 브라만 종족에서 태어난 난다와 매칼리 고딸라들은 특별히 흰 종류라고 생각합니다."

마지막의 난다와 딴께이싸는 뿌라나 스승의 무리이다. 매칼리 고딸라는 그와 사상이 같은 이들이다. 선업이거나 불선업이거나 그 과보를 받지 아니한다는 생각들을 가지고 있는 이들이다. 그들과 생각이 같다고 해서 특별히 흰 종류에 넣어준 모습은 재미있다. 이렇게 여섯 가지로 나누어 생각해서는 어느 누구에게도 어느 한 가지도 이익될 것이 없다. 그러나 이 여섯 가지를 부처님께 말씀드린 것은 이 교단 전체를 위해서 이익이 크다.

꽃

"아난다여! 이렇게 여섯 가지로 생각하는 뿌라나 까싸빠를 이 세상사람들 모두가 인정하느냐?"

내가 여쭌 말씀을 이렇게 반문하신 다음 가르침 한 구절을 펴 주시는 시작이기에 "제가 허락지 아니합니다."라고 기쁘게 대답 올렸다.

"아난다여, 수레 모는 이가 여행을 하다가 소가 죽으면 소의 주인이 새로 소를 사는데 도움이 되도록 다른 사람들에게 죽은 소를 갈라 나누어서 사게 한다. 이것을 살 만한 돈을 감당치 못하여 거절하는 사람에게도 억지로 나누어서 사게 한다.

뿌라나 까싸빠가 여섯 가지로 나누는 것도 이와 같다. 관계되는 이들의 허락도 얻지 아니하고 자기 생각만으로 나눈 것뿐이다."

"아난다여, 나 붓다가 나누는 여섯 가지 종류를 잘 들으라. 나 여래가 설하겠노라."

"거룩하신 부처님, 좋습니다. 부처님."

"아난다여!
검은 곳에서 더 검어지는 종류
검은 곳에서 희게 되는 종류
검은 곳에서 희고 검은 것을 벗어나
닙바나에 들어가는 종류

흰 곳에서 검어지는 종류
흰 곳에서 더욱 희어지는 종류
흰 곳에서 검고 흰 것을 벗어나

닙바나에 들어가는 종류,
이렇게 여섯 가지 종류로 나눈다."

"아난다여!
이 세상에 어떤 이는 가난하고 어려운 종류에 태어난다. 몸도 보기 흉하여 아무도 좋아하지 않는다. 그런 이들이 하지 말아야 할 불선업을 짓는 것은 검은 곳에서 더욱 검게 하는 종류에 속한다. 그런 사람이 해야 할 선업들을 짓는 것은 검은 곳에서 흰 곳으로 오는 이에 속한다.
 그런 사람이 교단에 들어와 수행자가 되어서 바른 길로 수행하여 닙바나를 체험한다면 검고 흰 것을 벗어나 닙바나에 이른 종류에 속한다."

"어떤 이들은 부자이면서도 편안하고 높은 지위의 가문에 태어난다. 몸도 역시 아름다워 사람들이 좋아한다. 그런 사람이 하지 말아야 할 불선업을 짓는 것은 흰 곳에서 검은 곳으로 가는 종류의 사람이다. 그런 사람이 해야 할 선업을 짓는 것은 흰 곳에서 흰 곳으로 가는 종류의 사람이다.
 그런 사람이 교단에 들어와서 수행자가 되어 바른 길로 수행하여서 닙바나를 체험한다면 그 사람은 검고 흰 것을 벗어나 닙바나에 이른 사람의 종류이다."

 뿌리나 까싸빠의 여섯 종류로 나누는 방법과는 달리 누구에게도 억울하지 않은 바른 견해로 나누어서 한 가지 한 가지 보여주신 것이다. 목적 없이 자기가 생각하는 대로만 구분한 것에 목적을 분명하게 두고 나누어 보이신 것이다.

　모든 세상사람들이 가난하고 낮은 곳, 보기 흉한 몸으로 태어나기를 원치 않고 좋아하지 않으므로 어두운 곳, 검은 곳이라 한다. 부자이고 행복하고 아름다운 몸, 높은 가문에 태어나는 것은 누구나 원하고 좋아한다. 그래서 흰 곳, 또는 밝은 곳이라 한다. 이러한 구분에 아무도 억울할 이는 없을 것이다.

　어떤 곳에 태어났든지 밝은 곳으로 가는 것과 어두운 곳으로 가는 것은 누구의 탓도 아니다. 오직 자기 탓이다.

❧

　이렇게 어느 한 사람의 희고 검은 것을 세간의 뜻으로 재산과 아름다운 모습과 높은 가문으로 나눈다. 이렇게 나누는 것은 많은 세간 사람들의 생각을 기초로 한 것이다. 뿌라나 까싸빠처럼 다른 종파들이나 다른 사상가들에게 자기 멋대로 이름을 붙이는 것은 개인적인 생각일 뿐이다.

　부처님께서 나누시는 방법은 모든 사람들의 업에 따라서 나누었기 때문에 검은 곳에 속하는 사람들도 마음 상하거나 위축될 필요가 없다. 검은 곳에 있지만 해야 할 선업을 힘써 지어서 깨끗한 곳으로 갈 수 있다. 그보다 더 능력이 있다면 검고 흰 것을 벗어난 닙바나에 이를 수도 있다.

　그와 같이 좋은 법을 인연으로 해서 좋은 곳에 태어난 사람이 되었더라도, 얼마만큼 복이 많은 흰 곳에 있더라도, 하지 말아야 할 불선업을 지으면 검은 곳, 어두운 곳으로 금방 떨어지게 된다. 흰 곳, 밝은 곳에 있는 짧은 순간을 얻었을 때 해야 할 선업을 힘써 지으면 흰 곳에서 흰 곳, 밝음으로 향하게 된다. 그보다 더 할 수 있으면 검고 흰 곳, 밝고 어두운 곳 모두를 벗어난 닙바나를 체험하기 위해서 높고 높은 가르침을 따라 수행해야 한다.

이렇게 여섯 가지로 나누는 것에 있어서 부처님께서는 먼저 세간의 뜻을 따라서 나누어주시고, 그 다음 담마의 뜻으로 다스려서 보여주셨다.

※

내가 가장 좋아하는 담마(법)의 선물을 뿌라나 까싸빠의 여섯 가지로 나누는 길과 관계되어서 부처님께서 가르치는 법을 얻었다. 이 선물을 주실 때 부처님께서는 뿌라나 까싸빠의 사상을 구분해 주셨다. 그렇게 구분해 주시는 것은 그의 사상 한 가지를 내가 조목조목 분명하게 여쭈었기 때문이다.

이렇게 자세히 여쭈지 아니하고 사상 모두를 합쳐서 여쭈었으면 구분해 주시지 아니하셨을 것이다. 어느 날 울긋불긋한 살색이 있는 '꼭사'라는 브라만 한 사람이 우리들이 머무는 제따와나 정사에 왔다.

"부처님, 뿌라나 까싸빠, 매칼리 고딸라 스승 등의 사상이 윤회에서 벗어날 수 있는지 없는지 구분하여 주십시오."

부처님 앞에 와서 그가 알고 싶은 것을 여쭈었다.

가사 색깔이 밝게 빛나는 사왓띠 수도에도 그들의 제자들이 있는 것이다. 이 브라만은 그 사람들과 내편 네편 싸우다가 부처님께 싸움을 옮기려고 온 것 같았다. 싸움이나 다툼은 멀리 멀리 비켜나시는 부처님께서는 그 브라만의 질문을 받아들이지 아니하셨다.

"브라만이여! 그 말은 그만두어라. 너에게 나 여래가 법을 설하리라. 오직 법만을 잘 듣고 가슴에 새겨라."

이렇게 말씀을 바꾸시고는 법을 설하셨다. 그날 설하셨던 법에 차례차례 비유 다섯 가지가 들어 있었다. 그 다섯 가지 비유는 전부 나무에서 가져왔다. 먼저 가지와 가지 끝, 이어서 겉껍질, 속껍질, 속살, 속알맹이, 이런 차례였다.

① 가지와 가지 끝-복 덕이 큰 것
② 겉껍질-실라(계율)
③ 속껍질-사마디(선정)
④ 속살-소따빠나(도와 과)
⑤ 속알맹이-아라하따 팔라(아라한 과)

속알맹이를 원하는 이는 가지 끝, 겉껍질, 속껍질, 속살에서 만족하지 않고 알맹이에 닿도록 깊이 새기고 파서 얻어내듯이, 이 교단을 이끄는 수행자가 된 사람들은 차례로 향상하도록 노력해야 한다.

복덕이 많은 것, 계율이 깨끗한 것, 사마디가 오래 머무는 것, 초과인 수다원의 아래 도와 아래 과를 얻고서 만족하게 지내지 말고 위의 도과인 아라하따 팔라에 이르기까지 파고 들어가야 할 것을 설하신 것이다.

아라하따 팔라를 가장 높은 곳에 놓은 이 가르침은 기초 지혜가 있지 아니한 그 브라만에게는 삼귀의로 의지하는 것만 하게 할 수 있었다.

Anguttara Majjinaaaanikāya mulapaṇṇāsa

수행 속에 지혜가 있어야

 수행하는 일에 매우 부지런하게 노력을 기울이라고 부처님께서 자주자주 말씀하셨다. 갈대로 만들어 놓은 오두막집을 큰 코끼리가 조각조각 부스러뜨리듯이 번뇌(낄레사)라는 모든 원수들을 두려워하지 말고 물러나지도 않는 큰 노력으로 밟아 없애도록 당부하셨다.

 장애나 위험으로 격려해 주시므로 이 교단 안에 수많은 영웅들이 생겨났다. 막아서 장애하는 모든 것에서 자유롭고 완전하게 뛰쳐나온 출세간의 선한 이들이 많이 나왔다.

 여기에 한 가지 질문이 있다. "물러나지 않고 흔들림 없는 노력으로 수행 노력하는 사람마다 출세간 법을 얻었는가?" 하고 물을 것이다. 사실대로 대답한다면 벗어난 이도 있듯이 벗어나지 못한 이들도 있다고 해야 할 것이다.

 "똑같이 노력했는데 무엇 때문에 어떤 이는 벗어나지 못하고 남아야 하는가?" 하고 묻는다면 "수행 속에 지혜와 함께 하지 아니했기 때문"이라고 대답할 것이다. 그렇다. 뼈가 녹을 만큼, 살이 마를 만큼 물러나지 아니하고 심하게 노력하는 사람은 우리들의 이 교단 안에만 있는 것은 아니다. 이 교단 바깥의 수행자들에게도 수없이 많이 있다.

노력에 있어서는 우리 교단 안의 사람들보다 더 지나치게 많다고 할 수도 있다. 보통 사람들은 감당하지 못할 만큼 심한 고통을 받으면서 외고집으로 지독하고 심하게 노력을 기울이는 이들도 있다.

앞에서 말한 대로 니간타(나체 외도)들은 감히 상상도 할 수 없을 만큼 심한 노력을 기울여 고행을 하고 있다. 사실 그들은 매우 드문 사람들이다. 편안히 살려는 것이 이 세상사람들의 공통된 생각이지만 그들은 힘든 고통을 일부러 만들어서 행한다.

처음에 초기 수행자들은 매우 거칠고 가장 낮은 질의 옷을 입는다. 그들보다 수준이 높아지면 아무것도 입지 않고 맨 몸으로 지낸다. 또한 먹는 것도 거칠고 험한 것만 찾아서 먹는다. 심지어 그런 것조차 배고픔을 견디고 줄여 가기도 한다.

몸을 괴롭히는 갖가지 일을 억지로 심하게 행한다. 한 가지 자세로 오랜 시간 버틴다든가, 못을 박은 판자 위에 드러눕는 일, 숯불을 피워 놓고 그 위에서 견디는 일 등 ……. 더 이상 말하면 즐거운 일이 아니니 그만하겠다.

그 대신 그들에 관해서 부처님께서 설하신 법문 한 구절을 보여

주겠다. 이 법을 제일 먼저 설하신 곳은 기사꼭따 산(기축산)이다. 그 산꼭대기가 독수리 머리와 닮았다고 해서 그렇게 부른다. 그 산은 나무가 많은 산이 아니다. 그래서 오고가는 사람도 별로 없고 산자락에는 콩을 심어 먹을 수도 없다. 반면 수행자들이 살기에는 한적한 곳이다.

사람들이 없는 곳에 조용히 지내고 싶으시면 부처님께서는 그곳으로 가시고는 했다. 그렇게 가셔서 우리들 모두에게 더할 수 없는 슬픈 일 한 가지가 생기기도 했다.

그 산 근처에 이시기리라는 산 하나가 있다. 그 산의 굴 하나에는 숲에 사는 수행자들이 줄을 이어 들어가곤 하여서 먼 곳에서 보는 사람들에게는 그 산이 수행자들을 삼키는 것처럼 생각되었다. 그래서 그 산을 이시기리라고 이름 불렀다.

그 산 깊은 골짜기의 큰 바위 한쪽 가장자리에 머물고 있는 사람들이 있었다. 니간타 종파의 사람인 그들은 사람의 자세 중에서 앉는 자세를 빼어버리고 똑바로 서서만 지낸다. 자세를 바꾸지 아니하기 때문에 심한 고통을 받아야 한다.

그러나 그러한 고통을 그들은 혐오하지 아니한다. 아픔을 참아야 편히 산다고 마따쁙따 스승이 가르친 대로 고통 받는 일을 억지로 참고서 행한다.

이렇게 큰 고통을 받아야만 오랜 윤회 동안 지어왔던 묵은 업을 없앨 수 있다고 한다. 좌우 양 극단 중 한쪽 끝에 치우쳐 있는 그들이 있는 곳으로 어느 저녁 무렵 부처님께서 가셨다.

스승의 가르침을 따르는 모습이 흡사 '배를 타고 가다 물속에 물건을 빠뜨렸을 때 뱃전에 금을 그어서 표시하는 이들처럼' 생각하는 그 수행자들에게 질문을 하셨다.

"니간타 수행자여, 그대들은 자신이 과거 전생에 틀림없이 있었다고 자기 스스로 알 수 있는가?"

"우리들은 모릅니다."

수행으로는 생각이 서로 다르지만 사람으로서는 부처님을 존중하기 때문에 사실대로 대답했다.

"니간타 수행자들이여! 그대들은 자기가 과거 전생에 나쁜 불선업을 틀림없이 지었다고 스스로 알 수 있는가?"

"고따마, 수행자시여! 그것도 모릅니다."

"그렇다면 그렇게 큰 고통을 받는 수행으로 나쁜 불선업이 얼마만큼 없어졌으며 다음에 없앨 불선업이 얼마만큼 남았는지, 얼마만큼의 업을 없애면 모든 고통이 거두어져 다하는지 그대들은 아는가?"

"우리는 그것도 모릅니다."

묻는 것마다 그 니간타들은 머리를 흔들고 대답했다. 이렇게 그들의 수행은 어둠 속에 되는 대로 돌을 던지는 이들과 다르지 아니하다. 그러나 이 질문으로 인해 부처님께서 윤회를 빼어버린다거나 업을 빼어버린다고 그릇되게 생각하지 말기를 주의드린다.

중도 수행(밋시마 빠띠빠다)이라는 길을 부처님께서 설하셨다. 그 길을 따라서 지혜롭게 가다가 보면 지금 만나는 것마다 전생업 때문이라고 전생업을 한 덩어리로 집착해서 빠져버린다든가 한쪽 극단으로 치우치지 않게 된다.

🙏

부처님께서 이 질문을 하신 것은 스스로 알지 못하면서도 다른 이의 말만 듣고 너무나 심한 고통을 자초해서 받는 모습을 분명하게 알도록 하려는 것이었다. 자기 스스로 알지도 못하고 보지도 못하는 것을 조목조목 자세하게 물으신 것이다. 자기 스승, 자기 종파에 심하게 집착하지 않는 사람이었다면 이 질문만으로도 벗어남을 받았을 것이다.

자기 스스로 알지도 보지도 못하는 일은 그만두고, 알 수 있고 볼 수 있는 수행만을 키워 나가야 할 것이다. 불선업이 없어지도록, 선업이 구족하도록 우리들이 기준으로 삼아야 할 것은 이 금생이다. 과거 생이 무량한 숫자로 있으면 있는 대로, 없으면 없는 대로 지나간 일은 어느 누구도 어떻게 할 수 없다. 그 일에 관해서 '있다, 없다'로 생각하는 것, '있다, 없다'라고 논쟁하는 것이 이익이 될 일은 아니다. 생각이 서로 다른 이와 만나면 싸움할 일만 생길 것이다.

그래서 부처님께서 나체 외도들에게 지금 현생에서 불선업을 없애고 선업을 갖추도록 해야 함을 알게 하시려고 질문하신 것이다. 우리들이 고칠 수 있는 생애는 이 현재 금생뿐이다.

욕계 선업으로 미래에 태어날 생을 준비한다고 하더라도 영원한 약속은 아니어서 마음 놓을 수 없다. 미래에 집착하는 것도 과거에 집착하는 것과 같다. 그래서 우리들이 금생, 지금 현재 순간에 자기 마음속을 들여다보아서 탐심, 화냄 등의 나쁜 마음이 생겨나면 생기는 대로 잘 알아차려서 관찰해야 한다.

수행의 지혜가 정상에 오르기 전에는 누구를 막론하고 나쁜 마음들이 생겨난다. 그러나 사람 사람이 그 정도가 같지 않다. 알아차림(사띠)을 밀착시켜서 볼 수 있는 사람이어야만 나쁜 마음을 나쁜 마음으로 아는 순간과 동시에 나쁜 마음이 멈추어진다.

나쁜 마음이 있던 곳에 좋은 마음이 들어온다. 알아차림을 밀착시켜서 볼 수 있으면 볼 수 있는 만큼 나쁜 마음에서 벗어나는 기회를 빨리빨리 얻을 수 있다. 볼 수 없는 이는 나쁜 마음 다음에 나쁜 마음만 끝없이 생겨날 것이다.

❦

이렇게 벗어날 기회를 가지는 것은 나쁜 업을 버리고 선업이 구족해지는 것이 된다. 이렇게 위빠싸나(특수하게 자세히 알아차림) 지혜에 이르게 되면 이것보다 훨씬 아름다운 축복의 순간도 체험할 수 있다. 그러나 스승에게 집착하고 종파에 집착한 니간타(나체 수행자)들은 부처님의 위신력을 짐작도 못했다.

죽을 만큼, 죽기 직전까지 자신을 괴롭히는 고통에서 구해주시려고 가까이 가신 은혜로운 분을 은혜인 줄조차 몰랐다. 부처님께서는 좀 더 냉정하게 말씀하셨다.

"니간타 수행자들이여!

그대들은 전생에 무엇이었는지도, 무엇을 행하였는지도 알지 못한다. 그렇게 알지 못하면서도, 뭔지 모르면서도 지었던 나쁜 업을 없앤다고 매우 심한 고통을 스스로 만들어서 받고 있다.

이것으로 미루어보아 말하건대 이전 세상에 거칠고 저속한 이, 무자비한 이, 다른 이의 목숨을 죽인 이들이 이 세상에 태어나서는 그대들 니간타에게서 수행자가 되었는가?"

알기는 하되 실질적으로 모르는 이, 깊이 알지 못하는 이들이었으므로 이해하도록 말씀하셔야만 했다. 과거 나쁜 업들을 없애려고 크나큰 고통을 자청하여 받고 있는 그들에게 그렇게 말하는 것 외에는 다른 길이 없었다.

부처님께서 그렇게 말씀하셨을 때 그들 스스로 그릇된 줄 안다면 그 고통에서 벗어날 수 있다. 그러나 벗어나고 싶지 아니하여서 외고집으로 그쪽만으로 향하여서 고통을 자청하는 이들은 부처님의 대 연민심을 받아들일 수 없었다.

그들의 생각과 수행으로 막아낼 수 없는 곳에 다른 이가 도움을 건네 준 것이지만, 그 스스로 벗어나지 않겠다고 고집을 세우는 데는 할 말이 없을 뿐이다.

※

"고따마 수행자께서 어떠한 식으로 허물을 말씀하시더라도 고통을 받아야만 편안한 길이 나오는 것이 바른 길입니다. 고따마 수행자님께서 원하는 대로 편안하게 수행하는 것으로 편안함을 얻는다고 말하신다면 마가다국의 주인 빔비사라 대왕은 행복함을 얻었습니다. 전쟁하는 군사가 튼튼한 빔비사라 대왕은 고따마 당신보다 더 편안히 살고 있습니다."

그가 말하는 빔비사라 대왕의 편안함이란 대왕이 직접 얻은 소따빠띠 막가 팔라(도와 과)를 말하는 것이 아니다. 도와 과를 그들이 알 리가 없다. 고통을 받아야만 편안하게 산다는 그들의 사상을 죽기 살기로 붙들고서 그들이 잡으려고 하는 출세간 행복과 깜마 오욕락의 세속 행복을 함께 허물한 것이다.

편안한 수행으로 편안함을 얻는다고 하는 것은 깜마 오욕락의 행복을 받으면서 수행하는 것은 아니다. 깜마 오욕락이란 받는 짧은 순간에는 행복하다고 생각하더라도 정말로 행복한 것은 아니다. 생각만으로 행복하다고 하는 순간의 행복과는 비교할 수 없을 만큼 많은 고통의 길을 펴 주는 것일 뿐이다.

니간타 나체 외도들이 고통을 받아야 하는 길은 그보다 더 많고 행복은 너무나 적은 것이다. 행하는 순간에도 매우매우 고통스럽고 그 다음다음에도 행복할 길은 보이지 않는다. 그래서 부처님께서 가르쳐 주시려는 길이 그 양 극단 어느 쪽도 가까이 하지 않는 중도수행의 길이다.

그 길을 따라서 구부러지지 말고 똑바로 가서 마음 편안함의 최고 정점에 이르게 되는 것이다.

꽃

이 사실을 분명하게 보여주시고자 부처님께서 니간타들의 완고한 생각 한 가지를 고쳐주려 하셨다. 자기 스스로 기초가 튼튼치 못하여서 완고한 생각을 물리치지 못하는 곳에 필요한 것만 키를 잡아주셨다.

"니간타들이여! 그대들이 한편으로 치우친 마음으로 너무나 쉽게 생각 없이 말을 하는구나. 정말로 그런 말은 하지 말아야 한다. '빔비사라 대왕과 수행자 고따마 가운데 누가 더 편안하게 지내는가?' 하고 나에게 그대들이 물어야 하리라."

"좋습니다. 고따마 수행자시여!
당신 고따마 수행자께 우리들이 묻겠습니다. 빔비사라 대왕과 수행자 고따마 가운데 어떤 분이 더 행복하고 편안하게 지내십니까?"

부처님께서 방향을 돌려준 대로 니간타들이 따라왔다.

"니간타 수행자들이여! 이 질문의 해답을 위해서 그대들에게 다시 묻겠노라. 그대들 좋을 대로 대답하라. 빔비사라 대왕이 몸을 움직이지 아니하고 말도 하지 아니하고 일주일 내내 행복함 한 가지만 즐기면서 살 수 있겠는가?"

"그렇게는 살 수 없습니다."

그리고 계속해서 하루씩 줄여서 물어 보아도 전과 같이 대답했다. 이에 부처님께서

"니간타들이여! 나 붓다는 몸도 움직이지 아니하고 말도 하지 아니하고 행복함 하나만으로 일주일을 즐기면서 살 수 있다. 이렇게 말하면 빔비사라 대왕과 나 붓다 중에 누가 더 편안히 사는 것인가?"

"고따마 수행자시여!
마가다 큰 나라의 주인이고 전쟁하는 군사가 크고 막강한 빔비사

라 대왕보다 고따마 수행자님께서 더욱 편안히 지내십니다."

이시길리 산 언덕 아래 깊은 골짜기 바위 위에 이러한 대답이 터져 나올 때 '싸~두(착하도다)'라고 외치는 이가 한 사람도 없었다. 그릇되어 사실을 보지 못할 때 도움을 주었더라도 그들 무리가 그들 사상을 죽기 살기 붙들고 그대로 매달려서 놓지 아니한 것이다.

그때 싸~두라는 칭송의 소리가 나오지 아니했던 그 가르침은 니조다란마나(까삘라에 있는 정사)에서 마하나마에게 다시 설하시는 끝에 우리 모두 크게 '싸~두, 싸~두, 싸~두'를 불렀다.

스승에게 집착하고 종파에 집착함이 지나친 그 니간타들에게 이익이 미치지 못했던 이 가르침이 우리 교단을 위해서는 매우 이익이 컸던 것이다.

과거의 힘, 과거의 원인들을 굳게 잡고서 현재법의 길에서 미끄러져 가려는 이들에게 미끄러지지 않도록 붙잡아 주는 것이 되었다.

Mulapaṇṇāsa cūḷadakkakkhandha sutta

끝이 없는 전쟁들

이시길리 산자락 아래 니간타 나체 외도들은 나따뿍따 스승의 가르침을 하나도 남김없이 따라 하였다. 그러한 수행으로 옛 업들을 얼마만큼 어느 정도 빼어냈는지, 다음 얼마만큼 더 빼어내야 할지 자기 스스로 알지 못하면서도 집착해 있는 습관적인 행을 바꿀 수 없었다.

그러나 그들 종파 모든 사람들이 그렇지는 아니하다. 죽기로 집착하여 붙들고 늘어져서 노력하는 것보다 사상 논쟁하기를 더 좋아하는 이들도 있다.

그들 중에 가장 유명한 이가 '삿짜까 빠리밧사'였다. 다른 수행자들은 니간타의 사상을 좋아해서 니간타 종파에 들어가기도 했지만 삿짜까는 그렇게 받아들여서 지내는 것을 원하지 않았다.

그는 이 세상에 태어날 때부터 니간타 종파 안에 포함되었다.

그의 어머니나 아버지가 모두 '니간타' 수행자였기 때문이었다. 왜살리 도시에서 니간타 남자와 여자가 사상 논쟁을 하게 되었을 때 그 둘은 지혜가 똑같았다.

그러자 락차위 왕자들이 그들 두 사람을 다른 곳으로 가지 못하도록 집 한 채를 지어 주었다. 한 집에서 같이 지내자 결혼 생활이 시작되어서 삿짜까를 낳게 된 것이다. 그의 위로 딸 넷을 낳았다.

어머니 아버지가 지혜롭듯이 그 딸 네 명도 사상에 관해서 매우 이름을 드날리게 되었다. 나이가 차자 이곳저곳으로 다니면서 사상 논쟁을 할 수 있도록 부모님께 청했다.

그러자 부모들은 그 딸들에게 사상 논쟁을 하여서 그들을 이기는 사람이 남자이면 그의 아내가 되어 평생 모시든지, 그 사람이 교단에 속한 수행자이면 그분의 제자가 되어서 수행자가 되라고 일러주었다.

※

옛 사람들의 말대로 이 인디아(섬부디빠)에는 섬부나무가 최고이다. 고급스러운 행운이 있는 나무라고 생각한다. 그 나무가 많이 자라는 곳이어서 옛부터 섬부디빠라고 불러왔다. 그래서 언니 동생 네 자매들은 이 섬부디빠 최고의 나무인 섬부나무 가지를 가지고 사왓띠 수도 안으로 들어왔다.

그들이 도시나 마을을 들어가려 할 때는 마을 입구에 가지고 다니던 그 나뭇가지를 심어서 세워 놓는다. 이것은 이 도시, 이 마을, 이 주변의 사람들에게 그들과 사상 경쟁을 하려는 이들이 있으면 사상 논쟁을 하러 오라고 초청하는 것이다.

그렇게 승승장구 승리를 거듭하면서 진다는 것이 무엇인지 모르던 그들의 교만과 자존심의 상징인 이 섬부나무 가지가 사왓띠 수도에서는 밟힘을 당해야 했다. 밟아버리라고 명한 이는 담마 총사령관 마하 사리불 테라였다.

큰소리치며 흔들고 왔던 나뭇가지가 짓밟힘을 당해야 했듯이 환히 웃으며 떠들어대던 네 자매들도 대중 가운데서 크게 참패를 당했다. 그러나 무참하게 참패한 그들은 값을 매길 수 없는 특별한 상을 받게 되었다. 부모님의 말씀대로 네 자매 모두 우리 교단에 들어와서 여자 수행자 비구니가 되었던 것이다.

❦

이 네 자매의 동생인 삿짜까는 누나들보다 지혜와 언변이 더 뛰어났다. 누나들처럼 마을이나 도시로 다니지 않고 왜살리 수도에 항상 건재하게 지냈다. 왕족의 어린 왕자들에게 지혜를 가르치는 스승으로서 얼굴이 번듯했다.

다른 이들이 끼어들 틈이 없도록 말을 잘하였다. 그와 겨룰 사람을 만나지 못할 때마다 '나는 지나치게 지혜롭다'라는 말을 자주 쓰곤 했다. 점성술 지혜를 기초로 하여 그가 말하는 것들도 맞아 들어갔기 때문에 많은 이들의 존경어린 찬사와 칭송을 받았다.

좋은 생에 태어나서 마음껏 능력 있게 지내는 삿짜까를 내가 질투하려는 마음은 전혀 없다. 그에게 이익이 많다고 하여서 나에게 손해되는 것은 아무것도 없기 때문이다. 그러나 내쪽에서의 안목으로 우스운 일이 하나 있었다.

그것은 다름이 아니라 그의 배를 쇠로 만든 허리띠로 둘러쳐 놓은 것이다. 모든 지혜를 모아서 담아 놓은 그의 배에 지혜가 커질 대로 커졌으므로 그의 배가 터질까봐 걱정해서 그 쇠 허리띠로 잘 묶어 놓은 것이라고 한다.

믿지 못하는 이를 비웃을 일이고, 그것을 정말이라고 믿는 이들은 또한 믿기도 할 것이다. 쇠로 만든 허리띠를 두른 그 지혜 있는 이가 어느 날 아싸지 마하테라와 만나게 되었다.

아싸지 마하테라(5비구 중 한 분)께서 왜살리 수도로 걸식하러 가셨을 때 마침 삿짜까는 피로를 풀기 위해서 길을 걷고 있다가 마주쳐서 만나게 된 것이다. 이에 삿짜까가 아싸지 마하테라께 인사말을 끝내고 나서 드디어 별러오던 질문을 시작하였다.

"오! 아싸지 마하테라시여, 수행자 고따마께서는 제자들에게 어떻게 가르칩니까? 대개 무엇을 설하십니까?"

마하 사리불 테라의 전신 우빠때이싸에게 '예담마 해뚭바 바와 …' 등의 게송으로 사성제의 진리를 설하셨던 아싸지 마하테라께서 삿짜까에게도 간략한 방법으로 설하셨다.

"앗끼왜사나여!

'몸(루빠), 느낌(왜다나), 생각(산냐), 생각의 구성(상카라), 인식(윈냐나)들은 영원하지 않다. 몸, 느낌, 생각, 생각의 구성, 인식은 나(아따)가 아니다.' 이렇게 부처님께서는 제자들에게 가르치십니다. 대개 이렇게 설하십니다."

앗끼왜사나라고 먼저 부른 것은 삿짜까 종족의 이름이다. 아닛짜(무상), 둑카(고), 아나따(무아), 이 세 가지가 분명하게 있는데 아싸지 테라께서는 둑카를 일부러 남겨 두었다. 고의 특성(둑카랙칸나)이라는 말을 삿짜까가 들으면 그 이름만으로도 공격의 손이 들어올 것이기 때문이다.

출세간 마음의 가장 높은 단계인 아라하따 팔라(아라한 과)조차 생기고 사라지는 상카라의 성품이 없지 아니하기 때문에 둑카에 포함된 것이다. 우리 모두의 마지막 목적은 아라한 도와 과(아라하따 막가, 아라하따 팔라)이다.

여기에 다른 이의 말을 잡고 늘어지는데 능숙한 삿짜까가 우리 모두를 한마디로 짓눌러서 뭉개 버리려고 들 것이다.

"수행자 고따마의 제자 모두가 고통으로 수행하는가?…"라고 왜살리 전체에 떠들고 다닐 것이다. "그래서 둑카를 남겨 놓았던 것이다."라고 아싸지 마하테라께서 나중에 말씀해 주셨다.

앗끼왜사나 종족의 지혜가 큰 이가 아싸지 마하테라의 말씀 끝에 옳거니 하고 시비를 시작하였다.

"아싸지 마하테라시여, 당신 스승 수행자 고따마께서 '제자들에게 이렇게 가르치신다.…' 나는 이런 말은 듣고 싶지 않군요. 나는 수행자 고따마와 한번 만나고 싶소. 수행자 고따마와 주고받고 대화를 나누고 싶소 그래서 그릇된 그의 생각을 깨끗하도록 구해주고 싶소."

아싸지 마하테라께서 전해 주는 말씀을 듣기만 하여도 부처님을 함부로 생각하는 얼굴로 딱딱하게 굳어진 표정으로 공격하려는 듯이 다그치는 그의 모습을 보는 듯했다.

※

 사실 삿짜까는 부처님의 가르침을 따라 행하고 싶어서 질문한 것은 아니다. 부처님과 사상 논쟁을 하고 싶었던 것이다. 아싸지 마하테라는 마하 사리불 테라께서 언제나 그분이 계시는 곳으로 머리를 향하고 잠자리에 들 만큼 존경하시는 분이다.

 이 교단 안에서 모든 담마의 성품을 능숙하고 자세하게 아시는 분, 그러한 분에게서 들었던 것을 빌미로 하여서 부처님과 사상 논쟁 잔치가 열린 것이다. 잔치 잔치마다 승리를 뿌려왔던 방법으로 이번 잔치에도 승리의 깃발을 흔들 것이라고 그는 내심 크게 기뻐하며 기다릴 것이다.

 그날 낮에 부처님께서는 마하와나 큰 숲으로 가셨다. 시자인 나도 당연히 따라갔다. 많은 대중들과 삿짜까가 올 것이라는 것을 아신 부처님께서는 미리 널찍한 곳으로 가셔서 그곳에서 기다리고 계셨다.

 그 역사에 남을 큰 잔치를 보려고 뒤따라오는 많은 대중들을 위해서 그들이 앉을 곳이 충분하도록 배려하셨기 때문이다.

 드디어 우리들이 기다리는 곳으로 삿짜까가 따라왔다. 그의 뒤에 릭차위 왕족의 500명 왕자들이 따라왔다. 그들의 스승이 큰 잔치, 좋은 구경거리를 보라고 일러주었기 때문이다.

 그러나 그들 대중 가운데서는 두 가지 말이 나왔다. 더러는 삿짜까가 승리를 할 것이라고 생각했다. 더러는 삿짜까 정도의 사람이 부처님을 이길 수 있느냐고 어림도 없다는 듯이 부정했다.

부처님 앞에 이르렀을 때 더러의 릭차위 왕자들은 부처님께 공손하게 예배를 올렸다. 더러는 절하지 아니하고 인사말만 했다. 더러는 다른 이들처럼 오체투지로 예배하지 아니하고 합장만 올렸다. 더러는 아무것도 하지 않고 그대로 앉아 있었다. 삼보를 향한 그들 마음의 차이를 그대로 드러내 보인 것이다.

그들의 우두머리 삿짜까가 부처님께 두 손조차 모으지 아니한 것은 따로 말할 필요가 없는 일이다. 모두 제자리에 앉았을 때 삿짜까가 잠깐 일어났다.

"고따마 수행자시여!
당신이 허락한다면 문제 하나를 묻고 싶습니다."

릭차위 왕자들 앞에서 머리를 쳐들고 가슴을 내밀고서 전쟁을 부르는 선언을 시작한 것이다.

※

예의바른 태도는 그만두고라도 그의 얼굴에서 존경하지 않는다는 모습을 드러내 보인 것이다. 부드러운 소리로 일부러 낮추어서 말하지만 그의 목소리에 긴장감이 잔뜩 들어 있었다.

"앗끼왜사나여! 당신이 묻고 싶은 것이 있다면 주저하지 말고 질문하시기 바랍니다."

팽팽한 소리에 반해 부처님께서는 부드러운 소리로 대답하셨다. 이에 삿짜까는 이런저런 너스레도 떨지 못하고 그의 마음속에 있는 대로 교만심을 잔뜩 묻혀서 질문하였다. 교만스러운 질문과 조용한 대답은 아싸지 마하테라와 만났을 때와 같았다.

이에 삿짜까가 얼굴 가득 웃음을 띠우고

"고따마 수행자시여, 비유를 하나 들겠습니다."

아싸지 테라가 대답했던 말을 꽉 잡고서 단숨에 승리를 하려고 준비한 만큼 부처님께서도 그대로 허락하셨기 때문에 삿짜까는 마음을 놓는 모습이었다. 그래서 몸과 입이 한껏 높아졌으리라.

"고따마 수행자시여!

모든 씨앗과 모든 나무들은 땅을 의지해서, 땅에 머물러 크게 자라납니다. 그와 같이 몸(루빠), 느낌(왜다나), 생각(산냐), 생각의 구성(상카라), 인식작용(윈냐나)들을 '나(아따)'라고 생각하는 사람들은 자기라고 생각하는 이 오온에 머물러서 선업과 불선업들을 짓는 것이 아닙니까?"

"고따마 수행자시여, '나'라는 것을 보통 눈으로 볼 수 있는 것이 아닙니다. 그러나 이러한 한 가지 기본적인 비유로서 어떤 행위를 하던지 하는 것마다 그 뒤에 '나'라고 하는 튼튼한 것이 있기 때문에 분명하게 알 수 있는 것입니다. 사람이나 중생 모두들이 '나'의 원하는 대로 '나'의 명령대로 행하고 움직이고 있습니다. 그런데 당신 고따마께서는 분명하게 있는 나(아따)를 부인하고 무아(아나따)라고 억지로 설하고 있습니다."

무아의 가르침을 펴는 교단을 쓰러뜨리려고 유아의 큰 무기를 있는 대로 모두 사용했기 때문에 삿짜까는 매우 흡족해 하고 있었다.

그의 무기는 정말 의지할 만하다.

말하는 뜻과 보여준 비유들이 이가 잘 맞아든 것 같았다. 원인과 결과도 아귀가 맞아 들어간다. 보통 사람들은 그의 말을 무너뜨리기 쉽지 않을 것이다. 이렇게 생각하자 그의 편 사람들이 싱글벙글 웃고 있었다.

"앗끼왜사나여!
다섯 가지 덩어리 오온을 '나(아따)'라고 그대가 말했느냐?"
승리를 얻었다는 생각으로 마음 놓고 맛있게 웃고 있던 삿짜까가 부처님의 질문으로 순간 멍해졌다. 한참 뒤 다시 정신을 차려 자세를 갖추어서 대답했다.

"수행자 고따마시여, 다섯 가지 덩어리 오온을 '나'라고 내가 취합니다. 여기 따라온 모든 사람들도 이렇게 생각합니다."
질문에 대답하는 데도 고분고분 공손하게 말하지 않았다. 허물거리 하나라도 생겨나면 그 혼자에게 따로 누르지 못하도록 힘을 모으려는 것이다. 다른 사람들에게도 그 전쟁 공격이 내려진다면 그들도 막으려고 할 것이다.

그러나 그의 발걸음을 미리 생각하고 내다보신 부처님께서 그의 대답을 받아들이지 아니하셨다.

"앗끼왜사나여! 여기 따라온 다른 사람들에게 물은 것이 아니다. 그대 한 사람에게만 묻는 것이다. 그러니 다른 사람은 끌어들이지 말고 그대의 사상, 그대의 생각만 깨끗하게 대답하라."

"고따마 수행자시여! 이 다섯 덩어리 오온을 나(유아)라고 제가 취하겠습니다."

할 수 없이 순순히 대답을 해야 했다. 그렇게 대답해야 했더라도 그의 얼굴이 일그러지지는 아니했다. 그의 생각을 그 스스로 튼튼하게 잡을 수 있었기 때문이다. 그 스스로도 만족할 수 있을 만큼 자신이 있었던 것이다. 그러나 부처님께서는 그를 오랫동안 만족하도록 놓아두지 않으셨다.

"앗끼왜사나여! 이 자리에서 그대에게 다시 물으리라. 이 질문을 그대 좋을 대로 대답할 수 있다. 마가다 큰 나라를 다스리는 왕이 죽일 사람은 죽이고, 괴롭게 할 사람에게는 괴롭게 하고, 재산을 몰수해야 할 이에게는 재산을 몰수하고, 그 나라에서 쫓아내야 할 사람은 쫓아낼 수 있는 권력이 있느냐?"

"있습니다. 고따마시여! 그런 왕들은 그만두고라도 모여서 서로 돌아가면서 다스리는 릭차위 왕, 말라 왕들도 그와 같은 권력을 가지고 있습니다."

전쟁의 주제 나(아따), 무아(아나따)에서 나라를 다스리는 일로 바꾸어 갔기 때문에 삿짜까가 선뜻 쉽게 대답을 해주었다. 그러나 부처님은 원인과 결과의 연결 없는 말씀을 하시는 적이 없으시다. 나라 다스리는 일이라도 지금 이야기하던 문제와 한 모습으로 연결되어 있었다.

쇠로 된 허리띠로 배를 싸매고 다닐 만큼 가득 찬 지혜가 그 사실을 아는 능력이 없었는가?……

"앗끼왜사나여!

몸(루빠)을 '나(아따)'라고 그대가 말했다. 그 '나'의 원하는 대로 '나'의 명령대로 움직이고 행동하고 한다고 그대가 말했다. 이렇게 말했으면 '나'라고 생각하는 그 '몸'에게 그대가 하고 싶은 대로 하도록 그대가 명령을 내릴 수 있느냐?"

오! 딱한 이여, 삿짜까 어떻게 대답하려나?

'나'와 '무아' 문제와 관계없는 줄 알고 선뜻 쉽게 대답하고서 중요하지 않다고 생각하여 덤을 더 보태서 채워 주었던 것이다. 지금 자기 죽일 무기를 자기가 갈아준 것처럼 되어 갔다.

분명하게 대답한 말을 다시 빼어버리기는 쉽지 않았다. 앞의 말을 빼어버리는 것이 쉽지 않다고 그렇다고 뒷말을 거절하기는 더욱 어렵게 되었다. 자기가 '나'라고 생각한 대로 '몸'을 자기 원하는 대로, 되고 싶은 대로 할 수 있다고 대답한다면 그 순간 모든 대중들의 눈동자가 그에게로 모여질 것이다. 그리고 보기 흉한 그 몸을 보고서 조롱할 것이 틀림없다.

"앗끼왜사나여! '몸'을 '나, 나의 것'이라고 그대가 말했다. '나'의 원하는 대로 '나'의 명령대로 움직이고 행동한다고 그대가 말했다. 그렇다면 '나, 나의 것'이라고 생각하는 그 '몸'에게 자기가 원하는 대로 하도록 그대가 명령할 수 있겠는가?"

말없이 입을 다물고 있는 삿짜까에게 다시 한 번 더 다잡아서 질문하셨다. 질 것이 뻔하게 된 상황이라 그 말을 인정하기 어렵게 된 삿짜까가 그대로 입을 다물고 있었다.

이에 부처님께서 깨끗하고 단호한 목소리로 말씀을 이어갔다.

"앗끼왜사나여! 지금 당장 대답하라. 지금 입 다물고 있으면 기회가 없다. 원인과 결과가 적당한 질문을 나 여래가 세 번까지 물어서 대답하지 아니하고 그냥 있으면 그 사람의 머리는 이 자리에서 일곱 조각으로 갈라질 것이다."

부처님께서 미래 동사로 말씀하셨다.

❦

그러자 삿짜까는 지금 당장 머리가 일곱 조각으로 갈라지게 된 것처럼 크게 두려워하는 모습으로 눈이 허옇게 되어 놀라서 전신을 덜덜 떨며 땀방울이 줄줄이 흘러내렸다.

그나마 조금의 지혜라도 있었던 그가 눈앞에 닥친 위험을 막아줄 사람은 자기가 여지없이 쳐부수어 승리하겠다고 벼렀던 부처님 뿐이라고 생각했다.

그래서 부처님 발밑으로 엉금엉금 기어가서

"수행자 고따마시여!

저에게 물으십시오. 제가 대답을 올리겠습니다."

부처님께서 세 번째 다시 질문하셨다.

"앗끼왜사나여!

몸을 나라고 그대가 말했었다. '나'의 원하는 대로 '나'의 명령대로 움직이고 행동한다고 그대가 말했다. 그렇다면 '나'라고 생각하는 그 '몸'에게 자기가 원하는 대로 되라고 명령을 내릴 수 있느냐?"

끝이 없는 전쟁들

"명령을 내릴 수 없습니다. 고따마시여!"

"앗끼왜사나여! 생각하라, 잘 생각해서 대답하라. 너의 앞의 말과 뒤의 말이 고르지 않구나!…"

이쯤 되면 지금 삿짜까 쪽에서는 무슨 벌이든지 머리 숙이고 공손하게 받아들이는 것 외에는 달리 해야 할 것이 없었다. 부처님께서 잘 생각하라고 말씀하셨지만 그에게는 생각할 여유가 없었다. 물으시는 대로 공손히 대답하는 것뿐이었다.

"앗끼왜사나여!

'나, 나의 것'이라고 생각하는 왜다나(느낌)에게도 그대가 하고 싶은 대로 하도록 명령 내릴 수 있느냐?"

"명령 내릴 수 없습니다. 부처님."

"산냐(생각)에도 명령 내릴 수 있느냐?"

"명령 내릴 수 없습니다. 부처님."

"상카라(생각의 구성)에는?"

"명령 내릴 수 없습니다. 부처님."

"윈냐나(인식작용)에는?"

"명령 내릴 수 없습니다. 부처님."

"앗끼왜사나여, 그렇다면 이 다섯 가지 덩어리 오온들이 영원한가? 무상한가?"

"영원하지 않습니다. 부처님."

"영원하지 아니한 오온이 행복한가? 고통스러운가?"

"고통스럽습니다. 부처님."

"영원하지 아니하고 고통스러운 이 다섯 가지 무더기 오온을 '나의 것'이라고, 혹은 '나'라고 하거나 '나의 아따'라고 볼 수 있겠느냐?"

"그렇게 볼 수 없습니다. 부처님"

"앗끼왜사나여!

어떤 사람이 둑카에 탐닉해서, 둑카에 집착해서, 둑카 속에 내려가서 둑카를 '나의 것', '나', '나의 아따'라고 본다. 그렇다면 그 사람은 둑카를 자기 자신의 지혜로 구분해서 알 수 있느냐?"

"알 수 없습니다. 부처님."

"앗끼 왜사나여, 그렇다면 너는 둑카를 탐해서, 둑카에 집착해서, 둑카 속에 내려가서 둑카를 '나의 것', '나', '나의 아따'라고 보는 것에 이른 것이 아니었더냐?"

"그렇습니다. 부처님."

"앗끼왜사나여, 비유를 들어보겠다. 알맹이를 원해서 알맹이를 찾으려는 사람이 날카로운 칼을 가지고 숲으로 들어갔다. 숲 속에서 꽃대가 올라오지도 아니한 어린 바나나 나무를 보고서 그 밑둥을 칼로 잘랐다.

껍질을 벗기기 시작하여 한 겹씩 한 겹씩 벗겨 나갔다. 계속하여 바나나 나무껍질만 벗기다가 끝이 났다. 그 남자는 속살도 얻지 못했는데 하물며 알맹이는 말할 것이 있겠는가?"

"………"

"앗끼왜사나여, 이 비유처럼 그대의 사상을 내가 조사해 보니 그대는 알맹이 없는 허탕뿐이구나. 승리는 없고 참패뿐이구나!"

"……"

"앗끼왜사나여, 왜살리 수도의 많은 대중 가운데서 그대는 자랑스럽게 떠들며 허풍을 쳤다. '상가 대중 가운데서나, 우두머리 스승들 가운데서나 부처님이라고 인정한 사람에게서 내 말의 형벌을 감당해서 받을 수 있는 이는 없다.

내가 차례차례로 말을 이어서 사상을 견주면 흔들림 없이 튼튼하고 강하게 견디는 이란 어디에도 없다. 겨드랑이에서 땀나지 않는 이를 만나 보지 못했다. 마음이 없는 나무토막조차도 내가 차례차례로 질문하여 사상을 견주면 꿈틀꿈틀 움직이는데 하물며 살아 숨쉬는 사람들이란 말할 것도 없다.'라고 떠들어댔다."

"앗끼왜사나여, 지금 자세히 보아라. 그대에게서만 이마에서 흘러내리는 땀방울들이 웃옷을 적시고 땅에까지 떨어지는구나. 나 붓다의 몸에는 땀 한 방울도 없구나."

"……"

❀

기회가 제대로 되었을 때 남김없이 완전하게 말씀하셨다. 그리고 윗가사를 조금 들어서 황금빛처럼 화사한 살결을 보여주셨다. 유아(아따)와 무아(아나따)의 전쟁 하나가 이 자리에서 끝이 났다. 유아는 아름답지 못하게 참패를 당하고 무아가 승리의 깃발을 날렸다.

그러나 유아가 이 자리에서 참패했더라도 다음에 다시 전쟁을 치루지 아니할 것은 아니다. 이 자리에서 눌리면 저쪽 다른 곳에서 머리를 쳐들 것이다. 이 세상에 사람들이 살고 있는 한 유아를 주장하는 각종 사람들이 삿짜까의 보기 같은 종류를 색깔을 바꾸어 가면서 사용할 것이다.

삿짜까가 보여준 것들을 깊이 포장하여서 계속해서 사용할 것이다. 그때 우리 권속들도 이러한 아나따(무아)의 가르침으로 완전하고도 완벽하게 부서뜨려야 할 것이다.

Mulapaṇṇāsa cūḷa saccaka sutta

어둠을 가르고 밝음을 가져오다

 각 종파의 사상 견해를 모아서 살펴보면 과거에 집착해 있는 견해가 18종류, 미래에 집착해 있는 이들이 44종류, 모두 62종의 외도가 있음을 볼 수 있다. 그 62종 모두를 부처님께서 전부 구분하여서 보여 놓으신 그대로 어느 종파, 어느 스승이 설하든지 이것을 벗어날 수 없다.

 비유하자면 연못 가득 그물을 덮었을 때 그 연못 안에 있는 모든 물고기 종류들이 그물 속에 들어 있는 것과 같은 것이다. 그렇게 사상 62종류를 하나씩 하나씩 구분해 주셨기 때문에 우리들에게는 은혜가 무한하다.

 크고 작은 스님들이 그러한 갖가지 사상에 눈이 홀려서 따라가지 않도록 이 가르침이 막아준다. 그 정도로 이익이 큰 가르침을 들으라고 만들어 준 이가 '숩비야'의 스승과 제자들이다.

그날 나는 부처님 뒤에 차례에 맞게 따라갔다. 긴 여행을 시작한 것이다. 제일 선두에 부처님께서 가시고 그 뒤에 법랍 안거 순서대로 상가 대중 스님들이 차례차례로 조용히 따라가셨다. 그런데 이렇게 조용히 걸어가는 상가 대중 스님들 뒤쪽에서 시끌시끌 떠드는 소리가 들려 왔다.

시끄럽게 떠드는 이는 우리 대중이 아니라 우리들이 여행하는 대로 발걸음을 뒤따라 다니는 숩비야 외도 수행자들과 브라만 아타라는 젊은이였다.

몸과 마음을 잘 단속하여 인드리야(자세)를 흩트리지 아니하고 걸어가는 대중 스님들과 비교할 이 없는 위엄으로 조용히 앞장서 가시는 부처님을 숩비야들이 바라보지 않고는 견딜 수 없었던 것이다.

실상 그들의 마음속에 껄끄러움이 없었다면 기회를 삼아서 만나 뵈었을 것이고 부처님께 두 손 모아 합장 예배했을 것이다. 천천히 위엄 있게 걸어가시는 모습을 보면 대중 스님들에게 존경하는 신심이 커져 갔을 것이다.

그러나 그 딱한 이는 그렇게 특별한 상을 받을 만큼의 복이 없었다. 그의 마음속에 수없이 생겨났던 반대하는 몸짓이 그 좋은 기회를 막았던 것이다. 그는 때인시 스승의 제자였다. 마하 사리불 테라와 목갈라나 마하테라께서 갈라져 나오자 그 스승의 무리는 줄어들어갔다.

부처님이라는 참 보배가 나타나셨으므로 각 종파의 위력들이 줄어든 것이다. 그러한 이유 때문에 그의 마음속에는 우리 교단에 대한 거부감이 생긴 것이다.

그래서 이렇게 숩비야는 우리들 뒤를 따라다니며 부처님께 사실이 아닌 거친 소리들을 떠들어대고는 했다. 부처님께서 설하신 법을 업신여기고 갖가지 경멸의 소리들도 했다.

숩비야의 말소리를 우리들과 같이 부처님께서도 들으셨을 것이지만 그러나 부처님의 발걸음은 멈추지 아니하셨다. 느리지도 빠르지도 않게 그대로 가셨다. 얼굴은 앞으로 똑바로 향하고 가신다. 일이 있으면 맑게 울리시는 목소리도 오늘은 조용하다.

그렇게 앞에서 조용하시니 우리 모두 그대로 조용히 따라가기만 했다. 우리들은 말없이 조용히 지내기를 좋아하여 싸움을 원하지 않았다. 그런데 우리와 달리 숩비야에게 정면으로 반대되는 말을 하는 이는 바로 숩비야와 같이 지내는 제자 비탄마다라는 젊은이였다. 숩비야가 삼보에 갖은 거친 말을 하면 그 젊은이가 삼보의 공덕과 은혜를 칭송하고는 했다.

비유를 들자면, 스승 되는 이가 거칠고 딱딱한 나무에 독이 잔뜩 묻은 가시를 박아 놓은 것을 제자 되는 이가 황금과 은, 루비 등 보석으로 장식된 집게로 그 독 가시를 빼내는 것과 같았다. 그렇게 우리들은 안발라티까 동산에 도착했다. 저녁 무렵이었으므로 동산 숲 속 빈터에서 밤에 잠잘 곳을 준비했다.

우리들과 같이 숩비야 외도 스승과 제자들도 그곳에서 밤을 지냈다. 각기 자기 잠자리를 준비하는 동안에도 낮에 들었던 소리를 다시 들어야 했다. 한 지붕 아래 한 밤을 같이 지내시는 부처님께서도 들으셨을 것이다.

부처님께서는 귀에 들리는 소리는 귀에서 끝날 것이다. 귀에 들리는 소리를 원인으로 하여 마음이 흔들릴 일은 없으실 것이다. 강력한 수행으로 잘 다스리는 마음은 원래 그대로 깨끗하지만 그러나 나는 부처님 발자국을 그대로 따라 밟지 못했다. 수행의 정상에 이르지 못한 것이다.

그래서 그들 두 사람의 말소리에 따라 마음이 이리 흔들 저리 흔들 따라 움직인다. 특별하게 존경하고 좋아하는 형님에 대한 흠잡는 이야기를 듣는다는 것은 나를 심히 괴롭게 한다. 그러나 다시 브라만다따 젊은이가 칭송하는 소리를 들으면 마음이 만족해서 흐뭇해지곤 한다.

이렇게 두 편에서 주고받는 대로 느껴야 했던 것은 나 혼자가 아니다. 바와나 수행이 끝나지 아니한 비구들도 나와 같이 느꼈음을 다음날 날이 밝을 때에 알았다. 동산 안에 있는 큰 건물에 모여든 스님들도 그 일에 관해서들 이야기했다.

☙

이때 부처님께서 그곳으로 오셔서 숨비야의 스승과 제자간의 이야기에 관해서 일평생 기억할 만한 말씀을 해주셨다.

"비구들이여!

다른 이들이 나 붓다의 허물이나 담마의 허물이나 상가의 허물을 말하면 너희들은 그 말에 원한을 삼거나 마음 불편해 하거나 듣기 싫어함이 생기지 않도록 하라. 그러한 것들이 커지면 너희들에게만 위험이 생긴다."

"비구들이여!

다른 이들이 나 붓다의 허물이나 담마의 허물이나 상가의 허물을 말하는 곳에 너희들도 상대와 같이 원한을 삼고 마음 불편해 하고 듣기 싫어한다면, 다른 이들이 말하는 갖가지 좋고 나쁜 것을 구분해서 알 수 있겠느냐?

"알 수 없을 것입니다. 부처님."

"그러므로 너희 비구들은 허물을 말해 오는 이들에게 화를 내거나 마음 불편해 하거나 듣기 싫어하지 말고, 사실이 아니고 바르지 아니한 것을 사실대로 알게끔 자세하게 대답해야 한다.

'이 말은 이러이러하기 때문에 사실이 아니다. 우리들에게는 그러한 종류의 허물이란 없다.'라고 분명하고 밝게 대답해야 한다."

모함을 해 오는 이들에 관해서 한쪽으로 기울지 아니하도록 가르쳐 주신 것이다. 갖가지로 허물을 잡고 비난해 오는 사람들의 말마다 따라다니는 것은 마음이 불편해져서 한쪽으로 기울어지게 된다.(미워해서 같이 원수를 삼는 것이다.)

'누가 뭐라고 하든 내가 아니면 그만이다'라는 생각으로 아예 입을 다물고 지내는 것도 이익이 없다. 사실이니까 입을 다물고 있는 것이라고 다른 많은 이들이 그릇 생각할 수도 있다. 다른 한편은 이보다 더 심할 수도 있다.

그래서 완전하고 튼튼한 이유를 보여 주어서 사실이 아닌 것을 사실이 아니라고 명확하게 대답해 주도록 말씀하신 것이다. 그렇게 모함해 오는 사람들을 만났을 때 해야 할 것을 가르쳐 주신 다음 삼보의 공덕과 은혜를 드러내서 칭송해야 하는 것도 이어서 가르쳐 주셨다.

※

"비구들이여!

다른 이들이 나 붓다의 공덕 은혜와 담마의 공덕 은혜와 상가의 공덕 은혜를 칭송하면 너희들은 그 말에 좋아함, 기뻐함, 마음에 교만해짐이 생기게 하지 말라. 그런 것들이 생겨나면 너희들에게 위험이 생겨난다."

"비구들이여!

다른 이들이 나 붓다의 공덕 은혜나 담마의 공덕 은혜나 상가의 공덕 은혜를 칭송하는 곳에 너희들도 따라서 좋아하고 기뻐하고 마음이 우쭐해서 교만해지면, 다른 이들이 말하는 여러 가지 좋고 나쁜 것들을 사실대로 구분해서 알 수 있겠는가?"

"알 수 없을 것입니다. 부처님."

"그래서 너희들은 칭송해 오는 사람들에게 좋아하고 기뻐하고 마음이 우쭐해짐이 생기지 않도록 하여서 사실인 것을 사실인 대로 받아들여야 한다.

'이 말은 이러이러하기 때문에 맞다. 사실로 이러한 공덕 은혜가 우리들에게 분명하게 있다.'라고 드러내서 명확하게 답해야 한다."

부처님께서 말씀하신 대로 우리들에게 사실로 분명하게 있는 공덕과 은혜를 인정함으로써 존경심과 신심으로 가까이 오는 대중들에게 튼튼하고 굳건하게 의지하고 믿을 수 있는 마음이 생기도록 도와 줄 수 있을 것이다.

이에 브라흐마다따라고 하는 젊은이가 칭찬하는 말을 이어서 부처님의 공덕 은혜와 지계의 공덕 은혜(Sīlaguṇa)를 차례로 설하여 주셨다. 그리고 다시 지혜의 공덕 은혜(Paññāguṇa)를 보여 주셔서 부처님의 지혜의 그물 안에 들어 있는 사견들을 넓고도 자세하게 구분하여서 전부 설하여 주셨다.

널리 62종류가 있는 사견 전부를 뿌리채 뽑아버릴 수 있는 법이 바로 사실대로 바르게 보는 바른 견해(도의 조건)이다. 그래서 갖가지 종류의 그릇된 집착으로 크게 고통을 만나는 중생들을 보자 나는 스스로 얻은 바른 견해의 도에 크게 고마워하는 마음이 생겨났다.

"갖가지로 그릇 생각하고 그릇 집착하는 것은 모두 '나'라는 집착에서 시작된 것들뿐이로구나. '나'라고 집착하는 삿된 견해는 사실은 무아이다. 이 삿된 견해는 '나, 나의 것'이라고 생각하는 것에서부터 만들어낸다.

그러나 이렇게 생각하고 만들어낼 수 있는 삿된 견해는 나의 능력 때문이 아니다. '나'라는 법은 틀림없이 없는 것이어서 삿된 견해를 생기게 하는 원인에 들지 아니한다.

좋은 스승에게 배우지 아니하고 그른 법을 들어서 생긴 것들이다.

그러면 '나'가 아닌 원인들 때문에 생겨난 결과들이 '나'가 될 수 있겠는가?

이렇게 '나'를 만드는 마음조차 '나'가 아니로구나!라고 아는 것이 모든 삿된 견해를 없애는 것이다. 바른 견해의 밝은 빛으로 사견의 어둠을 제거하여 주신 우리의 스승님께 이 자리에서 두 손 모아 합장하고 예배 올립니다."

Sīlakkhandhavagga brahamajāla sutta

가장 높은 법 두 가지

우리들 주변에 사상이 같지 아니한 이들에 관한 것을 제법 모아서 보여 드렸고, 그들의 사상들도 교단의 안목으로 구분해서 보여 드렸다. 그 사람들은 모두 수행자들이다. 자기 집, 자기 솥 없이, 자기 재산 없이 신자들의 보시를 받아서 먹고사는 이들이다. 우리 교단이 생겨나자 그들의 세력은 이전처럼 찬란하고 빛나지 않았다. 그러나 그들 무리 나름대로 끊어지지 아니하고 이어져 내려온다. 그래서 기회가 되면 다음에 그들의 일을 다시 말하겠다. 니간타(나체 외도)는 다른 수행자들처럼 집과 솥과 돈을 버리지 아니하고 한 가지 사상을 힘겹게 붙잡고서 살아가는 브라만 종족들이다. 그들의 사상을 처음으로 씨 뿌린 이는 사실 선하고 깨끗한 수행자였다. 먼저 나타났던 브라만 종파들은 모두 선하고 깨끗한 이들뿐이었다. 처자식, 집과 솥, 재산 어느 한 가지에도 집착함이 없이 법에만 즐거워했던 이들이다.

그러나 우리가 지금 만나는 이들은 수행과 계율이 다른 이들보다 아름답다고 말할 수 없다. 다른 보통 사람들처럼 그들도 처자식과 솥단지, 집도 소유한다. 더러는 매우 재산이 풍부한 주인들이기도 하다. 그들만큼 부자가 아닌 이들은 논과 밭을 가지고 있거나 더러는 가축도 기른다. 아주 적은 숫자의 브라만들은 마을마다 다니면서 보시를 받아서 지낸다. 그러나 그들 뒤에 처자식이 있다.

이렇게 브라만들은 수행 계율이나 살아가는 방법이 다른 여느 종족들과 다르지 않았다. 똑같은 사람들이지만 한 가지 다른 것은 베다 책이다. 베다 책의 위력으로 그들은 그들의 혈통이 줄어들지 않게 보호하며, 다른 종족들과 섞이거나 어울리지 않고 따로 지낸다.

창조주, 신통의 주인, 천인, 대범천들을 높이 모신다. 내생의 기대를 채우기 위해서 피를 올리는 제사를 지내고 범한 허물은 갠지스 강에 가서 씻어 내면 된다고 생각한다. 그리고 세간에 관계되는 모든 지혜들은 베다 책에서 얻는다.

그래서 우리시대에 그들은 지혜를 지닌 사람들의 부류에 속한다. 이러한 것들은 자기들 사상, 자기 환경대로 각자 공부하고 행하는 것이어서 우리들이 경멸할 필요는 없다. 이러한 전통이나 풍습으로 인해서 우리들이 다치거나 아파해야 할 이유도 없다. 그러나 그들 스스로 가지고 집착할 뿐만 아니라 다른 이들을 다치게 하는 생각 한 가지가 있다. 그들 스스로가 다른 이들보다 높은 종족이라고 생각하는 것이 그것이다.

그들의 종족이 높다고 하는 것이 스스로를 칭찬하는 것뿐이라면 허물할 필요가 없다. 그러나 그들은 그 정도 가지고 만족하지 않고, 자신들은 대범천의 입에서 생겨난 높은 사람이라 하고 다른 사람들은 대범천의 발끝에서 태어난 낮은 사람이라고 주장한다.

자기 자신들은 비한마 천왕처럼 높이고 종족이 다른 사람들을 낮추려는 것이다. '도나단따'라는 브라만은 그 정도로 믿을 수 없는 집착을 받아들이지 아니했다. 그러나 다른 이들처럼 종족이 깨끗함은 가장 높이 두었다.

⚘

7대 선조와 7대 자손으로 이어져 끊어짐이 없이 계속할 뿐만 아니라 종족에 관해서 절대 우위의 자만심으로 그 공덕을 취하는 것이 끝이 없었다.

그렇게 종족에 대한 우월감이 지나치게 큰 도나단따는 재산이 무척이나 많았다. 더구나 베다의 모든 책들을 입으로 외우고 이해하였다. 아름다운 시나 문법, 역사적인 왕의 생애 등, 책에 있는 것들을 많이 알아서 그의 지혜가 한쪽 언덕에 이를 만큼 절정에 이르렀다.

완벽하게 잘 갖추어진 잘 생긴 남자였으며, 부드럽고 우아하게 말할 줄 아는 이였다. 제자들을 무척이나 많이 거느리고 있었으며 부처님보다 나이가 많았다. 마가다국의 빔비사라 대왕이 매우 존경하여서 짠빠 도시를 소유하도록 해주었다.

인도 전역에 이름이 유명한 안바타의 스승 뽀락카라사띠 브라만조차 도나단따를 매우 존경했다. 그 정도로 그만큼 위력이 당당했기 때문에 도나단따는 부처님 앞에 쉽게 오지 아니했다. 그의 아래 있던 많은 브라만들의 제지를 받았다.

그렇게 위엄을 크게 드날리는 도나단따 큰스승님이 부처님께 가서 뵙고 예배하게 되면 부처님 쪽이 더 유명해지고 그들 스승은 낮아질 것이라고 생각한 것이다. 자기 쪽을 생각해서 해주는 말인 줄은 알지만 도나단따는 그들의 말을 받아들이지 않았다.

자기에게 있는 모든 공덕보다 부처님께 있는 공덕이 더 넘치는 모습을 널리 설명해 주었다. 그러자 그를 막던 브라만 500명이 그를 따라서 함께 왔다. 부처님 공덕을 크게 존경하는 마음으로 깃가라 연못 근처 우리들이 있는 숲 속의 정사에까지 왔다.

그러나 절 안에 들어왔을 때 도나단따의 얼굴이 딱딱하니 굳어졌다. 오는 동안에는 즐겁고 기쁜 마음으로 왔는데 정작 부처님 앞에 이르자 안색이 딱딱하게 변한 것은 무엇 때문이었을까?

꽃

"브라만이여!

브라만이라고 사람들이 부르는데 어떠한 이유로 그렇게 부르는가? 자기 자신을 브라만이라고 바르게 부르는 것은 어떠한 공덕이 갖추어져야 하는가?"

내가 궁금증의 대답을 찾는 동안 부처님께서 질문을 하셨다. 그 질문을 들었을 때 도나단따 브라만의 딱딱하던 얼굴이 밝게 피어났다. 그때 더듬더듬 찾던 나의 대답도 순간에 떠올랐다.

높은 신심으로 다른 이들의 반대도 물리치고 부처님께 왔던 도나단따는 부처님과 대화를 나누는 데 주저할 것이 없었다. 그러나 막상 부처님 앞에 오고 나자, 그가 대답할 수 없는 질문을 부처님께서 물으신다면 많은 대중, 더구나 자기 제자들 앞에서 망신을 당할까 두려웠던 것이었다.

지금 그가 자세히 대답할 수 있는 질문을 듣고서 얼굴에 안도의 웃음이 피어나는 것으로 보아 일찍이 굳었던 표정의 이유를 쉽게 짐작할 수 있었다. 한쪽 편 사람들의 어려움을 금방 아시고 풀어 주시는 부처님의 지혜 능력에 내가 다시 존경심을 더하게 되었다.

"부처님이시여! 브라만이라고 사람들이 부를 수 있거나 자기 자신을 브라만이라고 바르게 부르는 데는 조건 다섯 가지가 갖추어져야 합니다. 그 다섯 가지는 ①혈통이 깨끗한 것 ②베다 경전에 능숙하게 아는 것 ③모양이 아름다운 것 ④계율이 갖추어진 것 ⑤지혜가 뛰어난 것, 이 다섯 가지입니다. 부처님."

그가 소유한 것들이니 도나단따 브라만이 주저 없이 대답하였다. 이에 부처님께서 다시 거듭 질문하셨다.

"브라만이여!

그 다섯 가지 조건 중에 모양이 아름다운 것을 남겨 놓고 네 가지 조건만으로도 브라만이라고 부를 수 있는가?"

"예, 그렇게 부를 수 있습니다. 부처님, 모양이 아름다운 것을 남겨 놓고 네 가지 조건만으로도 브라만이라고 부를 수 있습니다."

부처님께서 펴 주시는 길로 브라만 도나단따가 따라왔다.

"브라만이여! 그 네 가지 조건 중에 어느 한 가지를 남겨 두어도 가능하겠는가?"

"가능합니다. 부처님, 베다 책을 남겨 놓고도 가능합니다."

한 가지 생각에 깊이 집착해 있는 브라만 한 사람에게 금방 반대되는 것을 설하시지 아니하고 천천히 이끌어 가시는 모습은 가히 뛰어난 대화 방법이었다.

"브라만이여! 그 세 가지 중에도 어느 한 가지를 빼어버릴 수 있는가?"

"가능합니다. 부처님, 종족을 빼어버릴 수 있습니다."

모양이 아름다운 것과 베다 경전을 남겨둘 때까지 그 동안 만족하지 않게 생각하던 브라만 대중들이 종족 혈통을 떼어버리자 술렁술렁 시끄럽기 시작했다.

"도나단따 스승님, 그렇게 말씀하지 마십시오. 스승님께서는 처음에는 먼저 모습이 아름다운 것을 빼어버렸습니다. 다음에는 베다 경전을 빼어버렸습니다. 지금 다시 혈통을 빼어버리고 있습니다. 스승님께서는 수행자 고따마의 생각 뒤를 한 걸음씩 따라가고 있습니다."

그들이 귀히 여기는 것을 그들 스승이 귀하게 여기지 않게 되자 심하게 거부하는 것이었다. 이에 부처님께서

"브라만들이여!

도나단따 브라만이 나 붓다와 대화할 수 없다고 그대들이 생각한다면 도나단따 브라만을 옆으로 비켜나서 쉬게 하시오. 당신들과

나 붓다가 대화를 이어가리라.

그렇지 아니하고 도나단따 브라만이 견문 지식이 있고 지혜가 커서 나 붓다와 같이 말할 수 있는 능력이 있다고 믿는다면 그대들은 옆으로 가만히 비켜 있으라. 도나단따와 나 붓다가 대화하기를 원하노라."

"부처님께서는 그냥 계십시오. 저 브라만들은 제가 다스리겠습니다."

질서 없이 떠드는 브라만들 때문에 도나단따 브라만이 부끄러워지는 표정이었다. 그래서 부처님의 말씀을 제지시키고 그의 대중들을 그가 스스로 제지하였다.

❁

"브라만 여러분들! 그 다섯 가지 조건이 잘 갖추어진 나의 조카 '인가'라는 젊은이를 당신들이 보았습니까?"

"보았습니다. 스승님."

"그 젊은이가 만약 다른 이의 목숨을 죽이거나 다른 이의 아내를 허물어뜨리거나, 사실이 아닌 말을 하거나 술을 마시거나 하면, 이렇게 계를 지키지 아니하는 브라만이 아름다운 모습, 베다 경전과 그의 혈통으로 제자리를 지킬 수 있겠습니까?"

"………."

이렇게 자세하고도 완전하게 잠재웠기 때문에 시끌시끌하던 소리들이 조용해졌다. 그러자 부처님께서 하시던 말을 다시 이어서 말씀하셨다.

"브라만이여! 그 두 가지 남은 조건 가운데 어느 한 가지를 빼어버릴 수 있는가?"

"할 수 없습니다. 부처님, 한 손으로 다른 한 손을 씻어야 하듯이, 한 발로 다른 한 발을 씻어야 하듯이, 지혜를 계율로 씻어야 합니다. 계율을 갖춘 이에게 지혜가 있습니다. 지혜 있는 이에게 계율이 있습니다. 계율과 지혜를 이 세상에서 가장 높다고 할 수 있습니다. 부처님."

도나단따 브라만이 여쭙는 말씀을 부처님께서도 완벽하게 지지하여 주셨다. 그래서 부처님 말씀으로 깊이깊이 받들어서 생각할 수 있었다. 이 가르침을 들음으로써 그 브라만은 도와 과를 얻지는 못했지만 삼보를 믿고 모시는 신자가 되기를 청했다.

옆에서 법문을 들은 나는 모양의 공덕, 지혜의 공덕, 혈통의 공덕, 높은 이들을 자세하게 가르칠 수 있는 법문 한 자락을 얻었기 때문에 없어지지 아니하도록 잘 외워서 기억해 두었다.

Sīlakkhandhāvagga soṇataṇṭa sutta

'나모 다싸'를 듣고 싶지 아니한 이

앞에서 브라만 종족들의 혈통에 대한 우월감을 보여주었다. 세상사 람들의 이야기를 자세히 연구하는 사람들은 그들의 적당치 아니한 우월감을 알게 될 것이다.

그래서 중간 정도의 위치에 있는 브라만 종족들은 그 생각을 받아들이지 아니했다. 심하게 집착하여 우쭐해 하는 브라만들도 그들처럼 생각하면 좋으련만, 그러나 '다닌사니'라는 종족들의 집 착을 생각했을 때 그 바람을 놓아버려야 했다.

브라만 종족들은 거의가 자기 자신들은 대범천의 입에서 태어났 다고 말한다. 그러나 다닌사니 종족들은 그들보다 더 했다. 다른 브라만들처럼 입에서 나왔다고 하지 않고 머리 정수리를 뚫고 나왔다고 한다. 그래서 다른 브라만들보다 그들이 더 높다고 생각하 였다.

그 정도로 집착이 큰 종족 가운데서 여자 브라만 한 사람이 우리들 교단에 들어왔다. 그 종족 이름을 가장 높여 부르는 세간 풍습대로 우리들은 그 여자신도를 '다닌사니'라고 부른다. 그의 남편은 '바라도와사' 종족이다. 그 여자 브라만은 성스러운 성인의 지혜(아리야 냐나)를 갖춘 부처님 제자이다.

그러나 그녀의 남편은 삼보에 관한 것은 말조차 듣고 싶어하지 않는 사람이었다. 아리야 성인 제자에 속하는 그 여자 신도는 부처님과 우리 상가 대중 스님들은 자주 초청하여서 공양을 올렸다. 신심과 재산이 갖추어졌기 때문에 모든 훌륭한 종류의 음식을 준비해서 공양 올리고는 했다. 그러한 날에는 그의 남편은 집에 있지 않았다. 아침 일찍부터 집을 나가 숲으로 들로 돌아다녔다. 남편이 삼보에 대해서 얼굴을 돌리더라도 그 아내는 브라만인 남편 일을 준비하고 도와주며 거부하지 않았다.

남편의 보시 차례가 되는 날에는 500명의 브라만들에게 물을 섞지 아니한 우유로 밥을 지어서 잘 대접하였다. 우리 교단을 믿고 존경하지만 남편의 손님 초청에도 질투함 없이 그들이 필요로 하는 것들을 따라서 불편 없도록 잘 대접해 주는 아내의 책임을 이행하는 것이다.

무량한 중생에게 똑같은 자비심으로 대하는 부처님 제자 한 사람으로서 모범이 될 만한 사람이다. 그렇게 양쪽 모두에 자비심으로 해줄 수 있는 능력이 많은 그녀에게도 남편의 눈에서 보면 마음에 들지 않는 점이 하나 있었다.

'나모 다싸'를 듣고 싶지 아니한 이 689

그녀의 예배는 길거나 오래 걸리지 않는다. 아주 간단하게 축소하여서 세 번 입으로 외우는 것이다. 존경을 드리는 뜻도 포함된다.

'모든 번뇌에서 멀리 떨어지시고
사성제의 바른 진리를
스승의 도움 없이 스스로 터득하여
사얀부 냐나(모든 것을 다 아는 지혜)로 깨달으신
그 부처님께 예배합니다.'

라고 말하는 것이다. 그녀는 섰을 때도 예배를 올리고 앉아서도 예배한다.

그녀 쪽에서는 무척이나 존경하여서 읊조리는 그 소리가 남편 브라만은 듣고 싶지 아니한 소리였다. 그들처럼 대범천을 예배하지 아니하고, 그들처럼 짐승을 죽여서 제사를 지내지 아니하며, 그들처럼 불선업을 하루에 두 번씩 갠지스 강으로 가서 물에 떠내려 보내 씻어내지도 아니하고, 그들처럼 상투를 틀지 아니하고, 머리를 깎은 비구들을 보는 것이 그에게는 좋은 징조가 아니라고 생각했다.

비구들에 관한 소리를 듣는 것은 브라만들의 존엄을 낮추게 하는 것이라고 생각했다. 그래서 그 브라만들에게 우유로 만든 밥을 대접하기 전날 그 남편 브라만이 아내와 의논할 때

"여보, 당신은 무슨 일을 하면서도 그 머리 깎은 수행자 고따마에

게 예배하오. 그 소리를 우리 브라만들은 절대로 듣고 싶어하지 않소. 그러니 그 브라만들과 나의 사이를 갈라지도록 하지 마시오 내일 하루 정도는 예배하지 마시오."

브라만의 말을 그의 아내가 받아들이지 않았다.

"삼보님에 관한 소리를 듣고 싶지 아니해서 오지 않아도 할 수 없습니다. 제 처지로서는 부처님을 생각할 때마다 예배하지 않고는 살 수 없습니다."

"오! 여보, 집이 백 채 있는 마을 입구의 큰 대문도 닫으려면 쉽게 닫을 수 있소 브라만들이 식사를 하는 동안만이라도 두 손가락 만으로도 막을 수 있는 당신 입을 막을 수 없단 말이요?"

"예, 저는 막을 수 없습니다."

남편 브라만이 한 말들이 모두 연잎에 부어 놓은 물처럼 흘러가게 되었다. 여러 가지로 하는 일마다 남편이 원하는 대로, 좋아하는 대로 따라 해주는 그녀이지만 이것만은 양보하지 않았기 때문에 그 남편 브라만은 매우 화가 났다.

"그러면 좋소. 이번에는 단단히 일러주겠소. 브라만들이 나란히 앉아 있을 때 그 머리 깎은 수행자에게 예배하는 소리가 들리면 당신 몸 전체를 이 칼로 다 저며 놓겠소 자, 이 칼을 잘 보아두시오"

머리맡의 칼을 가져다 그녀의 얼굴 앞에 들이밀어서 보여 주었다. 그녀는 번쩍번쩍 날카로운 칼을 바라보았다. 이 칼로 한 번만 내리치면 그 자리에서 죽을 것임을 안다. 그러나 그가 원하는 대로 따를 수는 없었다. 부처님 가르침을 자기 목숨보다 더 존경하는 부처님의 딸이 아닌가?

"오! 남편이시여, 찌르고 싶으면 찌르세요. 하고 싶은 대로 하세요. 저는 부처님 가르침과 떨어져서는 살 수 없습니다."

그녀의 말이 끝나는 순간 남편의 손에 있던 날카로운 칼이 한순간 획 하는 소리가 들렸다. 그녀의 몸 위에 떨어진 것이 아니었다. 브라만이 화가 나서 침대 위에 힘껏 내리친 것이다.

사실 그 브라만이 아내를 괴롭게 할 수는 없었다. 그의 아내 '다닌사니' 종족은 그들 '바라도와사' 종족보다 높은 종족이었던 것이다. 종족의 교만심으로 버티는 그에게 그보다도 큰 버팀목은 없었기 때문이다.

※

미리 초청한 대로 다음날 그들 집에 브라만 500명이 모여들었다. 젖은 소똥을 잘 펴서 바른 마당 위에 물을 타지 아니한 우유로 만든 밥을 맛있게 먹고 있는 중이었다. 그때 그들이 듣고 싶어하지 아니하는 나쁜 소리가 귀를 파고 들어왔다.

"나모 다싸 바가와또 아라하또 삼마 삼붓다싸"

가뜩이나 그 소리를 듣기 싫어하는 그들이지만 세 번이나 똑똑하게 들어야 했다. 그녀는 남편이 초대한 손님을 아내의 책임으로, 아내의 의무로 싫어하는 기색 없이 잘 대접하는 중이었다. 손님들을 존경하는 뜻으로 새 옷으로 잘 단장하고, 여러 가지 장신구로 차려 입고, 브라만들의 밥상에 필요한 것들을 준비하고 밥그릇에 황금으로 만든 주걱으로 밥을 담아 주고 있던 중에 발이 모서리에 부딪치는 바람에 미끄러졌다.

그러나 손에 든 밥 접시가 떨어지지 않게 잘 잡고서 땅위에 주저앉았다. 그렇게 부딪치고 미끄러지는 급한 상황에서 부처님을 떠 올렸던 것이다. 그리고는 오백 명의 브라만들 가운데에서 웰루와나 정사 있는 곳을 향하여 두 손을 모으고는 그 브라만들의 귀를 쓰디쓰게 하는 말들을 입 밖으로 읊은 것이다.

"나모 다싸 바가와또 아라하또 삼마 삼붓다싸"

그때 어떤 브라만들은 먹기를 마쳤고 더러는 먹는 중이거나 시작하려는 이, 입에 넣으려던 이도 있었다. 그러한 중요한 순간에 듣기 싫은 쓴 소리를 들었기 때문에 밥상 주변이 어수선해졌다. 바람소리를 듣고 흠칫 놀라 날아오르는 까마귀들처럼 그 브라만들은 시끌시끌, 부스럭부스럭 모두 달아나버렸다.

"오! 이 사람아, 어제 내가 이러한 위험이 생길까봐 그렇게 부탁했건만 지금 이렇게 망신스럽게 이익 없는 일을 하다니……"

그녀를 뚫어지도록 험악하게 노려보던 브라만이 신음소리와 함께 욕설을 퍼부었다. 그보다 달리 어떻게 할 수가 없었다. 자기보다 높은 가문의 아내에게 마음에 있는 대로 실컷 분풀이를 하지 못한 브라만은 점점 더 부아가 치밀어서 견딜 수 없었다. 그러다 그의 화풀이가 부처님께로 향해졌다.

그 딸에게도 승리를 하지 못한 그 브라만이 그녀의 아버지에게 승리할 수 있을까 모르겠다. 그러나 심하게 화가 치솟았으므로 그러한 것은 미처 생각지 못했다. 아내가 주의를 주는 말조차 그의 귀에 들리지 않았다. 그가 바라는 대로 양쪽 끝을 벗어날 수 없는 어려운 문제 속에 집어넣어서 옴싹달싹 못하도록 가두어 놓고 부처님을 한 가지씩 한 가지씩으로 윽박질러 주리라.

이렇게 마음껏 괴롭힌 것을 알려주면 그가 초대했던 그 브라만들과의 관계도 다시 새로 씻은 연잎처럼 될 것이 아니겠는가? 화를 냈던 자기에게 용감한 사상을 펴는 이로 칭송을 해줄 것이다. 그의 표정, 그의 목소리로 미루어 보건대 그의 속마음을 짐작할 수 있었다. 부처님 앞에서 그 화냄을 잘 다스려서 연구해 온 문제는 이러했다.

"오 수행자 고따마시여!

무엇을 죽이면 편안히 잘 수 있습니까?

무엇을 죽이면 걱정 근심이 없습니까?

고따마께서 죽여 없애는 것이 무엇입니까?"

잘 다스려서 말하기는 했지만 그의 목소리는 점점 커지면서 딱딱해졌다. 사실 그의 생각으로는 부처님을 만나면 싫도록 욕설을 퍼부으면서 저주하고 싶었다. 그러나 그것은 그가 할 수 없는 일, 나라마다 도시마다 마을마다 모두 존경 예배하는 큰 분이니 구업이 되도록 욕설을 퍼부을 정도로까지는 용감하지 못했다. 그래서 양쪽 허물을 벗어날 수 없도록 문제를 만들어서 가져왔던 것이다.

그러나 그것은 그의 편에서만 생각하는 어려운 문제였던 것이었다. 나는 이러한 문제뿐만 아니라 이 문제에 대한 부처님의 대답까지 전에 들어본 적이 있다.

그의 마음속에는 부처님께서 '누구를 죽이고 싶다.'라고 어느 개인 이름을 드러내서 대답하면 '당신은 당신이 싫어하는 사람마다 죽이고 싶은가? 이 세상을 죽이고 싶어서 태어났느냐? 그러면 당신에게 수행자가 된 것이 무슨 이익이 있느냐?'라고 용감하게 여지없이 면박을 줄 수 있기를 바랐으리라.

만약에 다시 '아무것도 죽이고 싶지 않다.'라고 대답한다면 '당신 탐심 등을 잘라서 죽이지 않고 빼어버리지도 않느냐? 그러면 도대체 무엇 때문에 수행자가 되었느냐?'라고 조목조목 따지고 싶었으리라. 그러나 그의 생각대로의 어떤 것 하나도 드러나지 않았다.

"브라만이여! 화냄을 잘라내어 죽이면 편안하게 잘 수 있다. 화냄을 죽여 없애면 걱정 근심이 없어진다. 나 여래가 죽여 없애고 싶은 것은 화냄 한 가지 뿐이다."

※

묻는 쪽이 정말 어렵고 어렵게 만들어 놓은 문제를 부처님께서 쉽사리 선뜻 대답해 주셨다. 이렇게 브라만이 힘을 주어 던졌던 무기가 다 쓸모없이 부숴진 것이다. 화냄의 부림을 받아서 분수없이 경쟁하러 왔던 브라만을 부처님께서 대 연민심으로 덮어 주시는 목소리로 대답하셨다.

'가루나'란 고통스런 중생에게 연민심으로 덮어 주는 높고 고상한 행으로써 그 브라만을 감싸 주었다. 그의 고통은 부처님께서 만들어 준 것도 아니다. 우리들 대중이 만들어 준 것도 아니다. 그 자신의 적당치 못한 마음가짐으로 인해서 고통 속에 처하게 된 것일 뿐이다.

'나모 다싸'를 듣고 싶지 아니한 이 695

지독하게 화내는 마음, 심하게 화내는 눈으로 보았기 때문에 부처님의 거룩하신 모습조차 그에게는 화나는 일이 되었던 것이다. 신심으로 존경하는 이에게는 부처님의 거룩하신 그 모습이 매우 즐거운 마음을 만들어 주는 대상이 된다. 그것은 부처님 모습이 바뀌어서가 아니라 마음 상태가 다른 상황에 따라서 환영이 나타나는 것이다.

우리 대중들 입장에서 이름 붙인다면 화낼 대상이 나타나는 환영을 '빠띠가 니미따'라고 부르며, 좋아하고 이끌려서 집착하는 환영이 나타나면 '수바 니미따'로 부른다. 모든 중생들이 고통스럽지 아니해야 하련만 고통스럽게 지내는 것은 환영을 진짜라고 생각하기 때문이다.

'빠띠가 니미따'는 사실은 그림자이며 환영일 뿐이다. 화를 낼 수 있는 마음을 제외하고 달리 화낼 만한 일이란 어느 한 가지도 없다. 화낼 만한 일이란 화내는 마음의 그림자일 뿐이다. 그래서 우리들이 그림자에 붙어서 재미있어 하는 대신 실제 위에 알아차림을 밀착하도록 하는 것이 필요하다.

브라만은 마음속으로 양쪽 끝이 뛰어난 문제를 보여주면 부처님께서 삼키지도 뱉지도 못하는 고통스러운 처지에 이를 것이라고 생각했다. 그러나 그의 화내는 마음이 환영의 영상인 그림자조차 고통스럽게 할 수 없었다. 화내는 마음이 머무는 자기의 심장만 뜨거워졌다. 그래서 그의 목소리가 딱딱해진 것이다.

태도를 잘 다스리기는 했지만 그의 심장이 불쑥불쑥 흔들려야 했다. 이렇게 아름답지 못한 고통을 받는 것은 적당치 못하게 마음을 쓴 것 때문이다. 그렇게 생각했기 때문에 그 화냄이 자꾸자꾸 새끼를 쳐서 다스릴 수 없을 만큼 커져 간 것이다. 이미 생겨난 화냄이 커지지 않도록, 새로 생겨나지 않도록 하는 것은 그림자를 뚫고 실제를 잡아야 한다.

화냈을 때 크게 고통스러웠던 것과 비교해서 화내지 않았을 때는 고통 없이 원래 그대로 편안하게 지냈던 것을 분명하게 알아야 한다. 이렇게 화냄을 지혜로 잘라서 없앨 수 있으면 가도 편안하고 서도 위험이 없다. 앉았을 때도 편안하고 잘 때도 평화롭다.

브라만이 질문한 말에 맞게 편안히 잘 수 있다고 부처님께서 대답하신 것은 그 행주좌와 네 가지 자세가 모두가 들어 있다. 화냄이 없이 원래 편안한 곳에 갈 수 있는 좋은 법을 부처님께서 설하신 것이다.

부처님께서 설하시는 담마를 바라도와사 브라만도 쉽게 받아들였다. 그래서 '나모 다싸……'라는 소리조차 듣기 싫어하던 그가 우리 교단에 들어오게 되었다.

바라도와사 비구가 오래지 않아서 지저분하거나 이끌리는 마음이 없이 고요하고 깨끗한 마음이 될 수 있었던 것은 부처님께서 설하신 대로 아라한의 위치까지 바르게 보여 주는 법에 알아차림을 밀착시켰던 수행의 덕분이다.

Sagāthāvagga brahāmaṉa sutta / Dhaninjāni sutta

팔리어 용어풀이

가나보자나 식카빠다 음식에 대한 금계
가루나 연민심
가루담마 공경법
간다꾸띠 응향각
깜마 업, 일
깜마 오욕락 사람이 원하고 좋아하는 모양, 소리, 냄새, 맛, 감촉들을 즐기는 것
깜마와짜 정해진 사실을 공표함
꾸살라 선업
낄레사 번뇌
나따 계율
나띠 상가의 공고문
냐띠 깜마와짜 계단에서 결정된 공고문
니간타 나체 외도
니로다 사마빠띠 멸진정
니사야 의지하고 가르쳐 주는 스승
닙바나 모든 번뇌의 소멸, 열반
담마 가르침, 진리, 법
담마 데이타나 법에 관한 일
담마쎄까 초전법륜
담마야다나 법보
담마와디 법의 견해
대바쎄꾸 냐나 천안통

대이타 사라나 가마나 바른 견해로 의지함
대이티 사견
독까따 작은 허물
두딴가 번뇌를 털어내는 행
둑카 고
둑카 삿짜 고통의 진리
둑카띳싸 고의 진리
둑카랙칸나 고의 특성
때이티 외도
루빠 몸
마하 크고 위대함
막가 도
막가 냐나 도의 지혜
막간가 도의 조건
맫따 자비
무디따 기쁨
밋시마 빠띠빠다 중도 수행
반때 큰스님
발라 힘
보장가 깨달음의 조건
브라흐마싸리야 높고 고상한 수행
브라흐만 색계 천인
빅쿠 비구
빠까사니야 깜마 분명하게 지은 업을 널리 알리는 일
빠때이싸 사목빠다 원인 결과 법
빠띠사라니야 깜마 참회하고 용서 구하는 일
빠띠삼비다 냐나 부처님께서 설하신 담마의 뜻과 문법의 뜻을 완전하게 아는 특수한 지혜
빠라지까 가장 큰 허물, 큰 계율, 큰 계
빠리닙바나 몸과 마음이 완전하게 닙바나에 든 상태

빠바사니야 깜마와싸 절에서 쫓겨나게 되는 이유와 결정된 내용을 읽는 것
빠쎄이떠야 작은 허물
빠와라나 자자(自恣)
빠타위 다뚜 흙의 성분
빠탄마 보디 전반부의 20안거
빤냐 지혜
뿍갈라 대이타나 사람에 대한 일
뿍배니와사 냐나 숙명통
뿍빠란마나 동부정사
뺏시마 보디 후반기
사가다가미 사다함
사가다가미 팔라 사다함 과
사까 뿍떠야 사까(석가) 종족
사띠 알아차림
사띠 삼빠자나 지혜로 잘 아는 것
사띠빠타나 알아차림을 기울이는 곳
사마내 사문
사마디 선정
사마빠띠 멸진정
사목떼 삿짜 명칭 진리
사목떼 상가 명칭 상가
사무다야띳싸 고의 원인의 진리
사얀부 냐나 모든 것을 다 아는 지혜
산냐 생각
삼마 삼보디 냐나 세상에 같음이 없는 큰 지혜(무상 정등 정각)
삼마 삼붓다 모든 것을 다 아시는 바른 깨달음을 얻으신 분
삼마까만다 바르게 행함
삼마대이티 바르게 봄
삼마빠다나 바른 노력
삼마사띠 바르게 기억함

삼마사마디 바르게 머무름
삼마상까빠 바르게 생각함
삼마아지와 바르게 생명을 이어감
삼마와싸 바르게 말함
삼마와야마 바르게 노력함
삼사라 윤회
삽받기 육군비구
삽빈뉴 냐나 모든 것을 아는 지혜
삿따지와 마노 중생 마음
상가 수행자의 모임
상가디시사 빠라지까 다음으로 큰 범계
상가배다 깜마 상가 대중을 갈라낸 무거운 업
상기까 상가 대중 물건
상카라 생각의 구성
새까야대이티 아견(오온을 '나'라거나 '나의 것'이라고 집착하는 사견)
새디 탑
소따빠나 수다원
소따빠띠 팔라 수다원 과
숟다 경전
시마 계단(계를 받도록 정해진 장소)
식카빠다 금계
실라 계, 계율
싸～두 착하구나(선재)
아까사 다뚜 허공의 성품
아꾸살라 불선업
아나가미 아나함
아나가미 팔라 아나함 과
아나따 무아
아나따 산냐 무아라는 생각
아나빠나 까마타나 수식관

아니가미 아나함
아니야따 범계가 일정하지 않은 금계
아닛짜 무상
아닛짜 산냐 무상하다는 생각
아디나와 산냐 허물이 있는 것으로 보는 생각
아따 나, 유아
아라하따 막가 아라한 도
아라하따 팔라 아라한 과
아리야 성인
아리야 냐나 성스러운 지혜, 성인의 지혜
아리야 사와까 성스러운 제자
아빠다나 왜다니야 깜마 그 상가를 존경하지 않아도 되는 일
아뽀 다뚜 물의 성분
아수바 아름답지 못함, 혐오스러운 것
아수바 까마타나 부정관 수행
아수바 산냐 불결하다는 생각
아유상카라 팔라 사마빠띠(과의 선정)에 드는 것. 생명이 끊어지지 않도록 고치고
    준비할 수 있는 능력 때문에 붙여진 이름
애따닷가 가장 첫째가는 사람
왜다나 느낌
웰루와나 죽림정사
우빠사야 전계사
우뻬카 평등심
우뽀사타 비구 포살
웨이사 지혜
위나야 계율
위나야 삐따까 계경
위빠싸나 특수하게 자세히 알아차림
윈냐나 인식작용
유자나 거리 단위로, 1유자나는 대략 7~12km

이디빠다 신통

인드리야 능력, 태도, 자세

자나 선정

제따와나 기수급고독원

지와 생명

캇디야 왕족

콕다누 콕다까 금계 소소계(그때그때의 상황에 따라서 정하셨던 아주 작은 금계)

팔라 과

팔라 냐나 과의 지혜

팔라 사마빠따 과의 선정